2012 北京市国土资源年鉴

BEI JING SHI GUO TU ZI YUAN NIAN JIAN

北京市国土资源局　编

中国质检出版社
中国标准出版社
（北京）

图书在版编目（CIP）数据

2012 北京市国土资源年鉴 / 北京市国土资源局编.
— 北京 : 中国质检出版社，2012
ISBN 978-7-5026-3669-2

Ⅰ. ①2… Ⅱ. ①北… Ⅲ. ①国土资源－资源管理－北京市－2012－年鉴 Ⅳ. ①F129.91-54

中国版本图书馆 CIP 数据核字（2012）第 209480 号

中国质检出版社
中国标准出版社 出版发行
北京市朝阳区和平里西街甲 2 号（100013）
北京市西城区复外三里河北街 16 号（100045）
网址： www.spc.net.cn
总编室：（010）64275323 发行中心：（010）51780235
北京华睿林彩色印刷有限公司印刷
各地新华书店经销
*
开本 880×1230mm 1/16 印张 23 字数 580 千字
2012 年 10 月第 1 版 2012 年 10 月第 1 次印刷
*
定价：298.00 元

刘淇书记、郭金龙市长等市领导参加北京经济技术开发区公租房发钥匙仪式

国土资源部党组成员、副部长王世元带领全国国土资源节约集约模范县（市）创建活动经验交流会代表参观北京经济技术开发区

国土资源部创建办主任纪树建、市国土局局长魏成林参观星网工业园

国家土地督察北京局到丰台区督导工作

中国共产党北京市国土资源局机关第二次代表大会胜利召开

市国土局2011年工作会议

市国土资源系统党风廉政建设工作会

市国土局局长魏成林在6 · 25土地日宣传现场发放宣传材料

2011年度精神文明创建工作表彰会上市国土局领导为获奖单位颁奖

北京市2011年国土资源形势暨土地供应情况研讨会

房山佛子庄地质环境治理项目竣工验收

市国土局2010年度卫片执法检查工作布署会议

第42个世界地球日宣传周启动仪式暨地球科普知识进校园宣传活动在和平里第四小学校园举行

市国土局直属机关工会第二次会员代表大会胜利召开

市国土局在怀柔区开展义务植树活动

越南自然资源与环境代表团参观北京经济技术开发区

西藏国土厅赴市国土局调研

土地科学管理学术论坛

市国土资源系统2011年运动会

市国土资源系统建党90周年文艺汇演

编辑说明

一、《北京市国土资源年鉴》，是一部全面记载北京市国土资源现状、国土资源利用与管理情况的综合性年刊，是北京市国土资源局主编的具有基础性、综合性、全面性特点的公报性、年史性的工具书，为各级领导、各级部门了解北京国土资源情况、实施科学决策，为各行各业及有关单位查询资料、获取信息等提供服务。自2007年起，每年出版一期。

二、《北京市国土资源年鉴（2012）》继续沿袭前5期的年鉴编辑模式，由特稿、行政管理、专业管理、科教文化、各分局国土资源工作、附录及统计资料构成，全面记录2011年北京市行政区域范围内的国土资源现状、国土资源利用管理等基本情况。为免累赘，凡年鉴表述只有月、日而未写年份，即为2011年。

三、《北京市国土资源年鉴（2012）》编辑得到北京市国土资源局领导的高度重视。市国土局各区县分局、机关各处室、直属各单位、北京土地学会、北京市房地产估价师和土地估价师协会积极撰稿，提供资料，使年鉴编辑工作得以顺利进行，在此一并表示感谢。

四、文中纰漏与不足之处，恳请广大读者批评指正。

《北京市国土资源年鉴》编辑部

2012年7月

编辑说明

一、《北京市国土资源年鉴》，是一部全面记载北京市国土资源现状、国土资源利用与管理情况的综合性年刊，是北京市国土资源局主编的具有基础性、综合性、全面性特点的公报性、年史性的工具书，为各级领导、各级部门了解北京国土资源情况、实施科学决策，为各行各业及有关单位查询资料、获取信息等提供服务。自2007年起，每年出版一期。

二、《北京市国土资源年鉴（2012）》继续沿袭前5期的年鉴编辑模式，由特稿、行政管理、专业管理、科教文化、各分局国土资源工作、附录及统计资料构成，全面记录2011年北京市行政区域范围内的国土资源现状、国土资源利用管理等基本情况。为免累赘，凡年鉴表述只有月、日而未写年份，即为2011年。

三、《北京市国土资源年鉴（2012）》编辑得到北京市国土资源局领导的高度重视。市国土局各区县分局、机关各处室、直属各单位、北京土地学会、北京市房地产估价师和土地估价师协会积极撰稿，提供资料，使年鉴编辑工作得以顺利进行，在此一并表示感谢。

四、文中纰漏与不足之处，恳请广大读者批评指正。

《北京市国土资源年鉴》编辑部

2012年7月

《2012 年北京市国土资源年鉴》

编　委　会

《2012年北京市国土资源年鉴》

编 辑 部

目　　录

第一部分　特稿及重要文献

第二部分　北京市国土资源局行政管理

第三部分　专业管理

第四部分　科教文化

第五部分 北京市国土资源局各分局国土资源工作

第六部分 附 录

第七部分　统计资料

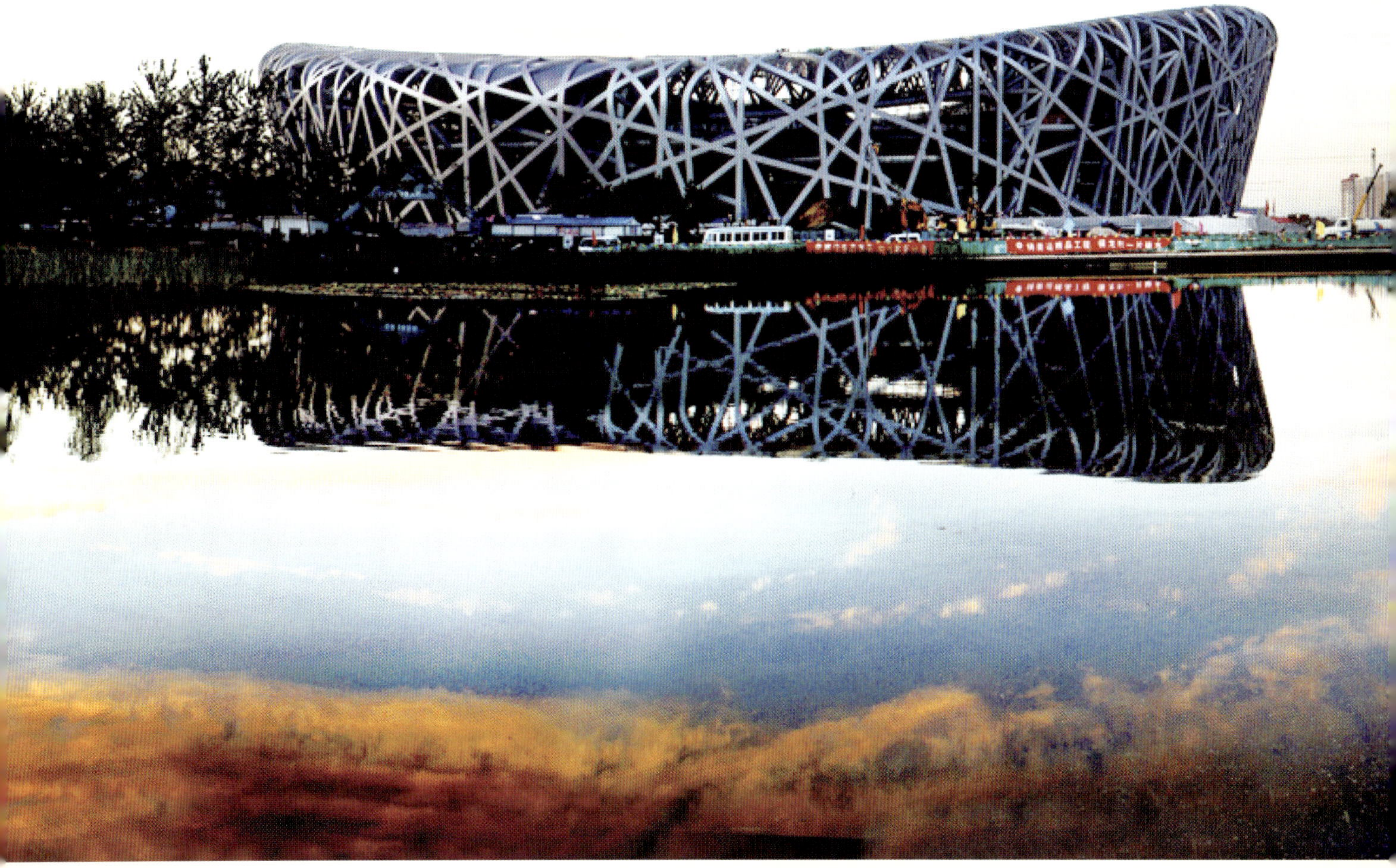

特稿及重要文献

胡锦涛总书记在十七届中央政治局第三十一次集体学习上讲话的主要精神

2011年8月23日，中央政治局第三十一次集体学习听取了国务院发展研究中心农村经济研究部刘守英研究员、北京大学城市与环境学院林坚副教授关于完善我国土地管理制度问题的讲解，胡锦涛总书记发表了重要讲话，主要内容如下。

一、充分认识完善土地管理制度的重大意义

土地是人类生存发展的重要物质基础。土地问题始终是现代化进程中一个带有全局性、战略性、根本性的问题。进一步统一思想认识，加强和改进土地管理，对确保经济社会全面协调可持续发展具有十分重要的意义。

我国是一个人多地少，耕地资源稀缺的发展中大国。改革开放以来，我国土地管理事业快速发展，初步建立起符合国情、适应社会主义市场经济体制要求的土地管理制度基本框架，为经济社会发展提供了有力支撑。同时，我国土地管理仍面临着不少新情况新问题，建设用地供需矛盾突出，耕地保护难度增大，用地粗放浪费现象依然存在，土地问题引发的社会矛盾凸显。可以说，过度消费和粗放利用土地资源的发展方式已经难以为继。我们的发展，既要考虑满足当代人的需要，更要为子孙后代留下生存发展空间。建立和完善最严格的土地管理制度，坚持节约集约用地，是贯彻落实科学发展观的题中之义，是确保国家粮食安全的战略举措，是造福子孙后代、实现中华民族伟大复兴和永续发展的长远大计。

我们一定要以对国家和人民高度负责、对子孙后代高度负责的精神，紧紧围绕以科学发展的主题、以加快转变经济发展方式为主线，把加强土地管理工作放在更加突出的战略位置，深刻认识土地管理面临的新情况新问题，加强土地资源节约和管理工作，十分珍惜和合理利用每一寸土地，促进经济社会发展与土地资源利用相协调，为经济发展提供可靠的土地资源保障。

二、着力做好土地资源节约和管理工作

落实节约优先战略是完善土地管理制度、坚持节约集约用地的指导方针。要正确处

理保障经济社会发展和保护土地资源的关系，进一步完善符合我国国情的最严格的土地管理制度，坚持各类建设少占地、不占或少占耕地，以较少的土地资源消耗支撑更大规模的经济增长；坚持经济效益、社会效益和生态效益的协调统一，不断提高土地利用效率；坚持统一规划、合理布局，促进区域、城乡、产业用地结构优化；坚持当前与长远相结合，不透支子孙后代的土地资源维持当前发展，提高土地资源对于经济发展的保障能力，努力建设资源节约型、环境友好型社会。

当前和今后一个时期，要重点抓好以下几方面工作。

第一，切实坚持和完善最严格的耕地保护制度。确保国家粮食安全始终是治国理政的头等大事，也是保障和改善民生的头等大事。土地是粮食生产的基础，提高粮食供给能力、保持粮食供求平衡，最根本的措施是保护耕地。要坚持最严格的耕地保护制度，坚决守住18亿亩耕地红线。要把划定永久基本农田作为确保国家粮食安全的基础，任何单位和个人不得擅自占用或改变永久基本农田的用途，确保基本农田总量不减少、用途不改变、质量有提高。要强化耕地保护责任制度，健全耕地保护补偿机制，调动各方面保护耕地的积极性，形成全社会齐抓共管的良好局面。要强化土地利用规划计划管控，从严控制各类建设占用耕地，完善耕地占补平衡制度，实行先补后占，确保建设占用耕地足额补偿，确保耕地保有量不减少。要推进农村土地整治，加快农村土地整理复垦，着力提高耕地质量建设，大规模建设旱涝保收高标准农田，夯实农业现代化基础。

第二，切实实行最严格的节约用地制度。要把节约用地作为转变经济发展方式和土地利用方式的重要着力点，按照节约集约和总量控制的原则，强化土地利用总体规划的整体管控作用，合理确定新增建设用地规模、结构、时序，推进经济结构战略性调整，降低经济增长对土地资源的过度消耗。要走集约式城镇化道路，优化城乡用地结构和布局，提高土地承载能力。要完善房地产用地政策，确保保障性安居工程用地供应。要严格执行土地用途管制制度，抓紧完善节约集约用地标准和措施，形成节约集约利用土地倒逼机制。要完善土地使用标准，依照国家产业政策对淘汰类、限制类项目分别实行禁止和限制用地，严禁土地闲置。

第三，切实维护群众土地合法权益。要坚持以人为本、执政为民，把维护人民群众合法权益作为土地管理工作的出发点和落脚点。要严格界定公益性和经营性用地，缩小征地范围，完善征地补偿机制，规范征地拆迁管理，坚决制止和纠正违法违规强制征地拆迁行为，维护被征地农民合法权益。要加大土地督察和执法力度，坚决遏制扰乱土地利用秩序和侵犯群众合法权益的现象。要健全土地利用和管理过程中矛盾冲突和权益纠纷调解仲裁机制，形成和谐的土地利用和管理关系。

第四，切实推进土地管理制度改革。要建立健全严格规范的农村土地管理制度，加快征地制度改革，深化国有土地有偿使用制度改革，建立更加有利于耕地保护和节约用地的土地税制。要加强土地行政管理能力建设，坚持依法行政，改善服务和监管。要加快土地管理法修订和配套法规建设，为土地管理制度改革提供法制保障。

三、加强和改善对土地管理工作的领导

各级党委和政府要把土地管理工作纳入重要议事日程，建立健全党委领导、政府负责、部门协同、公众参与、上下联动的工作格局，建立健全耕地保护责任考核体系，严格土地管理责任追究制。国土资源管理部门要积极主动服务，不断提高土地管理工作水平，各有关部门要密切配合，加强统筹协调，形成工作合力。要严格遵守土地管理法律法规和法定程序，依法管地用地。要深入进行土地资源国情和土地法律法规宣传教育，普及保护耕地和节约用地基本知识，使全社会都深刻认识我国国情和保护耕地的重大意义，使保护耕地、节约用地观念深入人心，广泛形成保护耕地、节约用地的良好社会氛围。

温家宝总理在国务院第164次常务会议上的讲话精神

2011年7月20日，国务院第164次常务会议听取了国土资源部部长徐绍史同志关于进一步加强和改进土地管理工作情况的汇报，与会的国务院领导都发表了重要意见。会议肯定了“十一五”时期土地管理工作取得的成效，分析了当前和今后一段时期土地管理面临的突出问题和出现这些问题的原因。温家宝总理作了重要讲话，并就当前加强和改进土地管理工作提出五点要求，主要内容如下。

一是切实加强耕地保护，确保耕地保有量不减少、质量有提高。制定并实施全国土地整治规划，加快建设高标准基本农田，力争“十二五”期间再建成4亿亩旱涝保收的高标准基本农田。开展建立耕地保护补偿机制试点，完善土地收益基金制度，财政部门要研究，明确土地收益基金计提比例，专项用于耕地保护。

二是严格依法依规管地用地，坚决防止违法违规用地反弹。国土资源、交通运输、铁路等部门都要协同配合，切实解决重点工程项目用地未批先用的问题。发展改革委、国土资源部等部门，抓紧清理整改高尔夫球场，严肃查处违法占地、违规建设高尔夫球场，维护土地利用和管理秩序。

三是认真落实《国有土地上房屋征收与补偿条例》。这个条例很重要，群众很拥护，现在要落实。但这个条例只解决城市国有土地上房屋征收和补偿的问题，没有解决农村土地，而近80%的案件都发生在农村。法制办现在集中起草办法，如果做到这一点，我们就可以按照依法、严肃、有效的原则查处征地拆迁中的违法案件，严格责任追究，坚决制止违法强拆行为。必须加快推进土地管理法的修订，切实规范和完善集体土地征收与补偿，维护农民权益。在土地管理问题上，农民权益保护上，我们应该可以大胆的迈出一步，迈出这一步不是为了别的，决不是走资本主义道路，而是为了保护农民的合法权益，没有这一步的话，很难做到。土地管理法不要全都修订，重点解决涉及农村土地上的房屋征收与补偿问题。

四是做好保障性安居工程用地供应。要依法加快供地的进度，保证保障性安居工程建设用地，提前做好明年以及今后保障性安居工程建设用地供应的储备和预安排。仅此还不行，牵扯到住房的改革和市场调控，保障性住房只能解决20%，对调控市场的价格会起相当大的作用，80%人的问题还是用商品房来解决，因此还要采取多种措施增加普通商品住房用地供应，这种供应就牵扯到土地的保护问题，所以要坚持和完善土地招标、拍卖、挂牌出让制度，推进商品住房用地应由“价格主导向双向定价、配建保障房”等转变。

五是加强和改善土地的调控。这是国土资源部当前很重要的一个任务，调控的目的还是围绕主题和主线，促进结构调整和发展方式的转变。强化土地利用总体规划的整体管控作用，确保各部门各行业制定相关规划、开发利用土地符合土地利用总体规划。综合运用土地利用计划、土地供应、地价等政策工具，加强对产业、区域发展的引导，推动产业结构调整和升级。建立规划和项目节约用地的评价体系和制度，对国土资源部门来讲，加强和改善土地的调控，目的就是转方式、调结构。

温家宝总理在视察国土资源部座谈会上的讲话

2011年9月2日，中共中央政治局常委、国务院总理温家宝到国土资源部视察，并召开座谈会。

温家宝总理在座谈会上做了重要讲话，主要内容如下。

一、充分肯定国土资源工作取得的成绩

国土资源部成立特别是“十一五”以来，认真贯彻落实党中央、国务院重大决策部署，土地、矿产、地质、海洋管理和测绘地理信息等方面的工作都取得了新成绩，为经济社会发展提供了重要的资源保障和公共服务。这些成绩的取得，是广大国土资源工作者胸怀大局、服务全局，不畏艰险、团结协作，扎实工作、甘于奉献的结果，是一代又一代地质矿产工作者奋战在野外，跋涉于山水，以献身地质事业为荣，以艰苦奋斗为荣，以找矿立功为荣，发挥了特别能吃苦、特别能战斗、特别能奉献的精神。总理代表党中央、国务院向国土资源战线上的同志们表示了亲切慰问和衷心感谢！

二、深刻认识国土资源工作面临的新形势

“十二五”是我国全面建设小康社会的关键时期，国土资源工作面临新的发展机遇和更为严峻的挑战。我国工业化、城镇化快速发展，经济总量不断扩大，资源环境约束更加突出，资源短缺日益成为我国经济社会发展的瓶颈；经济全球化深入发展和国际竞争加剧，国土资源工作面临的机遇和挑战前所未有；世界科技创新正在为改善资源利用创造新的空间，但我们自主创新能力还不强，面临着更大压力；我国资源利用效率低和环境污染严重的问题尚未根本扭转，一些地方片面追求经济增长速度，资源节约和环境保护激励约束机制不健全，监管不到位，能力建设滞后等问题也比较突出，考验我们的综合监管能力和水平。他强调，面对新形势、新要求，要增强责任感、使命感和忧患意识，努力破解市场经济、新技术革命和经济全球化条件下的国土资源管理难题，以资源的可持续利用促进经济社会的可持续发展。

三、更好地为经济社会发展提供资源保障和优质服务

国土资源系统要紧紧围绕党和国家工作大局，按照“十二五”规划要求，全面做好土地、矿产、地质、海洋管理和测绘地理信息等各项工作，更好地为经济社会发展提供资源保障和优质服务。并就地质矿产工作提出了四点要求：

第一，要大力推进资源节约集约利用，注重资源保护和合理开发。坚持开源与节流并重，把节约放在首位。大力推动矿产资源节约与综合利用，加强低品位、难选冶、共伴生矿产资源的综合开发利用，发展和推广节约与综合利用的高新技术，开展矿产资源综合利用试点，完善矿产资源综合利用的激励引导机制。要充分认识资源是数量、质量和生态三者的有机统一，在做好数量管控的同时，加强质量管理和生态保护，坚持在开发中保护、在保护中开发的原则，加强重要优势矿产资源保护和开发管理，防止过度开采。大力发展绿色矿山，加强矿山地质环境保护和恢复治理。加强矿产资源开发和地质环境保护的执法监察，建立和维护矿产资源良好的开发秩序，坚决制止滥采乱挖现象。

第二，要统筹利用国际国内两种资源、两个市场，坚持立足国内夯实资源保障基础。保障国家资源安全，首先必须立足于国内。要加快实施找矿突破战略，突出重点成矿区带和重点矿种，强化地质调查和资源勘探，努力实现地质找矿重大突破，形成能源资源战略接续区，夯实国内资源保障基础。要注重应用经济手段和法律手段管理资源，统筹用好中央地质勘查基金，用好资源税、资源补偿费等矿产资源税费，加大投入力度，为地质找矿工作提供良好的发展环境。适应经济全球化要求和国际发展趋势，积极参与矿产资源国际竞争与合作。

第三，要大力推进科技创新，加强科技支撑。地质矿产工作是一项技术密集型工作，要以科技进步来推动地质矿产工作的改革发展。加强地学领域的基础研究和前沿研究，建立地球科学新的系统理论、观念和方法，提高地质科学研究现代化水平。推进成矿理论、找矿方法和勘查开发关键技术的创新，缩小与发达国家的差距。大力推进信息化建设，加强遥感技术支撑体系建设，统筹国土、地质矿产、海洋、测绘地理信息，现有资源卫星的综合应用要形成合力，继续完善和应用好全国遥感监测“一张图”和综合监管平台，加强地理信息资源开发利用，构建数字中国。加快建立地质科研成果信息集成转化和共享机制，提高信息利用效率，避免重复投入。地质科技的发展，根本靠人才。要切实加强地质人才队伍建设，办好地质教育，大力培养骨干人才和领军人才。

第四，要加快完善体制机制，为国土资源事业发展注入新的活力与动力。关键是要正确处理好中央和地方、政府和市场的关系。地质矿产工作是一项系统工程，要加快推进矿业权审批制度改革，合理划分中央和地方事权，统筹设计，既要下放权力，激发地方和企业的积极性，又要加强监管，防止出现地方保护主义，破坏法制的统一性和市场的健康发展。要坚持市场调节与政府引导相结合，充分发挥市场配置资源的基础性作用，完善矿产资源价格和收益分配机制，健全全国矿业权市场，培育矿产资源勘查资本

市场，全面推进探矿权、采矿权有偿取得制度改革，提高以竞争方式有偿出让的比重，规范矿业权协议出让。政府职能转变要切实到位，依法管理矿产资源和矿业，充分调动各方面对资源的合理开发、节约利用和环境保护的积极性。

在讲话结束时，温家宝总理强调指出，国土资源工作支撑各行各业，影响千秋万代，国土资源系统要深入贯彻落实科学发展观，扎实工作，开拓进取，努力开创工作新局面，更好地为我国经济社会发展服务。

刘淇书记在北京市委十届十次全会上的讲话（摘录）

（2011 年 12 月 21 日）

要在加快推进创新驱动上“求进”。进一步加快中关村国家自主创新示范区建设，完善和发挥中关村创新平台的作用，创新使用郊区集体经济用地的方式方法，优化科技成果转化的机制。

要在推动城乡一体化上“求进”。加快农村集体经济产权制度改革，深化集体林权制度配套改革。加强对 300 平方公里农村集体建设用地的管理，实现农民当地就业和农村现代化。确保基本完成 50 个重点村的城市化改造任务，进一步加大城乡植树造林的力度。

郭金龙市长在北京市第十三届人民代表大会第四次会议上的讲话（摘录）

（2011 年 1 月 16 日）

建立政府资金统筹保障机制，加快推进重大项目和重点区域建设，完成土地储备开发投资 1470 亿元。

深化农村改革，完善农地流转服务体系。

加大住房保障力度。政策性住房实际供地 1332 公顷，同比增长 1 倍，占全市住宅用地供应量的 52.8%。新建和收购政策性住房 22.5 万套，占全市住宅新开工套数的 61.5%。竣工各类政策性住房 5 万套，完成年度计划的 108.7%。公共租赁住房落实房源 2.6 万套，廉租住房基本实现了实物配租应保尽保。三区三片棚户区改造累计搬迁居民 1.6 万户，首都功能核心区居民对接安置房开工 218 万平方米。严格执行中央房地产调控政策，加强房地产市场监管，5 月份以来房屋销售价格同比涨幅逐月回落。

进一步调整房地产投资结构，加大政策性住房投资力度，优化土地一级开发。

全力做好住房保障工作。多渠道增加资金投入，加大政策性住房建设收购力度，加快配套设施建设，切实增加实物供给量，确保新建和收购 20 万套，力争竣工 10 万套。大力发展公共租赁住房，鼓励社会资金参与，完善集体建设用地建设租赁住房的政策。积极推进老旧小区更新改造，按计划完成棚户区改造。严格落实房地产市场调控措施，保持土地供应平稳有序，继续增加住房有效供给。大力整顿房地产市场秩序，抑制投资投机需求，坚决遏制房价过快上涨。坚持政府保障和市场供给相结合，积极探索完善住房制度，逐步形成符合首都实际的保障性住房体系和商品房体系。

认真做好农村土地确权登记颁证工作，严格土地管理，严肃查处违法用地。

乘势而上 攻坚克难
把国土资源工作推向新高度

——徐绍史同志在全国国土资源工作会议上的讲话

（2012 年 1 月 7 日）

同志们：

这次会议的主要任务是，深入贯彻落实党的十七大和十七届历次全会，以及中央经济工作会议、中央农村工作会议、全国金融工作会议和中央领导同志关于国土资源工作重要讲话精神，回顾总结 2011 年工作，部署 2012 年工作，进一步统一思想，明确重点，做好“十二五”承上启下重要一年的各项工作，推动国土资源工作迈上新台阶。我受部党组委托，讲四方面意见。

一、国土资源工作“十二五”开局良好，成效明显

过去的一年，各级国土资源管理部门认真学习贯彻中央领导同志重要讲话精神，主动作为，扎实工作，取得了诸多新突破，大事多、亮点多、影响大。

中央高度重视国土资源工作，我们迎来难得的发展机遇。在国土资源事业发展的关键时期、重要阶段，中央领导同志三次重要讲话和国务院三个重要文件，进一步明确了国土资源新的工作方向、任务和要求，奠定了国土资源工作全局性、战略性地位。推进农村土地整治的通知，充分肯定了农村土地整治在促进耕地保护、节约集约用地和统筹城乡发展中的重要地位和作用，明确了今后的重点任务和要求。加强地质灾害防治工作的决定，进一步理顺了防灾减灾的体制机制，明确了防灾减灾工作的目标任务和措施。部署找矿突破战略行动，把地质找矿工作上升为国家战略。地方各级党委政府认真学习贯彻中央领导同志讲话精神，浙江、新疆等地以党委或政府的名义出台了加强国土资源管理的相关文件。

五方面重点工作持续推进，取得显著成效。国家土地督察制度实施 5 年形成了整体工作布局和核心业务体系，对省级政府土地利用和管理行为的监管力度明显增强。矿产资源勘查开发整规整合 6 年，提升了规范勘查开发利用的水平，形成了矿政管理的新思路新举措。国土资源调查评价 12 年取得丰硕成果，受到党和国家领导同志及社会各界

的广泛赞誉。第二次全国土地调查全面完成，摸清了土地家底，为加强管理、服务社会提供了科学依据。公益性地质调查队伍建设取得新进展，健全了油气调查、应急救灾等专业机构，今年开始部队武警黄金部队实行业务领导。

六项科技创新取得重大突破，振奋人心。青藏高原地质理论创新与找矿项目取得重大突破，社会经济效益明显。海洋二号、资源一号02C卫星成功发射，强化了监管服务能力。大陆构造与动力学实验室升格为我部首个国家重点实验室，北京离子探针中心被认定为国家科技基础条件平台和大型科学仪器中心，为地质科研和找矿突破搭建了重要平台。我国自主研发和生产的首台万米科学钻探钻机正式下线，水平跻身世界前列。软土层快速成井装置专利技术被《南南合作应对气候变化适用技术手册》收录。

五项活动扎实推进，党建与业务工作深度融合。党风廉政建设和“两整治一改革”成效显著，2011年全系统违法违纪被处理人数同比下降44%，参与行风评议的18个省级国土资源管理部门名次总体上升。深化创先争优，开展部省“联创齐争”和“三进四同”等活动，取得丰硕成果。连续两年开展部省联合调研，初步形成各方联动、“点线面”结合的调研格局。弘扬新时期国土资源先进文化，开展了第一届全国地勘钻探技能比赛，20个单位获得全国文明单位称号，一大批先进集体和先进工作者受到表彰，韦寿增同志和浙江七队先进事迹在全社会产生广泛影响。党组织战斗堡垒作用进一步增强，党员模范带头作用进一步发挥。

过去的一年，各级国土资源管理部门积极主动服务、严格规范管理，突出重点抓落实，着力保发展、保红线、保民生，大力抓监管、抓节约、抓改革，取得了明显成效。

一是保发展，着力加强土地矿产调控。全国总计安排新增建设用地计划指标同比增长16.25%，全年土地供应同比增长37%。全国地质勘查投入预计超过1200亿元，其中固体矿产勘查投入超过500亿元，同比增长30%。在矿产勘查投入中财政投入和社会资金的比例约为1:10。全年完成钻探工作量2000多万米。河北遵化－长凝铁矿、湖南花垣铅锌矿、安徽金寨县沙坪沟钼矿、新疆若羌县坡北镍矿、江西九江武宁钨矿等找矿取得重大突破。页岩气被列为第172个新矿种，全国页岩气资源潜力评价取得积极进展，优选一批有利目标区，首次成功实施页岩气探矿权区块招标。危机矿山专项累计投入36亿元，延长了矿山开采年限，稳定了就业。矿产资源勘查开发“走出去”取得新进展，在国外新发现矿产地60余处。成功召开2011年中国国际矿业大会，签约额150余亿元，同比增长34%。

二是保红线，着力夯实粮食增产基础。首次会同有关部门组织开展对省级政府2006－2010年耕地保护责任目标履行情况考核，考核结果总体良好，辽宁、吉林、江西、河南、湖南、湖北、黑龙江、宁夏、重庆等9个省（区、市）成效突出。全面完成城乡建设用地增减挂钩清理检查，开展了农村土地整治清理检查。推进农村土地整治重大项目和示范省建设，部署开展永久基本农田划定和国家级基本农田示范区建设，在15个省开展耕地质量等级监测试点。全年实现补充耕地480多万亩，实现占补平衡后净增耕地70万亩，建成高标准基本农田6000多万亩，为实现粮食“八连丰”奠定了坚实基础。

三是保民生，着力服务社会管理。加强对地方落实征地制度情况的监督检查，进一步规范征地程序，有效化解征地矛盾。积极参与房地产调控，1000万套保障房用地实现应保尽保、及时供应，全年供应商品房用地145万亩（1亩=667平方米），同比增长4%。全面推进农村集体土地确权登记发证，所有权确权登记率达70%，宅基地和集体建设用地使用权确权登记率均达80%。大力开展宗地统一代码编制，启动全国土地登记信息动态监管查询系统建设。出台国土资源法治化建设指导意见，进一步发挥行政复议在化解纠纷、解决群众诉求方面的作用。地质灾害防治部署早、力度大，成效突出，2011年地质灾害死亡失踪人数和灾毁损失同比均减少90%。全年成功避让地质灾害400多起，避免人员伤亡3.5万人。主动服务山东、河南、河北等地抗旱救灾，找水打井2200多眼，解决220万人饮水和数十万亩农田灌溉问题。

四是抓节约，着力提高资源利用效率。全面开展批而未用土地清理，供地率明显提升。部署开展了16个重点城市和350余个国家级、1200余个省级开发区节约集约利用评价。2011年新制定5项建设用地标准，各行业用地标准体系基本形成。联合财政部启动了40个矿产资源综合利用示范基地建设，落实专项资金80多亿元。37个矿山成为国家级绿色矿山试点。首次在全国开展节约集约模范县（市）创建活动，100多个模范县（市）受到表彰。

五是抓监管，着力维护良好管理秩序。土地督察系统对64个城市、564个县（区、市）开展例行督察，向30个省级人民政府发出《例行督察意见书》。开展建设用地审批事项督察和专项督察，向7个省级政府发出整改意见。督促地方整改查处违规违法问题2.4万件，拆除违法建筑399.7万平方米，追缴土地出让收入189.8亿元。土地督察机构与中央巡视机构、银监会等建立了协作机制。2010年度土地矿产卫片执法检查，集体约谈违法用地问题严重的11个市县地方政府主要负责人。去年前三季度公开通报和挂牌督办典型违法案件各23起。开展国土资源执法视频监控网试点。建立稀土、磷矿等矿产资源区域联合监管机制。

六是抓改革，着力破解发展难题。积极推进部省联动，成都统筹城乡农村土地管理制度改革深入展开，重庆地票交易试点取得重要进展，广东“三旧”改造取得显著成效，形成一批政策储备。部署开展征地制度、城市批次建设用地审批制度、煤炭矿业权审批制度改革试点。批准北京、上海利用集体土地建设租赁住房、浙江低丘缓坡未利用地开发利用、山西工矿废弃地复垦调整利用等试点。全国省市两级矿业权有形市场基本建成，积极推进矿业权网上交易试点。

过去的一年，各级国土资源管理部门积极探索符合社会主义市场经济体制要求，与我国资源国情和发展阶段相适应的国土资源管理新路子，在服务大局、破解困局、完善布局、优化格局中，积累了新的经验。

第一，围绕中心服务大局，是做好国土资源工作的基本任务和要求。我们始终把国土资源工作自觉融入经济社会发展大局中来谋划和推动，放到“工业化、城镇化和农业现代化”的背景下持续推进，放在创新社会管理、维护和谐稳定的要求中全面部署，不断增强对经济社会发展大局的敏锐性、前瞻性和预见性，不断增强服务的主动性、及时性和有效性。我们始终把提高资源保障和服务能力、实行最严格的资源管理制度、落实资源节约优先战略、构建以共同责任机制为核心内容的国土资源管理工作新格局作为重大任务，较好地履行了国土资源部门的管理职责。

第二，改革创新破解困局，是推动国土资源工作的强大动力。我们持续推进管理理念、管理职能、管理方式转变，主动应对日趋复杂的国土资源管理和改革难题，为缓解日益突出的资源供需矛盾、提高服务和监管效能、维护群众资源权益和社会稳定注入了活力和动力。以改革创新破解国土资源工作中的难题，正逐步成为系统上下的共识和自觉行动，也是实现国土资源工作上水平、上台阶的有力保障。

第三，搭建平台完善布局，是推进国土资源管理事业发展的重要方法。我们不断完善“十七大”以来形成的“以构建新机制为主线、以顶层设计和基础工作为支撑”的工作布局。从“百日行动”到“双保行动”再到“双保工程”，将保障发展与保护资源两大主题统一于国土资源管理全过程，“双保”平台的品牌效应日益显现。从“大调查”到“大讨论”再到“找矿突破战略行动”，逐步形成了资源保障平台，整合了地质调查、矿产勘查和开发、储量等矿政管理的全部内容，提升了工作的系统化水平。搭建平台完善布局，可以在更高的层面上整合资源，提高效能，已成为我们推动工作的重要方法。

第四，建设队伍优化格局，是国土资源事业持续健康发展的保证。我们始终坚持推进党建与业务的有机融合，不断提高新时期党建工作科学化水平，在推进业务中融入党建的“软”要求，在强化党建中叠加业务的“硬”约束，党建工作由虚变实，业务工作虚实结合，格局进一步优化，干部队伍的凝聚力、执行力、创造力明显提升，为国土资源事业改革发展提供了强有力的保证。

在肯定成绩的同时，我们还应该看到自身存在的不足和问题：调查研究还不够深入，调研成果和试点经验的转化还有提升的空间，政策措施的针对性和有效性还需要增强；一些重点工作重部署轻落实，进展和成效还不够理想；管理理念、管理职能、管理方式转变尚未完全到位，改革创新的力度还有待加大。对此，我们必须高度重视，切实加以改进。

2011年是不平凡的一年，在党中央、国务院的正确领导下，国土资源系统奋发有为、改革创新，服务经济社会发展大局的能力不断提升，保护和节约集约利用资源的社会共识不断增强，保障和促进科学发展的新机制不断完善，实现了“十二五”的开门红，站在了新的起点上。借此机会，我代表部党组，感谢全系统广大干部职工付出的辛勤劳动，感谢地方各级党委政府、有关部门和新闻界的朋友对国土资源工作的理解、关心和支持。

二、认清形势，把握机遇，坚定做好国土资源工作的信心

今年是实施“十二五”规划承上启下的重要一年，我们党将召开十八大。国土资源工作面临新情况新背景：一是国内外经济形势复杂严峻。世界经济复苏乏力的状况没有根本转变，不稳定因素增多。国内经济增长下行压力和物价上涨压力并存，不确定因素增多。二是中央领导同志三次重要讲话和中央经济工作会议、中央农村工作会议和全国金融工作会议对做好国土资源工作提出了新的更高要求。三是迎接党的十八大胜利召开，营造良好的社会环境和政治局面，维护社会和谐稳定的任务更加繁重。我们必须深入研判形势，准确把握要求，明确努力方向。

（一）*土地供需矛盾依然突出，结构调整压力显现，双保难度加大。*尽管去年下半年开始经济增速总体放缓，但今年国内经济基本面仍然是好的。去年前三季度固定资产投资增长率为24.5%，根据前几个五年规划来看，投资增长在第二年将是高峰，今年投资增长依然强劲。国家统计局数据显示去年12月PMI为50.3%，重回景气区间。从各地情况来看，今年将基本完成换届，地方建设热情依然高涨。各地建设布局全面展开，22个区域发展规划、11个综合配套改革试验区和16个促进经济社会发展的政策文件相继实施。预计去年的城镇化率超过50%，城镇化仍是扩内需稳增长的重要引擎，新农村建设特别是农村基础设施建设将稳步推进，用地需求将继续扩大。“十二五”规划确定的重点建设项目陆续上马，交通、水利为主的基础设施建设，保障性住房、普通商品住房等民生工程的建设力度还要加大。预计今年的土地需求将在去年较大幅度增长的基础上继续保持高位，保发展保红线压力有增无减。同时，适应结构调整和产业转型，完善土地政策优化土地供应结构的要求越来越高。去年中西部地区土地供应总量大幅增加，占比提高2.8个百分点，工业和基础设施建设用地增幅明显高于全国平均水平，承接产业转移和投资明显提速，预计这一趋势还将延续。无论是稳增长还是调结构，都对加强土地管理和调控提出了新的更高要求。

（二）*矿产资源需求短期放缓长期趋紧，地质找矿突破任务艰巨责任重大。*金融危机短期内对全球及我国矿产品的需求和市场将带来一定影响，导致资源价格高位震荡。但从中长期看，资源供需形势仍然趋紧。尽管我国矿产资源勘查开发力度不断加大，但仍满足不了矿产品消费快速增长。石油、铁、铜、铝等大宗矿产对外依存度超过50%，资源安全存在隐患。国务院办公厅转发了找矿突破战略行动纲要。加快实施这个纲要，提高资源保障能力任务艰巨、极为紧迫。目前，地质找矿新机制初步形成，但还有一个不断完善和全面落地的过程，在实施中还会遇到可以预料和难以预料的困难、问题和矛盾。一些地方对矿产资源国家所有存在着认识上的偏差，影响矿产资源集中统一管理。有的强调局部利益，实行地方保护，给矿业权管理设置障碍。有的地方化整为零审批，纵容默许甚至参与无证勘查开采，规避监管。有些企业社会责任和环保意识不强，法定义务履行不到位，忽视资源地民众的权益，引起矿地矛盾。矿产资源管理中还存在制度

建设相对滞后，市场建设不够完善，税费等经济调节杠杆作用发挥不够，管理方式亟待转变等薄弱环节。地质勘查工作本身还存在基础研究程度不高，科技创新能力不强，地勘队伍找矿主力军作用发挥不够等问题。找准并解决薄弱环节的问题，实现找矿突破，任务艰巨，责任重大。

（三）资源利用总体粗放，节约集约任重道远潜力巨大。近年来国土资源节约集约利用水平不断提高，但用地粗放浪费现象依然突出。一些城市盲目扩张，部分工业园区重复布局。工业用地产出效率普遍不高，一些地方存在宽打宽用、低价供地问题；一些地区“两高”和产能过剩项目建设有所抬头。矿产资源综合利用率平均只有30%－35%左右，远低于世界先进国家水平。这些情况也表明我们在资源节约集约方面存在很大潜力。“十二五”规划确立了节约优先战略和单位国内生产总值建设用地实现下降30%的目标。通过提高资源利用效率促进发展方式转变将是一项长期而艰巨的任务。

（四）国土资源开发利用中的违法违规行为易发多发、形势严峻，反弹压力大监管任务重。全国违法违规用地比例连续四年逐年下降，形势总体向好，但仍呈高位态势。去年共发现违法用地7万件，涉及土地面积75.1万亩，同比分别上升5.8%和11%。国家和省（区、市）重点工程建设用地违法违规现象比较严重，西部地区问题更加突出。农村违法用地量小面广，处理难度大。部分地区违法开采盗采现象屡禁不止，砂石粘土尤为突出。国土资源违法违规问题成因极其复杂，解决难度很大。我们一定要下更大力气，采取更有效的措施，力争从根本上予以解决。

（五）资源权益问题日益突出，维护权益改善民生的任务更加繁重。国土资源工作与民生息息相关。近年来因违法征用土地和征地补偿安置问题引发的群体性事件在一定程度上已成为影响社会稳定的导火索。由于近两年已经消耗了大量净地和易征易拆存量用地，落实今年建设700万套保障性住房用地仍需我们付出更大努力。地质灾害防治形势依然严峻，不确定性很大，严重威胁人民群众生命财产安全，千万不能麻痹大意、掉以轻心。去年全国土地出让合同价款虽然有所增长，但增幅有较大幅度下降，直接影响地方政府的预算支出和偿还债务，对地方加大土地储备并以地融资以及加快土地出让获取出让金用于建设投资和偿还债务必须予以关注，出现问题必须及时纠正。

（六）国土资源管理深层次体制机制问题逐步显现，改革任务更加艰巨。国土资源管理面临的突出问题产生的原因极其复杂，既与我国资源基本国情和特殊发展阶段有关，也与国土资源管理现行的体制机制法制不完善有关，还与我们自身的管理水平不高有关。现行征地制度在我国工业化城镇化发展进程中发挥了重要作用，但随着形势发展也出现了许多不适应的问题，改革的任务十分艰巨。国土资源管理重点领域和关键环节的改革亟需推进和深化，如耕地保护经济补偿机制尚未建立，节约用地激励约束制度有待进一步完善，土地计划管理、用地审批制度等也有很大改进空间，矿产勘查开发市场主体竞争力不强，在全球范围配置资源的能力较弱，矿业要素市场建设亟待加强等。这些问题躲不开、绕不过，我们必须以更大的勇气、更强的毅力、更高的智慧和更多的耐心持续推进改革创新。

应对复杂的国内外形势，落实中央更新更高要求，对国土资源系统既是挑战也是机遇。当前，一方面两难压力巨大，另一方面发展动力十足；一方面挑战相当严峻，另一方面机遇千载难逢，所以我们要辩证地看待问题。应当看到，做好国土资源工作也有许多有利条件和积极因素。党中央、国务院的高度重视，地方党委政府的理解支持，为我们做好工作创造了良好环境；国土资源重点领域和关键环节改革在持续深化，为加强和改进国土资源工作奠定了重要基础；科技创新和管理信息化水平不断提高，为国土资源管理提供了有力支撑；各级国土资源部门作风不断改进，大局意识和责任意识明显增强，干部队伍行政执行力稳步提高，为履职行政提供了有力保障。我们一定要坚定决心和信心，变压力为动力，化挑战为机遇，持续开创国土资源工作新局面。

三、统筹兼顾，突出重点，扎实做好2012年工作

总体要求是：以邓小平理论和“三个代表”重要思想为指导，深入贯彻落实科学发展观，认真贯彻党中央、国务院关于国土资源管理工作的一系列决策部署，围绕“稳增长、控物价、调结构、惠民生、抓改革、促和谐”，统筹保发展、保资源、保民生，加强资源宏观调控，加大改革攻坚力度，加快新的制度供给。着力打造和充分运用双保工程、城乡统筹、资源保障、社会管理、制度创新、基础建设六大平台，努力做到在用地保障上有新力度，在耕地保护上有新举措，在地质找矿上有新进展，在资源利用水平上有新提高，在制度创新上有新突破，在服务民生上有新成效，推动构建国土资源管理新的工作格局，在更高起点上为促进经济社会发展提供资源保障和优质服务，以优异的成绩迎接党的十八大召开。

今年要重点做好以下六方面工作：

（一）着力完善以破两难为主要内容的双保工程平台，促进经济发展方式转变。

“双保工程”今年要重点服务稳增长、调结构，落实最严格的耕地保护制度和最严格的节约用地制度，强化资源节约集约，促进经济发展方式转变。

一是加强土地调控保障科学发展用地。总结试点经验，深入探索土地利用规划实施定期评估和适时调整的规范办法。强化土地利用总体规划管控，部署开展城镇建设用地扩展边界划定试点，强化城镇建设用地空间管制。建设用地计划必须从严从紧投放，要与供地率挂钩。要落实计划差别化管理，重点支持欠发达地区、科技创新、节能环保、战略性新兴产业、国家重大基础设施在建和续建项目合理用地，重点保障“三农”、保障性住房、社会事业等方面的建设。全面落实新修订的《限制用地项目目录》和《禁止用地项目目录》。积极拓展建设用地新空间，推进低丘缓坡荒滩等劣质农用地和未利用地开发利用试点，开展工矿废弃地复垦调整利用试点，积极探索形成支持政策和措施。坚持陆海统筹，强化用地用海衔接，确保围填海适度有序展开。积极探索加强和改善土地调控的有效措施。

二是继续深化耕地保护机制建设。耕地保护要严而又严，没有讨价还价的余地。要做好省级政府耕地保护责任目标履行情况的年度检查，继续落实领导干部耕地保护考核评价、离任审计制度。总结推广江苏金坛等地农民自发成立耕地保护协会的经验。继续探索多途径加强耕地占补平衡的做法，改进耕地占补平衡考核办法。强化耕地质量管理，全面推进耕地质量等级变更监测和评价，严格土地整治新增耕地质量评定和验收。

三是大力推进节约集约用地。制定推进节约集约用地制度建设的意见，年底前各地要基本建立起符合本地区特点的节约集约用地制度体系框架。年内要逐级分解落实“十二五”单位国内生产总值建设用地下降30%的目标任务，做好年度新增建设用地消耗考核。完成开发区节约集约用地更新评价。修订《闲置土地处置办法》，加大闲置土地处置力度。

四是加强土地督察和执法监察。坚持和完善“全国覆盖、全程监管、科技支撑、执法督察、社会监督”五位一体的综合监管体系。国家土地督察工作要总结规范、持续创新核心业务体系，完善督察机制，加强与中央巡视机构等部门协作，提高督察效能，加大对未报即用和国家重点建设项目的监督检查，更加突出对地方政府土地利用行为的监督评价，更加突出推进地方政府改善土地管理方式。2011年的土地矿产卫片执法检查即将作出部署，要及早动手，加强整改，加强查处，年度卫片执法检查工作要进一步提升质量和效率，与变更调查结合，充分利用信息化手段向常态、长效方向推进。要配合监察部门对违法严重地区政府负责人实施责任追究。要会同有关部门，积极推进解决重点工程项目用地未批先用问题，开展高尔夫球场违法违规占地行为综合清理整治和“小产权房”清理。

（二）着力打造以土地整治为主要内容的统筹城乡发展平台，促进工业化、城镇化、农业现代化同步发展。

近年来不少地方坚持推进城镇化和新农村建设“双轮”驱动，将农村土地整治与城乡建设用地增减挂钩有机结合，搭建统筹城乡平台，有效解决了城乡建设对耕地“双挤”局面和双重浪费问题，促进了城乡土地利用布局和结构优化，促进了城乡要素流动，促进了“三化”同步发展。要不断总结经验，完善政策，加大实施力度，更好地为促进城乡统筹发展、拉动内需提供平台支撑。

一是大力实施土地整治推进高标准基本农田建设。年底前力争完成省、市、县三级土地整治规划编制，将4亿亩高标准基本农田建设任务层层分解落实。同步编制年度建设计划和项目区实施方案，按照先易后难、分类推进原则，落实年度任务。今年要完成1亿亩高标准基本农田建设任务。要加快10个土地整治重大项目建设进度，年内再上若干个土地整治重大项目。农村土地整治10个示范省的建设一定要按部省协议要求，按期保质保量完成任务。年内筹备提出下一批示范省建设，力争明年启动第二批。还要在基本农田保护示范区建设基础上，再启动500个高标准基本农田示范县建设。规范土地整治资金管理，完善土地整治监测监管系统，实现上图入库，强化全面全程信息化监管。今后，如果信息化管理水平达不到对项目区的实施监管，不得申报项目建设。

二是总结经验完善政策，严格规范推进城乡建设用地增减挂钩。近年来，一些试点地区运用增减挂钩政策，推进田水路林村综合整治，取得了良好的效果。重庆、成都等地的试点探索，在确权登记颁证、指标流转、增值收益分配等方面，积累了一些有益的经验，需要认真总结。部省都要抓紧修订增减挂钩管理办法，深入探索产权制度改革、土地整治出来的建设用地指标合理配置，土地增值收益合理分配等方面的政策，尤其是千方百计维护好农民的土地权益。强化对增减挂钩的管控，按照规划合理安排增减挂钩规模、布局和时序，抓紧完成增减挂钩在线监管系统建设，力争全覆盖、全过程监管。

（三）着力打造以找矿突破战略行动为主要内容的资源保障平台，增强资源可持续利用能力。

我们提出了“358”的目标，今年是实现“三年有重大进展”的第二年，三年看两年，今年最关键。要坚持地质找矿新机制、“358”工作目标和以市场为导向的制度平台，周密部署安排和有力组织实施找矿突破战略行动，全面落实《找矿突破战略行动纲要（2011－2020）》年度找矿任务。

一是落实和完善新机制，坚持市场导向，努力实现“358”目标。组织实施战略行动核心是要用新机制指导找矿，要立足市场导向的制度平台，统筹中央、地方财政和各类社会资金。继续加大中央和地方财政投入，充分发挥地勘基金作用，大力吸引包括外资在内的各类社会投资。今年的目标是，新增石油地质储量10亿吨、天然气6000亿方，新查明铁矿石资源储量15－20亿吨、铜200－300万吨、铝土矿2亿吨，努力实现页岩气勘查重大进展。

二是统筹矿产资源开源、节流和布局。抓紧编制《找矿突破战略行动实施方案》，除个别省市外，都应在3月底前上报。全力推进47片整装勘查区勘查工作，引入大企业，加大投入力度，加快工作进度，努力实现重大进展。继续实施老矿山深部和外围接替资源勘查。加强煤层气、地热、浅层地温能等非常规能源资源的调查评价和勘查开发。探索开展致密油砂油气、油砂资源调查评价和利用技术攻关。尤其是要加大页岩气的调查评价和勘查开发的力度。要努力提升矿产资源开发利用水平。开展矿产资源节约与综合利用试点，扎实推进矿产资源综合利用示范基地建设，探索建立促进资源节约与综合利用长效机制。继续实施“以奖代补”政策，总结推广节约与综合利用新技术，完善矿产资源补偿费征收与储量消耗挂钩机制，健全矿山“三率”指标考核体系。要大力推动实施“走出去”战略，加强战略研究与宏观指导，发挥国外矿产资源风险勘查专项的引导支持作用，加强国外矿产综合研究与信息咨询服务。

三是强化公益性地质调查、地质科技和政策保障三大支撑。要加快推进地质矿产调查，全面完成矿产资源利用现状调查，继续实施海洋地质保障工程。在重点成矿区带内部署开展20万平方公里1:5万区域地质调查和矿产远景调查。要强化科技创新对地质找矿突破的支撑引领。加强重大地质问题科技攻关，推进成矿理论和找矿新技术、新方法、新装备的研发和推广应用。加快油气资源调查中心等公益性地质调查队伍建设。充分发挥武警黄金部队在国家基础地质调查和地质灾害应急处置工作中的作用。要制定完善鼓励和支持地质找矿加速突破的各项政策，特别是有关促进整装勘查的矿业权管理政策。全面落实矿业权设置方案制度，优化矿业权结构和布局，支持矿业企业做大做强。创造良好的政策环境，支持地勘单位深化改革加快发展，担当起找矿突破主力军的重任，走探采一体化道路。探索建立会商制度，实现部省两级财政专项的统一部署。适应新形势要求，全面清理规范各地出台的矿产资源管理政策，研究提出加强和改进矿产资源管理的思路和政策措施。积极开展矿业权出让网上交易试点，持续加大矿业权市场建设力度。

（四）着力打造以维护权益服务民生为主要内容的社会管理平台，促进社会和谐稳定。

资源问题关系群众切身利益，事关社会和谐稳定。要从加强和创新社会管理的高度，把维护人民群众资源合法权益放在更加突出的位置。

一是切实维护农民土地合法权益。土地是农村维稳的根本。今年必须完成覆盖农村集体各类土地的所有权确权登记颁证，加快推进包括农民宅基地在内的农村集体建设用地使用权确权登记颁证工作，赋予农民合法有据的权利保障，切实维护好农民的土地权益。在征地制度改革中要注重发挥农民的主体作用、规范征地程序、完善补偿安置机制，要采取更为有力有效的措施，有效维护被征地农民的合法权益。

二是切实做好保障性住房和普通商品住房用地供应。保障性住房用地要做到应保尽保，实行单独报批，鼓励使用存量土地。国务院批准用地城市必须在2月底前对保障性住房用地单独组卷申报，审查通过的用地由部安排计划指标，4月底前完成用地审批。各地要从实际出发，合理增加普通商品住房用地供给，及时编制住房供地计划并向社会公布，科学安排土地出让节奏和时序，促进市场平稳运行。及时依法依规查处违约违规用地和闲置土地，促进已供土地尽快开发建设。

三是大力加强地质灾害防治。全面落实《国务院关于加强地质灾害防治工作的决定》，加快地质灾害调查评价、监测预警、防治和应急等四大体系建设，特别要突出汛期和地震灾区、三峡库区等重点地区，抓好地质灾害的群测群防、预警预报和临灾避险，努力减少民众生命财产的损失。

四是不断提高地质矿产工作服务社会水平。开展和谐矿区建设试点，资源开发的利益由矿山企业与当地群众共享。扩大绿色矿山建设试点，开展“矿山复绿”行动。进一步推进落实矿山地质环境恢复治理保证金制度。建立全国统一的地质资料管理系统和共享服务平台，提高服务的集群化、产业化水平。

（五）着力打造以构建新机制为主要内容的制度创新平台，增强管理活力。

近年来，部与省联合部署开展了多个领域的改革试点，地方也紧紧围绕实践中存在的突出问题，积极开展改革探索，都取得了重大进展。今年国土资源管理改革最重要的任务就是组织开展各类改革探索和试点经验的总结、提炼和规范，努力形成一批新的制度。同时，继续深化推进并调整部署一批改革试点，努力取得新的进展。

一是总结提升，转化一批试点经验。认真总结征地制度改革试点成果，特别是福建“三到位”、河南郑东新区“和谐拆迁”、广东“留地安置”、海南陵水农民自主实施征地拆迁和“留地安置、留物业安置”多元补偿安置等基层实践探索，为修改土地管理法和完善配套法规提供经验借鉴。认真总结重庆地票交易制度和成都统筹城乡土地管理制度改革经验，提出示范推广的意见。深入总结广东“三旧改造”等低效利用土地二次开发及节约集约试点经验，力争抓紧深化，进一步推广。认真总结各地耕地占补平衡指标市场化交易实践探索，及时出台相关管理办法。总结各地针对不同产业特点实行差别化出让方式的实践经验，坚持完善土地招标拍卖挂牌等出让制度的探索创新。

二是持续推进，深化一批改革试点。继续深化单独选址项目用地审批制度改革。按照“国家控制用地规模、监督政策落实，地方负责组织实施”的原则，深化城市用地审批制度改革。部署开展集体经营性建设用地流转改革试点。继续推进土地统一登记和矿业用地管理制度改革试点。按照“放得下、管得住”的要求，继续深化煤炭矿业权审批制度改革。要按照构建“党委领导、政府负责、部门协同、上下联动、公众参与”的国土资源管理工作新格局的要求，总结各地推进共同责任机制试点建设经验，建立更加规范和谐的部省关系，形成新的工作格局。

三是部署安排，新设一批改革试点。总结推广成都、佛山等地建立耕地保护补偿机制的经验，在东中部经济发达地区、国家综合配套改革试验区等选择部分地方扩大试点。对于商品住房价格较高、建设用地紧缺的直辖市和少数省会城市，由省级人民政府审核同意并报部批准后，可以开展集体建设用地建设租赁住房试点。部省联合推动深圳市土地管理制度的改革创新。力争启动中原经济区、义乌国际贸易综合改革试验区、沈阳经济区等的配套土地管理制度改革。选择有条件的地区，统筹考虑区域、产业、地类等因素，综合运用规划、计划、审批、供应、用地标准、地价等管理手段，开展土地调控差别化政策的试点探索。在总结云南、海南等改革实践经验的基础上，在桂林等旅游综合改革试验区安排一批旅游产业用地改革试点。试点探索农民宅基地指标先使用后核销的管理办法。

（六）着力打造以创先争优为主要内容的基础建设平台，提升管理和服务能力。

一支素质高、作风硬和能力强的队伍和坚实的管理业务基础，始终是国土资源管理工作的兴业之基、成功之本，必须持之以恒大力加强。

一是深入开展创先争优活动。健全完善部省“联创齐争”机制，深入推进窗口单位“为民服务创先争优”，继续抓好机关干部“三进四同”下基层活动，培养、树立和宣传一批先进典型，促进干部作风大转变、部门形象大提升。机关干部“三进四同”下基层要与扶贫工作结合起来。

二是切实加强干部队伍和党风廉政建设。以绩效管理考核试点为契机，以提高工作质量和效率为重点，切实加强领导班子和干部队伍建设。创新教育培训方式，不断提高人才队伍素质和能力。进一步加强党风廉政建设，大力开展廉政文化建设，树立国土资源干部队伍的良好形象。

三是扎实推进依法行政。认真落实进一步推进依法行政实现国土资源管理法治化的意见，重点推进重大决策风险评估、规范性文件合法性审查、规章和规范性文件实施后评估等制度建设。加快推进《土地管理法》、《矿产资源法》修改，统筹推进配套政策研究制定。

四是大力夯实调查、规划、信息化等基础工作。全面完成2011年度土地变更调查与遥感监测，着力加强城镇地籍信息系统建设。加快推进全国宗地统一代码编制，加快推进全国土地登记信息动态监管查询系统建设。全面完成各级土地利用总体规划修编，加快全国国土规划编制，启动地方国土规划编制。大力推进信息化建设，继续完善和应用好全国遥感监测“一张图”和综合监管平台，加快四级国土资源管理全业务网上运行，切实增强网上监管和服务能力。

五是认真做好新闻宣传、信访、离退休干部等工作。加强新闻宣传，注重上下联动，突出工作重点，强化舆论引导，增强宣传实效。做好信访工作，加大领导干部接访力度，从政策层面化解信访积案。认真做好离退休干部工作，为老同志办实事、做好事、解难事。切实做好乌蒙山区和赣南地区的扶贫工作。

关于海洋工作和测绘地理信息工作。两个国家局都进行了系统总结部署。2011年海洋工作和测绘地理信息工作都取得了显著成效，2012年，海洋工作要继续大力发展海洋经济、改善海洋生态环境、提升管控能力、拓展海洋发展空间、提高海洋综合支撑能力、增强全社会海洋意识。测绘地理信息工作要扩大数字化城市成果应用，完善天地图服务功能，强化监测地理国情，加快推进地理信息产业发展，加速建设地理信息产业园，加强基础测绘建设，加大科技创新成果转化，健全完善管理体制机制，在新的起点上实现更大跨越。

四、坚持稳中求进，加快制度供给，不断提高国土资源工作能力和水平

中央经济工作会议确定了今年经济工作稳中求进的总基调。对我们来讲，稳中求进就是要促进经济稳、物价稳、社会稳，与此同时要力求有进，不断解放思想，持续改革创新，加大总结、提炼和规范的力度，加快新的制度供给，逐步健全有利于保障和促进科学发展的国土资源管理制度框架体系，进一步促进经济结构调整和发展方式转变。从现实情况看，解决国土资源管理面临的深层次矛盾和问题，靠调控土地、矿产资源供给

变量的潜力越来越小，靠现有制度框架下的变通也仅仅是权宜之计，根本出路在于深化改革、创新制度。目前，经过多年的努力，总结提升改革经验已具备深厚的实践基础。为了做好这项工作，我再强调五点。

一要进一步解放思想转变观念。当前，国土资源管理制度不管用、不好用、不够用的问题不同程度存在。制度创新，改革突破十分紧迫。改革创新是一场深刻的思想革命，我们必须进一步加强学习，始终坚持解放思想，开拓创新，把改革放在全球化的大背景、历史演变的大脉络、未来发展的大趋势、“三化”同步推进的大格局和利益分配的大调整中去思考、去谋划。正确处理部门利益与全局利益、改革创新与依法行政的关系，准确把握问题的本质和原因，明确改革的方向和思路，坚决从安于现状不想改、畏首畏尾不敢改、视野狭窄不会改，走向勇于革思想的命、削手中的权、去部门的利，用思想的解放增添改革的活力，用观念的创新求得政策措施的创新，用改革的办法破除机制体制障碍。

二要充分尊重基层和群众的首创精神。改革走到今天，需要加强顶层设计，统筹规划，讲究程序。但更应该看到，基层和群众的创造始终是改革力量的源泉，源头活水在基层，基层的经验最鲜活，基层的办法最管用，这是长期实践经验的总结，也是今后改革推进的基本原则。在推进改革过程中，要以包容的态度对待改革创新，支持地方在不违反法律基本精神的前提下积极探索创新，对改革创新过程中出现的一些偏差和问题，要及时加以指导和规范。要支持国家、部、省批准的改革试点地区先行先试，并在相关政策上给予倾斜。要最大限度地保护和激发基层群众的创新热情和创造能力，始终保持国土资源管理改革的蓬勃生机。要认真研究，及时出台国土资源改革创新试点指导意见，既规范有序推进改革，又为深化改革创造条件。

三要围绕突出问题切实加强调查研究。当前，我们在工作中面临的突出问题就是对新情况、新问题的感知不够敏锐，对问题产生的原因分析不够透彻，对解决问题的思路办法不够明确具体，导致出台的政策针对性、及时性和有效性不够强。这些问题在一定程度上影响了改革创新的效果。调查研究要找准问题，紧盯不放，坚持长期跟踪，持续积累，对问题要探其源、察其流、审其变，不断增强洞察力和敏锐性。调查研究必须运用历史的观点、全局的观点、辩证的观点对重大改革创新问题进行全面深刻透彻的分析，找出问题产生的原因及其发展变化的规律。加强调查研究更要认真总结实践经验，寻找解决问题的正确思路和有效对策。我反复强调，搞调查研究要带着解决问题的初步思路到基层、到群众中去寻计问策，最终找到切实可行的答案。要坚持和完善调研制度，继续坚持全国“两会”期间开展部省联合调研，不断深化专题调研，切实加强典型调研，完善“点线面”相结合的调研格局。特别是要发挥好基层联系点、扶贫点、改革试点在调研中的重要作用。

四要及时总结提升新探索新经验。试点经验总结提炼工作政策性强，难度很大，要求我们有深厚的理论功底、高超的政策水平和很强的协调能力。从一定意义上讲，基层的改革探索主要以解决问题为导向，而总结提升地方的成功经验，则需要站在全局的高度，通过试点地区、机关司局、专家学者、条件相似地方的共同努力，从个性到共性、从个别到一般，站在全局的高度，总结提炼出针对性、应用性、普适性强的政策。今年对这项工作要做出专门部署，抓紧制定工作方案、明确目标任务和职责分工、加强领导和统筹协调，力争上半年总结提升一批新的制度成果。对于尚不具备面上推广条件的，也应提出继续深化和示范推广的安排。同时，抓紧研究建立覆盖研究、试点、总结、提升全过程的工作制度，将改革创新经验的总结提升纳入规范化、制度化、科学化的轨道。

五要加强统筹协调形成改革创新合力。改革创新涉及方方面面，统一思想，利益协调，统筹推进的任务十分繁重。改革创新是一把手工程，各级国土资源管理部门的主要负责同志要切实负起责任，亲自研究谋划，亲自推动落实，亲自解决重大问题。要建立推动改革创新的协调联动机制，发挥好统筹协调各方的作用。加强部门沟通协调，最大程度凝聚共识，积极支持做好国家综合配套改革试验区相关改革工作。深化部省合作，强化良性互动，努力解决一批突出问题。加强系统上下联动，支持地方先行先试，形成改革创新合力。探索建立推进重大改革事项的专家论证、风险评估和社会参与机制。认真做好年度改革创新工作安排，推动各项改革有序开展。

改革创新是一项长期艰巨的任务。我们必须振奋精神，鼓足干劲，努力做到解放思想有闯劲，学习调研有钻劲，攻坚克难有韧劲，统筹协调有巧劲，持续把改革创新推向深入，以改革创新的新突破促进国土资源工作迈上新台阶。

国土资源工作支撑各行各业，影响千秋万代。做好国土资源工作任务艰巨、责任重大。让我们同心同德，齐心协力，乘势而上，攻坚克难，全面完成2012年各项任务，以优异的成绩迎接十八大的胜利召开。

春节即将来临，我代表部党组向全系统广大干部职工、向长期以来关心支持国土资源工作的各地方政府、各有关部门和新闻媒体的朋友们拜个早年，衷心祝愿大家龙年吉祥、工作和顺、家庭和美、身心和谐！

坚定信心 奋发进取 开创首都国土资源管理新局面

——在2012年北京市国土资源工作会议暨党风廉政建设会议上的报告

北京市国土资源局党组副书记、局长 魏成林

(2012年2月10日)

同志们:

这次会议的主要任务是，认真贯彻落实党的十七大和十七届历次全会、市委十届十次全会、全国国土资源工作会议和中央领导同志关于国土资源工作重要讲话精神，回顾总结2011年工作，研究部署2012年任务。会议的主题是“坚定信心、奋发进取，开创首都国土资源管理新局面”。我们要用中央和市委市政府的指示精神和工作要求，统一思想、坚定信心、明确重点，统筹安排各项工作任务，在去年工作的基础上，进一步开创国土资源管理工作新局面。

一、凝心聚力、扎实工作，圆满实现“十二五”良好开局

2011年，全市国土资源系统在市委、市政府和国土资源部的正确领导下，紧紧围绕科学发展主题和加快经济发展方式转变主线，全面实施“十二五”规划，全面贯彻建设中国特色世界城市和“人文北京、科技北京、绿色北京”战略，坚决落实国家和我市各项宏观调控政策，以守住耕地红线和保障发展用地为目标，以促进土地利用和管理方式转变为重点，积极主动服务，严格规范管理，切实维护权益和改善民生，不断提高了国土资源保障服务能力和保护监管水平，为推动首都经济社会全面协调可持续发展做出了新的贡献，实现了“十二五”时期良好开局。

(一)谋发展，加强土地调控，国土资源保障服务能力不断增强

科学编制“十二五”土地供应中期计划和2011年度土地供应计划，保障全市经济社会发展用地需求。2011年土地供应计划总量为6500公顷，实际供地5735公顷，完成计划的88.2%。**全面落实国务院下达的耕地保有量和基本农田保护面积，从严控制建**

设用地规模、结构和时序。2011年国土部共下达我市新增建设用地计划指标4427公顷，其中农用地3780公顷，耕地2403公顷。全年共安排使用新增建设用地3549.6公顷，占计划指标的80.18%，农用地3448.1公顷，占计划指标的91.23%，耕地1947.5公顷，占计划指标的81.04%。**加大土地储备开发力度**。全市新增土地储备开发面积3555公顷，基本完成土地储备开发面积2741公顷，完成土地储备开发投资1101亿元。全市储备机构新筹措资金1768亿元，银行当年到期贷款1331亿元全部按期归还。**加强房地产用地调控，维护土地市场健康平稳发展**。改进和完善招拍挂出让方式，探索和有效运用“限房价竞地价”、“限地价低向竞房价”“限地价竞政策性住房面积”、“综合评标”等多种房地产用地出让模式，将政府的房地产市场宏观调控目标融入土地供应环节。全年土地市场共成交土地257宗，成交额1113亿元，其中政府土地收益463亿元。土地收入实际入库1275.15亿元，其中政府收益752.75亿元。

（二）促转变，落实节约战略，国土资源利用方式不断创新

促进土地利用方式转变。根据首都产业功能定位和发展方向，合理安排土地供应的总量、结构、布局，实行差别化的供地政策，引导产业结构调整，优先支持战略新兴产业、文化创意产业用地需求。**落实节约优先战略**。深入持续开展国土资源节约集约模范县（市）创建活动，西城区、石景山区和北京经济技术开发区三个试点单位被评为首届国土资源节约集约模范县（市）。搭建开发区用地管理基础平台，研发土地节约集约利用评价动态更新系统，全面完成开发区土地集约利用评价成果更新工作。**加强土地批后监管，积极破解闲置土地处理难题**。强化房地产开发土地供应和开发利用的全程监管，制定出让合同缴款台帐，进一步落实闲置土地清理处置政策，扎实推进闲置土地查处工作。**创新集体土地利用方式**。探索集体土地租赁住房用地政策，向国土资源部申报集体土地租赁住房试点并获批准。制定《北京市利用集体土地建设租赁住房试点实施方案（第一批）》，拟定《北京市农村集体建设用地使用权流转管理办法（试行）》并已完成征求相关委办局意见。全力支持42个重点小城镇、城乡结合部50个重点村和10个新型农村社区试点建设工作，加强对试点建设规划编制的指导和用地政策的研究。支持并推进大兴区西红门镇整体改造试点工作，加快集体产业优化升级，破解城乡结合部地区发展难题。

（三）惠民生，坚持执政为民，国土资源以人为本理念不断彰显

政策性住房供地任务超额完成。首次将政策性住房用地供应指标分解落实到各区县，土地市场成交的住宅项目中70%配建了政策性住房。全年计划安排政策性住房用地总量1330公顷，占住宅用地供应总量的50%以上，实现供地1338公顷，完成计划的101%。**征地制度改革稳妥推进**。积极探索、稳妥推进留地安置、实物补偿等征地多元化补偿安置方式，在具备条件的市属基础设施工程、经济适用房、城乡一体化试点项目中采取实物补偿方式，在城乡结合部50个重点村项目中采取一村一策的补偿安置方式。

在深入调查研究和广泛听证的基础上，制定实施了征地补偿区片指导价。**地质灾害防治力度不断加大**。认真编制《北京市"十二五"时期地质灾害防治规划》，建立健全地质灾害群测群防网络，完善风险源台帐，全面落实乡镇村防治责任，实现安全度汛。

（四）保资源，维护管理秩序，国土资源保护监管水平不断提升

耕地保护制度进一步完善。逐步建立健全耕地保护责任考核体系，严格土地管理责任追究制，明确规定区县、乡镇政府主要负责人是本行政区域内耕地保有量和基本农田保护面积的第一责任人。以市政府名义下发《北京市耕地保护责任目标考核办法》，按照该办法要求，与各区（县）政府签订年度耕地保护目标管理责任书，并顺利完成2006－2010年度耕地保护责任目标履行情况检查工作。全年办理涉及占用耕地建设项目均按照国家和我市相关政策要求，完成了占补平衡任务。不断加大土地整治投入和工作力度，已批准土地开发整理立项项目29个，建设规模9.63万亩，计划新增耕地1.9万亩；完成项目竣工验收13个，建设规模14.5万亩，新增耕地0.84万亩；在施项目总数138个，正按项目实施计划有效推进。**执法监察力度不断加大**。2010年度土地矿产卫片执法检查立案查处467件，查处到位457件，到位率97.9%，全市违法用地占用耕地面积占新增建设用地占用耕地总面积比例为8.01%。全年共立案查处违法用地案件677件，结案711件；立案查处矿产资源领域违法违规案件88件，全部结案，收缴罚没款311.3万元。加大动态巡查频度和力度，全年通过动态巡查发现国土资源违法案件449件，制止424件，挽回经济损失约1亿元。**矿产资源实现合理开发、利用，城市地质工作深入推进**。研发并运行"北京市国土资源局矿业权交易监管系统"，实现对矿业权交易的全程监管。全年共有77个矿业权项目进入矿业权交易市场进行公开交易。转变管理理念，发展绿色矿业打造绿色矿山，促进浅层地热能开发利用。完成矿产资源开发利用年检工作及利用现状调查工作，工作进度及质量均居全国前列。初步完成矿产资源潜力评价工作。加强城市地质工作，积极推进地质资料信息服务集群化产业化；城市地质土壤调查评价工作取得阶段性成果。加强地质勘查行业管理，编制完成《"十二五"地质勘查规划》。

（五）强基础，提升科技支撑，国土资源工作效率和质量不断提高

加快规划修编。14个区县级土地利用总体规划经市政府批复实施，185个乡镇级规划已完成两轮技术审查，全面进入规划成果报批阶段。开展《北京市土地利用总体规划（2006－2020年）》实施评价工作。**深化地籍管理**。有序推进农村土地确权登记发证工作，制定《北京市农村土地确权登记发证工作总体方案》，圆满完成市级试点及10个区县试点外业复核工作。初步建立"月清、季累、年更新"的土地变更调查新机制。起草《北京市国土资源局土地权属审查办法（试行）》。**运用信息化技术，提升科技创新能力**。打造技术先进、管理科学、监察有力、响应迅速的国土资源综合监管平台，初步实现市局与分局全业务、全流程信息化管理。加大数据汇交力度，确立国土资源

“一张图”权威性，为带图业务审批和数据统计奠定坚实基础。研究制定《北京市国土资源科技项目管理办法》，编制完成《北京市国土资源“十二五”科学与技术发展规划》，加强科技对国土资源工作的支撑作用。

（六）抓党建，强化教育管理，国土资源队伍建设不断加强

深入开展“两整治一改革”专项行动，扎实开展“创先争优”活动，持续开展精神文明创建活动，推进党建与业务工作有机融合，干部队伍始终保持了昂扬的精神状态。积极推进学习型党组织建设，干部队伍的思想理论水平不断提高。隆重开展纪念建党90周年活动，干部队伍的理想信念更加坚定。深化“三进两促”活动内涵，推进廉政风险防控管理，严格“三公”经费支出，干部队伍的作风进一步转变。坚持公道正派选人用人，加强干部队伍的教育培训和轮岗交流，编制实施国土资源系统“十二五”人才规划，不断营造了风清气正的组织人事工作环境。

同志们，过去的一年，全市国土资源系统围绕中心、服务大局，准确把握国土资源管理在首都经济社会发展中的定位，解放思想、改革创新，着力破解国土资源管理工作中的重点难点问题，在服务经济建设、保障民生、加强国土资源保护等方面成绩显著。这是党中央、国务院、国土资源部和市委、市政府坚强领导的结果，更是全系统广大干部职工齐心协力、团结奋斗的结果。在此，我代表党组和局领导班子向全系统广大干部职工致以崇高的敬意和亲切的问候！

二、研判形势、把握机遇，切实明确国土资源管理工作的努力方向

今年是实施“十二五”规划承上启下的重要一年，也是国土资源深化改革、强化管理的重要一年，做好今年的国土资源管理工作，我们必须深入研判经济社会发展的新形势和国土资源管理面临的新情况新背景，深刻领会中央、国土资源部和北京市委、市政府的新要求，把握机遇、破解难题，坚定做好国土资源管理工作的信心。

（一）深入研判形势，准确把握上级要求

首都经济发展的外部环境更加严峻，国内经济增速放缓与物价上涨交织，经济运行的不确定性、不稳定性因素明显增多，保持首都经济平稳较快发展面临新的考验。党的第十八次全国代表大会、北京市第十一次党代会将隆重召开，营造良好的社会环境和政治局面，维护社会和谐稳定的任务将更加繁重。

中央和市委市政府都对2012年经济工作确定了稳中求进的总基调。对于国土资源领域来说，“稳”就是促进经济稳、物价稳、社会稳，尤其要维护好农民权益，营造和谐社会环境；“进”则是继续解放思想、持续改革创新，加大总结、提炼和规范力度，逐步健全管理制度框架体系，推动构建“党委领导、政府负责、部门协同、公众参与、上下联动”的新格局。国土资源部根据中央经济工作会议精神，结合行业实际提出了今年的六个工作重点：一是着力完善以破两难为主要内容的双保工程平台，促进经济发

展方式转变；二是着力打造以土地整治为主要内容的城乡统筹发展平台，促进“工业化、城镇化、农业现代化”同步发展；三是着力打造以找矿突破战略行动为主要内容的资源保障平台，增强资源可持续利用能力；四是着力打造以维护权益、服务民生为主要内容的社会管理平台，促进社会和谐稳定；五是着力打造以构建新机制为主要内容的制度创新平台，增强管理活力；六是着力打造以创先争优为主要内容的基础建设平台，提升管理和服务能力。对于上级的要求，我们要深刻领会，切实贯彻落实到各项具体工作中去。

（二）明确努力方向，抓住机遇勇破难题

当前，国土资源事业发展面临许多有利形势和重要机遇。中央领导同志先后三次发表重要讲话，奠定了国土资源工作全局性、战略性地位，为我们迎来了难得的发展机遇。北京市委、市政府高度重视、支持国土资源管理工作，首都仍处于大有可为的重要战略机遇期的判断，为我们创造了良好的外部环境。国土资源重点领域和关键环节改革持续深化，为加强和改进国土资源工作奠定了重要基础。科技创新和管理信息化水平不断提高，为国土资源管理工作提供了有力支撑。全市国土资源系统作风不断改进，为我们履行职责提供了有力保障。

但我们也必须清醒地认识到，首都国土资源管理工作还面临一些矛盾和难题：**一是面临统筹保护资源与保障发展双重压力，两难问题始终未取得重大突破**。一方面北京面临保护耕地，合理开发利用矿产资源，加强生态环境建设，促进人口资源环境协调发展的任务；另一方面北京城市化、国际化步伐加快、经济不断发展加大了对土地的需求。而目前，我市后备土地资源不足、耕地占补平衡压力很大，土地浪费和粗放利用严重，节约集约程度不高。如何正确处理好保护与发展的关系，是首都国土资源管理工作长期面临的重要课题。**二是面对国土资源事业快速发展的新形势，队伍建设还不能完全适应**。随着改革开放的不断深入和国土资源事业的不断发展，政府、社会和人民群众对国土资源部门的要求越来越高。为了适应新的形势，需要我们的干部队伍在理论水平、执政理念、创新能力、服务质量、作风养成等方面都要有大的进步和转变。但目前，我们有些同志还存在着观念陈旧、能力不足、作风漂浮等不适应、不符合之处，需要采取切实措施加以解决。**三是国土资源管理基础工作薄弱，仍是我们需要进一步加强建设的重点**。法律法规滞后于经济建设发展的需要、“二调成果”应用尚待深化、土地产权制度有待改革、违法占地和私挖盗采形势严峻、行政审批的效率和质量有待提高、“一张图”应用服务有待深化、防控廉政风险的长效机制有待完善、机关管理秩序有待进一步规范等问题，都是事关国土资源事业发展的基础性工作，需要我们切实重视、下力去抓。

同志们，机遇和挑战同时摆在我们面前，我们应该进一步增强机遇意识、忧患意识，充分利用有利条件和积极因素，做好应对各种困难和挑战的思想准备。

三、真抓实干、狠抓落实，确保完成国土资源管理各项工作任务

2012年，全市国土资源系统要在市委、市政府和国土资源部的正确领导下，以邓小平理论和“三个代表”重要思想为指导，深入贯彻落实科学发展观，全面贯彻落实中央和市委市政府的工作部署，大力践行“北京精神”，努力适应“人文北京、科技北京、绿色北京”发展战略要求，牢牢把握“稳中求进”的总基调，统筹保障发展和保护资源，加快推进经济发展方式转变和经济结构调整，着力保障和改善民生，以优异成绩迎接党的十八大和市第十一次党代会胜利召开。

（一）围绕转变经济发展方式主线，为首都经济社会稳中求进提供保障

一是坚持主动服务，推进重大项目加快落地。充分发挥重大办的综合服务协调督办功能，解决项目落地的关键难点，通过严格落实行政首长负责制度、联系人制度、重大项目推进工作考评制度、调度协调会制度及公开督办制度，保证重大项目及时依法落地。完善重大工业项目协调机制，促进成熟项目投资尽快落地。加强与相关部门的协作，加大对项目用地审批手续的指导和督促。

二是创新管理模式，保障土地科学供应。从北京市土地供应潜力、资源环境承载力的约束条件以及与“十二五”各专项规划的衔接等角度出发，深入研究北京市土地供应的增量和存量比例变化、各区县的土地供应潜力、土地供应的空间布局。优先考虑资源制约和生态保护，特别是人口、资源、环境承载力评价以及生态协调、资源限制性等约束条件，加强土地储备开发计划、土地利用计划与土地供应计划的衔接，综合平衡区域、产业发展和空间时序安排，科学合理安排各行业用地供应。通过土地供应政策导向，引导土地合理开发利用，确保民生工程用地，优化土地利用结构；进一步落实计划地块公布机制，明确土地供应政策，加强对消费和投资的引导，稳定市场预期；进一步加强土地供应计划实施管理和实施过程的沟通和协调，完善市政府相关部门和区县政府共同实施计划的联动机制；强化计划的动态跟踪管理和调整奖惩机制，促进土地集约利用。

三是深入推进国土资源节约集约利用工作。以即将召开的全国国土资源节约集约模范县（市）创建活动表彰会为契机，研究制定我市创建活动的标准、规范和奖励办法，推广试点经验，在全市范围内展开国土资源节约集约模范区县创建活动。开展城市建设用地节约集约利用评价工作。充分利用二调成果，摸清全市各级开发区用地的现状、底数，特别是针对区、镇工业大院土地使用效率不高、大量土地闲置等问题，结合国土部相关政策，研究盘活存量土地、推进节约集约用地的方式方法。制定北京市开发区节约集约用地的奖惩办法，促进开发区节约集约用地评价成果的应用。验算各类园区用地标准和入区标准，研究和测算产业用地供应、使用方法和标准。完善北京市开发区土地节约集约利用评价信息系统，开展试运行工作。

四是持续推进土地储备开发工作。合理控制全市新增土地储备开发项目规模，消化存量、优储快供，新增土地储备开发项目2000公顷，土地储备开发投资800亿元。在空间布局上继续优化，进一步加大六大高端产业功能区、北部研发和高新技术产业聚集区、永定河绿色生态发展带、轨道交通线、规划新城、重点小城镇等区域的土地储备开发力度；深入推进城南行动计划；重点支持通州核心区、门头沟S1线、首都新机场、丽泽商务区等项目建设；加快推进城乡结合部地区土地储备开发，抓紧完成50个重点村城市化建设收尾工作。同时积极推进在施项目进度，加快土地储备开发项目的上市供应。进一步拓宽融资渠道，确保土地储备资金充足安全。加强与金融管理部门沟通，争取土地储备贷款政策支持。建立多元化的融资渠道，探索土地债券、信托及委托贷款等融资方式，争取第二期保险资金290亿元尽快到位。按期偿还银行贷款。各区县分中心尽快建立储备机构土地收益基金，提高储备机构自有资金比例，增强区县储备机构偿债能力。

五是加强集体建设用地利用管理，加快推进城乡一体化建设。进一步加强集体建设用地利用和管理政策研究，积极推进农村集体土地租赁住房建设试点和集体建设用地使用权流转工作，支持并推进我市42个重点小城镇、城乡结合部50个重点村改造、10个新型农村社区试点建设和大兴区西红门镇整体改造试点工作。

（二）加强房地产用地调控，维护土地市场健康稳定

集中优先供应优质地块。在宏观调控背景下，以市场需求为导向，适度降低房地产用地供应总量，保持土地市场健康稳定。重点确保政策性住房供地、重点地区和重点新城建设。优先供应朝阳、海淀、丰台等区位条件较好、周边市政设施完备的地块，适当保持商服用地供应总量。同时控制上市地块规模，降低企业拿地门槛，提高企业购地热情。**深入开展地价动态评估机制研究，加强土地市场科学规范管理。**认真贯彻落实国家宏观调控政策，以规范土地市场运行为着力点，以保证土地市场健康发展为出发点，加强市场管理规则的研究、制定和优化工作。完善基准地价成果更新，加强地价动态监测。开展国土资源形势分析，预测土地市场运行趋势。

（三）保障和改善民生，切实维护群众合法权益

坚决纠正损害群众利益的不正之风。继续治理征地拆迁、住房保障等方面损害群众利益的突出问题。**全力供应政策性住房用地。**优先优质安排政策性住房建设用地，编制并确保完成政策性住房用地供应计划。确保2012年政策性住房建设用地占住宅用地供应的比例要超过50%，确保政策性住房、棚户区改造和自住性中小套型商品房用地不低于住宅用地供应总量的70%，确保完成2012年新建收购16万套保障性住房用地的供地任务。**稳妥推进征地工作。**进一步规范征地手续，完善征地公示和村民代表大会的程序和监管方式，认真落实征地补偿监管规定，下力解决征地公示不真实和作假问题，切实维护被征地农民合法权益。加快推进征地区片价上报工作。不断完善征地多元化补偿

安置方式。

（四）加大执法监察力度，坚持和完善最严格的耕地保护制度

一是加大耕地和基本农田保护力度。进一步推进大兴区耕地等级监测试点工作；补充完善全国耕地质量等级成果；积极探索研究北京市耕地整体租赁集中管护机制；不断完善耕地破坏程度鉴定工作机制。继续加大土地整治工作力度，组织编制土地整治规划纲要，积极推进土地整治项目立项、实施和验收；积极开展农村土地综合整治试点；严格落实国务院《土地复垦条例》。严格按照国土部关于耕地占补平衡的有关要求，全面落实我市经批准非农建设补充耕地任务。

二是坚决遏制违法用地行为。组织开展2011年度卫片执法检查工作。继续利用总参卫星，加强对全市14个郊区县新增建设用地变化情况的常规监测。加大警示约谈和问责力度，建立重点违法乡镇问责机制，对公开挂牌督办的重大典型案件坚决查处到位。加强基层政府、国土部门“双巡查机制”和利用自有卫片开展执法检查“天地一体”监管的长效机制建设。研究建立年度卫片执法检查发现违法违规用地“名录”和“处罚（理）动态档案”制度。探索建立市级以上重点工程项目“未批先用”、“边报边用”问题的预防工作机制。努力改善执法监察装备，切实提升执法监察软硬实力。

（五）保护矿产资源，加强地质服务，切实增强资源利用水平

一是规范矿产资源开发、利用秩序，完善矿业权有形交易市场建设。进一步健全矿政管理规章制度。认真研究矿业权出让管办分离的运行情况，完善矿业权有形交易市场。编制绿色矿山发展规划，指导矿山企业科学开采，提高资源利用水平。加强对矿山开发的监督管理，防范矿山越界开采及安全生产事故，加大打击非法开采工作力度。完成矿产资源潜力评价、储量利用现状调查收尾工作。加强地热资源管理，积极推进养生类温泉管理的标准化、规范化，促进地热资源的整装开发和集约利用。

二是强化地质服务。积极推进城市地质土壤调查与评价和地质资料信息服务集群化产业化工作。加强地质灾害防治，出台落实《国务院关于加强地质灾害防治工作的决定》的具体意见措施和地质灾害危险性评估技术规范（北京市地方标准）。继续推进延庆世界地质公园、房山史家营国家矿山公园的申报工作，协调平谷黄松峪国家地质公园、矿山公园、密云云蒙山国家矿山公园的揭碑开园。高标准完成矿山地质环境治理示范工程。

（六）加强队伍建设，进一步提高干部职工的素质能力

一是加强领导班子建设。各级领导班子要推进学习型党组织建设，坚持以理论武装为基础，提升领导和推动科学发展的能力。加强和改进领导班子思想政治建设，进一步坚定理想信念。深刻理解国土资源参与宏观调控的要求，准确研判形势，把握好工作大局；带头解放思想，推进工作创新，深入基层、深入群众，破解影响科学发展的热点难点问题；认真落实民主集中制和“三重一大”制度，提高决策水平。注重维护班子的

团结统一，努力把领导班子建设成为团结进取、勇于创新、富有战斗力和凝聚力的坚强核心。

二是加强干部队伍建设。进一步健全完善干部选拔任用工作程序，严格执行《干部选拔任用条例》和《北京市处级党政干部选拔任用工作流程（试行）》规定，加大竞争性选拔干部力度，提高选人用人公信力。拓宽干部交流渠道，加大干部交流力度。加强年轻干部、后备干部培养锻炼工作，促进年轻优秀干部脱颖而出。加强对离退休人员的服务工作，完善管理制度。

三是加强党风廉政建设。贯彻落实党风廉政建设责任制和《北京市实施〈关于实行党风廉政建设责任制的规定〉办法》，进一步强化各级领导班子和领导干部在党风廉政建设中的责任。深入开展反腐倡廉教育，推进廉政文化建设，促进党员干部严格执行廉洁从政的各项规定。加强廉政风险防控管理，构建以优化权利结构为基础，以规范权利运行为核心，以加强制度建设为重点，以现代信息技术为支撑，具有国土特色的廉政风险防控管理机制，不断提升预防腐败工作的科学化、制度化和规范化水平。加强政风行风建设，提高服务群众水平，提升国土资源部门形象。巩固和深化“两整治一改革”专项行动成果。

四是加强机关党建工作。深刻认识中央提出的在新形势下保持党的纯洁性的重大意义，不断加强各级党组织的作风建设，切实维护党的思想纯洁、队伍纯洁和作风纯洁。精心组织好党的十八大和市第十一次党代会精神的宣传学习工作。深入开展“三进两促”活动，并将其建设成为机关党建品牌。扎实开展创先争优活动，全面推进“领航工程、聚力工程、先锋工程”。广泛开展多种形式的践行“北京精神”的活动，培育国土精神底蕴，提升首都国土职工的精神和文化追求。加强基层党组织建设，实施党支部建设示范工程。深入推进党务公开，实现党务公开的标准化、规范化和制度化。

（七）夯实管理基础，提高国土资源管理工作的规范化和科学化水平

一是促进规划实施，用规划规范国土资源开发利用、保护和整治。加快制定《北京市土地利用总体规划实施管理办法》，开展市级土地利用总体规划实施评估。加大区（县）、乡（镇）土地利用总体规划宣传力度，特别是要广泛开展面向基层群众的宣传普及活动，提高农村基层组织和其他公民依法合规用地的自觉性。建立和完善规划实施的评估机制，对规划目标落实、规划空间布局实现、规划管理措施执行情况等进行评价。积极探索推进规划评价的应用，将评价结果与下一年度投资分配、项目管理、用地指标分配挂钩，并作为对区县领导班子和干部综合考核评价的重要依据。

二是加强地籍管理，全面实现以证管地。加快推进农村集体土地确权登记发证工作，进一步扩大试点范围，按照“依法依规、便民高效、因地制宜、急需优先和全面覆盖”的原则，力争在2012年底完成农村集体土地所有权确权登记发证工作。规范土地登记，加强土地确权与争议调处，组织开展年度变更调查与遥感监测工作。深化地籍

信息系统建设，完善“二次调查”数据库，做好地方库与国家库的衔接、整合。

三是加强信息化建设，运用现代科技信息手段规范和创新国土资源管理方式。深化国土资源综合监管平台和“一张图”建设与应用，逐步形成数据生产、汇交、管理、更新、应用服务的长效机制。重点推进监管信息系统建设、网络升级和地籍、规划管理信息系统整合集成，抓好信息化与关键业务、关键环节的初步融合，促进国土资源管理方式转变和流程优化，不断提升国土资源管理和服务水平。

四是深化行政审批制度改革。进一步梳理、完善、下放行政许可事项和行政服务事项的审批程序，逐步实现标准化审批，为审批职能全部入驻市行政审批中心做好准备。继续探索完善行政审批“一个窗口对外、一站式服务、网上申报、网上审批”等制度的落实，实现“阳光审批”。

五是促进科技与国际合作双向联动，发挥科技的引领支撑作用。加强科技项目管理，深入推进首都国土资源高频度监测技术系统研制与示范项目、门头沟生态城矿山地质环境监测、生态恢复关键技术研究及示范区建设项目。加强国土资源公益性行业科研专项建设和野外观测科学研究基地建设。开展丰富多彩的国土资源科普宣传活动。筹备召开北京市国土资源系统首次科技工作大会。加强因公出国（境）管理，拓展“对外合作基地”和“国际友好国土局”建设，加大对外交流与合作力度。

六是加强国土宣传工作，规范信息公开，妥善化解矛盾，全面推进依法行政。围绕“双保工程”和参与房地产市场调控开展重点宣传，通过新闻发布制度、网络发言机制、建立官方微博、协调驻京媒体等夯实外宣基础工作，切实发挥新闻宣传和文化建设的特殊功能，提高公众对国土资源事业和首都国土部门的认知度，为中心工作的开展提供精神动力和舆论支持。进一步深化和规范政府信息公开，加大主动公开力度，认真办理依申请公开。加强信访工作，认真落实属地责任，规范信访事项办理，下决心化解长期未能解决的复杂疑难信访问题。严格落实《北京市国土资源局关于进一步推进依法行政实现国土资源管理法治化的实施意见》，切实提高全系统依法行政和依法应诉水平。

同志们，做好今年的各项工作，任务艰巨，责任重大，让我们振奋精神、求真务实、开拓进取，以昂扬的斗志和饱满的热情投入到2012年的工作中，为首都社会和谐稳定和科学发展贡献力量，以优异成绩迎接党的十八大胜利召开！

北京市大兴区安定镇
基本农田保护区
四至位置：东至：青礼路
南至：小龙河
西至：魏善庄
北至：岔河
基本农田面积：2.19万亩
乡（镇）、村：安定镇后安定、堡林庄、杜庄屯、洪士庄、驴坊、潘家马房、郑福庄、东芦各庄、西芦各庄、后辛坊10个行政村。
保护责任人：陈俊利
举报电话：010—80233242
基本农田保护五不准
北京市国土资源局大兴分局 立
中华人民共和国国土资源部 监制
二〇一〇年十二月

行政管理

综合行政

市国土局概况

【机构设置与职责】

根据中共中央、国务院批准的北京市人民政府机构改革方案和《北京市人民政府关于机构设置的通知》(京政发［2009］2号)，设立北京市国土资源局(简称市国土局)。市国土局是负责北京市土地与矿产资源行政管理的市政府组成部门。共有16个内设机构，8个直属事业单位，17个区县分局。市国土局全部在编工作人员2134名，其中公务员631人，参公单位人员237人，事业单位人员1193人。工勤73人。市国土局机关141人，均为公务员。

主要职责

贯彻国家关于国土资源管理工作的法律、法规、规章和政策，起草北京市有关国土资源管理地方性法规草案、政府规章草案，并组织实施。

承担保护与合理利用土地资源、矿产资源等自然资源的责任。拟订北京市国土资源发展规划，开展国土资源经济形势分析，研究提出国土资源供需平衡的政策建议，参与全市宏观经济运行、区域协调、城乡统筹的研究并拟订涉及国土资源的调控政策和措施。

承担耕地保护、节约集约利用土地资源的责任。负责北京市耕地保护、基本农田保护和土地用途管制的监督管理，组织实施未利用土地开发、土地整理和土地复垦；负责政府土地储备管理，拟订并组织实施土地储备和土地一级开发；组织实施国有土地使用权招标、拍卖、挂牌出让工作。

承担优化配置土地资源的责任。编制、修订北京市土地利用总体规划、年度计划，并组织实施；指导、审核区县、乡（镇）土地利用总体规划，并监督落实；拟订土地供应政策，组织编制土地供应计划，并监督实施；负责建设用地预审管理。

承担规范国土资源市场秩序的责任。拟订北京市基准地价，确定土地使用权出让价格，指导土地价格评估工作；规范和监管矿业权市场，组织对矿业权人勘查、开采活动进行监督管理；规范和监管国土资源相关社会中介组织和行为。

负责北京市土地权属管理；组织土地资源调查及土地动态监测工作；负责土地确权、地籍登记、土地定级的管理；

负责各类土地登记资料的收集、整理、共享和汇交管理。

负责北京市矿产资源和地质勘查的监督管理；拟订矿产资源开发、利用和保护规划，并组织实施；负责矿产资源储量管理，组织矿产资源的登记、统计、分析；负责地质勘查成果登记和地质资料汇交管理。

负责北京市地质环境保护的监督管理；拟订地质灾害防治工作规划、计划及应急预案，并组织实施；负责地下水环境监测；负责地热资源勘查、开发、保护的管理；组织协调重大地质灾害的整治工作。

依法征收资源收益，规范、监督资金使用；依法组织土地、矿产资源专项收入的征管，配合有关部门拟订收益分配制度，指导、监督北京市土地整理复垦开发资金的收取和使用。

负责北京市国土资源执法监察工作，依法查处各种违法违章行为；依法调处各种土地权属、探矿权属、采矿权属纠纷。

拟订北京市国土资源方面的科技发展规划，并组织实施；负责国土资源信息管理系统建设及信息、档案、综合统计工作。

承办市政府交办的其他事项。

【内设机构与职责】

领导班子：

党组书记、副局长	张国玉
党组副书记、局长	魏成林
党组副书记、副局长	刘　辉
党组成员、副局长	李燕飞
党组成员、纪检组长	周新华
党组成员、副局长	张　维
党组成员、副局长	曾赞荣
副局长	谢俊奇
副局长	李　军
总规划师	丁　晓
副巡视员	郭创兴
副巡视员	张川北

办公室

负责机关政务工作；负责文电、会务、机要、档案等机关日常运转工作；承担信息、信访、建议、议案、提案、安全保密等工作；承担重要事项的组织和督查工作。

研究室

承担本市国土资源管理重大问题的调查研究，并提出意见建议；承担重要文稿的起草；组织、指导本系统的调查研究工作；承担新闻发布、对外宣传有关工作；组织有关地方志、年鉴的编纂。

法制处

负责本系统推进依法行政综合工作；起草国土资源管理方面的地方性法规草案、政府规章草案；负责行政执法工作的监督、指导和协调；承担行政复议、应诉的有关工作；承担机关行政规范性文件的合法性审核和备案工作。

科技与对外合作处

承担本市国土资源、科技管理工作；拟订国土资源科技工作的发展规划和年度计划，并组织实施；拟订国土资源对外交流与合作的工作规划、计划，并组织实施；承担本系统外事工作；组织协调国土资源科研开发、新技术推广、科技成果评审、学术交流等工作；承担有关软科学项目的管理工作。

调控和监测处（综合处）

负责本市国土资源经济形势分析，研究提出国土资源供需总量平衡的政策建议，参与本市宏观经济运行及相关改革研究；拟订土地供应政策，编制土地供应计划；拟订土地市场管理、地价调控等政策措施；承担土地价格动态监测和地价指数编制工作；承担国土资源行政许可工作的组织协调和督查考核；承担行政许可事项的接待受理、证件核发、档案验收、业务档案管理等工作；承担国土资源管理业务的内部综合以及与相关部门的协调联系工作；组织政府信息公开工作，承担国土资源综合统计、专业统计和数据资源共享工作，分析、上报、发布有关统计信息；指导本系统行政许可工作。

规划处

承担本市国土资源综合规划的管理及各类规划的协调工作；拟订土地利用、矿产资源、地质环境等总体规划；编制、修订基本农田保护，土地整理、复垦、开发，矿产资源开发、利用、保护，以及地质环境保护等专项规划；指导和审核区县、乡（镇）土地利用总体规划，并监督落实；依法承担建设用地预审工作。

耕地保护处

承担本市耕地保护、集体建设用地利用、农用地使用等方面的监督管理，拟订有关管理办法和政策措施，依法承担相关的行政许可工作；编制土地复垦、整理的工作规划和年度计划，拟订耕地开发复垦费标准，并组织实施；监督落实占用耕地的建设项目的占补平衡措施；组织实施土地整理储备以及宜耕土地后备资源库、补充耕地储备库建设管理等工作。

地籍处

承担本市地籍管理工作，拟订有关管理办法和政策措施；承担土地调查（地籍调查、土地利用现状调查）、登记、统计和动态监测工作，拟订地籍管理技术规范；承担土地确权、登记、变更、抵押、终止等监督管理，依法调处重大土地权属纠纷；承担地籍管理信息系统建设工作。

土地利用处

承担本市国有建设用地和土地市场管理工作，拟订有关管理办法和政策措施，依法承担相关的行政许可工作；指导土地价格评估工作；承担国有土地使用权招标、拍卖、挂牌出让的组织实施；承担企业土地资产处置的有关管理工作。

征地处

承担本市农用地转为建设用地、征用集体土地等方面的监督管理，拟订有关管理办法和政策措施，依法承担相关的行政许可工作；承担农用地用途管制工作；监督管理土地征用安置补偿工作；组织实施征地区片综合地价测算工作。

矿产资源勘查储量处

承担本市矿产资源储量管理和地质勘查管理工作，拟订有关管理办法和政策措施，依法承担相关的行政许可工作；组织矿产资源储量的登记、统计以及动态监测、供需形势分析；承担矿产资源储量评审机构和专业技术人员的管理工作；承担地 质科技成果登记、推广，地质勘查行业技术监督，以及地质资料汇交管理等工作。

矿产资源开发处

承担本市矿产资源开发、利用、保护的监督管理，拟订有关管理办法和政策措施，依法承担相关的行政许可工作；承担矿产资源开发秩序的整顿和规范工作；征收、管理矿产资源补偿费。

地质环境处

承担本市地质环境保护和地质遗址保护的监督管理，拟订有关管理办法和政策措施，依法承担相关的行政许可工作；组织实施矿山环境保护与恢复治理规划；组织地质环境动态监测；承担地质灾害突发事件的应急管理；承担地下水勘查、评 价、规划、监测、统计、分析的管理；承担地质遗迹管理工作；编制、发布地质环境公报。

地热处

承担本市地热资源开发、利用、保护的监督管理，拟订有关管理办法和政策措施，依法承担相关的行政许可工作；承担地热资源勘查、开采及地热井开凿的监督管理；承担地热资源勘查开发计划的编制和勘查报告的审查；征收、管理地热资源有关费用。

财务处

负责市国土局机关及直属单位的财务、固定资产、内部审计等工作；依法承担国土资源有关专项收入的征管工作；拟订本系统财务、资产管理制度，并组织实施。

人事处

负责市国土局机关及直属单位的人事、机构编制等工作；组织有关教育培训、专业技术职务评定等工作；承担本系统干部队伍建设规划及部署的组织实施工作。

机关党委（基层工作处）

负责市国土局机关及直属单位的党群工作；承担本系统思想政治工作及基层建设工作。

工会　负责机关及直属单位的工会工作。

离退休干部处　负责机关及直属单位离退休人员的管理与服务的工作。

纪检、监察机构按有关规定派驻。

（人事处　赵舒、王琨）

综合办公

【公文管理】

全年办理外来公文 8720 件，其中：督办件 155 件，一般办文 3287 件，协执公函 1026 件，政府信息公开申请 1408 件，建设用地申报表 33 件，人大政协建议提案 95 件，机要文 229 件，阅文 1986 件，杂文 501 件。全部及时、准确地完成了公文登记、主附件扫描、拟办意见、领导批示系统录入等事务性工作。

共审核签发内部公文 3049 件。编号正式行政公文 666 件，便函 1369 件，党组公文 94 件，简报 31 期，信息、一周大事共 234 期，局长办公会议纪要 20 期，局长专题会议纪要 27 期，一般性会议纪要 24 期，党组会议纪要 15 期，内部情况通报 10 期，以北京市国土资源局办公室名义发公文 28 件，土地利用处代市政府发文（京政房地字）共 37 件，另外还有人大建议56件、政协提案38件，平时不编文号的便函400多件。

【会议管理】

全年共受理、批办各类外来会议2227件，并全部落实。组织全局系统年度工作会议1次，局长办公会20次，局领导专题会27次等。

【绩效管理】

制定《2011年度国土资源系统绩效管理工作任务》，将市政府下达的绩效考评工作任务进行了细化分解，明确各项工作的主管领导、主办处室、协办处室及完成期限，为全面完成各项工作任务提供保证。

【保密管理】

制定出台《北京市国土资源局保密工作管理暂行规定》(京国土办［2011］408号)、《北京市国土资源局关于加强密级公文制作管理的通知》(京国土办［2011］419号）两个规范性文件。开展了保密工作专项检查，针对检查中存在的问题，提出工作建议。

【人大代表、政协委员建议、提案办理情况】

全年共收到市人大代表建议、市政协委员提案90件。其中，建议56件（非会办类17件，会办类39件)；提案34件（非会办类12件，会办类22件）。另承办全国政协提案2件、市人大议案4件、市党派团体提案2件。上述各类建议、提案均已办复。

【专项工作督办情况】

全年共收到市政府等上级部门领导批示件794件，其中需研提意见及报送决策督查项目进展情况的公文154件，已完成143件，办结率93%。近期批转及其它原因正在办理中的11件；阅示、阅处、落实的公文640件（含北京市国土资源局上报市政府请示、报告的批示件)。年内，共上报市政府请示356件，报告49件，向各区（县）分局印发市领导批示转阅单182件。

【政务信息收集报送情况】

制定印发《北京市国土资源政务信息工作暂行办法》。全年收集各类信息1600余条，编辑《国土资源信息》普刊202期，区县分局动态25期，专刊7期，完成市委市政府约稿4篇。市委《北京信息》采用45条，市领导批示1条；市政府《昨日市情》采用59条，特刊采用1条，市领导批示2条；《国办要情》采用1条；国土部《部内要情》采用146条。

（办公室　任慧铨）

信访工作

【信访室基本情况】

信访室于2004年10月成立，现有信访工作人员8名，其中办公室编制2人、借调3人、返聘1人、信访轮岗2人。

信访室主要接收群众来信、来访、“政风行风热线”、“市长信箱”、局外网投诉，以及国土资源部、市信访办等上级部门转办的信访件。主要工作：一是接访。接待上访群众后，对属于市国土局职能范围的信访事项，首先进行盖章登记，领导批示后转相关部门办理，并书面告知信访人“受理”、“不受理”或“转送”。待承办部门办理完毕，信访室对《信访答复意见》进行审核、把关，再将符合要求的《信访答复意见》转交或邮寄给信访人；二是电子信访。主要有“政风行风热线”、“市长信箱”、局外网投诉等，要以电子版的方式在网上回复意见；三是办理群众来信。程序与办理来访件相同；四是统计报送。信访室每月、每季度、半年、全年对全系统的信访情况进行统计并上报，同时在局内网上进行公示。每月还需将相关情况报国土资源部、北京市委市政府信访办、东城区公安分局等部门；五是催办、督办。为了能够按期答复信访人、向上级部门报情况，对办理时间紧、即将到期的信访件定期、适时进行催办、督办，与承办部门及时沟通情况，将督办情况及时向主管领导汇报。对久拖不决的案件采取书面督办、电话督办及现场督办的方式进行督办，按照答复意见的要求尽快落实；六是做好局领导班子成员下访约访有关工作，每月进行约访统计，督促分局报送“局领导下访情况报告”、“下访接待的进展情况报告”，并统计汇总后上报局领导；七是完成领导交办的其他任务。

【工作开展情况】

为贯彻落实北京市委、市政府办公厅《关于进一步加强新形势下矛盾纠纷排查化解工作意见的通知》(京办发［2010］56号)，坚持和完善领导干部接待来访群众制度，切实增强领导干部接访的针对性和有效性，2月20日下发《北京市国土资源局领导班子成员联系分局工作制度》(京国土党组［2011］9号)；4月7日，下发《北京市国土资源局关于认真贯彻落实市局领导班子成员联系分局工作制度切实做好局领导下访约访有关工作的通知》(京国土办［2011］152号)。

【主要做法】

1. 领导重视是信访工作取得成绩的重要保证

一年来，市国土局主要领导、分管领导对信访工作从多方面给予了大力的支持和关心，通过各种方式强化“信访工作不是中心工作，但影响中心工作；信访工作不是主要工作，但要作为主要工作去对待”的思想，将信访工作纳入到日常行政重点工作中甚至是党组工作中去谋划，去思考，彻底改变长期以来市国土局信访室接待量高于区（县）国土分局信访量接待量倒挂的现象。市国土局党组书记张国玉在对信访工作现状进行深入了解的基础上，进一步明确了化解信访问题是区（县）国土分局的责任，特别是区（县）分局主要领导的责任，提出变群众到市国土局上访为市国土局领导到各区（县）分局下访约访制度。市国土局长魏成林在局长办公会上提出，各区县分局每月要召开一次由区（县）分局主要领导主持的信访工作专题会议并形成会议纪要按时报送市局，市局汇总后在局长办公会上进行通报；信访室每月定期在局长办公会上通报当月信访情况，由局主要领导进行讲评，对个别单位工作不力，化解信访问题不到位的不留情面，限期整改；市国土局召开信访会议时，张国玉书记、魏成林局长、张维副局长都亲自参加，听汇报、教方法、提要求；市局主要领导以身作则，认真批阅人民来信，全年张国玉书记批阅人民来信69封、魏成林局长批阅人民来信160多封，做到来信必阅、来信必批。在信访工作人员的安排使用上，市局领导也给予充分的理解和支持，年内，先后将长期从事信访工作的2名同志调整到分局和市局机关任职，从分局调整充实信访岗位人员3名，新增转业干部1名，使市局信访室固定工作人员达到6名；继续实行机关干部到信访室轮岗制度，每次2个处室2名工作人员到局信访室锻炼3个月制度自2008年实施以来从未间断。

2. 创新体制机制，实行领导干部下访、约访制度取得明显成效

为贯彻落实市委、市政府办公厅《关于进一步加强新形势下矛盾纠纷排查化解工作意见的通知》（京办发［2010］56号），坚持和完善领导干部接待来访群众制度，切实增强领导干部接访的针对性和有效性，市国土局于2月20日下发了《北京市国土资源局领导班子成员联系分局工作制度》（京国土党组［2011］9号），制度规定局领导班子成员每月到所联系分局参与一次信访接待，了解有关情况，倾听群众呼声，协助化解重访、缠访等疑难问题；要求各分局做到三个主动，即：主动向对口联系的市局领导沟通、汇报信访情况；主动约请市局领导和区（县）政府主管领导、有关乡镇政府领导一起接待信访人；安排人员主动将市局领导下访和约访时间、地点通知信访人。同时要求各区（县）分局于每月28号之前将下月接待群众的具体情况书面报送信访室。领导下访、约访制度自2011年4月份实施以来，多名市局领导先后30余次到区（县）国土分局与当地区（县）、乡镇政府一起进行信访接待，共接待上访群众126批次，512人次。

3. 加大化解信访积案的力度，进一步推动“事要解决”

着力清理旧案积案，加大信访积案化解力度。在梳理排查2010年下半年以来重信重访情况基础之上，结合中央处理信访突出问题及群体性事件联席会议农村土地征用问题专项工作小组《关于交办2010年7至12月国土资源重信重访事项的函》、国土部《2011年第一季度国土资源信访工作情况》中交办的重信重访问题，于5月份印发了《北京市国土资源局〈2011年信访折子项目〉的通知》（京国土办［2011］266号），信访折子中的信访事项涉及到十个区县分局的34件信访矛盾纠纷。《通知》要求各涉案单位对市局下发的《信访折子》实行“五个一”和“三个亲自”的工作机制，即采取“一个案件、一名领导、一套班子、一个方案、一抓到底”，推进“案结事了”。相关领导“亲自研究分析、亲自化解疏导、亲自协调落实信访折子项目”，力争年底前全部化解。

建立信访工作例会制度，每月定期召开一次国土资源系统信访工作例会，通过信访工作例会，及时传达学习上级有关会议、文件精神；通报上月信访情况；对信访工作中出现的问题进行分析、研究；听取各区县分局疑难信访问题、信访折子项目化解情况汇报。

【信访情况统计】

全年共办理来信、来访5588件次，与2010年相比，信访量下降8.5%。其中市局信访室办理来信、来访2362件次，与2010年相比下降14%；区（县）分局共接收处理来访、来信3226件次，与2010年相比上升了2.2%。

信访室办理的2362件次信访请求中，登记来访698批次，4112人次，同比批次、人次分别下降18.3%、26.4%，其中集体访64批次，1263人次，与2010年相比批次、人次分别下降37.3%、24.7%，重复上访175批次，334人次，同比批次、人次分别下降42%、72.5%。

全年共处理来信1040件次，同比下降7.6%；办理电子信访件、来访未登记件共624件。

因不服区（县）国土分局的信访答复意见到市局申请复查量为198件，占区（县）分局信访量的6.1%，复查量与2010年同比下降8.8%。

办理的2362件次信访件按反映问题性质，大体可分为以下5个方面：

1. 违法占地问题1641件次，占登记信访总数70%；

2. 政策咨询和建议等其他问题182件次，占登记信访总数7.7%；

3. 非法盗采沙、矿石问题95件次，占登记信访总数4%；

4. 征占地补偿安置问题68件次，占登记信访总数2.9%；

5. 宅基地问题40件次，占登记信访总数1.7%。

经租房户到市国土局来访24批次，2127人次。（未在统计之列）

（信访室　张乐刚）

调查研究

【调研工作概况】

年内，全局紧紧围绕科学发展主题和加快经济发展方式转变主线，在保障首都经济社会全面、协调、可持续发展方面，开展深入的调查研究，并取得较好的成果。据初步统计，全年全局系统完成64篇调研报告（各单位调研报告数量详见表1，调研报告题目详见年鉴第四部分）。其中：分局完成41篇，机关和事业单位完成23篇。

表1　2011年北京市国土资源局调研成果统计表

全局总计（篇）	64		
局机关和事业单位小计（篇）	23	分局小计（篇）	41
研究室	3	东城	3
科技与对外合作处	8	西城	4
调控和监测处	2	朝阳	10
机关党委	1	海淀	1
监察处	1	石景山	5
储备中心	5	大兴	1
信息中心	3	门头沟	11
		顺义	1
		平谷	3
		怀柔	2

【政策研究】

注重抓好政策理论研究。为加强调查研究制度建设，促进政策创新，先后拟定《调查研究工作管理办法》和《关于进一步加强全市国土资源系统自主调查研究的工作方案》。

注重加强课题调研。与北京市首佳评估公司共同开展《土地调控政策对经济形式的影响评价研究——以北京市为例》课题研究工作，为加强和改善北京市土地参与宏观调控能力，促进经济社会平稳较快发展强化理论支撑。完成《加强土地市场调控　促进经济平稳较快发展》、《珍惜土地资源　推进首都经济科学发展》等多项调研报告。督促调研计划的按时完成并上报调研成果。加强与市委、市政府、国土资源部调查研究工作部门的沟通联系。

【综合性文稿撰写】

年内，完成本系统几十篇综合性重要文稿的撰写工作。主要包括组织撰写全局系统年度工作总结和计划；围绕贯彻落实中央领导同志就国土资源管理工作发表的重要讲话精神活动，牵头拟定《贯彻落实中央领导同志重要讲话精神任务落实方案》、《重大问题调查研究工作方案》、《改革试点总结工作方案》、《学习宣传方案》；组织撰写了《国土资源管理工作审计报告》、《中央巡视组来京专题调研汇报材料》、《北京市国土资源局领导班子工作总结》、《市国土局关于2011年经济社会运行情况及2012年工作重点的汇报》等上报市委、市政府、国土资源部重要文稿。组织撰写了4·22地球日、6·25土地日等相关宣传文章。

【宣传工作】

优化舆论环境，树立北京市国土资源局良好形象，积极稳妥开展新闻宣传工作。一是借助“首都之窗”平台，精心组织李燕飞副局长带队《走进直播间》宣传工作。二是扩大重点工作宣传效果，配合市国土局土地供应计划的公布，组织在中央和市属多家报纸、网站、电视台重要版面和栏目进行正面报道，得到社会公众的认可。三是利用全国“土地日”和世界“地球日”宣传平台，围绕“土地与转变发展方式——促节约　守红线　惠民生”主题开展宣传工作。完成市国土局张国玉书记和魏成林局长在中国国土资源报发表的题为《多措并举促进土地利用方式转变》和《全面提升国土资源管理水平》的署名文章。同时与市国土局机关党委共同开展走进东城区和平里第四小学“地球日宣传周”启动仪式，邀请北京电视台、北京日报、北京电台、法制晚报等媒体进行现场采访报道。此外，为健全完善相关制度，草拟《媒体采访接待工作的若干规定》。坚持每天进行舆情监测，印发《舆情监测》一百多期，当日舆情及时上报市局领导和有关部门。

【史志年鉴工作】

《北京志·国土资源志》全面开展资料收集整理工作，进行全局系统修志业务培训，重点开展资料长编的编撰工作，共计完成资料长编二十多万字，组织了志书初稿的试写。组织完成《北京市国土资源年鉴2011》的编撰、出版工作。完成国土部《国土资源年鉴2011》、北京市《北京年鉴2011》的相关供稿工作。组织完成《北京市房地产年鉴2011》国土资源部分的编撰工作。

（研究室　沈彤）

法制建设

【依法行政规划】

为全面落实《国务院关于加强法治政府建设的意见》(国发〔2010〕33号)、《北京市人民政府关于加强法治政府建设的实施意见》(京政发〔2011〕20号)和《国土资源部关于进一步推进依法行政实现国土资源管理法治化的意见》(国土资发〔2011〕186号)提出的要求和任务,研究制定《北京市国土资源局关于进一步推进依法行政实现国土资源管理法治化的实施意见》(京国土法〔2011〕644号)。

该《实施意见》确定要加强学习培训和宣传教育、完善决策程序和制度、加强和改进制度建设、加强和改进行政执法工作、全面推进政务公开、建立完善社会矛盾和纠纷化解机制、强化行政监督和行政问责、加强组织领导等九方面的工作,重新调整设立工作领导机构,以进一步强化国土资源管理依法行政意识和能力,实现国土资源管理法治化为目标。

【规范行政审批事项】

根据近年来新的法律、法规以及有关国土资源管理政策的调整,结合“绿色审批通道”工作机制要求以及北京市国土资源局实际工作状况,本着“依法、科学、规范和方便申请人”的原则,修改制定《北京市国土资源局行政许可事项和行政服务事项办理规则》,自8月1日起实施。

相比2005年版,行政许可事项由22大项减至21大项,减少4.5%;行政服务事项由13大项减至12大项,减少7.7%。修改后的审批办理规则,取消原市局版和分局版的划分,明确市局和分局的办理权限,对申请材料进行统一规范和衔接,重新确定审批时限,实现“五统一”:统一办理名称、统一收件内容、统一办事程序、统一审查标准、统一办理时限。

修改印发《北京市国土资源局实施行政许可的规定》。明确实施行政许可和行政服务事项的收件与受理、审查与决定、办理时限、告知送达与归档、督办等程序。

【推进行政审批权限下放】

在2005年下放审批权限的基础上,自本年度3月1日起,除中央国家机关及其直属单位、驻京部队以及其他跨区县的建设项目用地划拨仍由市政府审批外,将北京市实施国土资源部《划拨用地目录》细则范围内的用地审批权下放至区（县）政府。

自本年度3月1日起，凡以区（县）土地储备机构作为主体的一级开发项目，市国土局授权在经过市土地储备联席会议审查通过后，由区（县）分局批复区（县）土地储备机构实施一级开发。

【行政复议和行政诉讼】

行政诉讼应诉案件共计60件，比2010年减少47%。其中，行政诉讼案件55件，民事诉讼案件4件，强制执行案件1件。除尚未审结的7件案件外，人民法院驳回诉讼请求和裁定驳回起诉的38件，原告主动撤诉的5件，判决撤销原具体行政行为或确认违法的10件。

行政复议和裁决案件共计134件，比2010年增加106%。除15件尚未审结外，复议机关决定维持的87件，驳回复议申请的6件，终止审理的8件，被确认违法的17件，被撤销的1件。

【市国土局法制宣传教育第六个五年规划】

结合北京市国土资源管理实际，制定《北京市国土资源局开展法制宣传教育的第六个五年规划（2011－2015年）》。第六个五年规划以实现国土资源管理法治化为目标，按照“围绕中心、服务大局；突出重点，全面提高；以人为本，促进发展”的原则，通过广泛深入和扎实有效的法制宣传教育，进一步提高国土资源管理工作人员依法行政的意识和能力，使国土资源管理系统依法行政水平进一步提高，增强全社会尊重法律、遵守法律的观念和国土资源国情、市情意识和法治意识，形成共同保护和节约集约利用国土资源的良好社会氛围。

【行政问责实施办法】

为贯彻落实《北京市行政问责办法》，加强对市国土系统工作人员的管理和监督，促进工作人员依法履行行政职责，增强责任意识，制定《北京市国土资源局实施〈北京市行政问责办法〉的暂行规定》，确定市国土局系统行政问责工作机制、组织领导和案件办理程序，自2012年1月1日起施行。

（法制处　杨波）

国土资源规划

【土地利用总体规划】

1. 区（县）级土地利用总体规划修编

为贯彻落实国务院《关于北京市土地利用总体规划的批复》（国函［2009］116号）精神和《北京市人民政府贯彻落实国务院关于北京市土地利用总体规划批复的意见》的要求，加快推进北京市区（县）级土地利用总体规划（2006－2020年）审批工作，促进市级规划落地。截至2月28日，市政府已批准14个区（县）级土地利用总体规划。

2. 乡（镇）级土地利用总体规划修编

截至年底，市政府已批准海淀区、丰台区等13个区县（除朝阳区外）乡镇级土地利用总体规划；朝阳区乡（镇）级土地利用总体规划完成技术审查，已上报市政府待批。批复要求：各乡（镇）人民政府要落实最严格的耕地保护和节约集约用地制度，强化规划的整体控制作用，确保各乡（镇）土地利用总体规划确定的耕地保有量、基本农田面积和城乡建设用地规模等主要控制目标得以实现；转变土地利用方式，促进土地合理利用；加强对区域土地利用的统筹和管控，严格控制新增建设用地；加强规划公告和宣传，提高广大干部群众按规划用地的意识，接受社会对规划实施的监督；加快推进规划数据库建设，以信息化带动规划管理科学化、规范化和精细化；各乡（镇）土地利用总体规划是用地审批的依据，一切土地开发利用活动必须与之相符。各区（县）政府要加强规划对实施的监督和指导，定期组织乡（镇）土地利用总体规划实施评估，乡（镇）政府主要负责人要对本乡（镇）的土地利用总体规划执行情况负总责，确保规划有效实施。

【土地利用年度计划】

按照“控制新增、盘活存量、耕地保护、有保有压”的原则，结合过去几年北京市土地利用年度计划实施情况、经济社会发展对土地利用的需求及中央经济工作会议精神，编制2012年土地利用计划（草案）。草案建议2012年北京市耕地转用计划指标控制在1800公顷，经市政府批准后上报国土资源部。

【土地利用规划实施管理】

1. 土地利用总体规划局部修改

根据《土地管理法》有关规定，维

护土地利用总体规划的严肃性，调整了建设项目合规性审查及规划调整工作程序和审查形式，将以往规划局部修改调整为规划审查联席会，既简化程序，又提高效益。全年共组织召开3次建设项目规划审查联席会，研究认定20个项目符合土地利用总体规划，应按规定更新规划数据，用地面积为245.043公顷。共组织审查、论证基础设施项目和重点工程项目6个，用地面积为57.874公顷，需要局部调整区（县）级土地利用总体规划，并已按规定程序上报市政府审批。

2. **建设用地预审**

4月份，按照市局新“三定”方案，建设用地预审工作由规划处负责。年内，研究并起草《建设用地预审操作规程》，规范预审工作流程、批复格式和内容、数据统计口径、要件要求、供地方式、预审意见有效期和延期等问题，明确土地节约集约审核标准和重点项目审核要点；修改完善建设用地预审的“一次性告知单”，简化申报材料；全面梳理2006－2010年建设项目用地预审工作情况，完成《2006－2010年建设项目用地预审统计分析报告》。全年全市共批复预审项目1289个，用地总面积约13752公顷，其中现状农用地约5197公顷，耕地2836公顷（其中基本农田约46公顷）；建设用地约8329公顷；未利用地约226公顷。

3. **规划实施评估**

《北京市土地利用总体规划（2006－2020年）》已进入全面实施阶段，为更好地实现对土地利用总体规划实施的动态管理和监控，市国土局提出以年度为时段对土地利用总体规划进行实时评价，对2010年规划实施基本情况进行全面分析和评估，逐步建立完善的规划实施评价制度，为规划修编和调整提供决策依据，提出改进规划工作的对策建议。

通过对新一轮市级土地利用总体规划实施评估，各项调控指标落实较好，但耕地年均减少规模高于规划目标年均减量，后期耕地保护压力较大；土地利用存在明显的空间分异，土地利用差异化管理效果显著；实现规划近期耕地和基本农田保护目标，实现了市域范围内的耕地占补平衡；建设用地节约集约利用水平显著提高，集体建设用地资源盘整力度有待加强；市域绿色空间不断完善，三道绿色生态屏障面临较大发展压力；规划实施保障措施逐趋完善，但与《规划》实施要求还有一定差距。

新一轮规划的实施取得了良好的社会、经济、生态效益，但也还存在一些问题：建设布局和开发时序的控制引导需进一步加强，规划权威性有待进一步提高；土地资源保护和利用的激励机制、管理机制有待进一步完善；盘活存量土地和农村居民点整理存在较大难度；违法违规用地尚未得到根本遏制；数据基础需进一步加强，数据的时效性和稳定性需进一步提高。

（规划处　丁加良）

科技与对外合作

【科技工作情况】

1. 出台《科技项目管理办法》

编制完成《北京市国土资源“十二五”科学与技术发展规划》，突出北京特色确立重点项目共77个。

2. 组织开展国土资源科普工作

成功组织第42个地球日科普活动，组织开展“地学知识”科普进校园活动，邀请国土部科技司领导和有关学者到学校与青少年面对面交流，宣讲地球科普知识。4月22日，市国土局在房山世界地质公园成功举办以“珍惜地球资源、转变发展方式”为主题的第42个世界“地球日”宣传活动。组织编制《北京市“十二五”国土资源科学技术普及计划》。组织编辑《国土资源部重大科技项目集-北京分册（“十一五”期间）》。

3. 国土资源部公益性科技专项工作及其他工作情况

一是启动《典型城镇村节地技术研究与示范》项目，该项目是首次获得的国土资源部“国土资源公益性行业科研专项（2011-2013年）”。

二是组织申报《面向公众服务和政府决策的首都土地利用信息平台研究应用与关键技术研究》，该课题被国土资源部确立为“国土资源公益性行业科研专项（2012-2014年）”项目。

三是组织申报的3个北京市“国土资源野外观测科学研究基地”获得国土资源部第一批批准命名和建设，为加快推进和提升科技创新能力提供抓手。积极推荐北京市的国土资源部重点实验室。

获得国土资源部第一批批准命名和建设的北京野外科学观测研究基地是：综合勘查技术—北京房山野外基地；平原区地下水—北京野外基地；浅层地温能—北京野外基地。

4. 其他科技工作情况

一是组织申报两批六项《北京市“十二五”期间储备科研计划项目》。其中，《首都国土资源高频度监测技术系统研建与示范》项目获得北京市科委的立项支持，预计2012年底完成。

二是完成《北京市中心城区节地标准验证研究》项目，制定《地籍调查技术规程》，完成北京市国土资源数据原标准研究，向北京市质量技术监督局申报《北京市土地信息共享数据元标准》、《北京市地类认定标准》两项北京市地方标准的制定工作，加强国土资源标准化方面的建设工作。

【对外交流工作】

1. 出台《北京市国土资源局因公出国（境）管理办法》和《关于领导干部出访迎送工作规定的通知》

明确因公出国的管理机构和工作职责、计划编制、出访审批程序、出访管理和成果共享、经费管理及费用标准、证照管理、外事活动纪念品、外事纪律和监督检查等，进一步规范因公出国（境）迎送、访问、考察、培训、参加国际会议等管理工作。

2. 因公出国（境）考察、培训任务情况

年内，市国土局组织局系统出国人数共89人，其中：自组出国考察团8批次，41人；自组培训团2批次，26人；承办随团考察16人；承办随团培训6人。

3. 成功申报科技部中芬国际科技合作项目—《矿山地质环境监测修复技术研究及示范》项目

该项目是市国土局从科学技术部获得的第一个国际合作项目，主要承担单位为北京市地质工程设计研究院。

4. 承接外事接待任务

先后承接并组织越南自然资源与环境部代表团参观考察、瑞典政府发展中国家“城镇土地管理”国际培训班等国土部合作项目。完成加拿大安大略省住房及城乡事务部代表团、美国芝加哥社区管理访华团、韩国国土研究院代表团、印尼地方议会第一委员会代表团的交流任务。

5. 对外合作基地试点工作有序推进

积极探索开展国际合作交流的新模式，开辟国际交流与合作的有效途径，将西城分局作为对外合作基地试点单位。在国际交往中，提出“一个明确、四个规范”的具体要求，即：明确展示亮点，规范中英文的标识、宣传册、展示流程和宣传片。

（科技合作处　王燕、王建华、周岩）

征地管理

【征地管理工作情况】

1. 组织制定征地补偿区片指导价

在北京市各区（县）政府形成征地补偿区片价初步成果的基础上，组织开展《北京市征地补偿区片价》的听证工作；待有关区（县）进一步做好平衡工作后，上报市政府批准后正式实施。

2. 积极开展征地补偿多元化试点工作

积极稳妥推进留地安置、实物补偿等征地补偿多元化补偿安置方式，在具备条件的北京市市属基础设施工程、经济适用房、城乡一体化试点项目的征地中，采取了实物补偿方式。在50个挂账村整治项目中，采取一村一策的补偿安置方式，既保护被征地农民合法权益、保障农民的长远生计，又加快重点工程用地尤其是基础设施项目建设用地进度。

3. 认真研究征地多转人和代征绿地有关问题

针对北京市有关区（县）提出随征地多转人要求，从土地利用现状、土地利用总体规划、拆迁范围、分期征地、剩余用地情况、资金来源等方面分类研究，会同相关部门提出解决方案。

从加强农用地管理和耕地保护角度，针对大部分征地项目涉及代征绿地，代征绿地在土地利用总体规划中地类不一的实际，就代征绿地涉及的农用地转用及耕地占补平衡等方面提出解决意见。

【征（占）地及农用地转用审批情况】

全年，北京市共征（占）用集体土地及农用地转用总用地面积5776.23公顷，其中经国务院批准用地面积1148.82公顷，经北京市政府批准用地面积4627.41公顷。为青源路（京开高速－亦庄）、温榆河大道（机场南线－朝阳北路）道路工程等市政基础设施工程及轻轨L2线通州段沿线土地一级开发、窦店现代制造业产业基地土地一级开发等重点项目落地提供保障。

【土地利用年度计划执行情况】

全年，国土资源部下达及奖励北京市新增建设用地指标为4427公顷，其中农用地3780公顷，耕地指标2403公顷。北京市安排使用本年度新增建设用地指标3550公顷，农转用指标3448公顷，耕地指标1948公顷。

（征地处　高扬）

耕地保护

【耕地和基本农田保护】

组织拟订并以市政府名义正式下发《北京市耕地保护责任目标考核办法》(京政办发［2011］22号)；组织市、区(县)、乡(镇)逐级签订本年耕地保护目标管理责任书492份；完成国务院考核组对北京市2006—2010年耕地保护责任目标履行情况的考核工作；推进大兴区耕地等级监测试点工作，加强耕地质量监管；下发《关于抓紧推进大兴区国家级基本农田保护示范区建设工作的通知》(京国土耕函［2011］849号)，加快示范区建设及项目验收准备工作；会同农业部门加快推进北京都市型现代农业基础建设及综合开发工作，涉及基本农田整理叠合项目工程26.1万亩；探索耕地激励性保护政策，研究北京市耕地整体租赁集中管护机制；进一步探索耕地破坏程度鉴定工作机制，组织鉴定耕地破坏案件21个，涉及耕地面积484.05公顷，为向公安机关移送涉嫌非法占用耕地案件提供重要依据。

【耕地占补平衡】

全年按照国家和北京市相关政策要求，完成占补平衡任务；组织完成国土部对北京市2010年度占补平衡考核；积极配合国土资源部土地卫片执法检查、“两整治一改革”和重大工程建设领域专项检查等工作，探索建立占补平衡工作新机制，促进全市耕地补充指标的统筹安排使用和占补平衡任务全面落实，切实保障国家和北京市重点工程项目顺利落地。

【土地综合整治】

全年批准土地开发整理立项项目29个，建设规模为9.63万亩，计划新增耕地1.90万亩；完成项目竣工验收13个，建设规模为14.5万亩，新增耕地0.84万亩；在施项目总数138个，已按项目实施计划有效推进(详见表1)。全面开展北京市农村土地整治项目清理检查工作。正式向国土资源部申报北京市土地整治试点，并获得批准试点城乡建设用地增减挂钩、土地置换和周转政策及周转指标6000亩；初步将周转指标落实到综合整治项目区，并研究项目实施管理程序及办法。

【集体建设用地管理和新农村建设】

继续规范集体建设用地审批和备案管理工作。全年审核乡镇企业和乡镇村公益事业占用现状农村集体建设用地项目5宗，占地2.50公顷；指导区县审批并备案农村宅基地476宗，占地8.05公顷，主要分布在密云、昌平、怀柔、大兴、房山和通州；研究拟订北京市农村集体建设用地使用权流转管理试行办法，并正式征求相关委办局意见。

规范农村设施农用地管理。指导门头沟区审批并备案农村道路用地1宗；制定并下发《北京市国土资源局关于转发国土资源部农业部完善设施农用地管理有关问题的通知》(京国土耕［2011］30号)。

推进新农村和小城镇建设。组织研究集体土地租赁住房的相关政策措施，正式向国土资源部申报试点并获得批准；初步筛选海淀区唐家岭地区（唐家岭村和土井村）作为第一批试点村，并向市政府上报《北京市利用集体土地建设租赁住房试点实施方案（第一批）》(京国土耕［2011］666号)，稳步推进试点工作。加强集体土地利用政策研究，全力支持北京市42个重点小城镇、城乡结合部50个重点村和10个市级新型农村社区试点建设工作，支持并推进大兴区西红门镇整体改造试点工作，着力通过“腾笼换鸟”加快集体产业优化升级，破解城乡结合部地区发展难题。

表 1　2011 年北京市土地开发整理情况统计表

单位：亩

分类/区县	立项			在施			验收		
	项目个数	建设规模	新增耕地	项目个数	建设规模	新增耕地	项目个数	建设规模	新增耕地
昌平	0	0	0	8	19626.96	1201.97	0	0	0
大兴	4	32946.04	10252.26	7	55531.72	15006.48	3	63317.20	3722.04
房山	2	17118.16	0	25	61415.53	11796.66	0	0	0
怀柔	0	0	0	11	11162.93	2672.25	0	0	0
门头沟	3	1643.53	1082.81	3	1643.53	1082.81	2	1310.29	776.72
密云	5	6561.30	3355.30	3	3173.00	1588.60	2	3388.30	1669.32
平谷	2	24665.66	16.65	13	43266.37	3082.20	0	0	0
顺义	7	11580.42	2675.42	26	63979.63	8950.97	0	0	0.00
通州	0	0	0	8	62784.08	4851.04	6	77075.05	2187.79
延庆	6	1732.48	1569.46	34	41235.24	22256.07	0	0	0
合计：	29	96247.59	18951.90	138	363818.99	72489.05	13	145090.84	8355.87

（耕地保护处　张洪克）

土地市场管理

土地供应计划

【年度土地供应计划编制】

为全面贯彻落实党的十七大和十七届三中、四中全会及十一届全国人大三次会议、全国政协十一届三次会议精神，积极推进“人文北京、科技北京、绿色北京”建设，切实加强土地调控，促进首都社会经济平稳较快发展，结合北京市本年的社会经济发展形势，市国土局会同市发展改革委、市规划委共同编制本年度土地供应计划，并正式公布实施《关于印发北京市2011年度土地供应计划的通知》(京国土调［2011］125号)。

全年土地供应计划安排供应总量为6500公顷，其中新增建设用地控制在3200公顷以内，鼓励和引导利用存量建设用地3300公顷。

全年土地供应总量按用途类型分：交通运输用地1000公顷，水域及水利设施用地100公顷，特殊用地100公顷，公共管理与公共服务用地1200公顷，工矿仓储用地1000公顷，住宅用地2550公顷，其中：公租房（含廉租房）用地300公顷，经济适用房类用地（含中央单位和驻京部队）130公顷，限价商品房用地200公顷，定向安置房用地700公顷，商品房用地1220公顷；商服用地550公顷。

全年土地供应总量按空间结构分，城市功能拓展区和城市发展新区国有建设用地供应量约占全市供应总量的85%；规划新城范围内国有建设用地供应量约占全市供应总量的60%；城南地区国有建设用地供应量约占全市供应总量的30%，西部地区国有建设用地供应量约占全市供应总量的15%。

【年度供应计划实施】

1. **土地供应平稳有序**

全年全市计划安排土地供应总量6500公顷，年内实际供应总量5735公顷，完成计划88.2%，比去年同期下降12%。全年土地供应量基本满足首都经济平稳较快发展和民生用地需求。

2. **土地供应结构进一步优化**

随着宏观调控政策落实和土地节约集约利用程度提高，土地供应结构进一步优化，本年度城市功能拓展区和城市发展新区土地供应已达到全市土地供应量的85%左右，进一步落实城市功能定位。商品房用地的供应趋缓，保障性安居工程用地供应超额完成计划，足额保证中央下达的20万套保障性安居工程用地需求。

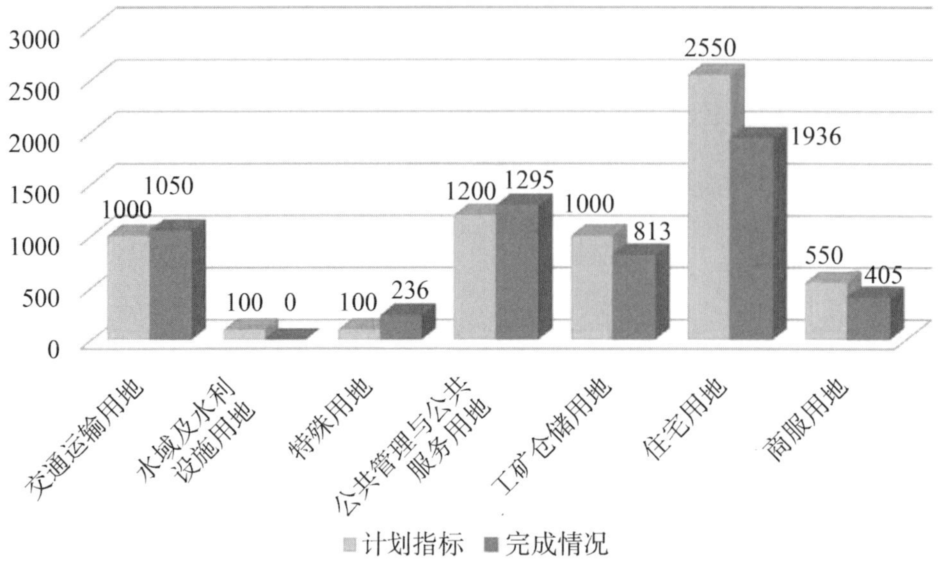

图1　北京市2011年国有建设用地供应计划执行情况（单位：公顷）

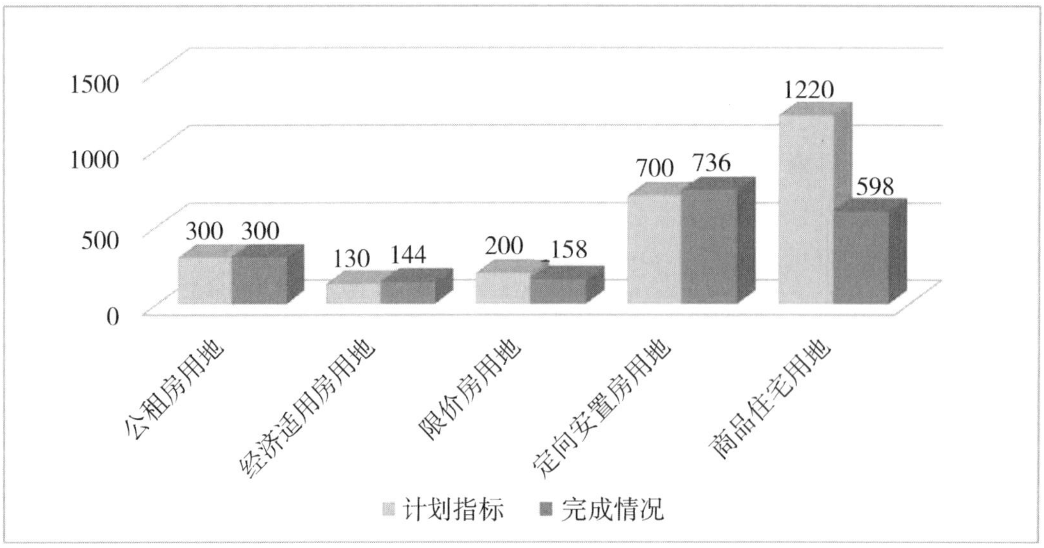

图2　北京市2011年住宅用地供应计划执行情况（单位：公顷）

3. 产业用地供应落实创新驱动，进一步向园区倾斜

年度内产业用地供应量平稳，2/3以上的产业用地供应集中在园区和产业集聚区，有利于促进产业结构调整和经济发展方式的转变；工矿仓储用地供应中高新技术及现代制造业、生产性服务业及文化创意产业项目用地约占70%以上，产业类型进一步向高端产业和战略性新兴产业倾斜。

4. 土地储备保障供应能力不断增强

土地储备开发投资增速适度放缓，年度新增总量实现有效控制，年度开发投资累计完成1101亿元（含重点村），储备开发的土地面积达到2741公顷，有效保障北京市民生工程用地需求，维护土地市场健康平稳发展。

5. 土地供应体现政府宏观调控的落实

年度内土地供应计划严格落实“保障性住房用地供应量不低于住宅用地供应总量的50%”、“各类保障性住房及90平方米以下的中小套型商品房用地供应量不低于住宅用地供应总量的70%”。首次实行计划地块公布机制，分两批向社会公布计划供应地块。5月份公布第一批住宅、商服、工业地块，总计395宗、3800公顷，约占全市本年度住宅、商服、工业用地计划供应量的90%以上。其中商品住宅用地约880公顷、商服用地约340公顷。特别是保障性住房用地按照1∶1.3的比例落实地块，公布保障性住房地块总量达到1600公顷，以确保全年保障性住房用地供应目标的实现；8月份公布第二批住宅、商服地块，总计35宗、560公顷，其中商品住宅地块18宗、346公顷，商服地块17宗、214公顷。进一步深化土地供应计划编制实施机制、加强全市土地供应统筹管理，同时也是北京市深入贯彻落实国家房地产调控政策，进一步加快项目供地，稳定市场预期的有效措施，对促进北京市房地产市场健康发展起到积极作用。

加强土地市场调控管理，改进招拍挂出让方式，进一步完善国有土地招拍挂出让制度，全年土地收入入库1275亿元，其中政府收益752亿元。

年度内国有建设用地供应平稳有序，土地供应结构和空间布局进一步优化，满足首都经济平稳较快发展的用地需求，土地储备保障供应能力不断增强，稳定房地产市场预期，足额保障民生工程用地需求。随着国家宏观调控政策贯彻落实、土地节约集约利用水平的提高和固定资产投资增速放缓，年内土地供应规模得到有效控制。

城市地价动态监测

【城市地价动态监测工作安排】

作为105个国家级城市地价动态监测重点城市之一，年内北京市严格按照国土资源部《关于进一步加强城市地价动态监测工作的通知》(国土资发［2008］51号）和《城市地价动态监测技术规范》要求开展城市地价监测工作。全市共划定212个地价区段，布设标准宗地498宗，其中，国家级监测范围内布设标准宗地257宗，市级监测范围内布设标准宗地241宗。全市55家土地估价机构，共233名土地估价师参与了标准宗地信息采集工作。监测结果客观地反映了北京市土地价格水平变化状况，为开展土地市场宏观调控提供了参考依据。

表1　北京市2011年地价监测标准宗地

土地用途	居住	商业	综合	工业	合计
国家级监测	105	91	—	61	257
市级监测	55	53	133	—	241
总　计	160	144	133	61	498

【城市地价动态监测结果】

以2001年地价指数100为基准，年内北京市平均定基地价指数为275，较2010年上涨6点。居住用途地价指数为376，较2010年上涨3点；商业用途地价指数为232，较2010年上涨11点；工业用途地价指数为213，较2010年上涨17点。2001年至2011年各用途地价指数见图3。

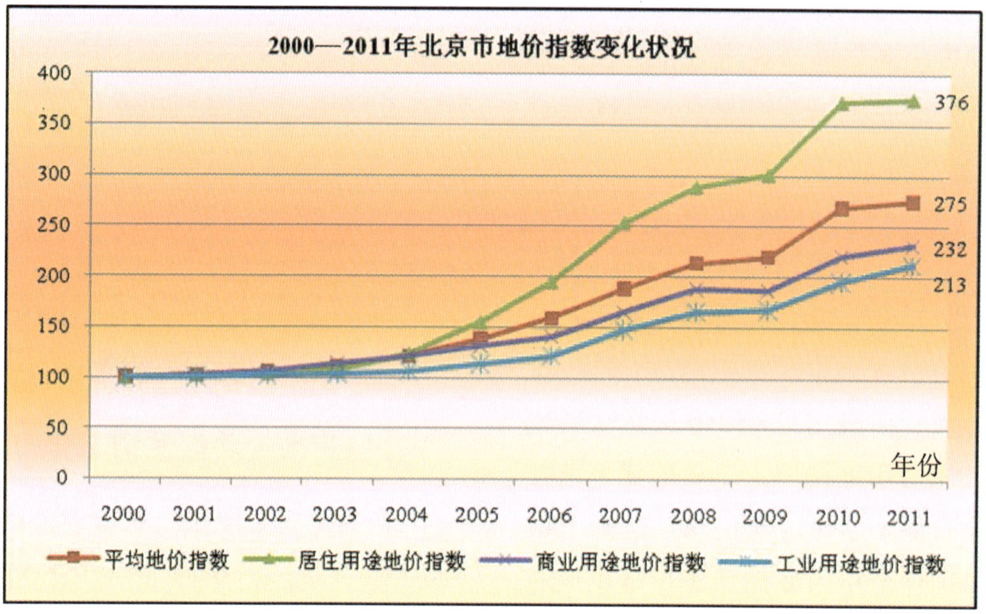

图3　2001—2011年北京市国家级监测范围各用途地价指数

2011年第一至四季度北京市国家级监测范围内各用途地价水平环比增长率见表2。

表2　2011年1－4季度国家级监测范围各用途地价环比增长率

单位：%

	平均	住宅	商业	工业
一季度	2.65	1.89	3.76	7.95
二季度	－0.40	－0.58	0.17	－0.20
三季度	0.13	－0.08	0.75	0.53
四季度	－0.20	－0.34	0.04	0.46

政府信息公开

【主动公开】

年内市国土局主动公开政府信息2221条，全文电子化率100%。其中机构职能类14条，占0.63%；法规文件类7条，占0.32%；规划计划类4条，占0.18%；行政职责类1条，占0.05%；业务动态类2195条，占98.82%。

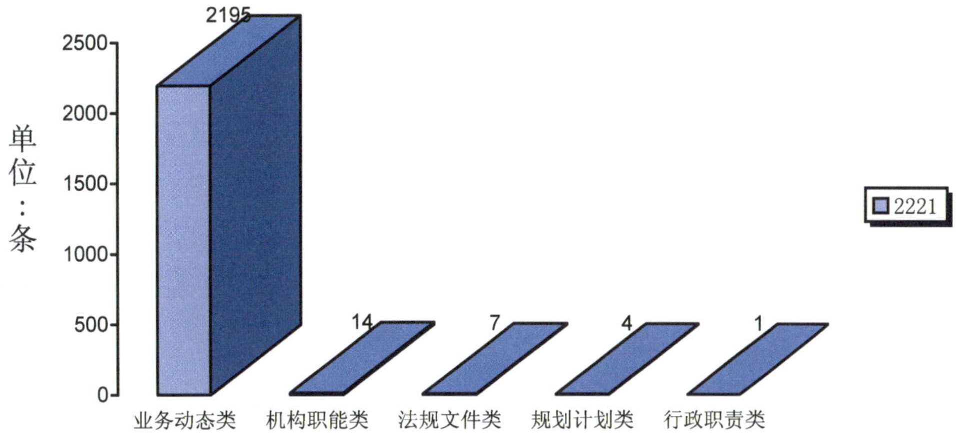

图 4　主动公开情况

【依申请公开】

年内，市国土局收到公民、法人和其他组织提交的政府信息公开申请 4842 件。其中当面申请 4521 件，占 93.37%；以互联网形式申请 1 件，占 0.01%；以传真形式申请 9 件，占 0.19%；以信函形式申请 311 件，占 6.43%。内容主要涉及征地、土地利用、土地登记、土地储备及相关信息。答复政府信息公开申请 4957 件。其中“同意公开”2130 件，占 43%；“同意部分公开”11 件，占 0.2%；“不予公开”689 件，占 13.9%；“信息不存在”1558 件，占 31.4%；“非本机关掌握”255 件，占 5.1%；“申请内容不明确”183 件，占 3.7%；“非政府信息”116 件，占 2.3%；“已主动公开”15 件，占 0.3%。

【咨询服务】

年内，市国土局接受公民、法人及其他组织政府信息公开方面的咨询 7592 人次。其中现场咨询 4038 人次，占总数的 53.2%；电话咨询 3554 人次，占总数的 46.8%。

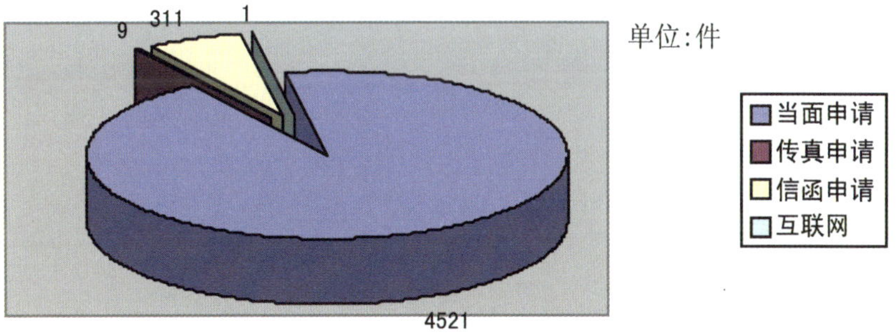

图 5　依申请公开申请情况

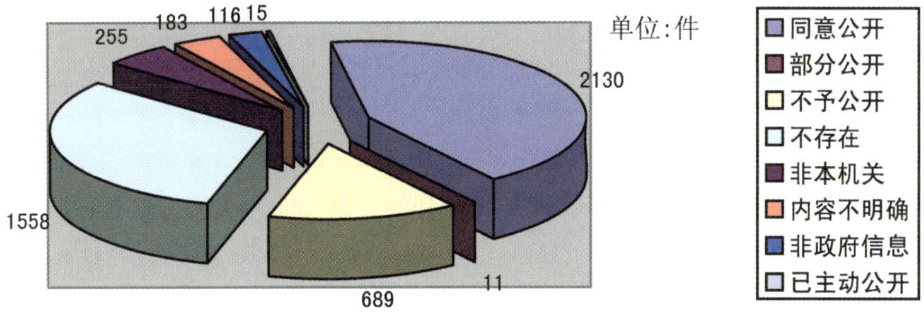

图 6　依申请公开答复情况

【其他工作】

结合落实“三定”方案，5月份，调整市国土局政府信息公开领导小组及部门职责。年内，修订《北京市国土资源局政府信息公开指南》、《北京市国土资源主动公开政府信息纸质文本移送办法》、《北京市国土资源政府信息公开目录大纲（修订稿）》等相关文书，制定《北京市国土资源局政府信息公开工作考核办法》。

6－7月，分两批组织国土资源系统政府信息公开相关人员专题培训。8月份，邀请北京市政府信息公开办公室，市发展改革委、住房与城乡建设委、规划委和大兴区政府信息公开相关人员进行座谈交流。

（调控监测处　许绪明、孟文菊）

土地利用管理

【国有土地使用权出让】

1. 年度北京市国有土地使用权出让概况

全年北京市共出让土地634宗，出让土地总面积约2608.58公顷，合同地价款总额为人民币1557.07亿元（表1按区域划分2011年北京市国有土地使用权出让情况）。其中，出让新建项目用地351宗，出让土地面积约为2085.71公顷，占出让总土地面积的80%，合同地价款总额约为人民币1525.81亿元，占出让地价款总额的98%；以现状补办出让项目用地283宗，出让土地面积约522.87公顷，占出让总土地面积的20%，合同地价款总额约为人民币31.26亿元，占北京市出让地价款总额的2%。

表1　按区域划分2011年北京市国有土地使用权出让情况

区县	宗数	宗地面积（公顷）	合同地价款（万元）
东城区	41	15.9193	456044.55
西城区	54	13.4696	111512.38
朝阳区	84	170.9602	5100885.81
丰台区	52	163.5306	2532542.9
石景山区	6	28.1972	142434.26
海淀区	48	138.4693	533724.12
门头沟区	18	139.3032	362117.95
房山区	39	260.8456	644983.26
通州区	42	212.6459	1389929.11
顺义区	64	430.0007	857047.91
昌平区	22	148.0324	606790.25
大兴区	71	380.7096	1816519.62
怀柔区	13	42.6592	141364.79
平谷区	25	104.1595	277605.67
亦庄开发区	39	217.2804	435252.98
密云县	14	123.4785	135449.7
延庆县	2	18.9189	26500
合计	634	2608.5801	15570705.26

按出让方式来分，其中，以招拍挂方式出让项目用地290宗，出让土地面积约1679.43公顷，占出让总土地面积的64.38%，合同地价款总额约为人民币1468.98亿元，占出让地价款总额的94.34%；以协议方式出让项目用地344宗，出让土地面积约929.15公顷，占出让总土地面积的35.62%，合同地价款总额约为人民币88.09亿元，占北京市出让地价款总额的5.66%。

2. 年度北京市国有土地使用权协议出让情况

全年北京市共协议出让土地344宗（包括现状经营性用地补办出让手续、教科文卫用地等），出让土地总面积约929.15公顷，合同地价款总额为人民币88.09亿元（表2按用途划分2011年北京市国有土地使用权协议出让情况）。其中协议出让新建项目用地61宗，出让土地面积约为406.28公顷，占协议出让总土地面积的43.73%，合同地价款总额约为人民币56.83亿元，占协议出让地价款总额的64.51%；以现状补办出让项目用地283宗，出让土地面积约522.87公顷，占出让总土地面积的56.27%，合同地价款总额约为人民币31.26亿元，占全市协议出让地价款总额的35.49%。

表2　按用途划分2011年北京市国有土地使用权协议出让情况

		宗地数	面积（公顷）		规划建筑面积（公顷）	成交价款（万元）	纯收益（万元）
				新增			
甲		1	2	3	4	5	6
合　计		344	929.1546	482.9902	1242.9283	880925.26	686255.91
商服用地		140	69.4912	11.6712	164.6432	201684.02	201684.02
工矿仓储用地		64	324.8788	29.2701	102.8004	67800.12	43574.13
住宅用地		90	307.1786	266.9536	755.3160	475074.14	304630.78
其中	高档住宅用地						
	普通商品住房用地	73	187.1745	158.6357	455.0164	388812.29	218368.93
	中低价位、中小套型用地	8	55.0421	28.7736	149.2522	632735.00	223904.03
	经济适用住房用地						
	廉租住房用地						
	其他住房用地	17	120.0041	108.3179	300.2996	86261.85	86261.85
公共管理与公共服务用地		50	227.6060	175.0953	220.1687	136366.98	136366.98
特殊用地							
交通运输用地							
水利设施用地							

3. 2001－2011 年北京市国有土地使用权出让情况

2001－2011 年共审批出让国有土地使用权 8243 宗，涉及土地面积约 21988 公顷，规划建筑面积约 36877 万平方米。

【划拨城镇建设用地情况】

1. 进一步下放国有土地使用权划拨审批权限

为转变政府职能、提高办事效率，经市政府批准，市国土局下发《北京市国土资源局关于进一步下放国有土地使用权划拨审批权限的通知》(京国土用［2011］63 号)，规定自本年度 3 月 1 日起，北京市实施国土资源部《划拨用地目录》细则范围内的用地由各区县政府审批，其中涉及中央国家机关及其直属单位、驻京部队以及跨区的建设项目的用地仍由市政府审批。

2. 年度国有土地使用权划拨情况

全年共办理划拨城镇建设用地 121 宗，总用地面积 585.88 公顷。从用地项目来看，公共管理和公共服务用地最多，共 79 宗，占 45.29%，用地面积 245.41 公顷，占 41.89% (表 3)。审批项目涉及所有区县，从用地位置来看，顺义、大兴、海淀审批宗数较多，分别达 17、16、14 宗，昌平区供地面积最大，占全年划拨供地面积的 34.22% (表 4)。

表 3　2011 年按划拨土地用途分类统计表

项目类型	宗数（宗）	比例（%）	面积（公顷）	比例（%）
经济适用住房用地	30	24.79	102.47	17.49
公共管理与公共服务用地	79	65.29	245.41	41.89
特殊用地	10	8.26	236.25	40.32
交通运输用地	2	1.65	1.74	0.30
总计	121	100.00	585.88	100.00

表 4　2011 年按各项目用地位置分类统计表

区县	宗数（宗）	比例（%）	用地面积（公顷）	比例（%）
东城	1	0.83	0.89	0.15
西城	6	4.96	2.89	0.49
朝阳	6	4.96	11.35	1.94
海淀	14	11.57	45.53	7.77
丰台	7	5.79	19.55	3.34
石景山	8	6.61	12.24	2.09
门头沟	4	3.31	12.99	2.22
大兴	16	13.22	64.10	10.94
通州	10	8.26	21.46	3.66
昌平	6	4.96	200.46	34.22
顺义	17	14.05	62.97	10.75

续表 4

区县	宗数（宗）	比例（%）	用地面积（公顷）	比例（%）
平谷	4	3.31	20.89	3.57
房山	8	6.61	51.41	8.77
怀柔	5	4.13	41.21	7.03
密云	3	2.48	12.91	2.20
延庆	5	4.13	4.46	0.76
亦庄	1	0.83	0.56	0.09
总计	121	100.00	585.88	100.00

3. 1992－2011 年国有土地使用权划拨情况

1992－2011 年的 20 年间，共办理划拨城镇建设用地 1716 宗，总用地面积 10407.13 公顷（表 5）。

表 5　划拨城镇建设用地分年度统计表　　单位：公顷

年度	宗数	比例（%）	面积	比例（%）
1992	25	1.46	204.64	1.97
1993	36	2.10	241.02	2.32
1994	39	2.27	404.80	3.89
1995	36	2.10	215.33	2.07
1996	24	1.40	55.16	0.53
1997	33	1.92	122.24	1.17
1998	38	2.21	157.76	1.52
1999	33	1.92	187.10	1.80
2000	35	2.04	67.40	0.65
2001	72	4.20	412.95	3.97
2002	65	3.79	311.21	2.99
2003	79	4.60	501.66	4.82
2004	73	4.25	447.67	4.30
2005	123	7.17	611.16	5.87
2006	183	10.66	2086.16	20.05
2007	294	17.13	1400.08	13.45
2008	181	10.55	1409.29	13.54
2009	133	7.75	721.62	6.93
2010	93	5.42	264.00	2.54
2011	121	7.05	585.88	5.63
总计	1716	100.00	10407.13	100.00

（1）从用地宗数来看，从1992年的25宗开始逐年增加，到2007年达到最高点294宗，从2008年开始又逐年下降，至2011年下降至121宗。

（2）从用地面积来看，从1992年的204.64公顷开始逐年增加，至1994年达到该区间的最高峰404.8公顷，之后1995年开始直线下降，至1996年下降至最低点55.16公顷，从1997年开始又逐步上升，到2006年达到最高点2086.16公顷，从2009年开始又逐年下降，至2010年下降至264.00公顷，2011年回升至585.88公顷。

（3）从用地项目来看，公共管理和公共服务用地最多，共756宗，占44.06%，用地面积2949.41公顷，占28.34%；其次是其他住房项目共364宗，占21.21%，用地面积2800.26公顷，占26.91%；随后是交通运输用地，共307宗，占17.89%，用地面积2441.42公顷，占23.46%；经济适用住房共175宗，占10.20%，用地面积1404.88公顷，占13.50%；最少的是特殊用地共114宗，占6.64%，用地面积811.17公顷，占7.79%（表6）。

表6　划拨城镇建设用地分项目统计表　　单位：公顷

项目名称	宗数	比例（%）	用地面积	比例（%）
公共管理和公共服务	756	44.06	2949.41	28.34
经济适用住房	175	10.20	1404.88	13.50
其他住房	364	21.21	2800.26	26.91
交通运输用地	307	17.89	2441.42	23.46
特殊用地	114	6.64	811.17	7.79
总　　计	1716	100.00	10407.13	100.00

（4）从用地位置来看，东城、西城、朝阳、海淀、丰台等五城区划拨供地数量最多，共1278宗，占划拨供地数量的74.48%，用地面积6867.28公顷，占全市划拨用地面积的65.99%。远郊区县中，顺义、昌平两区用地面积最多，合计2087.59公顷，占全市划拨用地面积的20.06%（表7）。

需要说明的是，由于原东城区与崇文区、原西城区与宣武区合并成新东城区、西城区，上述统计数据对原历史数据进行了合并。

表7　划拨城镇建设用地分区（县）统计表　　单位：公顷

区县	宗数（宗）	比例（%）	用地面积（公顷）	比例（%）
东城	251	14.63	1184.00	11.38
西城	339	19.76	1251.23	12.02
朝阳	274	15.97	2080.66	19.99
海淀	256	14.92	1608.17	15.45
丰台	158	9.21	743.23	7.14
石景山	48	2.80	150.12	1.44

续表 7

区县	宗数（宗）	比例（%）	用地面积（公顷）	比例（%）
门头沟	24	1.40	95.65	0.92
大兴	42	2.45	319.65	3.07
通州	44	2.56	162.19	1.56
昌平	63	3.67	810.62	7.79
顺义	49	2.86	1276.96	12.27
平谷	19	1.11	70.12	0.67
房山	36	2.10	211.75	2.03
怀柔	32	1.86	116.64	1.12
密云	50	2.91	168.50	1.62
延庆	25	1.46	98.22	0.94
亦庄	6	0.35	59.41	0.57
总计	1716	100.00	10407.13	100.00

（土地利用处　黄蔚、潘卫锋）

地籍管理

【地籍管理总体情况】

1. 地籍调查

年内城市市区应完成地籍调查面积1097.8平方公里，完成率达100%；建制镇149个应完成地籍调查面积508.49平方公里，完成率达100%；行政村4294个应完成地籍调查面积1147.98平方公里，已完成555.71平方公里，完成率达49.19%。

2. 权属争议调处

年度内处理土地权属争议115件，累计处理争议1175件。

3. 地籍资料公开查询

年内受理公开查询3821次，累计受理公开查询45386次。

4. 业务（技术）培训

年内市级组织业务（技术）培训4期，培训688余人；区（县）级组织业务（技术）培训2期，参加700余人。

【农村集体土地确权登记颁证】

1. 国土资源部、财政部、农业部联合下发《关于加快推进农村集体土地确权登记发证工作的通知》（国土资发［2011］60号）。

2. 9月，北京市政府组织召开全市农村集体土地确权登记发证工作动员大会。市委常委、北京市农村集体土地颁证工作领导小组组长牛有成同志，市政府副市长陈刚、副市长夏占义参加会议，并做重要讲话。

3. 研究制定《北京市农村集体建设用地使用权确权登记发证工作指导意见（试行）》，起草《北京市关于加快推进农村集体土地确权登记发证工作的意见》，并经北京市政府审定后，以市政府办公厅的名义下发《北京市农村集体土地所有权确权登记发证工作指导意见》。

4. 利用互联网、广播、电视等新闻媒体，开展动员宣传。市国土局副局长、市农村集体土地颁证工作领导小组办公室副主任谢俊奇同志率市颁证办的同志，以“在线访谈”的形式，回答网民提出的问题，受到网民的好评。同时印发《农村土地确权登记颁证工作法律政策汇编》、《北京市农村土地确权登记颁证工作政策问答》。

【土地利用现状调查】

1. 按照“月清季累年更新”新机制开展变更调查工作，完成了季度遥感监测和新增建设用地季报工作。同时，各区（县）分局利用外业核实成果，用于日常土地执法检查工作，为各区（县）

及时发现制止违法用地行为创造条件。其中朝阳、昌平、怀柔、通州、大兴、顺义6个分局上报成果及时、成果质量较高。

2. 根据国土资源部《关于开展2011年度全国土地变更调查与遥感监测工作的通知》(国土资发［2011］155号）要求，按照“统一组织、多方参与、各司其职，严格标准、一查多用、边查边改”的工作原则，依据国土部下发的遥感监测成果，结合季度遥感监测与变更工作，完成14个区县年度土地变更调查与遥感监测工作任务。通州、大兴、密云、怀柔、延庆5个分局由局长带队参加了市国土局组织的数据对接审核会。

3. 根据国土资源部办公厅《关于开展2011年度全国城镇地籍调查数据更新汇总工作的通知》(国土资厅发［2011］59号）要求，本着“重点突出、确保质量、有所创新”的原则，在2010年城镇地籍调查数据基础上，依据本年度土地利用变更调查中新增建设用地细化调查最终结果对城镇地籍调查数据进行更新汇总与统计分析，完成16个区（县）、363个街道（乡镇）156769.8公顷的城镇地籍更新与数据汇总工作任务。

4. 组织开展北京市地类影像和实地照片样本建设，建立《北京市地类影像和实地照片样本库》。

5. 开展宗地统一编码试点工作，完成试点工作任务。

【土地登记】

1. 截至12月底，累计办理国有土地登记业务246481宗，发证112855宗；本年度内发证18228宗，其中：国有土地使用权登记12170宗，国有土地抵押权登记6058宗。

2. 对市国土局原颁发实施的《国有土地登记工作规范》和《北京市国土土地登记服务类事项》进行修改完善。

3. 组织开展四次季度土地登记规范化检查。抽查案卷1783件，其中优秀案卷1559件，优秀率达到87.4%，无瑕疵案卷率达到65%。在检查综合排前五名的是昌平分局、延庆分局、通州分局、丰台分局、密云分局。

4. 根据国土资源部办公厅《关于印发〈全国土地登记规范化和土地权属争议调处工作检查方案〉的通知》(国土资电发〔2010〕184号）要求，组织开展区县自检和互检，并接受国土资源部开展的省市级互检，北京市以98分的成绩通过国土部的互检，同时组成检查组赴广东省参加国土资源部组织的互检。

5. 组织开展北京市政府储备土地登记发证工作，市国土局及各分局主动做好雁栖湖、出版集团、路桥公司、房地集团等企业改制和上市相关的土地登记协调工作。

【土地权属管理】

1. 以地籍调查成果为基础，以土地确权为手段，发挥土地权属审查在国土资源审批管理环节中的基础作用，研究制定了《北京市国土资源局土地权属审查办法（试行）》。

2. 坚持以化解社会矛盾、保护群众合法财产权益为原则，在维护社会稳定和谐大局的前提下，依法依规做好日常土地权属争议调查处理工作。

3. 主动做好人大政协提案办理和人民来访来信接待答复工作，通过当面会谈、局长信箱、电子留言等方式，积极宣传地籍工作，切实解决群众反映的实际问题。

【地籍信息系统建设】

以系统管理和应用的人才培养为重点，开展地籍管理信息系统的日常运行维护和开发升级，加强地籍数据管理使用问题研究和档案管理基础工作，建立健全各类档案管理规章制度，为土地“批、供、用、补、查”和北京市国土资源“一张图”综合监管平台提供真实准确、现势性强的基础数据。

（地籍处　李绍学）

矿产资源勘查和储量管理

地质勘查管理

【本年地质勘查工作指导思想】

本年是“十二五”规划的起始年，北京市地质勘查工作按照国土资源部的统一部署，紧紧围绕北京市城市建设重点工作和市国土局中心工作开展，在城市地质、环境地质、城市土壤地质、新型清洁能源等方面取得成效；矿产资源勘查登记严格有序的进行；地质勘查资质管理严格按照《地质勘查资质管理条例》(国务院令520号) 及国土资源部配套文件执行，完成2010年探矿权年度检查工作总结和2010年地质勘查资质审批及监督管理工作。

【“十二五”地质勘查规划】

完成《北京市“十二五”时期地质勘查发展规划》的编制工作。《北京市“十二五”时期地质勘查发展规划》围绕首都世界城市发展战略对地质工作提出的新要求，以保障城市地质环境安全与可持续发展为目标，为推进“人文北京、科技北京、绿色北京”建设提供更加有力的基础支撑，是北京市“十二五”时期地质勘查工作的指导性文件。规划中列出了“十二五”时期地质勘查重大工程，经市政府批准，已联合市发展改革委发文颁布实施。

【基础地质调查】

全年共支出资金7670.38万元。其中，中央财政437.27万元，占总量的5.70%；地方财政7233.11万元，占总量的94.30%；无社会资金。

北京地区基础地质工作程度较高，1:5万区域地质调查第二轮工作已完成，累计完成44幅，面积约15300平方公里，覆盖比例93%。完成1:20万区域地质调查1个图幅，面积约6400平方公里，覆盖比例39%。

在区域地球物理调查方面，1:5万区域电测深测量累计完成面积5602平方公里，覆盖比例34%；1:5万区域地面磁法测量工作累计完成面积5404平方公里，覆盖比例33%；1:5万化探调查累计完成10幅，面积约4000平方公里，覆盖比例24%。

在区域地球化学调查方面，北京市1:20万水系沉积物测量累计完成面积9987平方公里，覆盖比例61%；1:25万土壤地球化学调查累计完成面积约6900

平方公里，覆盖比例42%。

本年度，北京市1∶10万农业地质调查完成面积约3200平方公里，覆盖比例19%；北京市1∶5万城市土壤地质调查完成面积6900平方公里，比例42%。

《北京城市地质土壤调查与评价》、《北京市农业土地资源调查与评价》两个项目为本年开展的北京市土壤地球化学的重点项目。

1. 北京城市地质土壤调查与评价

该项目是落实国务院、国土资源部及北京市开展相关地质工作要求开展的一项基础性地质调查工作。项目周期为2年（2011—2012年），总经费1218.35万元。主要工作是针对北京平原区开展面积性土壤调查，并对城市安全影响大及土壤应用潜力较大的重点地区（如垃圾填埋场、工厂及搬迁区、元素富集致病隐患区、新农村建设适宜产业区和矿山开采土壤污染隐患区）开展专项地质调查。其成果可为城市建设、规划提供科学支撑，可为环境保护、疾病预防、国土资源管理等提供地球化学依据。

该项目在本年主要是开展野外调查采样工作，2012年为数据处理及报告编写。年内共完成面积性调查6900平方公里，专项调查880平方公里；共采集土壤样品43546件，水样293件，大气干湿沉降样品60件，大气颗粒物样品35件，农作物样品479件和岩石样品28件。

2. 北京市农业土地资源调查与评价

该项目是为了落实《中共北京市委关于率先形成城乡经济社会发展一体化新格局的意见》，更好地摸清农业土地资源家底，优化农村产业布局开展的一项农业地质调查工作。项目周期为2年（2011—2012年）。

该项目年内主要完成北京市农业土地背景元素地球化学编图；1∶10万台地丘陵区农业种植土地资源调查3200平方公里；1∶5万农业土地资源调查2500平方公里。

通过项目实施，研究有益元素与优势农作物的关系，为农作物进行合理种植与平衡施肥提供指导；建立土地质量评价指标体系和方法技术，进行农业土地质量评价，为农业土地资源保护和可持续利用提供合理建议；对都市农业、优势农产品基地选址规划、农业种植结构调整及科学施肥提供科学依据。

3. 北京市矿产资源储量利用现状调查

该项目是对北京市矿产资源储量一次重要的摸底调查，是进一步促进矿山储量动态监管，加强矿产资源储量管理的基础性工作；是修编北京市矿产资源规划的依据。目前累计完成177个矿区资源储量核查工作。完成16个矿种的汇总报告及成果数据库建设，在全国率先完成“两库衔接工作”，取得四项成果，修正了储量库，为进一步做好矿政管理工作奠定了坚实的基础。项目实施方案评审结果排全国第三名，铁矿被选为全国试点矿种。全部汇总成果报告及数据库均通过由市国土局组织的评审验收。其中铁、煤、钼、萤石四个矿种在全国矿产资源省级汇总成果报告评审会上被评为成果报告、数据库和资料汇交三项全优，铜、铅、锌、金、钨、银矿均为良好。通过调查，全面摸清北京市16个矿种的资源家底，为编制北京市“十二五”地质勘查发展规划提供强有力的基础数据和技术支撑。

项目对核查成果资料进行分析汇总，发现铁矿、煤矿、水泥灰岩和大理岩的保有资源储量变化较大，铁矿减少2696.18万吨，煤矿减少5.2465亿吨，水泥用灰岩减少4727.07万吨，大理岩减少457.06万吨。

4. 北京市矿产资源潜力评价

该项目是在现有地质工作程度基础上，全面总结北京市基础地质调查和矿产勘查工作成果和资料，结合北京市地质矿产情况，应用现代矿产资源预测评价的理论与方法，充分利用GIS评价技术，开展煤炭、铁、铜、铅、锌、金等矿种资源总量预测评价，基本摸清其潜力及其空间分布，为研究制定北京市矿产资源战略与国民经济中长期规划提供科学依据。

2007年至本年年底，先后完成地下水、地热、浅层地温能、建筑用矿产（包括水泥灰岩、砖瓦用页岩和建筑用砂石）、尾矿石（包括煤矸石、铁和金尾矿）、铁、煤炭、铜、铅、锌、金、钨12个矿种（包括北京市5个、中央7个）资源潜力预测评价工作，完成各专业报告16份、图件588张，并按要求编制图件说明书，建立数据库。开展新开锰、钼、铬、银、萤石5矿资料搜集整理，编制完成5矿种图件150张，编图说明书15份，进行异常的初步分析研究。通过综合分析研究编图，取得一批地质、重力、磁法、化探、遥感及自然重砂基础性成果，对各专业异常分析，圈定预测靶区，估算各矿种资源量，对较有潜力的煤炭、铁等矿种提出勘查工作部署建议区。截至年底，铜、铅、锌、金、钨总体成果报告为优秀，完成的各项成果优良率为100%，其中获得优秀设计、优秀成果报告及图件共16项。

5. 北京平原区活动断裂监测专项地质调查

该项目是市政府批准开展的大型地质项目。近年来，鉴于在北京平原地区已经发现沿活动断裂出现了地质灾害（如地裂缝、地面沉降等），为全面开展北京平原区活动断裂地质调查和监测工作，以保障北京城市地质安全，由市国土局和市地勘局联合向市政府递交《关于开展北京平原区活动断裂监测专项地质调查工作方案的请示》获得市政府批准。项目选择目前北京平原区四条主要活动断裂，即黄庄—高丽营断裂、南口—孙河断裂、顺义断裂、夏垫断裂为重点调查研究对象，本着对前人资料充分吸收，综合利用，由粗到细，由已知到未知，先调查后监测等原则，采用遥感、地球物理、地球化学等先进理论和方法，结合钻探、槽探等工程手段，开展深入细致的调查研究，查明活动断裂的活动规律，精确确定主要活动断裂的具体位置、产状、规模和性质，监测断裂的活动状态，对活动断裂可能引发的地质灾害及对重要建筑和重要生命线工程的影响进行评估并提出建议，对11个预设监测站点可行性进行评估。项目成果将为首都的城市规划和建设，城市安全与灾害预防提供充分的基础资料和科学依据。

项目总预算超亿元，第一阶段资金

约为4966.49万元，目前项目进展顺利，已完成活动断裂专项野外调查面积约912.4平方公里、钻探进尺4745.66米，高精度重力剖面测量52条，测线长度553.27千米；二维地震勘探2867396个炮点·检波点；重力面积性测量44平方公里；可控源音频大地电测测深812个测点，测线长度37.69千米；高密度电阻率测量20000个测点，槽探11000立方米。在测量成果方面，本次工作中由于采用CORS系统技术，即利用多基站网络RTK技术建立的连续运行卫星定位服务综合系统，不仅提高工作效率，测量精度也得到改善，定位准确率更高，能满足规划建设的需要。

6. 北京市地质钻孔基本信息清查

该项目是响应国土资源部推进地质资料信息服务集群化产业化的要求而开展的一项重要工作，可以为制定北京重要地质钻孔数据库建设方案提供依据。项目周期为本年6月到2012年8月，将基本查清北京市地勘单位保管的地质钻孔基本信息，基本掌握北京市地勘单位保管的地质钻孔类型、分布及数量，汇总北京市地质钻孔基本信息，初步建立北京市地质钻孔基本信息数据库。截止年底，北京市已查出有钻探工作量的项目数599个，其中，录入“北京市地质钻孔基本信息采集系统”的项目基本信息为306条，另有295个项目（其中2个项目的部分钻孔同时录入“北京市地质钻孔基本信息采集系统”）涉及的钻孔缺失部分信息；已查出钻孔总数4458个，其中信息完整的钻孔3846个，缺失部分信息的钻孔612个。

【矿产资源勘查】

全年共投入资金6615.76万元，全部为社会资金。北京市实施矿产勘查项目10项次，其中地热项目6个，地下水项目3个，煤炭项目1个。完成钻探工作量30232米（同比增长24.33%）。主要矿种勘查资金和完成钻探工作量为：煤炭150万元，开展项目1个，钻探1500米。

年内主要实物工作量为钻探进尺，共3.02万米，其中地热钻探进尺为2.75万米，地下水为0.12万米。

北京市首例地热资源整体勘查项目——“北京市凤河营地热田地热资源整装勘查项目”再获重大勘查突破，该项目第三眼地热勘探井于12月27日顺利通过成井验收并成功探获118.5℃高温自流地热水汽混合流体。该眼地热勘探井同时刷新了北京市地热资源勘查的地热流体自流流量、温度和自喷压力三项历史记录。

被验收的地热井编号为兴热-12#，由派力工程有限公司负责实施，位于北京市凤河营地热田西南端的大兴区采育镇凤河营村北侧，成井深度3356米，地热水自流，关井井口压力0.8MPa（相当于地热水自流高度达到地面以上80米）。放喷井口稳定压力为0.13MPa时，地热水汽混合流体日自流量为3002.5吨，井口流体温度为117℃；放喷井口稳定压力为0.34MPa时，地热水汽混合流体日自流量为2301.7吨，井口流体温度为118.5℃。

经初步推算，从能源供应看，仅采育镇区块的地热能至少可满足1000万平方米建筑物供热，满足350万平方米建筑物制冷，实现工业蒸汽装机容量100兆瓦，实现地热发电装机容量15兆瓦，年发电量将达5000万千瓦时，可开展国内首例地热资源热、电、冷、汽四联供循环利用试点；从节能减排看，仅解决供热需求一项即可节约标煤消耗量14.06万吨，减少排放二氧化碳35.06万吨、二氧化硫1.06万吨、氮氧化物0.53万吨、烟尘3754吨，节能减排效果显著。北京市凤河营地热田是北京市规划的十大地热田之一，同时也是北京市唯一地热水温度大于100℃的地热田，预计其核心区地热流体最高温度将大于130℃，开发前景十分广阔。

新增查明的矿产资源储量：北京市本年新增查明的矿产资源储量4个。其中，煤炭1个，为北京市门头沟区北京京煤集团昊华能源长沟峪煤矿井下补充勘探，新增查明煤炭资源量0.05亿吨；地下水3个，查明每日允许开采总量为4320立方米。

【地质环境与地质灾害调查评价】

全年共投入资金3217.4万元。其中，中央财政30万元，占总量的1%；地方财政2966.4万元，占总量的92%；社会资金221万元，占总量的6%（图4）。支出资金较多的两个项目为《北京市平原区地下水环境监测运行》(资金1136.24万元)、《北京市地面沉降监测运行》(资金1152.96万元)，皆为常态监测运行项目。

北京市地面沉降监测运行项目是依托北京市地面沉降监测网络开展，该网络包括7个地面沉降监测站（基岩标7个，分层标55个）、地面沉降专门测量网（400多个测量点）、GPS监测网（114个GPS与水准一体点）、InSAR监测网（7个角反射器）以及地下水动态监测网（85眼潜水观测井和230眼承压水观测井），自2002年至年内，此项工作已累计投资数千万元。基于地面沉降监测数据的积累，开展大量关于地面沉降机理、地面沉降数值模拟、地面沉降对城市建设和安全的影响以及地面沉降与工程应用等方面的研究工作。

北京市地裂缝监测系统示范基地位于顺义西王路地区，包含西王路探槽地裂缝和西王路中路一巷8号房屋墙体裂缝两个实时监测系统，及13个水准点。每年提交地裂缝监测报告，分析地裂缝活动现状、趋势及规律，为灾害威胁区内的建筑工程危险性评价、预测或防治提供服务。

【地质科技及其他】

全年共投入资金400万元。其中，中央财政250万元，占总量的62.50%；地方财政80万元，占总量的20%；社会资金35万元，占总量的8.75%。其他（资料信息类）资金投入35万元。

【矿产资源勘查登记】

北京市矿产资源勘查登记严格按照《矿产资源勘查区块登记管理办法》(国务院240号令)、《北京市矿产资源规划》、《北京市“十一五”时期地质勘查发展规划》、《北京市矿业权出让转让公开交易办法（试行)》等规定执行，为了保护北京的生态环境，为“绿色北京”做贡献，北京市审批出让的主要是地热勘查登记的探矿权。

2010年探矿权登记项目为18个，按项目性质分：新立16个，延续1个，保留1个，登记矿种全部为地热。

本年探矿权登记项目9个，按项目性质分：新立7个，延续2个，登记矿种全部为地热。（见第七部分2011年矿产资源勘查登记统计表）。

本年与上年相比，勘查登记项目数变化较大，主要是进一步规范地热市场、加强监督管理。

【探矿权有偿取得】

按照《北京市矿业权出让转让公开交易办法（试行）》的规定，北京市近年来登记的矿种主要是地热，都按照规定在指定的矿业权交易市场进行公开交易，新立7个项目共收取探矿权价款43.5万元。

【地质勘查资质管理】

2008年3月3日国务院《地质勘查资质管理条例》颁布后，国土资源部出台了配套文件，从7月1日起开始实施。2010年1月25日，国土资源部制定了《地质勘查资质监督管理办法》，地质勘查资质管理工作重点开始由资质审批向监督管理转移。

截至年底，北京市共有127家地质勘查单位取得地质勘查资质证书，其中64家单位通过国土资源部审批，获得甲级资质（包括石油天然气、航空物探、航空遥感），市国土局批准了104个单位的乙级、丙级地质勘查资质（有41家单位同时取得部、局颁发的地质勘查资质证书）。本年新取得资质情况详见第七部分北京市2011年地质勘查资质情况统计表。

组织开展年度北京市地质勘查资质监督检查工作，在单位自查的基础上，聘请专家按要求开展抽查工作，按时向国土资源部报送监督检查工作总结。

【地质勘查“走出去”】

年内，除去国家投资的境外项目之外，涉及北京市到境外开展矿产资源项目的企事业单位共计7个，分别为中国地质矿业总公司、中铁资源地质勘查有限公司、中昊海外建设工程有限公司、中兵勘察设计研究院、中色矿业集团有限公司、中矿资源勘探股份有限公司、中色地科矿产勘查股份有限公司；涉及到的国家11个，分别为：厄立特里亚、科特迪瓦、蒙古、尼日利亚、缅甸、菲律宾、津巴布韦、赞比亚、加拿大、坦桑尼亚、智利；项目总共16个。其中，预查、普查和详查项目12个，选区评价项目2个，勘探和矿山建设项目2个；矿产规模大型2个，中型5个，小型6个。

全年境外矿产资源勘查项目投资总额23937.88万元，当年中央财政投入5276万元，社会资金投入18661.88万元，分别占总额的22%和78%。

全年境外矿产资源勘查项目投入主要实物工作量：钻探总计16668.04万米，坑探总计0.11万米，槽探总计2848.81万立方米，浅井总计0.42万米。

全年境外矿产资源勘查项目取得了一定的可喜成果。资源量级别为333及以上的新增资源量：金6.52吨，铜30.01万吨，锰101.03万吨，铁矿石3亿吨；资源量级别为334及以上的新增资源量：金100吨，铁矿石1.76亿吨。

矿产资源现状

截至年底，北京市共发现各类矿产127种（含亚矿种，下同），其中固体矿产121种，水气矿产6种。有查明资源储量并已编入《北京市矿产资源储量表》的有67种351处矿产地。其中有能源矿产1种29个矿产地；金属矿产19种116处矿产地；非金属矿产47种206处矿产地（详见第七部分北京矿产种类统计表）。

【分布特点】

北京市矿产资源分布不均衡，具有分布广泛、矿种相对集中，以远郊区（县）为主的特点：

煤矿80%以上的查明资源储量分布于京西门头沟和房山区；铁矿90%以上的查明资源储量分布于密云县；有色金属矿产主要集中分布于密云县、延庆县及怀柔区；化工、冶金及建筑用各类石灰岩、白云岩等矿产主要分布于山区与平原交界的西部与北部山前地带。

【保有资源储量】

《固体矿产资源/储量分类》（GB/T 17766—1999），将资源储量分为储量、基础储量、资源量三大类十六种类型。储量是指基础储量中的经济可采部分；基础储量是经详查、勘探所获控制的、探明的资源量中通过可行性研究、预可行性研究认为属于经济的、边际经济的部分；资源量包括经可行性研究或预可行性研究证实为次边际经济的矿产资源、经过勘查未进行可行性研究的内蕴经济的矿产资源，以及经过预查后预测的矿产资源。

截至年底，北京市矿产资源储量保有情况详见第七部分截至2011年底北京市矿产资源储量汇总表。

【饮用天然矿泉水资源】

北京市矿泉水主要为低钠、低矿化度或中等矿化度的淡矿泉水，有四种类型：锶型、锶—偏硅酸型、偏硅酸型、高矿化度型（溶解性总固体＞1000mg/L）。截至年底，共勘查评价矿泉水水源地147处，批准每日允许开采量31166立方米，每年允许开采量1137.56万立方米。按类型划分：

锶型：有75处，约占全市矿泉水总量的一半，主要分布在西部奥陶系灰岩地层中；

锶—偏硅酸型：有50处，约占总量的1/3，主要为平原区第四系承压水；

偏硅酸型：有20处，占总量的1/7以上，主要分布在北部山区岩浆岩中；

高矿化度型：有2处，分别位于门头沟区和房山区。经勘查评价属三项达标的高矿化度矿泉水。

矿产资源储量管理

【矿山储量动态监督管理】

矿山储量动态监管工作得到进一步加强。在工作思路上，由过去以推动为主逐步向全面推进与提高质量相结合转变。在业务指导上，进一步规范工作方法和要求，开展北京市生产矿山储量动态监管工作。

【矿产资源储量评审备案工作】

严格按规定开展矿产资源储量评审备案工作。年内完成矿产资源储量评审备案并出具备案证明58份，其中固体矿产储量核实6份、地热勘查报告5份、建设项目压覆矿产储量评估报告47份。完成占用储量登记工作。

【矿产资源登记统计】

开展年度矿产资源统计工作，根据矿山企业报送的年度统计基础表，审核汇总并录入数据库，建立北京市年度矿产资源储量统计数据库。掌握矿山企业开采消耗资源储量情况及矿山保有资源储量情况。

年度登记统计数据在矿产资源储量核实的基础上，结合北京市矿产资源储量数据，完成核查数据库与储量数据库的“两库衔接”，衔接后的数据库顺利通过国土资源部的验收。根据统计结果，印制《截至2011年底北京市矿产资源储量表》。

【建设项目压覆矿产资源核查】

为贯彻落实扩大内需保增长、保红线精神，缩短审批时限，减少审批环节，提高办事效率，调整完善建设项目压覆矿产资源核查工作程序。组织编制并印发《北京市建设项目压覆矿产资源储量核查技术要求》。全年共办理224件压覆矿产资源核查审批。市国土局办理压覆矿产资源申请批复11件。2003年以来共完成801个建设项目是否压覆矿产资源核查工作。

【编制矿产资源年报】

组织编写《2011年度北京市矿产资源年报》，系统反映北京市矿产资源家底和矿产资源勘查、资源储量、开发利用、地质环境的管理情况。

地质资料管理

【成果地质资料管理】

按照国土资源部关于开展全国地质资料管理专项检查工作的要求，开展北京市国土局地质资料管理情况的检查工作，系统总结近十年来地质资料管理有关制度建设、馆藏机构建设、开展的工作、存在的主要问题等，为下一步提升地质资料管理水平和服务能力奠定了基础。同时加大地质资料汇交管理力度，本年接收整理入库成果地质资料492档，比上年增加155档。截至目前，北京市地质资料馆馆藏成果地质资料达5699档。

【实物地质资料收集】

实物地质资料管理取得突出成效。制度建设上，制定并印发《关于加强地热井实物地质资料整理汇交工作的通知》（京国土勘函［2009］1005号），指导规范地热井实物地质资料的汇交、保管和利用。实物地质资料由原来临时租用的场所搬迁到新的比较规范的场所。本年接收5口地热井实物地质资料，完成的地热井实物资料全部汇交，地热井年度实物资料汇交率经过努力历史性地从零汇交达到100%汇交。截至年底，共接收89口地热井实物地质资料。另外，收集矿区岩矿芯资料，已收集密云桑园铁矿区3个钻孔岩矿芯资料约450米。北京市平原区地球化学土壤样品的接收工作也在进行中。

【地质资料社会化服务】

截至年底，市国土局资料馆共接收成果地质资料237档，其中矿产地质类68档，水文工程类59档，环境地质类102档，地质科研类5档，其他类3档。

年内，市国土局资料馆在社会化服务方面做工作，加强宣传、完善网站、力求服务简便、快捷等，具体如下：

1. 加强地质资料信息宣传

编印地质资料目录清册和地质资料管理文件汇编，并发送到全市相关管理部门和设计施工单位，使地质资料使用人了解到资料馆内资料信息和资料使用政策，提高地质资料的知名度。

2. 完善地质资料信息服务网站

在市国土局政务大厅及内网中开通地质资料信息查询服务平台，提供地质资料目录查询，及时补充更新《地质资料目录数据库》；同时与市国土局信息中心沟通，共同构架地质资料信息服务栏目，初期筛选100档不涉及保护、保密的地质资料数字化成果，将其全部文字资料放在网上，供使用人浏览，初步实现地质资料信息网上全文检索，已收到良好的反馈，网站点击率已近700余人次。

3. 提供简便、快捷的服务

对于来资料馆借阅地质资料者，在不违反有关规定的基础上，简化工作程序和手续，对资料借阅人提供快速服务；对刚参加工作的人员来借阅资料，能够提供主动咨询服务，主动介绍项目施工地区的地质情况和馆藏资料中施工项目所需的地质资料。截至年底，共为北京市新城规划、地下空间调查、浅层地温能评价、道路改（扩）建、天然气管道建设、旧城改造、建设用地压覆矿产资源核查、地质灾害危险性评估等项目提供地质资料查询167余人次，提供借阅及复制资料522档7000余件次；为有关项目的选址、基础勘查争取时间，对整个项目的顺利实施起到促进作用。

4. 加强地质资料汇交管理，全面开展欠交地质资料的清理工作

通过各种渠道，获得国家和北京市财政投资开展的地质项目信息，据此信息和馆藏资料进行认真核对，整理出欠交资料清单，然后由储量处进行催交，限期补交地质资料，对不能提供电子版数据的可适当延长补交时间。全年共清理出35档欠交资料，大多数单位已经完成补交工作。

5. 落实国土资源部文件要求，积极推进地质资料汇交监管平台建设

地质资料馆依据国土资源部文件要求，编写“北京市地质资料汇交监管平台建设工作方案”，明确相关处室的责任，参加国土资源部组织的业务培训，已对1998年以来国家和市财政投资的项目信息和两权信息进行核对、对已发汇交凭证的项目信息在监管平台上进行补录、全面搜集本年度的项目及两权信息，为2012年3月份监管平台的正式启用做好准备。

6. 依托项目，深度推进地质资料信息化

年内，根据国土部要求，北京市开展了两个项目，分别是《地质资料信息服务集群化产业化试点研究》、《全国地质钻孔基本信息清查》。

《地质资料信息服务集群化产业化试点研究》项目以大型城市地质工作为代表，以地质资料分散、信息化程度不高、服务亟需提升为核心，相继开展北京市地质资料信息产品体系框架研究及产品开发、北京市地质资料分布式管理与共享服务模式研究、地质资料分布式管理及一体化显示原型系统建设等一系列试点研究工作。通过试点工作的开展，将摸清北京市地质资料现状，探索出符合北京实际城市地质工作的地质资料信息服务方式，为数字城市地质的建设提供技术保障与理论支撑。

《全国地质钻孔基本信息清查》项目具体情况请见前文“基础地质调查”部分。

（勘查储量处　邓武中）

矿产资源开发管理

【采矿登记与采矿权管理】

全年办理划定矿区范围7个，采矿权延续10个，变更18个，注销70个。截至年底，全市保留固体矿山35个，矿泉水34个。

全年确认30个矿山企业的采矿权价款5728.29万元。收缴采矿权价款6372.15万元。

【矿业权市场建设】

委托北矿所研发“北京市国土资源局矿业权交易监管系统”，并已开始运行，实现对矿业权交易的全程监管。年内有28个矿业权项目（不含地热）进入矿业权交易市场，现已全部完成公开交易。

【矿产资源开发监督管理】

通过年检、日常检查等手段，按照属地管理、分级监督的原则，对矿山企业矿产资源开发利用情况进行检查和抽查。本年全市矿山企业矿产资源开发利用年检率为100%，抽检率为88.9%。通过年检，发现全市矿山企业基本做到依法开采，自觉履行各项义务。

组织完成本年度北京市矿产资源开发利用情况统计表的审核和汇总工作。北京市矿产资源开发利用情况详见本书第七部分统计资料2011年北京市矿产资源开发利用情况。

【矿产资源节约与综合利用专项工作】

按照《财政部、国土资源部关于印发〈矿产资源节约与综合利用专项资金管理办法〉的通知》(财建［2010］312号)、《国土资源部关于印发〈矿产资源节约与综合利用专项工作管理办法〉的通知》(国土资发［2010］122号）要求，开展矿产资源节约与综合利用专项工作（以下简称专项工作）。专项工作包括“以奖代补”和示范工程，专项资金由中央财政通过分成的矿产资源补偿费及探矿权采矿权使用费和价款收入安排。年内，北京市申报“以奖代补”项目5个、示范工程项目3个。通过财政部、国土资源部评审的“以奖代补”项目4个、示范工程项目2个，分别获得专项资金3000万元和1953万元。

【矿产资源补偿费征收管理】

为进一步规范矿产资源补偿费免（减）程序，拟订《北京市矿产资源补偿费免（减）审批办法》，并于12月14日市国土局和市财政局联合向市政府报送《关于发布〈北京市矿产资源补偿费免（减）审批办法〉的请示》（京国土矿［2011］624号）。

全年征收矿产资源补偿费3055.79万元、入库3033.39万元（征收、入库均不含地热）。

【绿色矿山建设】

按照《国土资源部关于贯彻落实全国矿产资源规划发展绿色矿业建设绿色矿山工作的指导意见》（国土资发［2010］119号）的精神，积极推进绿色矿山建设工作。初步确定2015年基本建立绿色矿山格局的战略目标：大中型矿山基本达到绿色矿山标准，小型矿山企业按照绿色矿山条件严格规范管理。对首云矿业股份有限公司首云铁矿等4家被列入首批国家级绿色矿山试点单位的矿山企业，加强日常监督管理，按要求组织审查《绿色矿山建设规划》，并报国土资源部备案。根据《国土资源部办公厅关于组织申报国家级绿色矿山试点单位的通知》（国土资厅函［2011］574号）要求，组织5家矿山企业申报第二批国家级绿色矿山试点单位。

【打击非法开采矿产资源工作】

根据国务院安委会、国土部办公厅以及北京市安委会关于严厉打击安全生产非法违法生产经营建设行为专项行动的要求，制定《北京市国土资源局开展严厉打击非法开采矿产资源专项行动工作方案》，并严格按照方案开展工作。

按照《关于进一步在全市开展“盗采砂石、非指定区域游泳和钓鱼、非法洗车百日整治行动”和水资源管理专项执法的工作方案》的要求，开展河道外盗采砂石整治工作。在全国“两会”、国庆等重要时期，均要求认真做好矿产资源管理工作，与有关部门密切协调配合，强化对矿山企业的监管，严厉打击各类涉矿违法活动，保持对非法开采的高压态势，防范各类涉矿事故的发生。

据不完全统计，截至年底，全市共出动执法人员近3万人次，执法车辆5千多台次，没收非法矿产品1万多吨，查扣、销毁非法运输车辆和非法开采设备3百多辆（台），罚款3百万元，毁闭非法开采窑口近百个，捣毁非法加工场30家，拆除非法加工设备69台（套），向公安机关移送违法人员100余人。

【非法采矿破坏性采矿造成矿产资源破坏价值鉴定工作】

按照《北京市非法采矿、破坏性采矿造成矿产资源破坏价值鉴定实施办法》（京国土矿［2005］745号）的规定，年内组织完成并出具非法采矿造成矿产资源破坏价值鉴定意见62份。

（矿产资源开发处　高红、华金玉）

地热资源管理

【地热资源分布】

北京市地热资源主要分布于平原地区（含延庆盆地）。地热出水温度一般为50℃～70℃（目前最高为117℃）。地热开发除作为能源利用热能外，还有一定的医疗、保健、养生作用，但不宜直接饮用。

根据《北京市2006－2020年地热资源可持续利用规划》，北京平原地区深度3000米内温度大于50℃的地区面积约2760平方公里，构成相对独立又有一定联系的10个地热田。

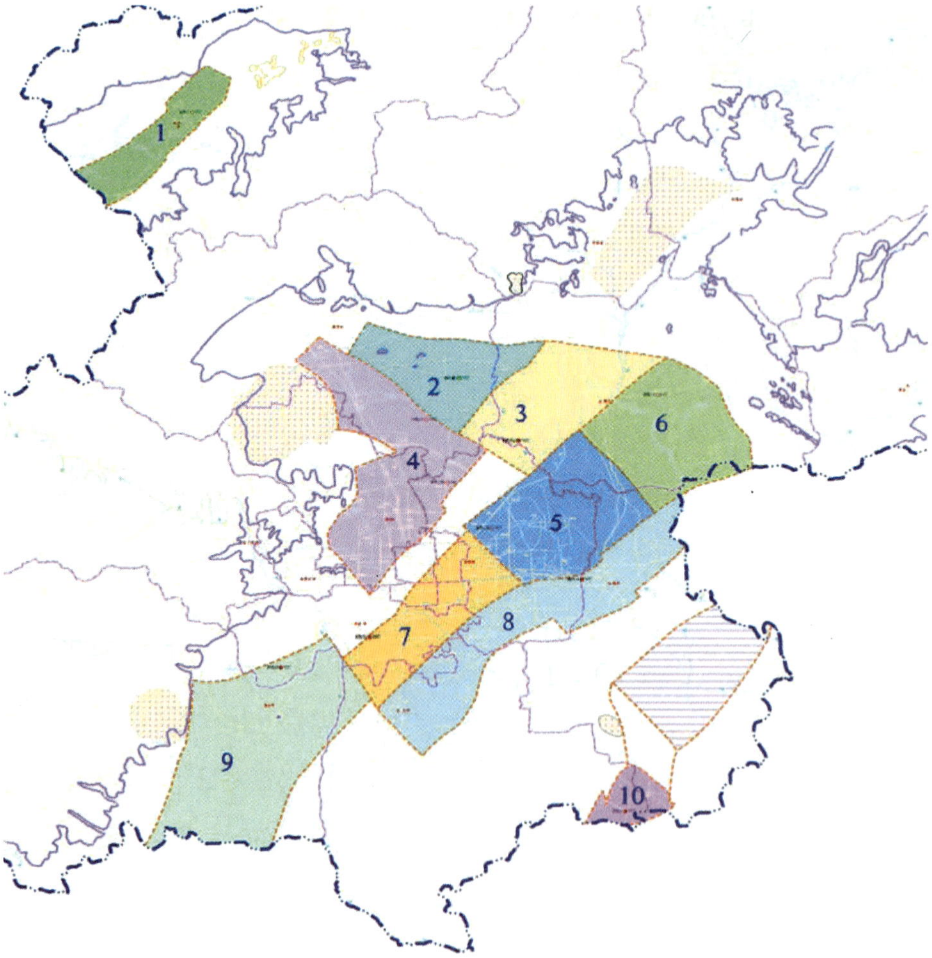

图1　北京地热资源分布

表 1 地热田基本情况一览表

序号	地热田	面积（平方公里）	地热田最高温度地热井		
			编号	温度（℃）	井深（m）
1	延庆	121.88	延热 -2	70	2500
2	小汤山	186.42	汤热 -30	70	1905
3	后沙峪	239.85	顺后热 -2	75	2920
4	京西北（沙河）	363.21	沙热 -13	76	2603
5	天竺	290.75	京热 -128	89	3688
6	李遂	273.04	遂热 -13	55	1300
7	东南城区	207.44	京热 -59	88	3610
8	双桥	339	通热 -4	58	2509
9	良乡	475.77	京热 -96	70	2950
10	凤河营	262.51	兴热 -12	117	3356

截至年底，北京市已实施地热钻井480眼，主要分布于东南城区、小汤山和良乡地热田。最大单井深度已超过4000米，最高地热井出口温度117℃。已完成钻探的地热井中未成井21眼、因故报废37眼、用于观测15眼、在用204眼、待用地热井203眼。

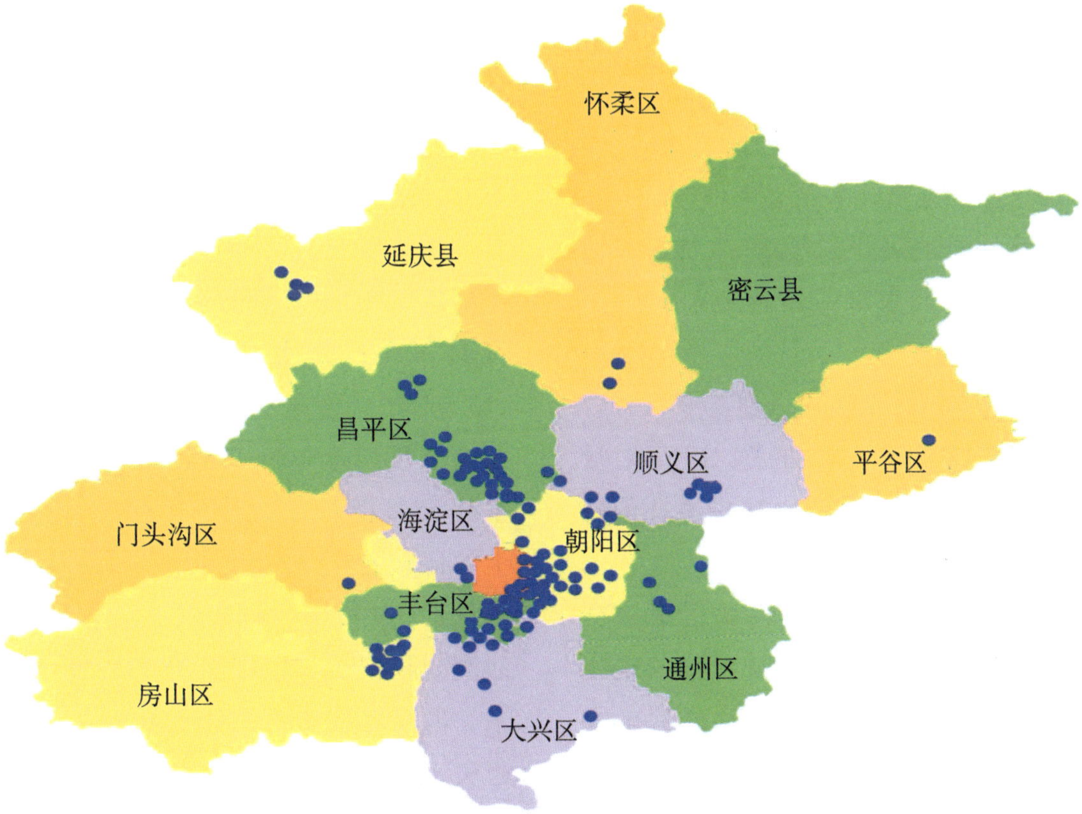

图 2 北京地热分布图

【地热资源勘查管理】

年内在北京市大兴区采育镇地热勘查工作中，兴热－12#地热井钻探成功，井口地热气水温度达117℃。该地热井的成功钻探，为验证对大兴区凤河营地热田地热地质条件的认识提供难得的实钻地质资料，为北京市大兴区采育镇的地热集中利用规划和开发奠定了基础。

北京市严格按照地热资源规划的要求，对地热勘查申请项目实行从严审批、严格控制，全年共受理地热勘查新立事项7件、地热答复意见事项15件，全部办结。共批准新立地热探矿权7个，批准钻探地热井12眼，批准的地热探矿权项目采灌供暖项目占比超过70%（见表1地热田基本情况一览表）。

【地热资源开发利用管理】

按照行政许可事项办理要求，全年共受理办结采矿权事项52件，其中采矿证注销5件、地热开采新立4件、地热开采变更6件、地热开采延续37件、全部办结。全年，北京市共设置地热采矿权148个。

全年北京市地热水开采量为937万立方米，回灌量407万立方米，净开采量529万立方米，共计征收地热资源补偿费约2354.2万元。

全年共召开地热矿业权评估确认会议3次，共确认74个地热矿业权的出让价款，讨论确定矿业权评估及价款确定过程中的具体要求、修定地热矿业权出让合同部分条款。

全年编制地热矿业权协议出让方案55件，并完成相应的受让人资格审查工作，向矿业权交易所下达交易任务通知书，按规定完成外网的公示工作，其中49个地热矿业权已完成交易手续。

【地热资源动态监测】

北京市地热动态监测工作已经进行40多年，70年代城区地热开发初期开始进行连续监测。最初地热监测工作主要对地热开采量和开采热储的水质进行监测。到20世纪80年代，随着地热井数量的增多，地热开采量迅速增大，城区、小汤山等开发程度较高的热田陆续设立专门的水位监测点，对主要开采热储的水位也开始实施人工监测。20世纪90年代，监测范围进一步扩大到良乡、李遂热田。本年继续对各地热田的开采量以及各主要热田的热储水位、水温和水质实施监测。

1. 全年地热水开采量为937万立方米，回灌量407万立方米，净开采量529万立方米。

按热田统计，小汤山热田开采量最大，达302.59万立方米，占全市开采总量的32%；其次是东南城区热田，达213.03万立方米，占开采总量的23%，这两个热田本年度开采量占全市开采总量的55%；开采量达到100万立方米以上的还包括京西北热田，其余热田的开采量都在100万立方米以下；小汤山热田回灌规模最大，回灌量为191.26万立方米，占回灌总量的47%，其次东南城区、延庆、京西北热田分别达到58.39万立方米、59.29万立方米和43.78万立方米，其他热田的回灌量小于10万立方米；东南城区热田净开采量最大，达到154.65万立方米，占净开采总量的31%；其次小汤山热田净开采量达到111.33万立方米，占净开采总量的21%。这两个热田的净开采量就占净开采总量的52%。京西北、天竺热田的净开采量也分别达到78.66万立方米和62.17万立方米，占净开采总量的16%和12%。其他热田的净开采量均低于50万立方米。

表2　2011年度全市各热田开采量统计表

热田名称	开采量（万立方米）	回灌量（万立方米）	净开采量（万立方米）
小汤山	302.59	191.26	111.33
东南城区	213.03	58.39	154.65
京西北	122.44	43.78	78.66
良乡	55.78	11.67	44.11
天竺	76.94	14.77	62.17
李遂	44.59	28.28	16.31
延庆	60.60	59.29	1.31
后沙峪	3.86	——	3.86
双桥	13.51	——	13.51
凤河营	0.00	——	0.00
其他	43.44	——	43.44
合计	936.78	407.43	529.35

2. 本年各热田热储的水位较上年仍然在下降，小汤山热田雾迷山组及良乡热田雾迷山组水位下降最为明显，年水位降幅均超过3米。

表3　2011年全市各监测井水位监测汇总表

地热田	井号	观测储层	水位埋深（m）				
			最大	最小	年平均	比上年下降	年均下降
东南城区	京热-2	铁岭	91.44	82.16	85.88	1.66	1.20
	京热-51		85.16	76.52	80.67	0.73	
小汤山	汤热观-1	雾迷山	47.86	38.80	43.04	3.57	3.57
	苗圃观测井	铁岭	39.02	34.54	36.74	0.86	0.86
李遂	208-4	雾迷山	47.70	45.46	46.51	2.28	2.28
良乡	碧溪-4	雾迷山	95.15	92.72	93.98	3.99	3.99

3. 全市各地热田地热水温度无明显变化。

4. 全市各地热田的多年水质动态表现出基本统一的规律。

它们显示冷地下水补给和深部热源水补给两个方面的变化。热田的增大开采也加速了冷地下水对热田的补给，表现在主要化学成分阴离子重碳酸根毫克当量百分数的增长趋势，但地热水中总溶解固体含量的增长趋势说明总体仍是热补给更占优势。城区热田和小汤山热田基本继续既往的规律，虽然阳离子钠钾毫克当量百分数有时略有下降，但同时表现出的总溶解固体含量略增，其冷、热补给接近平衡，且热补给仍占优势，说明在维持目前开采水平的条件下地热资源能保障热田的可持续开发。李遂热田显示热补给大于冷补给，开发规模的扩大尚具潜力。良乡热田阳、阴离子代表的热源补给和冷水补给均有所减小，但总溶解固体仍反映热补给占优势，也预示仍可在维持目前开采水平的条件继续开采。

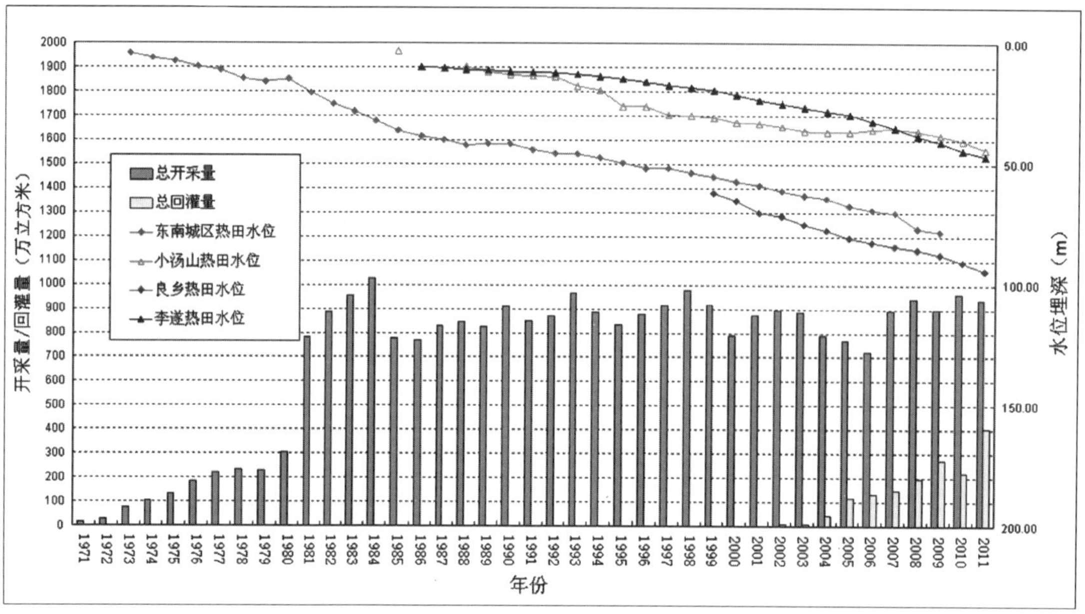

图3　北京市多年地热开采量、回灌量与水位动态曲线图

【地热项目】

按照《北京市地热资源2006—2020年可持续利用规划》要求，结合北京市地热管理工作实际，本年安排地热科研项目2个。

1. 北京市地热资源动态监测、回灌监测及地热回灌示踪试验研究项目；

2. 北京市地热井远程监控系统跟踪维修项目。

两个项目为常年延续性项目，已按照设计要求和进度安排开展各项工作，工作进展顺利。

【支持发展浅层地热能（地源热泵）的推广利用】

随着热泵技术发展进步，浅层地温资源作为可再生能源重要的组成部分，体现出其广阔的发展前景。

全年共接到浅层地热（地埋管地源热泵）项目立项申请20件，全部提交由勘查资质单位编写并经北京地热协会组织专家评审通过的浅层地质条件评估报告，全部予以登记和复函，申请项目的服务面积共67.4万平方米（见表5 2011年地源热泵项目申报登记表）。

表 4　2011 年新立地热资源勘查项目登记表

序号	项目名称	许可证号	批准地热井编号	坐标
1	北京市平谷区北京金叶园会议中心地热勘探	T11520111001045022	平热 －5#	东经：117°18′16.1″；北纬：40°09′43.8″
2	北京市顺义区天竺镇北京国家会计学院地热勘探	T11520111001045021	顺热 －20#	东经：116°33′52.3″；北纬：40°02′46.9″
			顺热灌 －9#	东经：116°33′51.0″；北纬：40°03′02.9″
3	北京市丰台区卢沟桥乡小瓦窑村地热勘探	T11520111201045405	京热 －203#	东经：116°14′21.88″；北纬：39°52′58.65″
4	北京市昌平区白各庄村地热勘探	T11520111201045406	沙热 －21#	东经：116°20′47.26″；北纬：40°06′38.47″
			沙热灌 －2#	东经：116°20′39.64″；北纬：40°06′33.10″
5	北京市房山区长阳镇中央休闲购物区地热勘探	T11520111201045427	良热 －40#	东经：116°11′11.86″；北纬：39°46′34.74″
			良热灌 －6#	东经：116°11′08.59″；北纬：39°46′41.95″
6	北京市大兴区魏善庄镇北京星明湖度假村地热勘探	T11520111201045463	兴热 －15#	东经：116°26′01.99″；北纬：39°36′39.82″
			兴热灌 －2#	东经：116°25′56.54″；北纬：39°36′48.09″
7	北京市延庆县************地热勘探	T11520111201045473	延热 －8#	涉密
			延热灌 －5#	

表 5　2011 年地源热泵项目申报登记表

序号	项目名称	项目地点	服务面积（万平方米）
1	冠捷显示科技（中国）有限公司生产基地及配套项目	亦庄经济技术开发区东区	1.5722
2	北京市顺义区威乐水泵新厂区一期工程项目	顺义区赵全营镇兆丰产业基地	11.434
3	北京市通州区永顺镇（商务园 B2－4 地块）商业金融项目	通州区永顺镇	5.034
4	北京市大兴区北京威克多制衣中心改造工程项目	大兴区工业开发区	2.823
5	北京市昌平区北京回龙观医院	昌平区回龙观地区	2.000
6	北京市电子科技职业学院	大兴区亦庄地区	1.212
7	北京市通州区永顺镇（商务园 B1－6 地块）商业金融项目	通州区永顺镇	2.742
8	北京市昌平区海林节能设备公司生产研发基地	昌平区回龙观镇	2.490
9	北京市顺义区城南体育中心	顺义区仁和镇	1.790
10	北京市顺义区职业教育中心一期工程项目	顺义区杨镇	11.430
11	北京市大兴区南城养老院项目	大兴区庞各庄镇四各庄村西南	3.336
12	北京市密云县巨各庄精神卫生保健院	密云县巨各庄镇	1.244
13	北京市海淀区永丰中学新建校区	海淀区北清路北侧	3.415
14	北京市西城区德胜门对景仿古建筑项目	西城区德胜门桥西南角	1.920
15	北京世奥森林瞭望塔工程项目	朝阳区洼里地区	1.868
16	北京市海淀区广联达信息大厦项目	海淀区西北旺镇西北的中关村软件园	3.050
17	北京上苑科研楼项目	昌平区兴寿镇暴峪泉村东	2.700
18	第九届中国（北京）国际园林博览会园区	丰台区卢沟桥乡	4.147
19	北京市海淀区海淀卫生学校多功能辅助教学楼项目	海淀区西三旗永泰庄北路 27 号	1.449
20	北京市延庆县延庆供电公司办公楼供暖改造项目	延庆县庆园街 53 号	1.740
总计			67.396

（地热处　贾宏刚）

地质环境管理

地质灾害防治工作

【地质灾害基本情况】

地质灾害种类分为突发性地质灾害和缓变性地质灾害两大类。北京市突发地质灾害主要有泥石流、崩塌、采空塌陷和滑坡等类型，主要分布在西山和北山的沟谷、陡坡、采煤分布集中地区及构造活动较强烈的地区。其中，泥石流是山区最严重、最具有破坏性的地质灾害；崩塌是山区最常见的一种不良地质灾害；采空塌陷主要发生在西部采煤区；滑坡不甚发育，多由人类工程活动引起。据调查，全市突发地质灾害高、中、低易发区面积分别为1870平方公里、3665平方公里、3792平方公里，占全市总面积的11.40%、22.33%、23.11%，三者共占全市总面积的56.84%。全市地质灾害隐患点共610处，其中大、中、小型隐患点分别为30、211、369处。缓变性地质灾害主要有地面沉降和地裂缝两种，主要分布在朝阳区、昌平区、顺义区、大兴区和通州区等平原区。

【地质灾害发生情况】

1. 突发性地质灾害

全年全市共发生13次突发性地质灾害，以小型崩塌和滑坡为主，造成三次交通阻断，无人员伤亡。

表1　北京市2011年突发地质灾害发生情况一览表

序号	时间	地点	灾害种类	受损情况
1	2月22日	门头沟区潭王路南涧村以南约700m处不稳定斜坡	崩塌	未造成人员伤亡和财产损失
2	4月20日	房山区大石窝镇南尚乐中学校舍墙体开裂	地面塌陷	未造成人员伤亡和财产损失
3	5月5日	海淀区四季青镇塔后身村甲19号居民房屋北侧斜坡	崩塌	未造成人员伤亡和房屋建筑的损坏
4	5月28日	门头沟区109国道K87处	崩塌	约50m长的路段受损，造成交通阻断，未造成人员伤亡
5	6月16日	延庆县千家店镇红石湾村市道S309（滦赤路）K132+100m处	崩塌	塌方量约$40m^3$，无人员伤亡和财产损失

续表 1

序号	时间	地点	灾害种类	受损情况
6	6月26日	延庆县千家店镇六道河村市道S309（滦赤路）K144+100m处	崩塌	塌方量约300m^3，严重影响车辆通行，无人员伤亡和财产损失
7	6月29日	房山区史家营乡史家营村房屋开裂	地面塌陷	未发现墙体倒塌，未造成人员伤亡
8	7月21日	平谷区镇罗营镇桃园村村口不稳定斜坡变形	崩塌	未造成人员伤亡和财产损失
9	7月21日	平谷区镇罗营镇清水湖村	崩塌	造成一间房屋受损，无人员伤亡
10	7月26日	平谷区S330市道K90+600m-K90+750m处	滑坡	塌方量约2000m^3，致使约100m长的路段受损，造成交通阻断，未造成人员伤亡
11	8月4日	房山区大安山乡寺尚村	滑坡	塌方量约150m^3，造成前缘挡土墙滑移开裂，西段挡土墙下沉变形
12	8月10日	平谷区南独乐河镇北独乐河村	地面塌陷	造成塌陷区域约30m^{2}玉米地损毁，未造成人员伤亡
13	8月16日	门头沟区军庄镇灰峪村灰峪西街5号	崩塌	约30m^{3}崩塌岩块崩落到房屋院内，未造成人员伤亡

2. 缓变性地质灾害

（1）地面沉降

北京市地面沉降区主要分为南北两大区。北部沉降区是主要的地面沉降发展区，包括昌平沙河—八仙庄、海淀上庄—苏家坨、朝阳区来广营、东郊八里庄—大郊亭（三间房、通州城区、台湖—黑庄户）沉降区。其中孙河—金盏—楼梓庄—三间房—黑庄户—台湖一带是沉降发展最快的地区，台湖—黑庄户地区年沉降量最大。朝阳来广营沉降区、东八里庄—大郊亭沉降区三间房和台湖—黑庄户以及大兴榆垡—礼贤沉降区2011年最大年沉降量较2010年有所减小，其余各沉降区较2010年增加。海淀上庄—苏家坨沉降区增加量最大。南部沉降区主要分布在大兴榆垡—礼贤地区。最大年沉降量出现在礼贤地区，为76.4mm。

表2　2011年各沉降区最大年沉降量统计表

沉降区			最大年沉降量（mm）		
			2011年	2010年	同比变化量
北区	昌平沙河—八仙庄		92.8	83.1	9.7
	海淀上庄—苏家坨（西小营）		110.4	95.1	15.3
	朝阳区来广营		125	131.4	-6.4
	东郊八里庄—大郊亭	三间房	122.6	129.9	-7.3
		通州城区	105.0	90.7	14.3
		台湖—黑庄户	128.2	135.8	-7.6
南区	大兴榆垡—礼贤		76.4	78.7	-2.3

本年度，全市地面沉降较2010年有所减缓，但仍处于快速发展阶段，累计沉降量继续增加，年平均沉降量23mm，年沉降量≥10mm的沉降面积为2593km^2。

（2）地裂缝

截至年底，北京市发现的地裂缝主要有顺义地裂缝、高丽营地裂缝、顺义羊房地裂缝、北彩地裂缝、顺义马坡庙卷地裂缝等。其中高丽营地裂缝最为发育，并通过北京市重点规划建设的区域。据不完全统计，2006年至本年由地裂缝引起房屋破坏46处，地表和道路破坏32处。

【汛期地质灾害防治】

1. 防治体系与制度建设

（1）提高认识，加强领导，切实落实岗位责任制

5月，召开汛期地质灾害防治工作会议，以“平安北京”的标准部署开展各项工作，要求成立汛期地质灾害防治领导机构，层层落实岗位责任制，行政首长负总责，分管领导具体负责，一级抓一级，层层抓落实。

（2）加强管理，切实落实各项制度

下发《关于做好2011年汛期地质灾害防治工作的通知》，强调应急值守、地质灾害险情巡查、应急预案、灾情报告、灾情速报等各项制度。

（3）健全机制、快速反应，完善突发地质灾害应急预案体系

印发《2011年汛期突发地质灾害应急预案》，要求加大对预案的宣传力度，提高人民群众对应急预案的认知度，在有条件的区（县）组织预案演练，以检验和矫正预案的可操作性。

（4）提早动手，提前部署，督促地质灾害检查巡查工作

总结以往地质灾害防治工作经验，提前部署本年地质灾害防治工作。5月，相继对门头沟、房山、延庆、昌平、密云、怀柔、平谷、海淀、丰台、石景山10个区（县）汛前地质灾害防治工作进行专项检查，并深入到地质灾害易发区重要隐患点进行现场调研。

2. 汛期地质灾害防治

（1）强化监测、群测群防

年内换发地质灾害防治“明白卡”12000张，更新竖立警示牌近500块，更新全市地质灾害防治群测群防通讯录。为提高群测群防效率和水平，推广安装简易群测群防报警监测仪器。

（2）加强演练、提高能力

年内全市7个区（县）协同乡（镇、村）举行了地质灾害应急演练。8月，市国土局在房山区史家营乡曹家坊村举行“汛期地质灾害应急演练”，通过演练提高易灾区群众紧急避险、自救互救能力，提升基层临灾处置能力。

（3）科学防灾、高效处置

年内继续加强和北京市气象局气象台的合作，做好汛期地质灾害气象预报预警工作，进一步完善了汛期地质灾害气象预报预警方案，有效应对6·23，7·24，7·29，8·14等强降雨，全年共发布四期地质灾害气象预警。

表3　2011年汛期预警

时间	地区	等级	灾种
6月23日	昌平北部、怀柔中北部、密云西北部、延庆山区大部、平谷东北部等地区	3级 可能性较大	泥石流、崩塌、滑坡等
7月23日	怀柔中部、密云西北部、延庆东北部、平谷北部、门头沟中南部、房山中北部等地区	3级 可能性较大	泥石流、崩塌、滑坡等
7月28日	山区大部分地区及浅山区的海淀、石景山、丰台部分地区	3级 可能性较大	泥石流、崩塌、滑坡等
8月14日	山区大部分地区及浅山区的海淀区、石景山区、丰台区部分地区	3级 可能性较大	泥石流、崩塌、滑坡等

【地质灾害应急调查】

全年北京市地质灾害应急调查队共开展14次应急调查，先后出动60人次赶往灾害发生现场进行调查。对灾害发生的现状、原因和潜在危害做了详细记录和评价，编制地质灾害应急调查报告14份，科学分析地质灾害发生的原因、损失情况、危害范围及进一步发生地质灾害的可能性，并提出相应的防灾措施、治理建议及避让措施。

表4　2011年北京市地质灾害应急调查工作一览表

序号	时间	名称
1	2月22日	门头沟区斋堂镇煤窝村杨木林沟坡体疑似地下自燃应急调查
2	2月23日	门头沟区王平镇潭王路南涧村段不稳定斜坡地质灾害应急调查
3	4月21日	房山区大石窝镇南尚乐中学墙体开裂应急调查
4	5月5日	海淀区四季青镇塔后身村甲19号屋后崩塌地质灾害应急调查
5	5月29日	门头沟区109国道K87崩塌地质灾害应急调查
6	6月27日	海淀区苏家坨镇大工村30号院前排水渠上违建工程调查
7	6月30日	房山区史家营乡史家营村地质灾害应急调查
8	7月21日	房山区大安山乡寺尚村滑坡地质灾害应急调查
9	7月22日	平谷区镇罗营镇清水湖地质灾害应急调查
10	7月27日	平谷区S330市道K90+600m－K90+750m处地质灾害应急调查
11	8月4日	平谷区南独乐河镇北独乐河村地面塌坑应急调查
12	8月5日	海淀区香山街道灾害隐患应急调查
13	8月16日	门头沟区军庄镇灰峪村崩塌地质灾害应急调查
14	9月8日	门头沟区王平镇东王平村护坡坡体裂缝应急调查

【地质灾害治理项目】

年内在中央财政的支持下，北京市开展门头沟区清水镇上达摩煤矿的危险斜坡治理、门头沟雁翅镇田庄村北不稳定斜坡治理以及昌平区流村镇白杨沟黄土岭崩塌治理3个地质灾害治理项目，累计投入资金868万元。门头沟区两个项目已完工，通过削坡、挡土墙、护坡等工程措施，改善区域地质环境，保证人民群众生命财产安全。

【地质灾害危险性评估】

全年共完成388份地质灾害危险性评估报告备案工作。

【地质灾害资质管理】

截至年底，全市有90家单位获得地质灾害危险性评估、勘查、设计、施工、监理资质，共198项，其中甲级123个、乙级29个、丙级46个。年内新增评估资质4项、勘查资质5项、设计资质8项、施工资质1项、监理资质2项。

表5 北京市地质灾害危险性评估（治理工程）单位资质数量统计

等级＼资质	评估	勘查	设计	施工	监理	小计
甲级	31	28	28	30	6	123
乙级	5	7	9	6	2	29
丙级	21	6	8	10	1	46
合计	57	41	45	46	9	198

地质遗迹与地质公园

【地质遗迹】

地质遗迹是在漫长的地质历史演变过程中，由内外力的地质作用，形成千姿百态的地貌景观、地层剖面、地质构造、古人类遗址、古生物化石、地质灾害等自然遗产和记录，反映地质历史演化过程和物理、化学条件或环境的变化。

北京市地质遗迹资源丰富，种类较多，共有170余处（见第七部分统计资料），主要以地貌类为主，共占总数的48%左右；在区域分布上，主要集中在房山区周口店—河北镇一带、十渡地区、圣莲山地质公园，门头沟区清水镇斋堂地区，延庆县千家店地区，怀柔区和密云县的云蒙山地区，平谷区的黄松峪地区，昌平区的长陵地区，集中全市70%以上的地质遗迹资源。

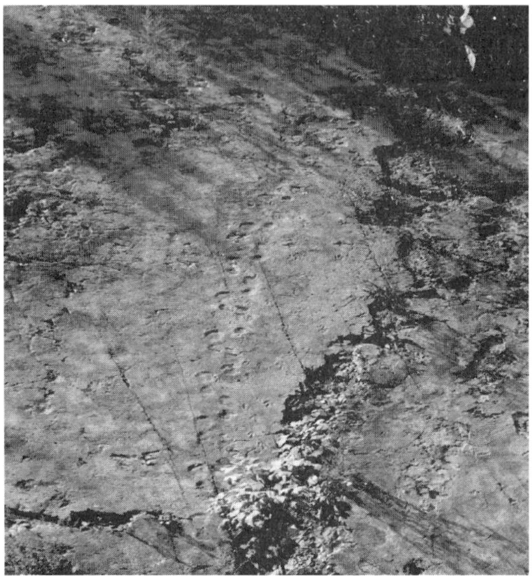

图1 北京首现恐龙足迹

下半年，地质专家在延庆县硅化木

国家地质公园开展地质遗迹野外调查工作时，在晚侏罗世—早白垩世土城子组地层中发现大批恐龙足迹，其中覆盾甲龙类恐龙足迹是目前为止中国发现的最早甲龙足迹化石。这是北京首次发现恐龙存活过的证据，也是世界首都圈内首次发现恐龙足迹。

【地质遗迹保护】

1. **自然保护区**

北京市目前共有三个地质遗迹自然保护区：房山石花洞地质遗迹自然保护区（市级）、延庆下德龙湾木化石自然保护区（市级）、平谷大溶洞地质遗迹自然保护区（县级），总面积为57.37平方公里。通过地质遗迹保护工作的实施在很大程度上改善保护区的自然生态环境，实现了地质资源的永续利用，同时带动更多相关产业的发展与繁荣。

2. **地质遗迹保护项目**

截至年底，北京市地质遗迹保护项目申请国家财政资金5651万元。其中，本年申请经费911万元，用于北京石花洞（银狐洞景区）国家级地质遗迹保护项目、北京十渡（仙栖洞景区）国家级地质遗迹保护项目、北京平谷黄松峪国家级地质遗迹保护项目。

【地质公园】

北京市已建立7处地质公园，其中1处世界地质公园，5处国家地质公园，1处市级地质公园。

1. 为加强地质公园监督管理，组织相关分局、地质公园管委会等单位，对房山世界地质公园博物馆、圣莲山景区和硅化木国家地质公园的建设情况进行了考察交流。各单位交流了地质公园建设及管理工作的先进理念和经验，对北京市地质公园建设工作起到了积极的推动作用。

2. 组织完成延庆硅化木国家地质公园申报世界地质公园的初审工作，经国土资源部第七批世界地质公园推荐评审会评审，公园入选2013年度我国申报世界地质公园的推荐名录，待联合国教科文组织审批。

表6　北京地区地质公园一览表

序号	地质公园名称	遗迹类型	面积（km^2）	审批部门及文号	批建时间
1	中国房山世界地质公园	古人类、古生物遗迹、碳酸盐岩地貌	953.95	联合国教科文组织	2006.9.17
2	北京石花洞国家地质公园	地质地貌类型遗迹（碳酸盐岩地貌）	36.5	国土资发［2001］388号	2001.12.10
3	延庆硅化木国家地质公园	古生物遗迹、水文遗迹	226	国土资发［2001］388号	2001.12.10
4	北京十渡国家地质公园	碳酸盐岩地貌、水文遗迹	301	国土资发［2004］16号	2004.1.19

续表 6

序号	地质公园名称	遗迹类型	面积（km^2）	审批部门及文号	批建时间
5	平谷黄松峪国家地质公园	火山遗迹、岩溶遗迹、构造遗迹	64.4	国土资发［2009］110 号	2009.8.19
6	密云云蒙山国家地质公园	地质地貌类型遗迹（花岗岩地貌）	280	国土资发［2009］110 号	2009.8.19
7	房山圣莲山地质公园	碳酸盐岩地貌、水文遗迹	28	市国土房管环［2004］666 号	2004.6.10

【矿山公园】

矿山公园是以展示人类矿业遗迹为主体，体现矿业发展历史内涵，具有研究价值和教育功能，可供游客观赏、进行科学考察与科学知识普及的特定的空间地域。矿山公园的建设有效地保护矿业遗址，促进矿山地质环境修复，改善矿区生态环境，并调整矿区经济结构，它是一种新的地质资源利用方式。矿山公园具备六大功能：保护矿业遗迹、科学考察、科普教育、游览观赏与休闲娱乐、治理与恢复矿山生态环境的示范、节约与集约利用土地。截止年底，全市批准建立 3 处国家矿山公园。

北京平谷黄松峪国家矿山公园遵循重点保护和开发矿业遗迹的原则，年内对原建设范围作一定调整，重新规定矿山公园园区，完成矿山公园总体规划，已上报国土资源部审批。

表 7　北京市矿山公园一览表

序号	矿山公园名称	地区	面积（km^2）	批建时间（年）
1	平谷黄松峪国家矿山公园	平谷区	44.55	2005
2	北京首云国家矿山公园	密云县	16.3	2009
3	北京圆金梦国家矿山公园	怀柔区	5.56	2009

矿山地质环境

【矿山地质环境问题】

北京市矿山地质环境问题主要表现为矿山地质灾害、地貌景观破坏、水环境破坏、土地资源破坏、环境污染 5 种类型。地貌景观的破坏主要由露天开采矿山引起的；水环境破坏主要表现为地下采矿形成水位下降漏斗区、造成地下水资源漏失和地下水污染；土地资源破坏主要表现为矿山采场、固体废弃物、尾矿和煤矿地面塌陷引起的资源占用和破坏；环境污染主要表现为不同程度的土壤、地下水和大气污染。

【矿山地质环境治理】

自2003年始，全市开始开展矿山地质环境恢复治理工作，财政部、国土资源部累计批准北京市治理项目48个，批复资金总额3.23亿元。据统计，已完工的45个矿山环境治理项目总的治理面积达到2万余亩，种植经济林木25万余株。

1. 保证金项目

本年度是矿山环境恢复治理保证金制度建立的第三年，矿山企业缴存保证金6000余万元，三年累计缴存保证金2.1亿元。21家矿山企业开展了矿山环境恢复治理工作，用于矿山恢复治理的工程费用合计1.4亿元，通过专家验收后，返还保证金共计1.1亿元。

2. 财政资金项目

（1）全年共实施完成6个矿山地质环境恢复治理项目，其中中央财政补助资金4072万元，市财政补助资金1173万元。

表8　2011年北京市矿山地质环境治理项目一览表

编号	资金来源	项目名称	治理面积（公顷）
1	中央财政	北京市房山区大石窝大理石矿矿山地质环境治理项目（佛子庄治理区）	41.45
2	中央财政	北京市房山区大石窝大理石矿矿山地质环境治理项目（大石窝治理区）	88
3	中央财政	北京市密云县巨各庄水峪铁矿矿山地质环境治理项目（水峪东沟）	13
4	中央财政	北京市密云县巨各庄水峪铁矿矿山地质环境治理项目（砂场四矿带）	33.8
5	市财政	北京市房山区佛子庄板岩矿矿山地质环境治理项目	5.9
6	市财政	北京市房山区大安山乡西苑村煤矿矿山地质环境治理项目	5

（2）北京市矿山地质环境治理项目现状调查与评估。

全年对已实施的43个矿山地质环境治理项目进行野外现状调查，其中中央财政项目39个，市财政项目4个。经调查，已实施治理的矿山地质环境治理项目整体治理效果显著，消除治理区内存在的地质灾害隐患，改善由矿山开采造成的环境破坏，有效的杜绝偷盗采的发生，提高治理区的土地资源利用率，治理区及周边空气、水土、景观等环境得到较大改善，环境效益、经济效益、社会效益均非常显著。

【矿泉水年检】

北京市矿泉水以低钠、低矿化度淡

矿泉水为主，主要分布于近郊区和部分山区。矿泉水类型主要包括锶型、锶—偏硅酸型、偏硅酸型、锶—锂高矿化度型四种。本年，北京市共有饮用天然矿泉水水源水水质检验合格品牌24家（见表9）。

表9　2011年北京市饮用天然矿泉水源水水质检验合格品牌

品牌名称	生产厂家	抽样地点
燕　京	北京燕京啤酒集团矿泉水厂	北京燕京啤酒集团矿泉水厂厂内
九渡桥	北京东方九渡桥饮料有限公司	北京市房山区燕山羊耳峪双泉滨河路2号
蓝　涧	北京中宝饮用水有限公司	北京市门头沟区新桥南大街33号
双龙峡	北京双龙峡矿泉饮料有限公司	北京市门头沟区斋堂镇火村5排13号
龙世源	北京龙世源矿泉饮料有限公司	北京市门头沟区龙泉雾野溪首钢院内
龙清泉	北京龙之泉技术开发有限公司	北京市昌平区营坊村
宇亚麦饭石	北京宇亚麦饭石矿泉饮料有限公司	北京市昌平区长陵镇黑山寨村
天怡然	北京天怡然饮料有限公司	北京市昌平区南口镇居庸关交通部绿化基地
岳　岩	北京奥陶矿泉饮料有限公司	北京市石景山区八角东路15号
帝　思	北京帝思矿泉水厂	北京市石景山区八大处路
翠微山	北京市翠微山天然矿泉水公司	北京市石景山区模式口1号院
石　雪	北京市华城饮料有限责任公司	北京市石景山区高井电厂水塔院内
龙庆峡	北京乐得天然矿泉水有限责任公司	北京市延庆县四海镇西沟外村南水泉
双　源	北京双源矿泉水厂	北京市大兴区黄村镇黄良路口北侧东起19号
乐百氏	乐百氏（广东）饮用水有限公司—北京分公司	北京市怀柔区桥梓镇山立庄村
庄园雪	北京大唐庄园饮品公司	北京市怀柔区北宅村86号
不老村麦饭石	北京不老保健饮料有限公司	北京市密云县不老屯镇转山子村
赛　冰	北京山口饮料公司	北京市密云县河南寨镇山口庄村
樱桃泉	北京樱桃泉矿泉水厂	北京市海淀区香山丰户营
京润泉	北京市自来水集团京润泉饮用水有限公司板井分公司	北京市海淀区昆明湖南路路北312号
锶　源	北京北外锶源天然矿泉水厂	北京市海淀区西三环北路19号（北京外国语大学内）
领　先	北京领先饮食品工业公司	北京市海淀区太舟坞408号
品　露	北京品露饮品有限责任公司	北京市朝阳区甘露园19号
融工银泉	北京天银通经贸发展有限公司	北京市朝阳区楼梓庄

【地质科普】

1. 世界地球日主题宣传活动

本年“世界地球日”的宣传主题是“珍惜地球资源　转变发展方式”。北京市国土局、房山区政府和北京市地质矿产勘查开发局联合在北京房山世界地质公园博物馆开展地学科普宣传活动，通过向市民发放《中国国土资源报世界地球日特刊》、宣传知识手册及折页、展示多种天然矿物和生物化石标本、摆放大型科普知识展板等方式，向公众介绍地球日的由来、生态环境、矿产资源、地质遗迹、地质灾害、地热、地质公园等地学知识。同时为加大对北京市地质环境管理工作的宣传力度，印制北京市突发地质灾害宣传扑克牌、北京市地质遗迹宣传扑克牌，广泛发放。

2. 地灾防治知识进校园

5月，在门头沟区育园小学举办全国第三个防灾减灾日主题活动，共计1300余师生参加活动。此次活动借助防灾减灾日平台，以“防灾减灾从我做起”为主题开展地灾防治知识进校园活动，共制作防灾减灾知识宣传展板12块、赠送防灾减灾科普材料（知识读本与DVD10套、宣传挂图100份、宣传折页1000份、防灾减灾宣传品1000份）、发放“5·12”防灾减灾纪念章1500枚。向广大师生普及防灾减灾知识，增强防灾减灾意识，提高避灾自救和互救的基本技能。

（地质环境处　付立恒）

人事教育

【机构编制工作】

1. 完成市国土局机关“三定”落实工作

4月，市国土局党组审议并通过市国土局机关内设机构编制及人员配置方案，印发了机关处室主要职责细化和人员编制的规定，进一步明确处室主要职责，对机关编制及人员配置进行调整。调整后，市国土局机关编制增加到143名，职能配置与国土资源管理的实际需要更加匹配，处室职责划分更加明确。

2. 完成原城四区分局整合工作，批复各分局新的“三定”方案

经过与市编办多次沟通，市国土局原城四区分局合并后的人员整合、事业单位设置方案获市编办批复。在此基础上，批复各分局新的“三定”方案，明确主要职责、内设机构和人员编制，分局机关行政编制共计502名，处级领导职数18正60副，纪检监察专职副处级领导职数16名，科级领导职数128正68副，实现处级和科级职数的最大化。

3. 推进事业单位分类改革

根据中央编办《关于推进事业单位分类改革的意见》和全市统一部署，对市国土局所属事业单位进行认真清理，经局党组研究后，形成事业单位清理规范的方案，方案已上报市编办。

4. 完成市国土资源执法监察大队更名工作

在借鉴全国各省（市）国土资源执法成功经验的基础上，结合北京市国土资源执法工作实际，申请市编办为北京市国土资源执法监察大队更名为北京市国土资源执法监察总队，5月获正式批复。

【领导班子和干部队伍建设工作】

1. 抓好体制机制建设

以“两整治一改革”专项治理活动为契机，修订完善《中共北京市国土资源局党组工作规则》和《中共北京市国土资源局党组关于加强风险防控完善“三重一大”决策制度的实施办法》，规范各级领导班子议事规则和决策程序，推行党组讨论决定重大问题和干部任免实行票决制。坚持民主、公开、竞争、择优和德才兼备、以德为先的原则，执行《干部选拔任用条例》和干部选拔任用“四项监督制度”，开展“一报告两评议”工作，推行干部选拔任用全程记实制和差额酝酿、差额推荐、差额考察，充分落实和保障干部群众的知情权、参与权、选择权、监督权。结合2010年度组织工作满意度调查工作，分别召开市局机关和分局长座谈会，广泛征求对干部人事工作的意见建议，提高干部人事工作的科学化水平和群众满意度。

2. 优化班子配备和干部队伍结构

按照“年龄梯次合理、专业知识配套、能力结构互补、气质结构相容”的要求，结合不同地区、单位的功能定位，统筹配备好处级领导班子。年内，共调整18个处级领导班子（16个分局全部进行调整）。同时，严格按照《干部选拔任用条例》的规定提拔和调整51名处级干部。其中提拔正处级领导干部5名，副处级领导干部38名、调研员3名、副调研员2名，2名同志改任调研员，1名同志改任副调研员（因身体原因）。完成11名处级领导干部试用期转正考察工作。同2010年相比，大学以上学历处级干部和45岁以下处级干部比例分别上升3.8%和4.6%，35岁以下年轻处级干部人数和比例均有所增加。处级领导班子的年龄结构、学历结构、专业结构和性别比例逐步趋于科学化、合理化。

3. 新干部选拔方式

开展自市国土局垂直管理以来规模最大的一次竞争上岗。通过竞争产生20名副处级领导。首次开展副处级领导干部的公开选拔工作，1名优秀年轻干部破格提拔为房山分局副局长，一批优秀人才进入局党组的视野。首次采用民主推荐与适度竞争相结合的方式选拔干部。采用民主推荐产生差额人选，在此基础上进行演讲答辩和半结构化面试，进行差额考察，根据考察人选特点和岗位需求，由中共北京市国土局党组研究确定12名任职人选。

【干部交流工作】

1. 开展大规模处级领导干部交流轮岗

全年共有19名处级干部实行平级交流任职，7名处级干部实行轮岗。加大新提拔处级干部交流任职力度，4月，20名竞争上岗的副处级领导干部，11名实行异地交流任职，1名实行处室轮岗任职。以机关处室职责调整为契机，开展一般干部交流轮岗，共有10名科级及以下干部实行轮岗交流。

2. 拓宽系统外干部交流渠道

年内，分别向房山区、顺义区和北京信息科技大学输送3名正处级干部，提拔为副局级干部；向系统外输送2名副处级干部，提拔为正处级领导干部；向5个生态涵养区推荐3名“80后”和2名35岁左右优秀科级干部，协调分局向外输送4名科级干部，均提拔担任副处级领导职务。

3. 抓好年轻干部和后备干部的培养锻炼

一是选派第一批优秀年轻干部到基层实践锻炼。根据市委组织部和市人力社保局的工作部署，制定并印发《北京市国土资源局选派优秀年轻干部到基层实践锻炼的工作方案》，共选派67名优秀年轻干部到局属事业单位和部分乡（镇）、街道进行实践锻炼，其中处级干部11名，科级及以下干部56名。二是做好“三个一百”挂职锻炼人员选派及考察工作。6月，对2010年选派到系统外进行交流挂职的13名局、处级后备干部进行考察，并协助完成到北京市国土资源局挂职的外单位干部的考核鉴定工作；同时，派出8名同志到金融系统挂职，接收5名干部到北京市国土资源局系统各单位挂职。三是继续实行机关处室干部到信访部门轮岗锻炼。四是选派1名副处级领导干部参加第12批博士服务团，到内蒙古乌兰浩特市任副市长；选派1名优秀年轻干部到国土部进行挂职锻炼。

【教育培训工作】

坚持全员培训和分层分类培训，做好大规模培训干部工作。全年培训干部5000余人次，选派局级干部和局级后备干部参加中组部和市委组织部培训，做好国土资源部境外培训、国土局长培训、廉洁从政培训的人员选派和组织工作，组织赴德国和芬兰境外培训，完成新一轮信息化与电子政务知识培训。争取市委组织部支持，扩大自主选学范围，共有14人次正处职干部参加专题班次培训。

【人才引进工作】

按照全市公务员公开招考的统一部署，做好本年考试录用公务员工作。全年共招录公务员20名，其中研究生学历10名，均具有2年以上基层工作经历，新录用公务员的学历结构和经历结构得到明显改善。年内，市国土局系统16个事业单位面向社会公开招聘事业单位工作人员共45名。全年，市国土局共接收军转干部17人，其中副团以上10人，全部具有大学以上学历。本年，从分局和事业单位抽调一批年轻干部充实到市局，全年共有17名基层干部调入市国土局机关和局属单位。

【干部考核工作】

全年，市国土局系统公务员共220人考核等次为优秀，44人记三等功，218人记嘉奖。局系统事业单位共151人考核等级为优秀。

【工资管理工作】

与市人力社保局沟通协调，从第一季度开始，为局机关因工作原因无法安排补休的人员支付加班费。从第一季度月人均7小时上调到第四季度月人均20多小时。按有关政策规定发放返聘费、生活困难补助、一次性节日补助、丧葬费等临时补助。

【公务员参加基本医疗保险工作】

根据全市统一安排，市级公费医疗单位全部纳入基本医疗保险，从2012年1月1日起持社保卡就医。为确保此项工作按时顺利完成，先后协调有关单位办理社保登记证，市国土局组织离退休干部处、服务中心及相关单位按要求逐步开展参保工作，9月15日前完成市国土局机关134名在职职工（除局领导）的社保登记工作，12月21日为第一批122名在职职工发放社保卡。

【事业单位管理工作】

根据《北京市关于推进其他事业单位实施绩效工资工作的意见》（京人社事发［2010］268号），年内完成市国土局事业单位绩效工资分配办法的制定和备案工作，完成各分局及直属事业单位奖励性绩效工资分配方案的审核及批复工作。2010年度考核结束后，认真做好机关及参照管理、规范收入单位工作人员正常晋升级别和级别工资、调整工作津贴工作。及时做好招收录用、职务变动、转正定级和退休审批各项服务工作。

【其他工作】

1. 协助配合市委组织部做好垂直管理体制调研工作。针对编制职数和干部队伍出口等方面存在的突出问题，向市委组织部、市编办和市人力社保局等单位有关领导组成的调研组提出对策建议，争取上级单位支持。

2. 做好市委考核组对市国土局领导班子和领导干部任期综合考核有关工作，做好考核组接待、会议安排、有关材料的准备工作。

3. 组织召开市委组织部有关处室领导和16区（县）委组织部主管干部工作部长座谈会。会议就市国土局干部工作情况和下一步需要区（县）党委支持的方面进行沟通。

4. 做好市绩效办对市国土局的考核工作，加强与市编办和市人力社保局的业务联系和工作沟通，上述考核部门对市国土局的机构编制和公务员管理等工作给予较高评价。

5. 配合完成局机关党委、机关工会和事业单位党组织换届工作。

6. 完成干部人事各项统计工作，市国土局连续三年被市委组织部和市人力社保局评为公务员统计“全优”报表单位。

7. 做好档案管理、领导干部收入申报和个人有关事项报告、事业单位法人证书年检、组织机构代码证书年检等其他工作。

（人事处　赵舒、王琨）

党群工作

【市国土局机关党委概况】

市国土局机关党委负责局机关及局属事业单位的党群工作，承担本系统思想政治及基层建设工作。截至年底，局机关及局属事业单位共有中共党员406人，党总支、支部47个；局直属机关工会会员509人，分工会、工会小组26个，市局机关及局属事业单位青年158人，其中共青团员30人。

党建工作

【学习型党组织建设工作】

1. 组织党组中心组理论学习

制定《北京市国土资源局党组中心组理论学习暂行办法》。年初详细制定学习计划，全年共组织集中学习8次。胡锦涛总书记在庆祝中国共产党成立90周年大会上重要讲话后，及时召开中心组扩大会议，邀请黄苇町教授对讲话精神进行专题辅导。组织中心组成员学习了习近平同志到国土资源部进行创先争优调研时的讲话精神，并组织全系统党员干部进行认真学习。市国土局党组书记张国玉同志主持组织中心组成员传达、学习市委市政府理论学习中心组扩大学习会精神，组织学习中央领导关于加强国土资源管理的重要讲话精神，请全国政协委员、副局长谢俊奇同志传达全国“两会”精神。

2. 加强党员干部经常性教育

局机关各总支、支部不断完善学习制度，固定每周半天时间为支部集中学习日，定期召开党员组织生活会和专题学习会。各单位结合本单位工作实际，组织业务学习，学习国土资源法律法规知识。年内参加市直机关开展的第二批“学习品牌”、“学习之星”评选，有1人被评为“首都学习之星”。各级党组织共组织党员干部各类学习80余次，各类研讨30余次，参加学习人员一万多人次，为各级党组织购买学习书籍200多册。

3. 为党员干部学习搭建平台

3月，利用局系统视频大讲堂，在全系统及时组织收看了《韦寿增同志荣誉称号命名大会暨先进事迹报告会》。在局内网开设党群工作园，开辟党员学习专栏，将局系统的先进典型事迹及时发到内网，广泛开展学习宣传，在内网公布党的建设和组织管理的相关知识。根据各个时期的重点任务为党组中心组和各个党支部印发《学习参考》，精心制作市国土局一层大厅宣传展板，以国土业务工作和局中心工作为重点内容，制作宣传展板10块。

【基层党组织基础工作】

1. 完善落实党建制度

年内，共建立和完善党建制度13项。

2. 组织《条例》学习

下发进行《条例》专题学习的通知，聘请专家教授为机关党员干部进行了学习辅导。

3. 抓好机关党委和基层党支部换届选举工作

3月初，完成市国土局机关党委换届选举和各党总支、支部的换届选举工作，选举产生新一届机关党委委员和机关纪委委员。共计4个党总支、43个基层党支部全部完成换届选举工作。

【党建活动开展工作】

1. “创先争优”活动

（1）加强教育，提高党员干部创先争优的自觉性。组织党员干部学习市委关于“创先争优”工作的意见和部署。督促指导基层各党总支、支部采取辅导讲座、研讨会等形式，引导广大党员干部立足本职、争创一流。各基层党组织紧密联系各自实际，开展事迹报告会、参观、研讨、分解中心任务等多种形式和措施，提高认识。

（2）开展“立足本职，创先争优”主题实践活动。北京市国土局党组召开“立足本职，创先争优”动员部署会，局机关及所属各单位分别召开“立足本职，创先争优双承诺主题活动”部署会，明确工作目标。局机关各处室、局属单位先后有26个党总支、支部和405名党员签订党员创先争优承诺书，完善“党员双承诺”制度。

身患癌症仍然坚守在地籍工作一线的延庆分局马冬月同志、市国土局地环处处长张建国等优秀共产党员先后受到市国土局党组和国土资源部的表彰。张建国所在的地环处被国土资源部授予“先进集体”。

2. 纪念建党90周年活动

（1）局领导讲党课。市国土局党组书记张国玉以“坚定不移跟党走，尽心竭力促发展”为题，为全市国土系统2500多名党员干部讲党课。

（2）召开表彰大会暨文艺演出。以“坚定信念，永跟党走”为主题，召开国土系统庆祝建党90周年表彰大会暨文艺演出活动，全系统42个单位和部门1000名党员干部参加了大会，市国土局党组表彰了33个先进基层党组织、208名优秀共产党员、46名优秀党务工作者。

（3）开展主题党日活动。局系统各单位围绕“创新机关党建工作，促进国土科学发展”主题开展丰富多彩的党日活动。市国土局党组书记张国玉带领人事处党支部全体党员前往平西抗日战争纪念馆开展“纪念建党90周年”主题党日活动。共收到主题党日素材42份。

（4）学习胡总书记“七一”重要讲话。组织全体党员和党外人士认真学习胡锦涛总书记在庆祝中国共产党成立90周年大会上的重要讲话精神，为党员干部购买学习书籍，对系统党员干部进行学习“七一”重要讲话知识测试。

(5) 开展庆祝建党90周年宣讲活动。在全市国土系统公开征集“庆祝建党90周年”宣讲稿件。利用4.22地球日、6.25土地日活动，走出去向广大人民群众宣讲国土资源知识、宣讲党的光辉历史。

(6) 开展“共产党员献爱心”捐款活动。全局共计353名党员干部、39名入党积极分子、3名民主党派人士以及16名普通群众共计411人捐款，数额54900元。

(7) 开展学习党史活动。为每个基层党组织购买《中国共产党历史》书。组织开展“学党史，知党情，跟党走”党员干部党史知识竞赛。其中，局机关团委荣获市直机关工委团员青年党史知识答题竞赛活动集体一等奖。

组织广大干部职工观看电影《建党伟业》，年内组织开展了“致局系统全体党员的慰问信”、“党员寄心语”及新党员入党宣誓等系列活动。

(8) 举办纪念建党90周年图片展和书法篆刻展。七一前夕，举办纪念建党90周年书法篆刻展，展出作品40幅。在局大厅橱窗，进行建党90周年图片展、老照片展。

3. “三进两促”活动

(1) 开展“三进两促”征文活动。举办征文活动，共收集优秀征文10余篇。在开展收集征文同时利用内网微博，谈体会，共同交流探讨开展“三进两促”活动的新方法、新路子。

(2) 结合工作职能，搞好结对帮扶。建立结对帮扶联系点58个。其中进农村联系点41个、“进企业”联系点10个、“进社区”联系点6个、“进学校”联系点1个。市局机关与2所学校开展共建；10个业务处室与10个乡镇、4个村、5家民营企业开展结对帮扶活动；7个事业单位与8个乡镇、2个村、1个企业(CBD)开展结对帮扶活动。

(3) 丰富“三进两促”活动内容。根据工作职能的不同，开展政策宣讲、送土地整治、土地复垦等宣传画下乡、为农村和企业开发商提供节约集约用地、土规编制、政策支持信息、进行调查研究，政策宣讲，为矿区、山区百姓争取项目资金支持、消除地质灾害危险等方式深化三进两促活动内容。活动过程中市国土局收到门头沟区雁翅镇田庄村村民委员会赠送的“消除隐患保平安，情系百姓身家事”锦旗。

4. 精神文明创建活动

组织开展“文明处室、文明单位”创建活动，市国土局党组表彰了2010年度市国土系统文明单位标兵10个、文明处室标兵4个、文明单位10个、文明处室11个。储备中心党总支为首都“创先争优文明单位”，执法总队、服务中心、利用中心、登记中心为市直机关工委“创先争优文明单位”。

纪检工作

【廉政制度建设工作】

制定下发《北京市国土资源机关纪委工作规则》。把落实党风廉政建设的各项制度与推进各单位的行政、业务、财务、审计等工作紧密结合，坚持述职述廉制度、离任审计制度、发展党员公示制度等。

【廉政教育工作】

1. 组织机关党员干部学习廉政建设相关规定

认真学习胡锦涛同志在十七届中央纪委第六次全会上的重要讲话，温家宝总理在2011年国务院第四次廉政工作会议上的重要讲话，学习胡锦涛同志关于向杨善洲同志学习的重要指示，学习党的群众工作的有关路线方针政策，学习《党员领导干部廉洁从政若干准则》，新修订的《关于实行党风廉政建设责任制的规定》，《国土资源系统警示教育案例选编》等重点篇目。

2. 开展警示廉政教育活动

在国土系统开展以“权力、法纪、责任”为主题的警示廉政教育。开展“六个一”活动，学一本书，组织党员学习《国土资源系统警示教育案例选编》；送一次廉政书签，为全系统党员干部2000多人送廉政书签；组织一次参观，组织处级以上干部到通州廉政文化公园参观进行廉政教育；制作一个光盘，收集国土资源系统违法违纪案件，制作成光盘，下发各单位组织收看；上一堂课，请市纪委领导为系统党员干部上一次廉政课；开展一次知识测试，组织系统党员干部开展廉政准则52个不准的廉政知识测试。

3. 举办廉政文化活动

联合相关部门共同举办廉政警句格言书画作品展。全局系统各单位30余位具有丰富生活阅历和扎实艺术功底干部职工参加创作，共展出作品40余幅。

【党务公开落实工作】

结合国土工作实际，制定党务公开工作方案，列出公开目录，以局内网为平台，分为四个栏目公开。将党组领导机构、职能部门以及基层党组织的设置情况，党组领导成员的分工、联系点情况，党组主要工作制度，党建工作年度工作计划，班子成员的考核情况，党费的收缴、管理和使用情况等进行公示。将党组织、党员评先评优情况，领导干部执行廉洁自律规定和典型违纪案件查处的情况，发展党员和民主评议党员情况，党员、群众普遍关心的热点、难点问题的处理情况，重大决策、重大政策制定的情况，较大开支、使用情况通过局内网进行即时公开。

【政风行风建设工作】

制定《2011年全市国土资源系统民主评议基层站所（服务窗口）工作实施方案》和《行政服务承诺》，系统21个行政服务大厅（服务窗口），32个（基层站所）被列为评议范围，全局系统共聘请社会监督员23名，设立行政服务电话和意见箱，共设立服务电话58部，设立意见箱53个。对全局行政审批事项进行了调整、优化，行政许可事项由原22大项42个子项，调整为21大项38个子项；行政服务类事项由原13大项28个子项，调整为12大项40个子项；土地行政许可事项的审批时限由原来的20个工作日缩短为10－16个工作日，土地登记事项缩短为10个工作日。完善政务服务大厅建设，力争实现一流服务。市局和各分局行政服务大厅（窗口）均设置在办公楼一层，并设有触摸屏查询系统、显示屏、叫号机等电子设备，提供自助查询及人工咨询服务。采用信息化手段，加强应用综合监管平台，不断提高行政服务效率。年内，已全部完成综合监管平台市局45项行政审批业务、分局19项行政审批业务的建设完善工作。

工会工作

【工会组织、制度建设工作】

1. **落实组织建设**

9月份，完成工会换届选举工作，依法民主选举出市国土局第二届工会委员会、经费审查委员会和女职工委员会委员，配齐、配强、配好工会工作人员，成立相应的工会分会和工会小组，最大限度地把广大干部职工吸收到工会组织中来，截至年底，局直属机关工会共有会员509名，其中在职职工459名，长期借调和返聘人员50名。

2. **完善制度建设**

先后制定了《北京市国土局直属机关工会工作规则》、《工会会费收缴与使用制度》和《工会拨付工会经费的规定》等政策规定。

3. **加强培训工作**

举办工会干部培训讲座，提高工会干部素质；管好用好工会经费和资产，坚持会员（代表）大会制度，实行会务公开。

【学习型工会建设工作】

年内，市国土局机关工会积极参与“创建学习型组织，争当知识型职工”活动。配合局机关有关部门组织各类专题辅导报告，为各部门和职工购买学习书籍，并通过举办各种形式的学习论坛、学习大讲堂等读书活动。各工会分会也纷纷组织了各具特色的学习实践活动：储备中心、利用中心、服务中心坚持每周半日学习日制度；老干部活动站以组织老干部个人自学、集中培训、专题辅导、集体研讨等多种形式开展学习；登记中心、信息中心、规划中心、执法总队，坚持走进农村，走进社区，走进企业，了解基层，加强调研。

【文体活动开展工作】

全年市国土局直属机关工会共组织和参与组织大型活动7项；小型活动9项：组织“2011年国土局春节联欢会”；举办第四届“国土杯桥牌邀请赛”，局机关、国土部、相关区县政府和委办局均组队参加了比赛；积极参加市直机关第三届职工运动会，荣获组委会颁发的“优秀组织奖”；参加市体育局组织的“市直机关系统台球邀请赛”，获得团体第4名；参加市直机关第二届乒乓球团体赛，市国土局获得优胜奖，参加市委组织部和市体委组织的局级领导干部乒乓球赛，并取得较好成绩；参加了市直属机关工会组织的庆祝建党90周年系列活动。10月份，成功举办了市国土局系统迄今规模最大的一次运动会，共25个单位共1963人参加此次运动会。

开展丰富的日常文体活动，利用业余时间和中午休息时间先后组织干部职工开展桥牌、台球、乒乓球、扑克牌等适合机关特点的各种娱乐活动，先后组建台球、乒乓球、羽毛球、篮球、桥牌等文体活动兴趣小组。组织干部职工每天下午4点定时做工间操，每周二中午举办交谊舞培训班，周五中午举办瑜珈培训班。

【关爱干部职工工作】

建立困难职工、困难劳模档案，“两节”送温暖、“五一”关爱劳模、同时注重日常对困难职工进行帮扶，对因病住院职工及时看望，对困难职工及时补助，对婚、育职工及时慰问，年内，各级工会组织慰问职工达45人次，发放慰问金10000余元。

为会员购买电影票和公园年票；每月为过生日的会员送去生日祝福；在局机关设立便民洗衣店，联系洗衣公司每周固定时间上门收取会员要洗的衣物；举办健康知识讲座；三八妇女节，组织女职工开展登山、“采摘”活动；五四青年节，安排青年同志参加“拓展训练”；八一建军节，召开座谈会、发放图书等形式慰问复转军人；参与组织干部职工体检，为职工做好后勤服务工作，为市国土局干部职工440人办理职工互助保险。

【职工之家建设工作】

年内，在市直机关工委和市国土局党组的指导帮助下，继续深入推进创建“职工之家”工作。基层工会组织积极按照“职工之家”建设标准建设职工小家。局直属机关工会获得“北京市模范职工之家”荣誉称号。

共青团工作

【共青团组织、制度建设工作】

市国土局机关团委根据《中国共产主义青年团章程》和《共青团基层组织选举规则（暂行）》等有关规定，制定完成《共青团北京市国土局机关委员会工作制度》和《共青团北京市国土局机关支部委员会工作制度》。对市国土局机关团委和基层团支部的工作原则、主要职责、人员构成、主要工作制度以及基础管理等方面进行详细规定。

12月，召开局机关全体团员大会，民主选举产生由王永刚等7名同志组成的共青团北京市国土局机关委员会。指导协助市国土局储备中心、利用中心完成了团支部的换届改选工作。

【共青团活动开展工作】

1. 以争创“青年文明岗”和“青年服务标兵”为抓手，积极开展“立足本职，创先争优”主题实践活动。

市国土局在业务服务单位和窗口单位广泛开展争创“青年文明岗”和“青年服务标兵”活动。并通过展板、宣传栏等形式宣传、展示青年典型、青年榜样，充分发挥典型的示范带头作用。

2. 积极参加市直机关共青团先进集体和先进个人争创工作。

按照团市委和市直团工委开展“达

标创优”竞赛活动的要求，市国土局推荐申报了市直机关共青团系统先进集体和先进个人的人选。市国土局储备中心团支部荣获“北京市直机关五四红旗团支部”称号；利用中心团支部组织委员王瑜鸥荣获“北京市直机关优秀团干部”称号；办公室徐磊、规划中心谯赟、利用中心祁博荣获“北京市直机关优秀共青团员”称号。祁博同志的先进事迹材料入选《大会交流材料集》。

3. 以“当好预备队，庆党90年”为主题，组织开展五四青年节团员青年综合素质拓展培训。

5月，组织来自局机关相关处室、事业单位以及10个区县分局近60名团员青年在昌平区绿色军威拓展培训基地开展了“当好预备队，庆党90年”主题团日活动，进行了综合素质拓展培训。

4. 组织“学党史、知党情、跟党走”团员青年党史知识答题活动。

按照市直机关工委要求，结合团市委开展“学党史，知党情，跟党走”主题教育活动的部署，组织市局团员青年开展党史知识答题活动。市国土局荣获团员青年党史知识答题竞赛活动集体一等奖。

5. 依托“世界地球日宣传周”平台，开展“青年进社区”活动。

4月15日，市国土局主办的第42个世界地球日宣传周启动仪式暨“地球科普知识进校园宣传活动”在和平里第四小学校园举行。市国土局郭创兴副巡视员和国土部科技司陈勇副巡视员等领导参加启动仪式，并向小学赠送地球科普类书籍。科学家马胜云（李四光秘书）结合当前资源环境热点为同学们进行了一场科普讲座。市国土局“百名青年宣讲团”的宣讲员为和平里四小的学生讲解地球日科普知识。

6. 依托“世界地球日宣传周”平台，开展“青年进农村”活动。

4月22日，由市国土局主办、市地勘局协办、房山区人民政府承办的第42个世界地球日主题宣传活动于4月22日在中国房山世界地质公园博物馆广场成功举办。活动日当天，市国土局“百名青年宣讲团”的宣讲员向行人游客发放了地球日主题宣传资料和国土资源报地球日北京专刊，同时宣传地球日科普知识和国土资源管理相关法律、法规、政策。通过参加实践活动，引导团员青年在实践中提高业务能力和综合素质。

7. 协助和平里四小申报“李四光中队”。

为深入推进“三进两促”活动，加强与市国土局周边学校的共建和联系，协助和平里四小完成“李四光中队”的申报工作。并得到北京市少工委和全国组委会批复，和平里第四小学三中队正式命名为全国“李四光中队”。

8. 组织优秀团员青年参加市直机关青年公务员主题演讲比赛。

为纪念建党90周年，弘扬“五四”精神，市直机关团工委在市直机关青年公务员中组织开展“永远跟党走”主题演讲比赛。市国土局选派4名同志参加了此次演讲活动选拨赛，门头沟金娜同志荣获演讲比赛三等奖。市国土局机关团委荣获“优秀组织奖”。

9. 组织团员青年重走长征路，积极参加首都公务员3510健康步行大赛。

为庆祝建党90周年和建国62周年，贯彻落实市委关于全民健身和首都文明交通行动的重要部署，市国土局组织年轻同志参加市直机关工委和团市委联合主办的首都公务员3510健康步行大赛。在20名参赛队员的共同努力下，市国土局以提前比赛要求期限48天的成绩完成了总里程25000里的比赛任务，最终在20支参赛队中取得第6名的优异成绩。其中，赵旗良同志在所有参赛选手中名列个人第10名，任汉玉同志名列个人第15名。在奥林匹克森林公园南广场举办的颁奖仪式上，市国土局荣获团体优胜奖，赵旗良和任汉玉两位同志荣获个人优胜奖，王永刚同志荣获优秀组织奖。

10. 组织团员青年参观国家大剧院。

为进一步践行北京精神，培养创新意识，12月下旬，局机关团委组织十余名团员青年到国家大剧院参加公众开放日活动。

（机关党委　张新钰）

财务管理

【年度非税收入】

上缴财政专户非税收入1284.52亿元，其中国有土地出让收入1275.15亿元，矿产资源专项收入1.22亿元，耕地开垦费1.65亿元，违法占地罚没收入1.95亿元，代收防洪费4.55亿元。

【部门预、决算管理】

1. 全年终决算主要数据

全年总收入287.12亿元，其中：一般财政预算收入5.37亿元（包括市级财政3.82亿元，中央财政安排专项工作1.55亿元）；市级财政基金预算资金277.23亿元，其中：土地储备272.91亿元（储备基金22.58亿元，返还土地成本250.33亿元）。

全年预算支出272.65亿元，其中土地储备专项支出261.26亿元，一般预算基本支出3.53亿元，项目支出7.86亿元。

2. 2012年预算编制情况

市区两级首次组成预算项目联合初审，通过对各单位申报项目的质询、检查申报材料、综合评定打分，严审2012年度上报项目。

3. 预算执行情况

（1）控制“三公”开支，出国（境）经费实行全局资金总额管理，控制年度预算规模。

（2）加强预算项目追踪问效管理力度，将成果汇交和数据汇交作为项目验收支付尾款的必备条件，注重政府投资绩效。

（3）加强政府采购，市国土局机关14个预算项目进行公开招标。此外，区县国土分局承担的矿山环境治理项目全部实行局系统统一招标管理。

（4）加强项目绩效考评，4个项目接受市财政局的绩效再评价。

（5）完成“二调”设备采购，对大型集中的设备采购，采取部门各负其责，将设备选型、履行招标、设备进场、入库登记、资产入账、办理领用、设备调整、人员培训和软硬件联合运行等工作全部纳入采购验收程序，保证设备采购后快速发挥效能。

（6）农村土地发证工作正式立项，市级预算资金落实，区（县）资金陆续到位。

【综合管理】

1. 市国土局2500多职工由公费医疗转入医疗保险。

2. 完成无房职工的住房补贴的登记、

审核、公示工作，住房补贴工作纳入正常程序。

【监督检查】

1. 开展公务用车清理，市国土局462辆在用车逐一核实，清理违规车辆109辆。

2. 市财政局监督检查处进驻开展会计质量信息财务检查。

3. 市审计局投资二处进驻开展本年度预算执行和财务决算草案专项审计。

4. 审计署京津冀特派办进驻开展郭金龙市长任期经济责任专项审计。

5. 完成市国土局5个局属事业单位领导，1个分局领导的经济责任审计。

6. 组织完成24个已竣工矿山环境治理项目的专项审计。

【财务管理】

1. 本年度市国土局各单位收取的土地市场交易收费收入，全部实行收支两条线管理，收费收入上缴。

2. 规范土地市场交易收费等收入，按预算程序申报，分人员、公用和项目的预算管理要求审核批复使用。

3. 规范土地市场经营性收费管理。年内出台《关于规范招标拍卖挂牌文件编制费和土地入市交易服务费等经营性收费的通知》，各单位收取的土地交易等经营性收费全部汇交市储备中心。

4. 票据使用纳入规范管理。往来收费全部使用全局联网的机打票据，取消原手写票据。

（财务处　尚童）

纪检监察

【贯彻执行党风廉政建设责任制】

市国土局党组认真贯彻执行中央《关于实行党风廉政建设责任制的规定》和《北京市实施〈关于实行党风廉政建设责任制的规定〉的办法》，落实“一岗双责”，坚持反腐倡廉建设与国土资源业务工作同部署、同落实、同检查、同考核。年内，重新调整局党风廉政建设责任制领导小组成员及办公室组成人员，局领导班子成员及相关职能部门的责任制分工任务更加明确。

4月，召开北京市国土资源系统党风廉政建设工作会议，对全年工作进行部署安排。制定下发《2011年党风廉政建设和反腐败工作要点》，并将工作要点细化为52项具体工作任务，分解到各有关处室、直属单位及区县分局。年中和年底，市国土局党组分别组织对全系统各单位的任务落实情况进行检查。12月，由北京市委常委、常务副市长吉林带队，市党风廉政建设责任制专项检查第四组对市国土局进行检查。

【年度惩防体系牵头任务】

年内，市国土局承担北京市惩治和预防腐败体系建设牵头任务2项，即：“加快建立科学完善的征地补偿机制，坚决制止违法违规强制征地拆迁行为”、“按照国务院统一部署，对《中华人民共和国土地管理法》有关集体土地征收和补偿规定的修改情况提出意见建议”。北京市国土局协调相关部门和区县政府，加强调查研究。进一步健全完善征地补偿机制，建立征地补偿最低保护和协商机制。对《土地管理法》有关集体土地征收和补偿规定的内容，分别就征地范围、征地审批、征地补偿、人员安置等有关问题向国土资源部研提出具体修改意见建议。

【廉政风险防控管理】

开展廉政风险防控管理工作“回头看”活动。结合国土资源部“两整治一改革”专项行动，组织全系统对原风险点和防控措施进行全面梳理和再审视、再完善。结合领导班子成员分工调整，13名局级领导干部重新梳理排查风险点，完善防控措施，做出廉政承诺，确定防控项目，并报市纪委备案。在市国土局内网设立廉政风险点和防控措施公示专栏，全系统2000多名工作人员的廉政风险点和防控措施在内网公示公开。

研究制定《中共市国土局党组关于

加强风险防控完善“三重一大”决策制度的实施办法》，加强对领导班子决策“三重一大”事项的风险防控和监督管理。对提高领导班子民主决策意识，防范决策风险，实现决策的民主化、科学化，提供组织保证。国土资源部“两整治一改革”领导小组办公室以专刊的形式予以转发。

加强权力运行和领导干部的监督检查。开展行政审批及行政执法事项的立项行政检查，在承担国土资源管理行政许可和服务事项的各单位自查基础上，重点抽查2010年办理的案卷179件，对发现的问题进行通报并限期整改，市纪委以专报形式将检查中发现的问题及意见报市委市政府领导。开展本年保障性住房建设供地立项效能监察，从落实供地计划、履行职责、服务质量、信息公开4个方面开展监督检查，确保供地任务如期顺利完成。此外，还组织开展对《中国共产党党员领导干部廉洁从政若干准则》贯彻执行情况的专项检查。

按照北京市监察局行政监察现代化工程二期建设的要求，依托国土资源综合监管平台建设廉政风险防控二级监察平台。先期确定了国有土地使用权出让、征收集体土地批准和采矿权延续审批三项对接业务，截止年底，已实现与市级监察一级平台的数据对接。

加强国土资源系统预防腐败工作的机制创新。建立与北京市人民检察院第二分院的联络联系和预防职务犯罪的工作机制，签署加强预防工作合作协议，加强国土资源系统与检察机关的反腐倡廉协调合作。

【专项治理、清理工作完成情况】

“小金库”专项治理情况。根据市纪委等六部门印发的《北京市2011年“小金库”专项治理工作实施方案》的要求，市国土资局制定具体实施方案并进行专题动员和部署，进行专项治理的全面复查，对在治理过程中发现的疑点，进行梳理。

清理规范庆典、研讨会、论坛活动情况。在深入动员部署的基础上，进行各项统计报告工作，全市国土资源系统严格执行中央和北京关于举办庆典、研讨会、论坛活动的有关规定要求。

公务用车问题专项治理情况。按照中央、北京市委市政府关于开展党政机关公务用车问题专项治理的部署和要求，市国土局及时组织开展清查工作。按照有关规定，对违规车辆逐单位、逐车辆列出清单，进行审核，并督促整改相关问题。

【纪检监察信访】

坚持建立领导干部廉洁自律信访举报台帐制度和领导干部廉洁自律分析评估制度，及时分析通报领导干部在廉洁自律方面存在的苗头性、倾向性问题，严格落实查办信访举报案件工作的有关要求，落实信访监督工作制度。全年，市国土局纪检监察部门共收到群众信访举报103件次，协助司法机关、市纪委监察局调查处理案件4人次，给予党纪政纪处理1人。

根据相关规定，制定《国土资源系统纪检监察信访举报工作实施办法》，规范纪检监察信访举报办理工作。

【纪检监察干部队伍建设】

以开展创建“学习型、服务型、廉洁型”机关活动为契机，加强纪检监察干部队伍建设。调整充实基层一线纪检监察干部力量，组织全市国土资源系统纪检监察干部进行专题培训和新任纪检组长任前专题讲座。

（纪检监察处　张先）

离退休干部管理

【离退休干部管理概况】

截至年底，市国土局机关共有离退休干部职工 348 人。其中，离休干部共 41 人，退休干部职工共 307 人。

设机关离退休干部党总支 1 个，党支部 7 个，共产党员 281 人。其中，离休干部党支部 2 个，党员 38 人；退休干部党支部 5 个，共产党员 243 人。

老干部工作人员共 12 人。其中，离退休干部处 6 人，老干部活动站 6 人。

【离退休干部职工服务与管理】

1. 不断加强对离退休干部工作的重视

市国土局党组始终重视离退休干部工作，认真抓好《北京市离退休干部工作领导责任制》的贯彻落实。年内，对市国土局离退休干部工作领导小组成员和局领导联系离休干部的分工进行调整，继续加大对离退休干部工作的重视程度。春节和国庆前夕，局党组书记张国玉、局长魏成林同志带领班子成员和局退休干部工作领导小组成员参加“老同志新春团拜会”和“老同志迎国庆茶话会”，与老同志共贺佳节。分管局领导张川北副巡视员多次深入离退休干部处（站），了解情况、指导工作，并率机关人员赴杭州看望离休干部江浩。离退休干部工作领导小组各成员单位履行职责，落实各项离退休干部工作制度，对离退休干部工作给予有力支持，保证《责任制》落到实处。下半年，按照市委组织部、市老干部局《关于对〈北京市离退休干部工作领导责任制〉落实情况进行检查的通知》精神，组织开展自查工作，并将自查情况及时上报，受到市直机关和市老干部局的表扬。

2. 认真落实离退休干部的政治待遇

一是坚持定期向老同志通报工作。春节、国庆前夕，局党组书记张国玉、局长魏成林同志分别向老同志通报北京市国土资源管理情况。二是继续加强离退休干部党支部建设。以创建“五好”党支部、争当“四好”党员为目标，通过组织各离退休干部党支部委员会的换届改选和评选“优秀共产党员”等工作，推进“创先争优”活动的深入开展，进一步加强党组织和党员队伍建设。三是继续加强离退休干部政治理论学习。结合建党 90 周年，组织离退休干部学习党的理论、党的历史、党的知识，并以个人自学、集中学习、座谈交流、专题研讨、撰写学习心得等方式，组织离退休干部学习《胡锦涛总书记在庆祝中国共产党成立90周年大会上的讲话》。为配合老同志的认真自学，定期制定自学计划、印发简报、辅导材料、提供理论辅导光盘等。

3. **全面落实离退休干部的生活待遇**

一是坚持做好走访慰问工作。重大节日前夕，局领导、离退休干部工作领导小组成员深入老同志家中、养老院、医院，看望慰问联系对象。全年入户走访慰问离休干部、离休干部遗属及部分退休干部共540多人次。二是继续做好医疗保健工作。组织270多位离退休干部、职工进行了体检；及时为41位离休干部增加生活补贴；完成29名离休干部及268名退休干部职工的医疗保险信息采集工作；为33名离休老同志及时请领“小帮手”电子服务器；编印《保健与养生》12期4600多份，向老同志宣传健康科学养身知识。三是认真做好退休干部“四就近”服务工作。对局机关307名退休干部所在社区开展“四就近”服务工作的情况进行调查，摸清退休人员居住社区的分布情况，并对退休干部社区“四就近”服务工作现状进行了分析，提出建议。四是继续做好新退休人员的接收工作和去世人员的善后工作。本年接收新退休干部5人，协助家属为10名去世离退休干部办理善后事宜。

【开展各类文体活动】

围绕纪念中国共产党成立90周年，以“颂党恩抒豪情、添光彩乐晚年”为主题，结合离退休干部的实际，陆续开展“与党同呼吸、共命运、心连心”征文、“向党说说心里话”主题党日活动、“展风采、抒豪情”书画篆刻摄影展和“我在党旗下成长”老照片展等一系列纪念活动，组织170多名离退休老同志参观国家博物馆《复兴之路》大型主题展览。“我在党旗下成长”老照片展还在局机关进行展出，受到好评。继续开展书画、歌唱、棋类、摄影、篆刻、手工制作等兴趣小组活动，通过不定期地举办讲座，聘请专业授课老师教授相关技艺，提高兴趣小组的活动质量。继续开展为离休老同志祝金婚、贺寿活动，继续为每一位过生日的离退休干部寄送生日贺卡。

【自身建设】

1. **推进局系统退休干部服务管理工作**

为进一步理顺局系统退休干部服务管理工作的体制，全面推动退休干部服务管理工作的科学发展，在分管局领导张川北副巡视员的带领下，以分片座谈的形式，对市国土局系统16个分局和5个事业单位的退休干部服务管理工作进行调研，认真归纳各单位的意见和建议，印发《北京市国土资源局关于进一步加强退休干部服务管理工作的意见》，作为局系统做好退休干部服务管理工作的指导性文件。

2. **加强老干部工作人员队伍建设**

坚持按照《关于加强离退休干部工作队伍建设的意见》，结合创先争优活动的深入开展，努力加强自身建设。结合局机关“三定”工作的落实和处（站）

工作人员的变动，对处（站）领导的分工进行调整，对全体工作人员的工作职责进行了修订，对处（站）相关工作制度进行完善，进一步规范、细化各项规章制度。按照局机关党委要求，组织处党支部委员会的换届改选，进一步加强党支部的领导力量。

3. 加强处（站）基础设施建设

加强信息化建设，开通市国土局办公内网，实现了与局办公内网系统接轨，加强了与局机关及系统各单位之间的联系和交流，提高办公效率。更新部分办公设备，进一步改善办公条件。

（老干部处、老干部活动站　范晨）

通过巡查共发现土地违法案件449件，涉及土地面积4794.45亩（耕地1796.25亩），共制止424件，涉及土地面积4634.55亩（耕地1783.65亩），挽回经济损失约1亿元。

顺义分局建立完善社区土地执法信息员制度，每个村委会明确了一至二名土地信息员，坚持每周一次报告，发现问题及时报告。昌平分局巡查工作以局国土所为主，各镇配合为管理体系，日常巡查490人次，共发现违法占地106宗，对其中19起违法占地案全部实施拆除，其中耕地面积128.5亩。朝阳分局将基本农田保护工作纳入“数字化城市管理系统”，聘请2000余名城市管理监督员，“前移关口”对基本农田全程监控，取得良好效果。延庆分局严格要求巡查人员按制度作好巡查和记录，及时汇报巡查情况和处理意见，并在年终考核时作为依据之一。

以区（县）国土资源分局、国土所为巡查主体的国土系统巡查和以乡镇、村为巡查主体的地方政府巡查的“双巡查机制”正在逐步建立，巡查“早发现、早制止、早报告”作用显现。

【信访查办工作】

认真处理涉地涉矿信访问题，受理、调查并答复信访事项，加大对难点、热点信访案件的查办力度，有效遏制重大典型违法行为。通过工作，较好的化解群众越级重复信访的上升势头，切实维护群众根本利益和社会稳定大局。全年局执法监察系统共受理信访件2301件，截止当年底，已办结1972件，办结率为85.7%。

【视频监测系统】

为加强源头监管，减少拆除损失，避免产生新的社会矛盾，北京市启动国土资源视频监控系统试点建设，在借鉴外省市经验的基础上，北京市于2010年6月启动了国土资源视频监控系统试点建设，确立了“立足现实、注重实效、稳妥推进”的原则。2011年5月，北京市在顺义区组织试点建设，全面论证体系结构，重新设计开发终端应用软件，建立并试行管理制度，努力构建“天上看，地上查，网上管，群众报，视频探”的立体监管格局，为实现“早发现、早制止、早处置”的工作目标奠定了基础。

视频监控系统通过综合运用监控设备、综合监管平台、手持GPS等信息化工具，辅以对应的规章制度，在突破传统发现功能的基础上，将系统纵深应用于案件查处、督办等关键环节，贯穿国土资源执法监察工作整个流程。

【12336工作】

市国土局12336违法举报电话开通以来，工作中不断探索创新机制。上半年，与联通北京分公司协商，将北京市12336举报电话接听层次由二级变更为一级，接听顺序由优先市局变更为优先属地分局。为解决因人员编配问题导致的反馈率低、核查报告不规范问题，执法总队向市国土局局长办公会提交《关于聘用劳务派遣人员加强12336违法线索处理工作方案的汇报》，11月，经局长办公会研究决定，拟定集中受理的工作方案。成立12336违法线索处理中心，确定编配4名处理人员，统一负责接听、受理、转办、督办、反馈、分析等工作，分局不再开通举报电话。12月，执法总队在内设机构调整中，在撤并2个业务室的同时，专门成立了违法线索处理室，专职负责12336违法举报工作。

全年，12336共收到国土资源部转发北京市违法线索815件，其中涉地747件、涉矿68件。市国土局及区（县）分局共收到有效举报线索735件，其中涉地639件、涉矿96件。

【制度建设与创新】

为进一步加强执法监察工作的严肃性和纪律性，起草并以市国土局名义印发《北京市国土资源局执法监察发现、制止、报告和查处工作监督管理办法（试行）》；在征求市发改委、市规划委、市农委等部门意见的基础上，会同市住建委起草并报请市政府审核同意后，以市政府办公厅名义印发《北京市人民政府办公厅关于建立健全共同查处利用集体土地违法建设销售住宅行为责任机制的通知》；出台《北京市国土资源领域违法违规案件公开通报和挂牌督办办法（试行）》和《关于贯彻落实〈国土资源部关于建立公开通报和挂牌督办国土资源领域违法违规案件上报工作制度的通知〉的通知》等一系列规范性文件。

重视国土所制度建设。根据国土资源部《关于加强乡（镇）国土资源所建设的指导意见》精神及北京市国土资源局《关于加强区县分局国土资源管理所标准化建设的指导意见》，印发《北京国土资源局关于印发〈北京市国土资源管理所标准化建设规范〉（试行）的通知》和《北京国土资源局关于印发〈北京市国土资源管理所标准化建设考核暂行办法〉的通知》，对于加强国土资源管理所工作的科学化、规范化和制度化，起到了有力的促进作用。

【人员培训】

注重人员素质提高与培养，组织基层国土所执法监察业务取证培训班，年内分两期对224名国土所和分局执法人员进行培训，为全局执法人员持证上岗打下基础。培训期间，围绕国土所在执法监察中的地位作用、巡查发现与违法行为的核查制止、信访事项办理等内容，市国土局相关处室、执法总队和分局执法队的领导进行授课和交流。

【完成专项工作】

1. **“小产权房”清理工作**

按照国土资源部执法监察局和市国土局领导要求，认真对全市2008年1月以来新建续建“小产权房”情况展开调查，共发现“小产权房”项目45个，涉及面积2367.95亩，涉及耕地70.67亩，建筑面积106.814万平方米。立案查处41个，已送达行政处罚决定书36个，其中3个因涉嫌刑事问题，已移送公安机关建议追究刑事责任。所立案件处理意见均为没收或拆除，并处罚款。其它4个未按立案方式处理的项目中，有3个建至地基时即被属地政府和国土分局发现、制止停工，有1个已实施部分拆除。

2. 高尔夫球场清理工作

会同北京市发改委对全市高尔夫球场进行清理整治，查明全市共64个高尔夫球场，并已提出初步处理意见。截至12月31日，各区（县）分局对57个未办理征地供地手续的高尔夫球场均采取立案方式处理。按全部或大部分球场面积处罚的有19个，其中8个已缴纳罚款，罚款总金额11563.295万元；按会所及配套用房等建筑物、构筑物或少部分球场占地处罚，已缴纳罚款的有8个。10个占耕地的球场已有4个完成耕地腾退工作。

【大事记】

3月15日，以市国土局名义印发《北京市国土资源领域违法违规案件公开通报和挂牌督办办法（试行）》（京国土监［2011］103号）。

3月16日，李军副局长主持召开关于配合国家土地督察北京局2011年度例行督察丰台区工作部署会，市国土局15个相关单位和部门的领导参加，国家土地督察北京局韩琼主任、耿未名副处长出席会议。

3月23日，国家土地督察北京局土地例行督察组正式进驻丰台区，市国土局配合例行督察工作领导小组办公室将督查通知书要求的自查表格和有关资料（部分表格、资料尚不完全）与土地例行督察组进行移送交接。

4月7日，市国土局组织召开由市发展改革委、规划委、住建委、监察局、园林绿化局、水务局、工商局、公安局和丰台区政府参加的联席会议，通报对丰台区王佐镇庄户村高尔夫球场案的初步处理意见，各部门通报本部门相关工作及意见。

4月27日下午，国家土地督察北京局召开北京市丰台区土地例行督察工作结束通气会，蔡可军专员通报例行督察组在丰台区开展2011年度土地例行督察工作情况。

4月29日，李军副局长在丰台区主持召开丰台区土地例行督察确认问题对接会，国家土地督察北京局蔡可军专员出席，例行督察组成员马曙光、张靖等同志和市国土局耕保处、征地处、利用处、财务处、执法总队、利用中心和丰台分局主要领导参会。会议对此次督察中发现的问题逐一进行化解、确认。

5月10日，北京市机构编制委员会办公室发文《关于同意北京市国土资源执法监察大队更名的函》（京编办行［2011］70号），同意北京市国土资源执法监察大队更名为北京市国土资源执法监察总队，仍加挂北京市国土资源局执法监察处的牌子，机构规格仍为正处级。

5月，北京市在顺义区组织国土资源视频监控系统试点建设，全面论证体系结构，重新设计开发终端应用软件，建立并试行管理制度。

8月起，按照市政府督查室批转的郭金龙市长、陈刚副市长在第68期《市长电话要情》（房山区拆除小产权房引发业主集体上访问题）的具体批示精神，会同市规划委对房山、通州、昌平、延庆等区（县）9起利用集体土地违法建设销售住宅问题调查核实。

9月6日—17日，国家土地督察北京

局验收组按照《关于北京市2010年度土地卫片执法检查验收评估工作方案》确定的工作安排，对北京市4个重点检查区和10个一般检查区（县）2010年度土地卫片执法检查工作进行验收。

9月23日，以市政府办公厅名义向各区（县）政府、市政府各委办局、各市属机构印发了《北京市人民政府办公厅关于建立健全共同查处利用集体土地违法建设销售住宅行为责任机制的通知》。

11月24日，以市国土局名义印发《北京市国土资源局执法监察发现、制止、报告和查处工作监督管理办法（试行）》。

12月15日，以市国土局名义印发了《北京市国土资源局关于印发〈北京市国土资源管理所标准化建设规范〉（试行）的通知》和《北京市国土资源局关于印发〈北京市国土资源管理所标准化建设考核暂行办法〉的通知》。

12月，执法总队被评为“北京市国土资源系统文明标兵单位”。

12月，执法总队对内设机构进行调整，设立办公室、执法监察一室、执法监察二室、执法监察三室、信息科技室、业务指导室、违法线索处理室共7个室。

（执法总队　任欣欣）

北京市土地利用事务中心

【机构与职责】

北京市土地利用事务中心（简称利用中心）是市国土局直属事业单位，于2001年1月21日经市政府批准成立，编制60人，现设八科一室，即办公室、征地业务科、出让业务科、综合一科、综合二科、综合三科、财务科、受理科和地价科。

主要职责为：受市国土局委托负责按规定催缴土地有偿使用费用；承办本市征地及国有土地使用权划拨、出让、转让、出租、抵押以及地价评审的技术性、事务性、服务性工作。

领导班子：

主　任　　　曹　慧
书　记　　　黄　刚
副主任　　　杜　涛
（2011年4月任职）
副主任　　　史庆今
（2011年4月任职）
副主任　　　姬　铮
（2011年10月任职）
专职副书记　朱　江
（2011年7月任职）

【土地出（转）让】

全年共受理许可类事项1118件，其中出让合同474件，出让合同变更644件；受理服务类事项1333件，其中转让登记19件，地价款缴纳核实1314件。全年不予受理或申请单位申请退件许可类事项共计125件，服务类事项共计128件。

全年共办结许可类事项1014件。其中完成出让合同457件（协议出让317件，出让宗地面积779.83公顷，政府土地收益63.48亿元；招拍挂出让140件，出让宗地面积765.02公顷，土地成交价款1376.68亿元，含政府土地收益652.78亿元。）；完成出让合同变更557件。

全年共办结服务类事项1192件。其中转让登记13件；地价款缴纳核实1179件。

【地价评审】

年内共接收评估报告520余份，召开地价办公室会37次，通过办公室会项目462个，发放告知单309个；召开地价评审专家会7次，审定项目494个；估价报告整理存档5000余本。

【欠费清缴】

对2010年度和2011年度出让项目的地价款缴纳和欠缴情况进行核实，共核实土地出让合同884项（其中2010年出让合同447项，全年出让合同437项）；对欠费地价款进行了追缴，共发放《缴纳地价款通知单》21份，收缴欠费约75亿元。

【信息公开】

承办市国土局政府信息公开有关土地出让部分的工作。

主动信息公开事项。在市国土局外网网站上发布土地出让结果、土地出让变更信息，公示的土地出让结果内容包括项目的受让方、土地位置、宗地面积、规划建筑面积、签约时间、规划用途、土地成交地价款、合同开竣工时间、地上容积率；公示的土地出让变更项目内容包括项目的受让方、土地位置、宗地面积、规划建筑面积、规划用途、合同地价款、变更事项。全年度土地出让合同办理情况和土地出让合同变更情况均已按月主动向社会公示。

依申请公开事项。办理依申请政府信息公开事项101件，全部办结。

【档案、数据统计、信息化】

全年收集整理出让、转让归档档案12286卷，向档案馆移交6921卷，现由中心统一管理档案4245卷。制定中心《土地出让专业档案管理规范》，与市国土局档案馆共同规范归档程序，统一归档方法；完成局办、信息科技处、利用处出让、变更等9类17种报表，按时完成上传国土部全市土地供应备案情况表，为市国土局及时提供各类用地情况报表。配合市国土局信息中心完善办公自动化系统，完成了办公业务系统的转化，新系统的使用初期，为保证工作顺利完成，采取电子系统、实物件并行。

【行政公文】

全年办理公文1446件。其中督办件27件，外发文195件，人大建议1件，政协提案1件。

年内接收法院协助执行通知书6份，其中查封协执4份，解封1份，法院来函1份；受理信访事项42件，办结40件，在办2件，群众满意率100%。

【其他】

受理科作为利用中心特有科室，主要负责市国土局除地矿类的所有行政许可和服务类事项的受理、分办、督办、文件转接、业务咨询、电子系统录入和办结件发放等工作。全年共受理事项3130件，其中行政许可类事项1542件，服务类事项1588件；受理业务咨询2900余人次。同时，全年配合市政府对外联络办公室参与中环办公系统录入工作。

【落实保障性住房建设用地供应】

对受理的涉及保障性住房项目，按照绿通项目审批程序，设置了一整套制度、措施，保障此类项目供地手续办理，制定利用中心办公室督办、周报制度。保障性住房项目经受理后，由利用中心办公室单独登记、督办，随时督促经办人员加快办理，并形成保障性住房项目办理进展情况一周一报制度，使利用中心领导对所有受理的重点项目都能掌握即时情况；缩减审批时限。对涉及保障性住房的项目的审批时限均进行缩减，先按地价评审办公室建议价格签订土地出让合同，待地价标准审核后，再按规定调整地价款，此措施可缩短地价评审30个工作日。

全年共办理保障房项目出让58宗（其中招拍挂项目43宗），出让宗地面积453公顷。

【完善行政许可及服务类事项审批程序】

年内，市国土局行政许可事项及行政服务类事项办理规则进行了调整。利用中心对涉及的出让业务许可类事项和服务类事项的审批流程进行完善，多次征求各方面意见和建议，进行专题讨论研究，提出修改意见，进一步完善各类事项审批流程，简化程序，提高效率。尤其招拍挂签订出让合同变为非行政许可事项后，工作流程发生较大变化，经与各部门多次协商，并经市国土局局长办公会审议通过确定了新的工作流程和规范，完成现场签订招拍挂出让合同的系统修改和试运行工作。

进一步规范土地出让合同文本，实现土地出让信息时时监管。在完成各类土地出让信息填报的同时，积极协调国土资源部信息管理部门、市国土局信息科技处等相关单位，初步完成市国土局综合监管平台土地出让信息相关数据与国土部监管与监测系统数据对接的前期准备工作。

【土地出让项目批后监管】

继续完善出让项目后期跟踪管理的制度、流程，充分利用科技手段，协同相关部门，把跟踪管理工作逐步纳入制度化、日常化管理的轨道，形成市、区县分工合作机制。同时，对各年度出让合同的缴款情况进行了清理登记，制定了出让合同缴款台帐。完成2005年至2010年出让合同缴款情况的登记工作，涉及土地出让项目约3500项，对出让合同的后期监管工作起到有效的促进作用。

【出让土地批后监管系统建设】

根据2010年《关于加强土地出让合同批后监管的通知》要求，开发建设基于市国土局政务系统的出让土地批后监管平台，取代原出让土地批后监管系统，对建立建设日常的批后监管制度具有重要意义。新“出让土地批后监管系统”原则可实现季度频次监测、地块影像资料可纵向对比、成果可视化、查询统计等原有功能；可与市国土局政务系统衔接，出让合同签订后，市国土局、各区（县）国土分局可以实时共享信息。出让合同变更数据，如出让面积、价款以及建设延期后的开竣工时间可以同步到此监管平台，不再人工查对；可适应批后监管市、区（县）分工合作机制要求，市国土局、各区（县）国土分局可以按照系统权限、分工进行相关操作；可将开、竣工申报工作调整入监管系统。

新系统的开发工作交由市国土局信息中心统一委托技术单位开发，现已试运行。

【配合各级审计、督察工作】

配合国家审计署驻京津冀特派办的市长经济责任审计和土地收入审计工作，

提供相关数据资料，解答相关问题；配合国家审计署驻沈阳特派办和长春特派办完成审计回头看工作，配合国家审计署行政事业司、国家审计署外交局核实所需项目情况，协助市国土局财务处向审计署提供出让合同档案600余卷，以及项目欠款整改情况报告及相关资料；配合国土部督察局北京局的土地出让情况全面检查工作，对区（县）供地情况进行例行审查，并针对督察局提出的关于破产企业现状供地项目应收支两条线的问题，与市相关部门进行沟通，提出合理化建议，以确定下一步此类项目的供地原则。

（利用中心　高红亮）

北京市土地整理储备中心

【机构与职责】

北京市土地整理储备中心于2001年4月28日成立，主要承担全市土地储备开发、建立政府土地储备库和土地市场交易相关职责，是市国土局直属差额拨款事业单位，人员编制100人，内设“七部一室”，即财务管理部、储备管理部、开发管理部、市场交易部、项目开发一部、项目开发二部、项目开发三部、综合办公室。2011年4月22日，经市国土局机关党委批准，中心党组织由党支部升格为党总支，下设四个党支部。

年内，北京市土地整理储备中心通过公开招聘补充工作人员10人，通过竞争性选拔方式选拔部门正职2名，通过竞争上岗方式选拔部门副职4名，在编人员92人，劳务派遣人员18人。

领导班子：

主任　曾赞荣
常务副主任　师宏亚
党总支书记兼副主任　王黎明
（2011年1月至7月）
党总支书记　孙立钢
（2011年7月任职）
副主任　周同伟
副主任　田　锋
（2011年4月任职）
副主任　燕新程
（2011年4月任职）
副主任　吕振库
（2011年4月任职）
副主任　叶向忠
（2011年1月至4月）
总经济师　李兆滋
（2011年8月起在中国银行市场交易商协会挂职后督中心副主任，期限1年）
党总支专职副书记　曲　波
（2011年7月任职，2011年11月起在内蒙古自治区兴安盟乌兰浩特市挂职副市长，期限1年）

【土地市场供应】

全年市土地交易市场和10个远郊区县、北京经济技术开发区土地交易分市场共成交土地257宗，土地面积约2044.54万平方米，规划建筑面积约2481.32万平方米，成交价款1113.29亿元，其中，政府土地收益463.17亿元。

全年继续坚持优先保障政策性住房建设用地供应，全年实现各类政策性住房供地1338公顷，继续在商品住宅用地中试点“限房价、竞地价”、“限地价、竞房价”等交易方式，通过设立土地价格上限，防止土地过度溢价，推动以商品住宅为主的房地产用地供应由“价高者得”向完善市场、促进土地利用、保障民生等多目标管理转变。

【土地一级开发】

全年核批土地一级开发授权批复156个（含延期），土地总面积7075公顷。

根据《北京市国土资源局关于下放区县土地储备机构为主体土地一级开发项目授权批复有关工作的通知》(京国土市〔2011〕82号）要求，自3月1日起，本市行政区域范围内以区（县）土地储备机构为主体的土地一级开发项目授权审批工作，由区（县）国土分局办理。

【政府土地储备】

年内，新增收购储备项目7个，土地面积约240公顷。全年组织办理储备土地证宗地26宗，土地面积218.69公顷，可实现抵押贷款额约271亿元。

【土地储备资金筹措管理】

年内，筹措市级土地储备开发项目资金约927亿元，其中银行贷款459亿元。同时，与太平洋等7家保险资产管理公司共同设立北京不动产债权计划，成功引入保险资金210亿元，在拓宽土地储备资金融资渠道方面取得新进展。

【年度土地储备开发计划编制及实施】

编制《北京市2011年度土地储备开发计划》，计划全市土地储备开发年初结转22000公顷，年度新增2500公顷，年度基本完成开发4000公顷，年末结存20500公顷。

年内，新增土地储备量3567公顷，基本完成土地储备开发面积2741公顷，实现土地储备开发及重点区域专项投资1101亿元。

【本年度国有建设用地使用权交易】

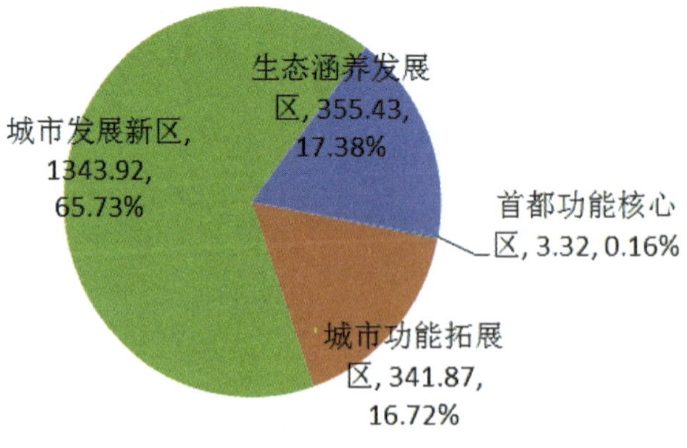

图1　2011年北京市国有建设用地使用权入市交易面积（公顷）

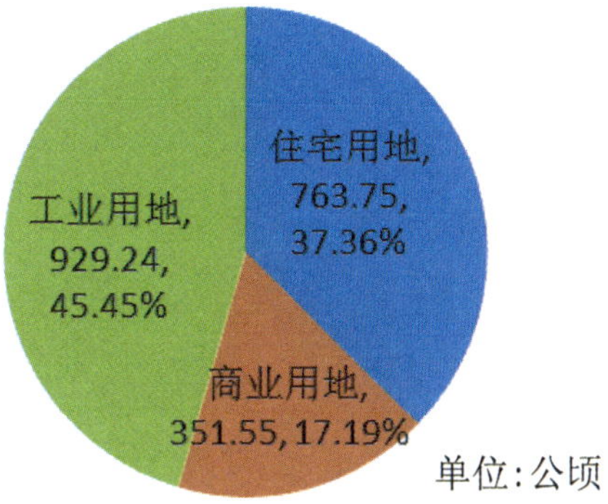

图 2　按用途分类

表 1　按区域分类

区域	面积（公顷）	比例（%）
首都功能核心区	3.32	0.16
城市功能拓展区	341.87	16.72
城市发展新区	1343.92	65.73
生态涵养发展区	355.43	17.38
合计	2044.54	100

【历年土地市场公开出让交易情况】

截至本年 12 月 31 日，北京市共有 1339 宗 11710.75 万平方米土地入市成交，成交价款为 5299.21 亿元，其中政府土地收益 2541.98 亿元。

表 2　2001－2011 年北京市国有建设用地使用权入市交易成交统计表

年度	成交宗数	交易类型			土地面积（万平方米）		规划建筑面积（万平方米）	成交价款（亿元）	
		招标	拍卖	挂牌	合计	其中建设用地		合计	其中政府收益
2001	1	1	0	0	13.97	13.97	14.14	3.17	0.59
2002	8	2	1	5	250.48	174.79	331.26	61.35	14.93
2003	48	3	1	44	201.7	158.7	277.87	49.14	19.05
2004	89	4	0	85	537.92	403.53	609.51	115.31	32.85
2005	50	2	0	48	357.39	242.12	451.97	117.51	39.31
2006	87	29	1	57	856.2	594.96	935.05	257.67	92.11
2007	85	41	0	44	897.92	600.63	1233.01	438.1	204.34
2008	184	26	0	158	1573.43	1110.19	1810.43	500.12	170.82
2009	250	20	1	229	1965.16	1385.27	2391.19	966.28	556.76
2010	280	81	0	199	3012.04	2070.15	3350.46	1677.27	948.05
2011	257	52	0	205	2044.54	1447.75	2481.32	1113.29	463.17
合计	1339	261	4	1074	11710.75	8202.06	13886.21	5299.21	2541.98

【大事记】

3月1日，《北京市国土资源局关于下放区县土地储备机构为主体土地一级开发项目授权批复有关工作的通知》(京国土市［2011］82号）正式印发，自2011年3月1日起，北京市以区（县）土地储备机构为主体的土地一级开发项目授权下放至区（县）分局核批。

3月21日，引入保险资金投资土地储备项目的北京市不动产债权投资计划相关协议文本正式签署。11月18日，本次债权计划募集资金210亿元全部到位。

3月22日，首次采用“预收储”模式将顺义区空港物流基地项目纳入政府储备。

4月22日，市国土局人事处王翠杰处长代表局党组宣布田锋、吕振库、燕新程三位同志任中心副主任，叶向忠同志调任市住保办任副主任职务。曾赞荣副局长、中心领导班子、中层干部全体参会。

5月6日，《北京市2011年度土地储备开发计划》(京国土储〔2011〕200号）正式印发，2011年度，全市土地储备开发年度结转储备规模22000公顷，年度新增储备规模2500公顷，年度基本完成开发规模4000公顷，年末结转规模20500公顷，2011年度安排土地储备开发投资1000亿元。

7月1日，中心党总支召开换届选举大会，中心党总支书记王黎明同志作题为《充分发挥党支部战斗堡垒作用，促进我市土地储备事业再上新台阶》的工作报告，通过无记名投票方式差额选举产生了新一届党总支的9名委员。中心52名党员参会。

8月8日，中心党总支党员大会换届选举结果获市国土局机关党委批复。其中党总支部委员共9人，孙立钢、师宏亚、曲波同志分别任党总支部书记、副书记、专职副书记，李兆滋、田锋、周同伟、吕振库、燕新程、丁红梅同志分别任党总支部组织委员、纪检委员兼第二党支部书记、宣传委员兼第三党支部书记、文体委员、青年委员兼第一党支部书记、学习委员兼第四党支部书记。中心党总支部下设4个党支部，每个党支部设3名支部委员。

8月8日，经局党组研究决定：张元同志任北京市土地整理储备中心副主任（挂职一年）。

11月7日，根据市委组织部有关安排，中心党总支副书记曲波赴内蒙古乌兰浩特市挂职1年。

（储备中心　李晓文）

北京市土地勘测规划中心

【机构与职责】

北京市国土资源勘测规划中心（简称规划中心）于2007年5月11日正式成立，是市国土局直属的正处级全额拨款事业单位。中心编制15人，内设“二科一室”，即：综合办公室、土地规划管理科、土地信息管理科。

1. 主要职责

承担市国土局交办的土地利用总体规划、专项规划和矿产资源规划等有关规划编制（修编）的组织落实工作，负责有关规划成果和信息的汇总、整理、分析、应用等方面的事务性工作。

2. 具体工作

承担北京市土地利用总体规划及各相关专项规划编制、修订的技术性工作；承担区（县）、乡（镇）级土地利用总体规划及各相关专项规划编制、修订的技术指导和技术审查工作；负责全市土地利用总体规划及各相关专项规划数据库的建设与更新，规划管理信息系统的建设与维护；负责规划相关技术资料的收集、存档、分析、应用工作；参与北京市土地利用空间政策的研究，为领导决策提供依据。

领导班子：

主任　　　　　　　汪少群

副主任（挂职）　　叶　嘉

(2011年10月－2011年12月)

专职副书记　　　　范为革

【区乡土地利用总体规划修编工作】

截至年底，北京市14个区（县）级土地利用总体规划审查报批工作全部完成；海淀、丰台、大兴、通州、顺义、怀柔、密云、昌平、房山九个区（县）的乡（镇）规划已获市政府正式批复，门头沟、平谷、延庆三区（县）的乡镇级规划已报市政府待批，朝阳区乡（镇）级规划即将上报审批。

1. 建立规划修编调度会制度，保证规划修编进度

为贯彻落实《北京市人民政府贯彻落实国务院关于北京市土地利用总体规划批复的意见（京政发［2009］44号）》精神，切实加快区乡规划修编工作进度，规划中心配合市国土局规划处建立由主管局领导主持、相关处室和各区（县）分局参加的区乡规划修编调度会制度，随时掌握区乡规划编制工作进度、及时发现并解决工作中存在的重点、难点问题，督促区（县）按规定时限上报区乡规划编制成果，保障区乡规划编制工作总体顺利推进。

2. 完善审查机制，开展区乡两级土地利用总体规划技术审查

规划中心健全“分片负责人初审、科室负责人复核、专家会审查、相关部门联审”的区乡两级土地利用总体规划审查工作程序，研究制定《北京市区乡土地利用总体规划成果技术审查细则》，在技术协作单位的配合下，有序推进区乡规划文本和矢量数据、图件的技术审查，并及时开展规划审查意见的沟通和对接工作。全市乡（镇）级规划审查共涉及185个乡（镇），单个乡（镇）审查涉及16个矢量数据图层、5张专题图件，制作21张审查统计表格。

【规划管理信息化建设工作】

1. 全面完成北京市土地利用总体规划基数更新工作

规划基数转换是根据国土资源部的有关要求在土地利用规划修编中开展的一项重要工作，转换成果将为今后的规划实施评价等工作提供重要的基础数据。2010年5月底，市国土局各区（县）分局顺利完成了以二次调查阶段性成果为基础的规划基数转换工作。根据国土资源部最新要求，区乡规划数据库建设需以调查时点为2009年12月31日的二次调查最终成果为基础，按照国土资源部有关要求和原有规划基数转换工作成果，年内全面启动并完成规划基数的更新工作，经过各区（县）分局确认后，下发区（县）开展区乡规划编制工作，同时完成成果的整理归档工作。

2. 区乡土地利用总体规划数据库建设工作

根据国土资源部《关于加快推进土地利用规划数据库建设工作的通知》的有关要求，以及北京市今后规划管理工作的实际需要，规划中心在全面掌握国土资源部颁发的区乡级规划数据库标准的基础上，对国土资源部颁发的数据库标准进行了扩充，并随《关于开展区乡两级土地利用规划数据库建设工作的通知》下发区（县）指导区乡级土地利用规划数据建库工作。截至年底，大兴、石景山、怀柔、丰台4个分局已完成区乡两级规划数据库建设并提交市局审查，海淀、门头沟2个分局完成区级规划数据库建设并提交市局审查，规划中心完成对数据库成果的审查工作并进行当面反馈。

【专项规划和专项研究工作】

规划中心坚持调查研究，深入探索土地利用规划和管理面临的重点难点问题，为市国土局相关重点工作和重大决策提供技术支持。

1. 北京市“十二五”时期土地资源保护与开发利用规划

根据市委市政府关于“十二五”规划总体工作部署，市国土局承担北京市“十二五”综合专项规划之一《北京市“十二五”时期土地资源保护与开发利用规划》（以下简称《规划》）的编制工作，具体工作由规划中心负责。年内，该《规划》经市政府批准正式发布实施。

“十二五”时期北京市土地资源管理的指导思想主要是“落实耕地和基本农田保护基本国策、保障全市科学发展用地需求、加大存量挖潜以促进产业结构和经济发展方式转变，提高土地参与宏观调控能力以维护土地市场平稳健康发展，控制新增建设用地总量以维护首都生态安全”。在规划目标上主要有三方面指标控制：一是耕地保有量和基本农田保护目标分别确定为330.75万亩和280万亩。二是建设用地节约集约利用目标。到2015年，北京市建设用地供应总量约400平方公里，年均80平方公里左右，其中，存量土地供应比例不低于50%；新增建设用地控制在200平方公里以内，建设用地总量控制在3614平方公里左右。三是土地生态保护目标。到2015年，非建设用地比例占全市土地面积的比例力争保持在77%以上。

2. 北京市浅山区土地利用战略规划

根据中共北京市委、北京市人民政府《2009年北京市社会主义新农村建设折子工程》的精神，市国土局于2009年完成《北京市浅山区土地利用战略研究》工作，初步明确浅山区的范围和土地利用战略。为了进一步在空间上细化和落实北京市浅山区土地利用战略，提升北京市浅山区生态系统服务功能，科学引导该区域城市建设和土地开发利用，促进当地土地高效合理利用，市国土局规划中心于2011年完成《北京市浅山区土地利用战略规划》专项规划，编制《北京市浅山区土地利用总体战略规划》和南口、渤海、金海湖、苏家坨、青龙湖5个典型地区的土地利用控制性规划。

3. 潮白河流域堤外砂石坑治理规划

4月，北京市十三届人大四次会议提出“推进潮白河流域综合治理”的议案，为做好议案办理工作，《2011年市人大“推进潮白河流域综合治理”议案办理初步工作安排》提出，由市国土局会同所在区（县）政府编制潮白河堤外砂石坑整治规划，尽快启动整治工作，具体编制工作由规划中心承担。规划中心在完成潮白河流域内砂石坑遥感解译后，对潮白河两侧进行为期17天的外业踏勘，全面调查145个，详细调研了15个砂石坑，其中9个在100—500亩，6个在500亩以上，并绘制砂石坑剖面示意图和平面草图，最终形成《北京市潮白河流域堤外砂石坑整治规划》。

4. 拉萨市当雄县、堆龙德庆县和尼木县土地利用总体规划编制

根据国土资源部援助西藏总体工作部署，市国土局负责对口援助拉萨市当雄县、尼木县和堆龙德庆县编制新版土地利用总体规划。10月，负责该项工作的专题工作组，到拉萨市开展前期调研，该项工作年内全面启动。

5. 北京市新增百万亩生态用地空间落实研究

为深入贯彻2011年10月20日北京市与国土资源部座谈会相关指示精神，落实推进绿色北京建设、加大植树造林力度的要求，按照北京市委市政府主要领导的工作要求和市国土局局领导的工作部署，规划中心会同市规划委、市园林绿化局、市农委和农业局、市水务局、市环保局等相关委办局共同开展新增百万亩林地空间落地方案研究工作，全年完成2012年北京市新增20万亩林地空间落实方案和百万亩林地空间方案初步研究工作。

6. 农用地分等成果在基本农田调整和布局中应用的试点研究

为进一步加强农用地分等成果的应用研究，更好地服务于耕地和基本农田保护管理工作，规划中心受国土资源部土地整理中心委托，承担《农用地分等成果在基本农田调整和布局中应用的试点研究—以北京为例》工作，规划中心通过农用地分等成果在市级、区级和乡级基本农田调整和布局中应用的实例研究，以做好农用地分等成果推广应用，提高耕地和基本农田保护管理工作水平为着眼点，提出切实可行的应用方法，归纳总结科学合理的技术要点，并针对存在的问题提出相应的解决方法和政策建议。

【大事记】

1月10日，规划中心组织召开挂职锻炼同志欢迎会，市国土局规划处孙建中、杨挺、孙洋、法制处魏曼、矿产储量处付立恒等5位同志到规划中心挂职锻炼。

1月12日下午，规划中心与市局规划处共同邀请局监察处孟庆秋处长召开以“廉洁自律、一身正气”为主题的廉政建设教育培训会。

2月28日，规划中心召开全体会传达并学习国土资源部召开的“两整治一改革”工作视频会议精神，认真学习温家宝总理在国土资源部“两整治一改革”工作情况报告上作出的重要批示。

6月9日，规划中心召开党员大会，通过不记名投票差额选举产生了新一届党支部，顺利完成支部换届选举工作。新一届支部委员会由7名委员组成。

6月24日，规划中心参加市局机关党委组织的“坚定信念永跟党走”纪念建党90周年文艺演出活动。表演小合唱“我爱你、中国”。

7月27日，规划中心党支部开展以“重温党史，永跟党走”为主题的党日活动，组织全体党员干部参观“中共中央驻地旧址、西柏坡纪念馆，并在七届二中全会会址前进行全体党员重温入党誓词和新党员宣誓活动。

8月17日—19日，在规划处、信息中心和后勤服务中心的大力支持下，规划中心举办北京市国土资源局系统规划业务人员ArcGIS软件培训。

9月1日，规划中心主持召开区乡规划数据库建设工作推进会。进一步贯彻落实《国土资源部关于加快推进土地利用规划数据库建设的通知》(国土资发〔2011〕3号）等文件精神，确保北京市区乡规划数据库建设工作高质量完成。

9月3日，规划中心邀请北京大学林坚教授一行就新农村发展建设规划等问题到北京市平谷区熊儿寨乡老泉口村进行实地调研。

9月14日，规划中心与北京土地学会土地利用规划专业委员会一同邀清华大学、中央美术学院建筑学院客座教授、大地豪城集团董事长洛胜在市国土局举办主题为“中国创造性土地利用规划”的学术报告会。

10月13日，规划中心和市局相关处室组成工作组到拉萨市当雄县、尼木县和堆龙德庆县开展前期调研，市国土局援助西藏拉萨编制县级土地利用总体规划工作正式启动。

11月1日，《农用地分等成果在基本

农田调整和布局中应用的试点研究—以北京为例》项目顺利通过国土资源部土地整理中心组织的评审验收。

12月14日，规划中心承担的《北京市土地开发整理项目年度数据更新维护项目》、《北京市土地利用规划信息资源更新维护项目》和《北京市土地利用规划和基本农田数据库更新维护项目》通过专家评审验收。

12月21日，规划中心承担的《北京市浅山区土地利用战略规划》项目通过专家评审验收。

12月22日，规划中心承担的《北京市潮白河流域堤外砂石坑整治规划》项目通过专家评审验收。

（规划中心　王艳）

北京市土地权属登记中心

【机构与职责】

北京市土地权属登记事务中心，又称“北京市矿产资源储量评审中心”（简称登记中心）内设“四部、两馆、一室”，即登记部、权属部、调查部、信息统计部、档案馆、地质资料馆和办公室。负责本市的地籍调查、地籍测绘工作；承担军产、保密产、中央产及涉外产的土地权属登记发证的上报审批，以及北京市登记工作的培训指导、监督检查工作；负责本系统的档案管理、地质资料汇交管理；矿产资源储量评审等事务性、服务性工作。

领导班子：

主　任　　陈　轲
书　记　　李海军
副主任　　彭宏伟
　　　　　李红艳
（2011 年 1 月至 10 月）
　　　　　靳　燕
（2011 年 10 月任职）

【国有土地使用权登记发证】

全年北京市国有土地累计登记 18228 宗，面积 17654.52 公顷，其中：国有土地使用权登记 12170 宗，占登记总数的 66.77%，登记面积 10248.88 公顷；国有土地抵押权登记 6058 宗，占登记总数的 33.23%，抵押面积 7405.64 公顷，贷款金额 5363.80 亿元。

1. 国有土地使用权登记

全年北京市国有土地使用权登记 12170 宗，土地登记面积为 10248.88 公顷，包括：

国有土地使用权初始登记 1493 宗，面积 4958.64 公顷。其中：出让 848 宗，面积 2771.18 公顷；划拨 547 宗，面积 1266.88 公顷；政府储备 95 宗，面积 911.59 公顷；国家租赁 3 宗，面积 8.99 公顷。

国有土地使用权变更登记 10677 宗，面积 5290.24 公顷。其中：转移登记 7775 宗（其中含“小业主”即：386 套外销商品房转移登记 6857 宗），面积 2560.76 公顷；其他类型（更名、更址、面积变更等）登记 2902 宗，登记面积：2729.48 公顷。

国有土地使用权注销登记 72 宗，注销面积 214.73 公顷。由于政府土地收储而注销的国有土地使用权宗地为 48 宗，面积为 99.66 公顷。

2. 国有土地使用权抵押发证

北京市国有土地累计抵押登记 6058

宗，抵押面积7405.64公顷，累计贷款额5363.80亿元。包括：

国有土地使用权抵押初始登记5928宗，贷款金额4899.97亿元，其中以出让方式取得国有土地使用权进行抵押的为5631宗，累计贷款金额2839.84亿元；以划拨方式取得国有土地使用权进行抵押的为91宗，累计贷款金额62.03亿元；以政府储备方式进行抵押的为206宗，累计贷款金额1998.10亿元。

国有土地使用权抵押变更登记130宗，变更抵押土地面积602.69公顷，变更抵押贷款金额463.83亿元。

国有土地使用权抵押土地注销登记4656宗，累计注销抵押贷款2797.51亿元。

【土地调查】

补充和完善2010年度土地利用变更调查成果，完成2010年度变更调查成果资料汇编。

细化变更调查新机制，开展年度更新调查，查清了北京市2011年度土地利用变化的情况，包括新增建设用地、耕地变化等情况，并及时更新了土地利用现状数据库，形成上报数据增量包，2011年度北京市地类变化土地共计7794.89公顷。其中，一级地类内部地类变化土地789.82公顷，一级地类间地类变化土地7005.07公顷。

开展城镇土地数据更新汇总，共完成北京市16个区（县）363个街道（乡镇）156769.8公顷的城镇更新与汇总，实现了对北京市城乡土地利用状况管理的全覆盖。

【信息统计】

1. 完善集体土地发证系统，制定《集体土地颁证系统建设工作方案》、《集体土地颁证系统需求说明书》和《集体土地颁证系统技术方案》等一系列文件。根据国家和北京市有关信息安全工作指示精神，研究制定了《地籍数据管理使用办法》。

2. 推进“第二次全国土地调查”成果应用，完成“第二次全国土地调查”数据建库相关数据及资料的汇总整理工作。配合卫片执法检查，提供土地调查数据及技术支持，解决朝阳、密云、石景山、密云、通州等分局遇到的技术问题，涉及图斑约8000余个。

3. 上报土地市场网动态监测与监管系统中抵押交易情况的数据，对北京市上报数据检查情况每周在市国土局内网公布通报，汇总上报2010年度统计报表1份，2011年月、季度统计报表16份。

【档案管理】

1. 建立统一的管理标准，制定与修改完善档案管理制度共26项，初步建立国土系统档案制度体系。要求各国土分局加强规范化，制定文书档案归档制度、会计档案归档制度、档案借阅制度等5项管理制度。

2. 落实市国土局领导及档案工作协调小组工作要求，在市国土局新修订的《行政许可事项和行政服务事项办理规则》的基础上对原有《专业档案分类方案》进行修改。

3. 全年档案馆共计借阅档案5230卷

/960人次，接收各类档案12623卷，接收三期档案数字化光盘1421张；日常档案数字化共完成14279卷，1097558页；接收各类纸质档案11436卷。

4. 研究确定市国土局档案工作发展设想及新馆功能，及时向市档案局报送局档案新馆建设补充材料；协调有关部门加快新馆项目用地审批，完成档案新馆立项。

【矿产储量评审及地质资料管理】

1. 实物地质资料、原始地质资料管理

启动北京市已查明矿种的标本采集、收集工作，全年共接收、整理、上架、登记造册16口地热井岩屑的样品7306件。

2. 成果地质资料的汇交管理

参与“北京市地质资料汇交监管平台”建设，接收、整理并检验“北京城市地质土壤调查与评价”项目提交的5391件样品。配合钻孔基本信息清查工作，查清了馆内地质资料中钻孔信息。全年共接收成果地质资料237档，完成电子文档检查201档、整理归档237档、涉密数据追加476档、目录数据库追加237档。向全国地质资料馆转交了16档成果地质资料。

3. 地质资料信息服务

在市国土局政务大厅及内网中开通地质资料信息查询服务平台，发布目录数据1022档；全年提供地质资料查询167人次，提供借阅及复制资料522档7000余件次。

4. 矿产资源储量报告评审工作

全年共完成储量报告评审49份，地热勘查实施方案19份，协助涉矿分局完成矿山储量年报审查18份；召开评审会26次，矿山野外检查18次；组织8家在京地热勘查单位技术人员50余人的培训。

【农村集体土地确权登记颁证专项】

1. 于5月基本完成农村土地确权登记颁证试点工作。共调查国有土地488宗，确权登记发证240宗；调查集体土地所有权392宗，确权登记318宗；调查集体建设用地使用权643宗，确权登记317宗，具备确权条件97宗。

2. 试点工作完成后，及时向市委、市政府书面报告北京市农村土地颁证试点工作完成情况，召开由三个试点单位参加的试点工作座谈会，及时下发《关于积极推进北京市农村土地确权登记试点工作的意见》，对试点中发现的土地确权定界问题提出了详尽的处理意见。研究讨论公路用地权属确定，历史遗留乡镇、村办企事业单位集体建设占地问题的权属确定、林地权属的确定，重点解决涉及水务、教育、农场等单位宗地的权属争议问题，明确确权原则。

3. 按照市领导的指示，在总结试点工作经验基础上，出台《北京市贯彻落实国土资源部财政部农业部〈关于加快推进农村集体土地确权登记发证工作的通知〉的意见》，下发《北京市农村土地确权登记发证工作总体方案》、《北京市农村集体土地所有权确权登记发证工作指导意见（试行）》和《北京市农村集体建设用地使用权确权登记发证工作指导意见（试行）》。

表1 2011年度北京市国有土地登记发证一览表

区县名称	国有土地使用权发证数	国有土地使用权抵押权发证数	发证数合计
东城区	719	280	999
西城区	816	208	1024
朝阳区	6465	2343	8808
丰台区	868	594	1462
石景山区	194	90	284
海淀区	1102	732	1834
门头沟区	82	14	96
房山区	149	81	230
通州区	246	315	561
顺义区	402	307	709
昌平区	383	187	570
大兴区	253	322	575
怀柔区	146	152	298
平谷区	86	72	158
密云县	109	140	249
延庆县	95	36	131
北京经济技术开发区	55	185	240

【大事记】

1月7日，谢俊奇副局长主持召开北京市土地登记工作会，会议对2010年土地登记规范年建设进行了全面总结，并就土地登记中涉及的政策法规、土地利用、土地规划等问题与相关处室进行了深的研讨。

2月，完成北京市16个区县363个街道（乡镇）2010年度的城镇地籍调查数据更新汇总与统计分析工作，涉及全市城镇总面积1567.7平方公里，并按时向国土资源部上报数据包和分析报告。

1月12日，为进一步贯彻落实科学发展观和党中央对北京市提出的“四个服务”要求，谢俊奇副局长主持召开央产、军产、保密产土地登记服务工作座谈会，中直管理局、国管局、驻京部队等单位参加。会议充分肯定市国土局一年来土地登记服务工作，并就相关问题进行交流。

4月，登记中心档案馆开展2010年度国土资源系统档案管理工作年度考核，对16个分局档案管理基础工作进行全面检查。

4月30日，市局档案数字化纪录片光盘《功在当代　意在千秋》制作完成。片中详细记录档案数字化二期、三期工作从项目招标、工作部署、项目执行直至成果验收的整个过程。

5月13日，市国土局召开北京市土地登记规范化工作会，谢俊奇副局长到会并讲话。会议部署土地登记规范化和土地权属争议调处分局互检工作；通报一季度土地登记规范化检查情况；昌平、通州和丰台分局分别介绍开展土地登记规范工作经验。

7月，登记中心“七一”党日活动专题片，参加市直机关工委“最佳党日”评选活动，并获得一等奖。

7月13日，北京市国土资源系统档案工作研讨会召开，会议对2010年档案工作考核情况进行总结，并对获得2010年度档案工作优秀单位的怀柔分局、延庆分局、顺义分局、海淀分局进行表彰，谢俊奇副局长出席会议并讲话。

7月18日—25日，按照国土资源部有关要求，为促进地质资料管理工作的发展，加强省际之间交流，李燕飞副局长带队北京市调研组对湖南、广东两省进行地质资料馆藏建设情况和矿产资源储量登记统计管理制度执行情况的调研。编写《对湖南、广东两省地质资料馆藏建设情况检查暨矿产资源储量登记统计管理制度执行情况调研报告》并上报国土部。

7月20日，市国土局召开地籍管理规范化工作季度总结会，各区县国土分局主管局长、地籍科长和登记中心主任参加会议，谢俊奇副局长到会并讲话。会议总结二季度土地登记规范化检查情况；全市土地权属争议调处工作开展情况；延庆、昌平和房山分局分别介绍开展土地登记规范工作经验。

8月4日前完成二季度遥感监测工作，及时组织区（县）分局对调查成果进行确认，并提供给执法总队。

8月19日，市国土局数字档案馆项目顺利通过专家验收，谢俊奇副局长出席会议并讲话。

10月13日前完成第三季度遥感监测工作，及时组织区县分局对调查成果进行确认，并提供给执法总队。

10月27日，对16个区（县）分局及业务支持单位开展了第二次《地籍调查技术规程》的技术培训，明确技术要求，统一调查标准，规范调查行为。（4月21日进行过第一次培训）

12月28日，市国土局召开央产、军产、保密产土地登记工作座谈会，中直机关事务管理局、国务院机关事务管理局、总后、总参、总政、总装、海军、空军、二炮土地管理局、北京军区营房部、武警部队、北京武警总队、北京市安全局等单位有关领导出席会议。会议由谢俊奇副局长主持，地籍处、登记中心和各区（县）分局主管领导参加会议。

（登记中心　李静）

北京市国土资源局信息中心

【机构与职责】

北京市国土资源局信息中心（简称信息中心），是市国土局直属正处级全额拨款事业单位，成立于2005年3月。

1. 主要职责

承担北京市国土资源系统信息化建设工作，负责国土资源信息系统运行的技术支持和保障工作，是局信息化工组领导小组办公室的常设机构，负责贯彻执行局信息化工作领导小组的决定，承办局信息化工作领导小组的日常工作。

2. 具体职责

负责拟定并组织实施信息化工作中长期规划和年度计划；负责拟定全局信息化相关制度、办法、规范和标准；负责组织全局信息系统建设和运维项目的立项、实施、验收等工作；负责全局信息资源的管理、整合和综合利用；负责北京市国土资源数据中心的规划、建设、管理和维护工作；负责全局网络和信息系统安全管理工作；负责全局网络和信息系统软硬件的规划、建设和管理工作；负责全局网站群维护工作；负责组织开展全局信息技术专业培训工作；完成上级部门交办的其他工作。

3. 人员情况

中心人员编制27名，内设“一室四部”，即办公室、规划发展部（分局联络部）、数据运行部（数据运行中心）、技术保障部、财务部，中心人员平均年龄37岁；本科以上学历22人，达到81.4%，其中博士3名，硕士7名。

领导班子：

党支部书记、主任	尹　岷
党支部副书记	付顺国
副主任	王　丰
副主任	李天中
总工程师	李朝胜

信息化管理

【信息化管理机制】

完成新一届市国土局信息化工作领导小组调整，明确领导小组下设信息化工作办公室，常设在信息中心，统一负责全局系统信息化管理工作，承担全局信息化建设、信息系统运行维护工作。领导小组组长由市国土局魏成林局长担任，领导小组成员均为机关各处室、直属事业单位和各区县分局的“一把手”。

【信息化制度建设】

先后印发《北京市国土资源局信息化工作管理暂行办法》、《北京市国土资源数据管理办法》、《北京市国土资源局网站群管理办法》等办法，落实信息化“五统一”（统一组织领导、统一规划设计、统一平台开发、统一数据管理、统一网络环境）原则，强化“一把手”在电子政务和信息化建设中的领导和指挥地位，完善了信息化工作管理、网络与信息安全工作管理、网站群管理、数据管理等方面的体制机制。

【信息化规划】

编制完成《北京市国土资源信息化“十二五”发展规划》，提出“321”发展战略和全面实现国土资源管理信息化的“五化”目标。“321”发展战略即动态掌控土地资源、矿产资源和地质环境三类资源状况，完善资源监管和智能服务两大技术支撑体系，构建一个国土资源管理决策大平台；“五化”即数据精准化、业务联动化、监管全程化、决策科学化和服务集群化。

【信息化重要会议】

1. 信息化工作领导小组会议

5月，召开市国土局信息化工作领导小组会议，调整了信息化工作领导机构组成及职责，通报国土资源部、北京市2011年信息化工作要点和2011年度北京市国土资源信息化工作会议筹备情况，审议通过《北京市国土资源局信息化工作管理暂行办法》、《北京市国土资源数据管理办法》。

2. 网络与信息系统安全管理工作领导小组会议

4月，召开局网络与信息系统安全管理工作领导小组会议，调整领导小组机构及成员组成。传达上级文件精神，听取领导小组办公室关于2010年网络与信息安全工作总结和2011年工作计划及局网络与信息系统安全演练方案的汇报，通报北京市网络与信息安全检查组反馈意见和市国土局近期信息安全事件。

3. 网络与信息系统安全管理工作领导小组第二次会议

12月，召开本年度局网络与信息系统安全管理工作领导小组第二次会议，听取全年信息安全应急演练、综合监管平台风险评估和等级保护备案工作等情况的汇报，审议《北京市国土资源局网络与信息系统安全应急预案》和《北京市国土资源局2011年度网络与信息系统安全工作总结及下一步工作安排》。

4. 网站群工作会暨栏目主持人会议

9月，召开市国土局网站群工作会暨栏目主持人会议，通报2010年度国土资源部、首都之窗对市国土局网站群考评结果，听取本年度上半年网站群的工作汇报和下半年工作计划。

【信息化培训】

1. 移动政务规范及运维规范分局培训会

5月，组织各分局信息化负责人开展移动政务规范及运维规范培训会，介绍《北京市移动电子政务规范体系》的发展目标、建设原则和应用领域，以及《北京市电子政务运维管理规范》的组织与制度、运维资产、人员、方案与经费、安全、外包与合同和绩效等内容。

2. **网络与信息安全管理工作形势及工作安排培训**

5月，组织各区县分局信息化管理人员开展“2011年网络与信息安全管理工作形势及工作安排”培训。讲解网络与信息安全形势、信息安全的对策、技术管理和全年工作要点。

3. **综合监管平台信息系统培训**

5月，召开市国土局、区县分局综合监管平台推广应用动员会。培训局综合监管平台操作方法和注意事项。

4. **信息化管理及视频会议系统培训交流会**

5月，举办本年信息化管理及视频会议系统培训交流会，介绍视频应用技术及局高清视频会议系统管理内容。

5. **分局综合监管平台等信息化应用培训**

12月，针对各区（县）分局信息化管理人员开展“北京市国土资源局2011年度全局系统信息化应用培训会”，介绍北京市国土资源信息化“十二五”规划、综合监管平台与“一张图”建设应用情况、网站群建设现状与未来发展、业务内网建设进展以及分局运维人员管理等方面内容。

信息化建设

【电子政务系统建设】

1. **推进综合监管平台行政审批子系统建设，实现7月1日全局系统所有行政审批业务网上办理**

开展市国土局、区（县）分局行政审批业务网上办理情况调研与综合监管平台功能完善工作。

推进所有行政许可类事项和行政服务类事项审批业务的办理流程、人员权限和审批结果表单的梳理，不断完善和升级综合监管平台行政审批子系统的功能设计。7月1日，实现全局系统所有行政许可类事项、服务类事项网上办理。截止年底，综合监管平台办理行政审批事项11966件，其中，行政许可类事项3302件，行政服务类事项8664件。

加快推进行政审批业务网上申报系统建设，满足公众对网上业务申报服务需求。

6月印发《关于行政审批事项中测绘成果实行电子报件的通知》，要求从7月1日起，申报人在市国土局及各分局行政审批服务大厅办理土地和地质矿产行政审批事项，凡涉及项目钉桩坐标和勘测定界坐标等测绘成果，须在递交纸质申报材料的同时，按照《北京市国土资源局测绘成果电子报件规范》递交相应的电子材料（光盘），未提交电子材料的不予受理。

推进政务（三期）项目建设工作，完善综合监管平台建设内容。

6月，完成国土资源综合监管平台总体架构设计，并将原有政务管理信息系统全面升级为国土资源综合监管平台，完成底层平台架构的搭建，实现原有政务系统功能和数据的迁移。同时，新建设土地出让金管理、业务审批辅助分析等子系统，满足相关业务处室的办公需要，进一步深化综合监管平台的应用。

加快推进矿政一张图系统建设，推进矿政管理科学化、规范化和精细化。

3月，召开“矿政一张图项目建设进展工作会议”，推进矿政一张图项目建设，新增数据调库、带图审核、申请配号、接收配号、打印制证等功能。4－6月，先后完成行政审批流程梳理、人员权限确认、系统功能研发和调试工作以及业务经办人系统使用培训工作。

开展分局（西城、怀柔）地籍系统及土地登记类业务调研，加快推进分局试点系统建设工作。

3月，通过对怀柔土地登记36项行政服务事项办理方式和流程的调研，结合怀柔分局现有地籍系统，提出分局地籍系统与综合监管平台数据交汇和接口建设方案。年底，已经完成登记类36项业务表单和流程在监管平台上的搭建工作，建立地籍系统的业务数据库。

2. 推进综合监管平台行政监管子系统建设，促进综合监管平台深化应用

加快推进土地批后监管系统建设与应用，实现对土地的征收、出让、转让、开发建设整个过程的跟踪与监管。

基于综合监管平台开发建设土地批后监管系统。系统采用遥感监测与实地踏勘相结合的技术手段，实现对征收土地与出让土地开发利用情况的监测，及时发现违法、闲置土地并实施相应的处理措施。

推进基本农田和耕地后备资源管理信息系统与国土资源部系统对接。

4月，完成基本农田和耕地后备资源管理信息系统的试运行工作。系统在技术层面实现与国土部下发的农村土地整治监测监管系统、耕地占补平衡动态监测监管系统的对接。

推进统计数据采集系统建设工作。

6月，与调控监测处配合，将市国土局内统计数据采集系统功能纳入综合监管平台，并完成1－10月的统计数据的入库工作，解决数据多次重复录入问题，提高统计数据的准确性和及时性。

3. 推进信息综合发布、综合事务管理系统建设，提升综合监管平台综合服务能力

开展信息综合发布系统推广试用，实现“一数一源，安全交换”。

建设信息化综合发布系统，将积累在综合监管平台上大量的业务数据，直接报送到各业务报备系统中，使业务人员一次录入即可完成国土资源部网上备案、政务公开、政务结果公示等各类纵向横向信息共享，实现“一数一源，安全交换”，提高日常工作效率，增强服务准确性、及时性和有效性，提升管理和服务水平。

推进综合事务管理系统的推广应用，实现市国土局系统一体化办公。

6月，综合事务管理系统在西城、怀柔分局正式试点上线运行。实现公文的审批与流转、会议室管理、会议通知及信息资料的发布、固定资产管理、车辆以及印章的申用、车辆管理、通讯录、个人信息等功能，提高了办公效率和管理水平。

4. 加强与市监察局、发改委、规委等其他委办局之间的数据共享与业务

协同

开展行政监察现代化工程监察点对接试点工作，强化对网上行政审批事项办理的监督功能，促进阳光行政。

以市国土局征地处、利用中心、矿产资源开发处相关审批业务为试点，梳理业务在综合监管平台办理流程中的风险点，将业务审批流程中风险防范措施落实到综合监管平台系统建设中。强化对网上行政审批事项办理的监督功能，利用系统开展行政效能动态评估，监督流程各节点依法行政、规范管理和办事效率等情况，促进阳光行政。

推进北京市网上审批证照信息共享服务系统、固定资产投资大厅信息系统与局综合监管平台之间的数据共享与业务协同。

完成北京市网上审批证照信息共享服务系统在市国土局的部署工作。该系统具有数字证照的发放、在线查询、联机交换等功能，达到跨部门之间的审批结果跨部门共享、交换和有效性查验的目的，提高政府网上审批办事效率并对各部门网上协同办公提供有力的支持，实现与市发展改革委、规划委、住建委审批业务系统之间的数据共享交换。

与北京市相关委办局数据共享频度提高，为实现协同办公进行有益尝试。

完成北京市经济信息化委、监察局、规划委、工商局、质监局、测绘院等单位历史航拍影像、基础地形、三维地形、政务图层、建设用地规划许可两证一书、法人信息、组织机构代码、地址编码、宏观经济等数据的共享应用与定期更新，实现各委办局之间业务数据的关联，为进一步开展业务协同办公奠定基础。

【国土数据资源管理】

1. 强化数据管理工作，规范数据汇交程序，实现数据规范管理、汇交及时、安全共享

印发《北京市国土资源数据管理办法》，逐步形成数据生产、汇交、管理、更新、共享服务的长效机制。制定一系列数据管理相关工作规范，向全局各部门发送《北京市国土资源数据管理工作任务单》，确保数据的及时更新。落实《关于全局系统空间数据坐标转换相关工作的通知》要求，保障数据入库质量。

2. 全面推进“二调”数据成果和土地利用规划数据成果的应用工作

4 月，综合监管平台完成北京市第二次土地调查成果数据（包括地类图斑、地类界线、现状地物、基本农田保护片块、基本农田保护图斑等 10 类数据）和土地利用总体规划数据（2006－2020 年）的整合入库工作，各业务部门在行政审批中须以“二调成果”和新版规划数据成果作为底图进行“带图作业”。

3. 业务审批带图作业

通过导入坐标，自动生成图形，实现业务案卷和权属信息、土地利用现状数据、土地利用规划数据等数据的辅助审核，辅助审核结果回填至图形审查报告，实现以图管地。在办理征收集体土地批准业务时，通过应用综合监管平台进行辅助审核时，及时发现申报材料中用地面积与图上面积不符的情况。

4. 推进各部门与北京市各委办局的数据共享

组织各单位进行数据汇交，并将汇交数据更新至“一张图”核心数据库，不断丰富“一张图”核心数据库中的数据。年底前，形成包括土地、矿产、行政审批、地质环境、影像、地形、其他业务数据9大专题，68小类，717个的数据图层。

【网站群建设】

1. 网站群集约化建设，提供一站式服务

形成以1个主站为中心，25个分站为支撑的国土资源统一网站集群。实现统一硬件、统一部署、统一维护和统一管理，降低各分局分散建设网站的各方面投入，促进网站管理工作的节约与集约，提高网站的安全性，为实现站群有效的监管与考评奠定基础。

2. 印发网站群管理办法，形成网站群管理长效机制

3月，印发《北京市国土资源局政府网站群管理办法》和《北京市国土资源局网站群信息保障责任分工》。进一步完善站群信息保障、栏目管理、审核发布、量化考评、运维与安全管理；建立栏目主持人制度，将站群所有栏目管理落实到责任单位、责任人，明确栏目主持人负有栏目的栏目规划、信息保障、内容组织（编辑）、督办、监督等职责。

3. 优化信息报送流程，继续加强政务信息公开工作

召开网站政务公开专题会，明确要求局发文件的信息公开属性原则上均为公开，不予公开的文件必须由拟稿单位提交书面理由。结合《责任分工》重新调整《北京市国土资源局外网网站信息发布电子审批单》。设专人定期检查并根据检查结果向主责单位派发《网站群工作任务单》，每季度通报各单位信息保障、各站点访问量、各站点电子信访回复及网站群工作任务单处理情况。截止年底，全站群主动公开信息共计8854条，其中市局主站公开信息3506条，各分站公开信息5348条。

4. 以公众需求为导向，不断完善服务提供方式

9月，重新修订《北京市国土资源局行政许可事项和行政服务事项办理规则》，对外网门户网站办事大厅进行重新梳理，更新全部的行政许可、服务类事项共计80项，表单59个。同时，针对4项办理量大、公众关注的热点办事事项提供服务引导。办事事项提供按业务类别、服务人群、行政类别、办理单位的4维主题分类，细化表格下载栏目。11月，整理、上传82个业务办理表格的填写示范文本。

全年网站办事大厅访问量达109350次，表格下载量30365次，提供24585件办事事项结果供用户查询。

5. 提升网站服务能力，开通“分局长信箱”

4月，市国土局网站群正式开通17个分局网站的“分局长信箱”。印发《关于进一步做好电子信访工作的通知》，针对“分局长信箱”的处理流程、答复时限、内容质量等环节，明确具体的工作流程和规范要求。通过市局信访栏目和分局长信箱联动，使社会公众在市局或分局网站进行电子信访，均能得到具体答复。截止年底，全站群共收到1058件电子信访件（其中分局收到192件，市局主站收到732件，转交分局办理134件），已答复972件，答复率92%。

6. 不断尝试政民互动的新途径，提升网站公共服务能力

2月，局外网门户网站开通网上咨询信箱和常见问题解答栏目。9月，建立聊天室式在线访谈频道。12月，以“北京市农村集体土地所有权确权登记发证”、“北京市土地利用总体规划（2006－2020年）修编情况”为主题与网友进行两次在线交流。

7. 保障首都之窗网站内容，实现与首都之窗网站间的信息互动

联系首都之窗网站走进直播间栏目，进行“深化地质矿产资源管理”直播访谈；专人向首都之窗网站报送信息；按首都之窗网站要求设“两会专题”、“垃圾减量”、“公众评议政务网站”等链接。

8. 完成北京市政务网站考核评价、国土资源政务信息网上公开执行情况检查等工作

结合国土资源部、首都之窗的相关政府网站考评指标，开展市国土局外网门户网站自查工作，完成2011年度国土资源政务信息网上公开执行情况检查工作和北京市政务网站考核评价工作。

【基础环境建设】

1. 深化视频会议系统应用

8月，完成视频会议系统的升级改造，改造后的系统支持720P图像的高清视频，提高视频会议系统的功能和视频、声音效果，实现各类视频信号输出至视频会议调度中心，预览会场情况，将各类视频信号集中展现。全年共使用视频会议系统召开会议60次，其中涉及部、省（市）、区（县）的三级视频会议20次，省、区（县）的两级视频会议16次，部、省（市）的两级视频会议17次，桌面会议5次，市政府视频会议和市应急办视频会议各1次。

2. 推进业务内网建设

依托全市政务内网交换平台，建设市国土局系统业务内网，实现国土资源部、市局、区（县）分局三级网络互联互通，并实现业务内网与互联网的物理隔离，为部、市、区（县）间业务系统应用和数据交换提供安全、稳定、可控的基础网络平台。

3. 不断完善网络建设

7月，完成离退休干部处综合布线系统建设工作，改变离退休干部所因办公地点远离市国土局大楼而长期无法访问局办公内网的局面。8月，实现市国土局VPN网络与通州分局第四国土所的联网测试。

4. 机房环境升级改造

改造后的机房UPS负载可达到80kVA，增容量为原有一倍，可支持现有应用系统设备的供电需求，为重要设备提供双路供电保障，消除市国土局中心机房设备长期高负荷运转带来的安全隐患。

5. 市级正版化检查

织织完成机关处室办公计算机软件使用情况自查和整改，被北京市使用正版软件工作联席会议办公室评为“2011年北京市政府机关软件正版化工作先进集体”。

信息化运维

【运维管理与工作标准】

全面保障基础支撑平台和应用系统的正常稳定运行，主要包括98台服务器、6台存储设备、6大类软件、23个应用系统、光纤交换机4台、其他设备5台。

不断完善具有可操作性的运维管理制度及管理流程，主要包括：运维小组工作手册（第六版）、员工绩效管理制度、运维人员日常管理制度等规范和制度34项，运行维护工作手册等各项操作规程48项，运维表单18个。在市国土局范围实现24小时值守，5分钟响应、10分钟达到现场的服务承诺。截止年底，各类应用系统共接到服务请求35842次，所有接到的请求均得到及时的解决，用户反应良好。

全年共完成基础设施运维巡检13176台次，雍和宫机房巡检630台次，数据备份473次，共15770.2G。完成局主机监控系统部署工作，并提供短信报警服务。通过主机性能监控平台，全年7×24×365全天候不间断监控重要的基础设备和资源。通过“数据库行为审计系统”每天记录不低于80万次的数据库操作，确保数据访问有迹可查。

【机房运行保障】

截止12月底，机房日常巡检约810人次，从10月1日开始实现机房7×24小时值守，保证非工作时间机房稳定运行。全年机房整体运转正常稳定，无重大责任事故。

【网络与信息安全保障】

1. 通过信息安全工作实地现场技术检查和管理检查。

10月，通过北京市经信委、信息安全测评中心、公安局、安全局、保密局等组成信息安全工作联合检查组的实地现场技术检查和管理检查。

2. 开展应急演练、修订应急预案。

5月28日，网络与信息系统安全管理办公室组织开展网络与信息安全事件应急演练，相关技术部门和外聘安全专业技术人员约30人参加演练。

3. 加强安全教育与宣传。

4月，3名信息安全员参加市网络与信息安全协调小组办公室组织的信息安全培训，并经考试合格取得北京市电子政务信息安全人员上岗证书。对局机关处室和安全员分发《北京市国家机关工作人员信息安全读本》。

4. 开展信息系统等级保护备案工作。

完成综合监管平台信息系统等级保护三级备案工作。

专项工作

【七一专项行动】

1. 通过政策机制调整，强力推动信息系统深化应用

2月，市国土局要求“从7月1日起，全局系统所有涉及行政许可和行政服务事项的审批业务都要通过市局综合监管平台信息系统办理，否则不予办结和对外发送；相关业务数据统计汇总同时基于市局综合监管平台信息系统完成，否则不予上报。”

2. 按新的“一个大本”梳理流程，推动重点项目审批提速

以新的“一个大本”为指南，对行政审批事项、办事流程、办事环节、办理时限等进行优化、精简和规范。

3. 市区两级网上审批、业务联动

实现市国土局与17个分局80项行政审批类业务网上联合审批。系统至今累计办理业务3万余件，2011年业务量约5500件。

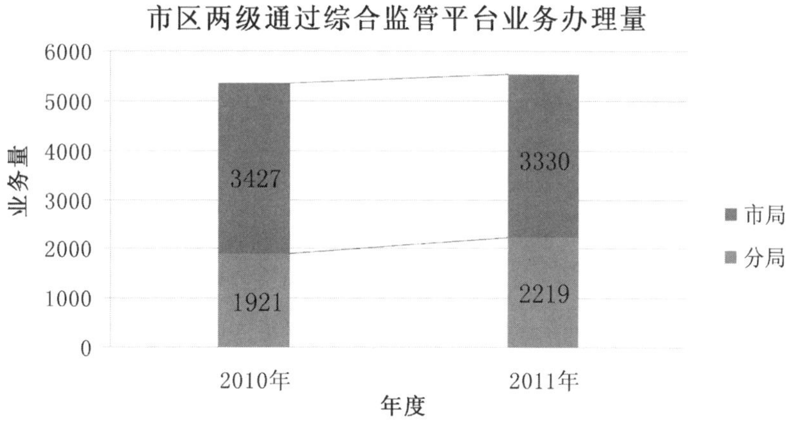

图1 市区两级通过综合监管平台业务办理量

4. 深化“带图作业”，辅助审查形成报告

通过导入坐标，自动生成图形，实现业务案卷和权属信息、土地利用现状数据、土地利用规划数据等数据的辅助审核，辅助审核结果回填至图形审查报告，实现以图管地。

5. 要求电子报件，为网上申报便民服务奠定基础

发布《北京市国土资源局关于行政审批事项中测绘成果实行电子报件的通知》，7月1日起，凡涉及项目钉桩坐标和勘测定界坐标等测绘成果，须在递交纸质申报材料的同时，递交相应的电子材料（光盘）。

6. 统一数据统计和报备，灵活定制信息流，信息统计一览无余

在实现业务闭合的基础上，进一步规范各业务、各部门的统计指标和统计报表，所有业务数据统计必须基于综合监管平台实现，否则不予上报。统计系统与行政审批系统建立接口，自动抽取相关业务统计数据，保证统计报备数据的准确性。

7. 实现关联收件，极大减少工作量

经办人员在窗口收件环节，通过查找相关历史案卷信息，实现关联收件，“一次录入，多次关联”，减少案卷信息重复录入，减少经办人员工作量，提高了办事效率。

【两整治一改革】

运用科技手段推进廉政风险防控管理，进一步健全和完善国土资源综合监管平台，7月1日起，市国土局系统所有涉及行政许可和服务事项的审批业务都要通过市局综合监管平台办理。

开展行政监察现代化工程监察点对接试点工作及网上监督系统建设。以国有土地出让审核、征收集体土地及农用地转用审核两个业务审批事项为试点，梳理业务在综合监管平台办理流程中的风险点，将业务审批流程中风险防范措施落实到综合监管平台系统建设中。建立网上监督系统，加强对土地和矿业权交易机构的监督检查。

加强国土资源综合监管平台应用系统建设和整合集成，将土地“批、供、用、补、查”、土地登记、地价监测、矿业权、矿产资源储量，矿产资源勘查和开发、地质环境管理、地质灾害应急等信息纳入综合监管平台。

【大事记】

2月22日，魏成林局长主持专题会议，研究网上审批证照和空间数据共享以及与市测绘院签订战略合作协议相关问题。

3月9日，尹岷主任一行前往北京市规划委员会，就“北京市空间数据共享与协同审批系统一期工程”项目进展情况进行座谈，信息中心付顺国副书记及数据运行部有关同志参会。

5月4日，谢俊奇副局长主持召开“深化应用北京市国土资源综合监管平台”分局和市局动员会。各分局主管局长、市局处级领导及信息中心有关人员参加会议。

7月26日，信息中心尹岷主任带队前往怀柔分局进行综合监管平台“一张图”和综合事务管理系统（OA）培训，并与分局长研究分局地籍系统建设方案。

7月26日，北京市使用正版软件工作检查组对市国土局机关软件正版化自查整改情况进行了检查验收，检查结果符合使用正版软件要求。王丰副主任、技术保障部有关同志参加会议。

8月1日，北京市纪委副书记张厚崑一行到市国土局就深入推进行政监察现代化工程开展专题调研。张国玉书记、魏成林局长、周新华组长和相关处室负责人出席。信息中心汇报并演示市国土局利用综合监管平台推进行政监察现代化工程情况。

8月25日，市国土局组织召开北京市国土资源信息化“十二五”发展规划专家评审会，局信息化领导小组副组长张维副局长出席会议。

9月7日，信息中心根据市国土局新修订的《北京市国土资源局行政许可事项和行政服务事项办理规则》，对市国土局外网网站办事大厅进行了重新梳理。

10月8日，北京市城乡经济信息中心刘军萍主任等一行七人来我局就信息化工作进行交流座谈，会议由谢俊奇副局长主持，信息中心领导班子及相关人员参加会议。

11月23日，市信息化检查组来市国土局检查2011年度电子政务应用情况，局信息化工作领导小组副组长谢俊奇同志主持会议，局信息化工作办公室所有成员单位及相关业务处室负责人参会。

12月12日，市委常委、常务副市长吉林同志带队，市党风廉政建设责任制专项检查第四检查组对市国土局2011年执行党风廉政建设责任制、推进惩防体系任务完成情况进行专项检查。信息中心尹岷主任在检查会上作利用现代信息化科技手段促进党风廉政建设工作的主题汇报。数据运行部黎维军参会。

12月20日，局外网门户网站正式开通聊天室式“在线访谈”栏目。信息中心与研究室、地籍处和权属登记中心共同策划，以“北京市农村集体土地所有权确权登记发证”为主题，访谈期间网友积极参与，现场交流充分，共征集网友提问63个，页面访问量达11449次。

12月28日，信息中心组织开展“网上电子报盘系统”培训会，会上向分局收件大厅负责人传达市国土局关于行政审批事项所有申报材料实行电子报盘的通知要求，同时对网上电子报盘的整个流程进行系统演示。

12月30日，信息中心与研究室、规划处和规划中心共同策划，以“北京市土地利用总体规划（2006－2020年）修编情况”为主题成功举办本年度第二期在线访谈，访谈期间共收到网友提问19条，页面访问量134次。

（信息中心　李建林）

北京市国土资源局机关后勤服务中心

【机构与职责】

北京市国土资源局机关后勤服务中心（简称服务中心）是市国土局所属差额补贴事业单位，人员编制39人，处级职数二正二副，内设“三科一室一队”，即办公室、财务科、综合科、卫生科、车队。

主要职责为负责协调、监督、检查物业中心的工作；负责北京市国土资源局机关车辆管理、交通安全教育工作；负责局机关后勤保障工作；负责局办公楼所在地区部署的有关管理工作；负责职工医院、局招待所管理工作；负责局机关及直属事业单位的住房制度改革工作；负责局机关及办公楼内市国土局投资的固定资产、办公设备的管理工作；负责办公用品发放工作；负责局机关及办公楼内事业单位的报刊、图书订阅、文件销毁工作；负责局机关并承担直属单位的公费医疗、爱国卫生、计划生育、无偿献血、绿化工作。

领导班子：

主任、副书记　　刘振河

（2011年7月任副书记）

书记、副主任　　陈惠池

（2011年7月任书记）

副主任　　李宗平

专职副书记　　张明发

【后勤保障工作】

1. 单位内部安全工作

认真贯彻落实《消防法》，积极开展“11·9”宣传活动，提高火灾防范意识。及时组织对易发火灾事故的单位、人员密集场所和地下空间安全检查，发现问题、及时整改。进一步加强内部安全管理，保证单位内部安全稳定。一是积极开展安全大检查，确保单位重大节日期间、重要会议期间安全。二是做好流动人口和出租房屋管理工作，做到责任到位、措施到位、检查工作到位。三是协助北京市国土资源局信访室、土地招拍挂安全保卫工作。全年协助北京市国土资源局信访室制止和缓解群体访、缠访等恶性上访事件40起，协助土地招投标拍卖10次，配合有关部门完成重大活动的安全保卫工作。

2. 职工餐厅管理与服务工作

认真贯彻落实《食品安全法》，把好食品进货关，对供货商进行严格审查、登记备案，确保职工饮食卫生安全。妥善安排职工加班用餐，力求使干部职工满意。春节前，圆满完成局联欢会准备冷餐制作任务。9月1日，投入使用三层新餐厅，并改变就餐形式，收到良好效果。一是食品浪费现象减少；二是就餐质量逐步提高；三是就餐环境得到改善。1－12月，用餐人数26.9万人次，客饭213桌。

3. 公务用车服务保障工作

严格落实“三公经费”管理，加强车辆监管与运行。认真落实交通安全责任制，签订交通安全责任书。积极开展驾驶员安全教育，强化安全意识、责任意识。定期进行车辆安全检查，确保车辆运行安全。

4. 施工改造工作

按照机关处室要求，安装工间操背景音乐系统，完成了三层职工餐厅改造任务，改善了职工就餐环境。

5. 公务接待、会议服务工作

按照上级部门要求，完成北京市科技博览会和文化博览会的内宾接待工作；协助北京市国土资源局机关处室完成外出会议、培训会务工作34次。协助完成局机关和所属事业单位春节联欢会、局系统庆祝建党90周年文艺演出、局系统运动会、“地球日”宣传等后勤保障工作。

6. 办公用品服务保障工作

热情服务、规范管理、质优价廉、保障所需。按照政府采购要求，采购办公用品48次，印制办公用品21次，发放办公用品890人次。

【公费医疗、医疗保险管理工作】

按照《北京市公费医疗管理办法》，年审核报销医疗费514.55万元。根据北京市医疗保险规定，为市国土局机关在职职工和离退休人员办理加入医疗保险，为2012年1月1日执行医疗保险做好前期准备工作。

【职工健康教育和体检工作】

积极开展公共场所禁止吸烟宣传活动，利用市国土局局域网生活栏目刊登健康小常识，提高职工良好健康意识。关心职工身体健康，组织机关处室和部分事业单位职工健康体检工作，满足职工体检要求。

【爱国卫生、计划生育工作】

积极开展城市清洁日、卫生月活动，开展环境卫生整治活动，保证北京市国土资源机关环境卫生整洁。1－12月，清除垃圾12吨。按照市、区爱卫会工作部署，积极开展除四害活动，公共区域摆放灭鼠药、开展卫生消杀活动，环境卫生工作取得良好成效。积极开展计划生育宣传活动，为育龄职工发放健康手册，确保全局无超计划生育。

【大事记】

1月15日，召开中心年度工作会，刘振河主任作上年度工作总结和2011年工作报告。主管领导郭创兴副巡视员参加会议。

3月17日，服务中心领导班子研究通过《北京市国土资源局机关后勤服务中心绩效工资暂行办法》，《办法》从2011年1月1日起执行。

5月31日，组织开展公共场所禁止吸烟宣传活动，摆放宣传展板15块。

6月3日，举办服务中心庆祝建党90周年“党在我心中”知识竞赛活动。

6月30日，召开党总支换届选举大会和新一届党总支委员会议，陈惠池任党总支书记、刘振河任副书记、张明发任专职副书记。

9月1日，市局办公楼三层职工餐厅正式投入使用，就餐面积增加了近600平方米，改善了就餐环境。职工就餐改为自助形式。

10月9日－16日，分两批组织职工赴重庆渣滓洞、白公馆革命教育基地参观，使职工受到一次深刻的革命传统教育。

11月9日，组织开展“119”消防安全宣传活动，发放宣传材料，摆放宣传展板，播放警示教育片。

（机关后勤服务中心　庞荣珍）

北京市国土资源局业务受理中心

【机构与职责】

市国土局业务受理中心（简称受理中心）承担着由市国土局负责办理的39项行政许可事项和41项行政服务事项（按照2011年8月修订的《北京市国土资源局行政许可事项和行政服务事项办理规则》确定）的受理、分办、催办、发件、收费、统计及业务咨询等工作，同时负责对区（县）国土分局行政服务大厅的业务指导。

根据全程办事代理制“窗口受理、限时办结、规范收费、统一发件”的要求，市国土局在北京市政府统一协调管理下，对外设立了行政服务窗口（分设在西城区枣林前街市固定资产投资项目行政审批综合服务大厅和国土局服务大厅，由受理中心具体负责管理）。包括土地、矿产、中央和军队及央企、行政公文、发件、收费共7类业务窗口，分别负责相关业务的受理、办理工作。

领导班子：

主任　　　　范忠伟

事项受理、办理情况

【业务事项受理情况】

全年，市国土局受理各类业务事项共3763件。其中：土地管理类3211件，占受理总量85%；矿产管理类552件，占受理总量15%（见图1）。

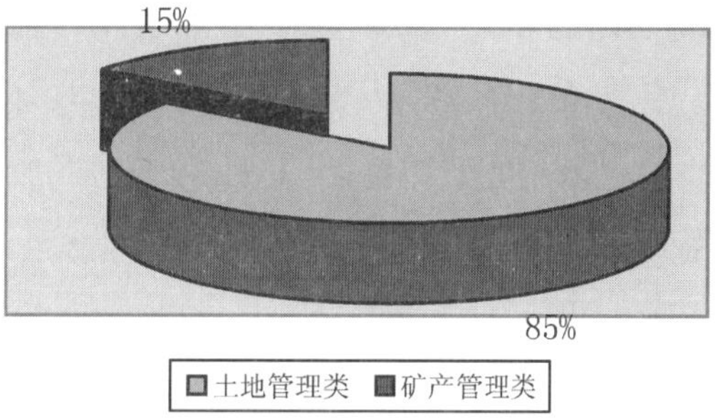

图1　2011年市国土局业务事项受理情况

年内，区（县）国土分局受理各类业务事项共24733件。其中：土地管理类2568件，占受理总量10%；矿产管理类415件，占受理总量2%；土地登记类21800件，占受理总量88%（见图2）。

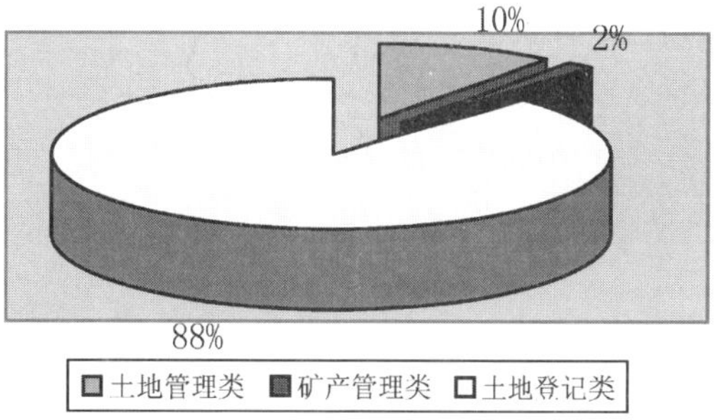

图2　2011年区县国土局业务事项受理情况

【业务事项办结情况】

全年，市国土局办结各类事项3594

件。其中：土地管理类3052件，占办结总量85%；矿产管理类542件，占办结总量15%（见图3）。

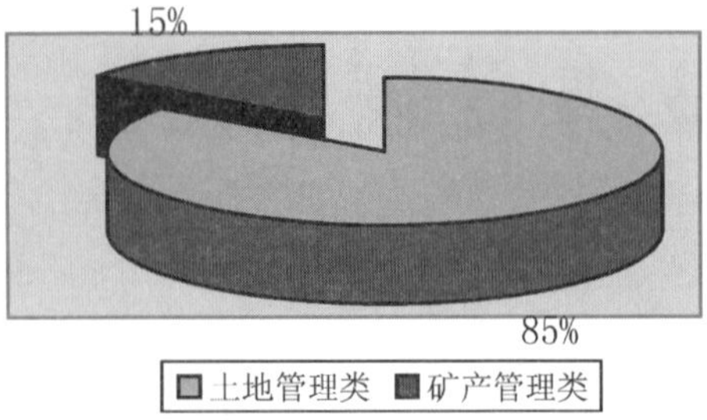

图3　2011年市国土局业务事项办结情况

年内，区（县）国土分局办结各类事项24013件。其中：土地管理类2010件，占办结总量8%；矿产管理类415件，占办结总量2%；土地权属管理类21588件，占办结总量90%（见图4）。

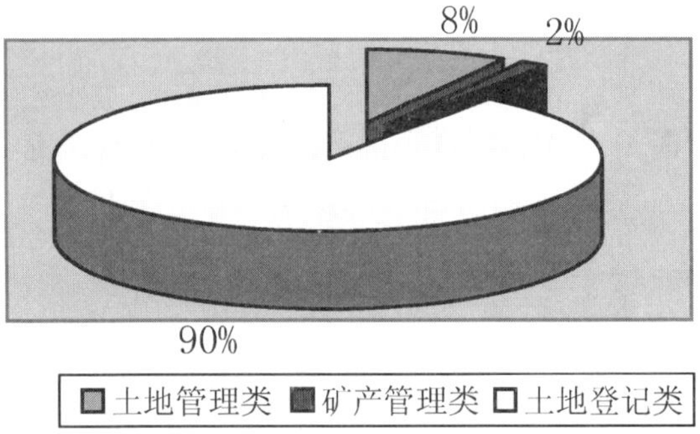

图4　2011年区（县）国土分局业务事项办结情况

【业务事项费用收缴情况】

全年，市国土局收费窗口共收缴土地有偿使用收入1275.15亿元，其中包括前期成本752.75亿元。

地矿类收费收入1.26亿元。其中：矿产资源补偿费5459.97万元，探矿权使用费7.54万元，采矿权使用费43.9万元，价款7135.65万元，采矿登记费0.89万元，勘查登记费0.05万元。

【其他工作】

1. 根据北京市政府优化完善固定资产投资项目办理流程及相关工作机制的部署要求，牵头组织市国土局负责的土地储备和一级开发项目办理流程图的研究与制定，同时参与对其他五类审批流程的优化修改。

2. 年内市国土局推行窗口服务质量公开承诺制，从优化服务、依法行政、改进作风等方面向社会作出承诺。

（受理中心　许绪明）

8. 北京市中心城区节地标准验证研究。

调控和监测处

1. 创新机制，发挥土地储备平台作用，积极推进北京市50个重点村发展建设——首都城市化进程中城乡结合部地区用地情况调研报告。

2. 组织参加国土资源部开展的“百城百企百村”调研活动。

机关党委

加强国土资源管理系统政风行风建设。

监察处

北京市国土资源领域防治腐败的探索。

储备中心

1. 典型省市土地储备开发工作调研报告。

2. 典型城镇村节地技术开发与示范。

3. 北京市土地储备融资模式研究。

4. 门头沟采空区土地综合整治开发利用研究。

5. 土地储备开发项目管理研究。

信息中心

1. 北京市国土资源数据中心建设研究。

2. 物联网在北京市国土行业信息化中的应用研究。

3. 数据直报及规范、创新国土资源管理专题研究。

（研究室　沈彤）

科研成果

1.《典型城镇村节地技术研究与示范》取得初步成果

本项目以城市化地区城—镇—村一体化的土地集约节约利用为研究对象，通过城—镇—村节地标准编制、节地快速测评、节地情景模拟预测等共性技术的研发，在大都市区、生态型城市化地区、产业演替型城市分别开展技术集成与示范，建立完整行政辖区内城—镇—村链动节地技术体系。课题设立了紧密联系的6个子课题。本项目实施年限为3年（本年—2013年）。年内，构建节地快速测评指标体系；完成了农村居民点现状及空间变化分析，为模拟优化提供支持；以昌平区为例，开展农村居民点优化布局模式及基于群体智能及CA的北京市土地利用时空演化模拟研究；初步构建生态区土地利用时空综合数据库。

2.《面向公众服务和政府决策的首都土地利用信息平台研究应用与关键技术研究》启动

项目在深入分析和评价首都土地利用公众服务信息需求基础上，从服务公众角度研究多源土地利用信息整合与转化技术，构建土地利用公众服务基础信息数据库；最终通过技术集成，研发面向公众服务的基于WEBGIS技术的、既符合信息安全要求又满足公众需要的信息共享平台，搭建社会公众与政府土地利用信息沟通桥梁，为构建国土资源管理新机制奠定基础。本项目是年内申报，具体实施年限为3年（2012—2014年）。

3. 国土资源部命名的北京市“国土资源野外观测科学研究基地”

（1）综合勘查技术——北京房山野外基地：

以原始独特的自然风貌、博大精深的人文景观为依托，以地质人文资源保护与利用为主线，把野外基地建设成为融北京之源、地学摇篮于一域，集野外观测、科学研究、科普科考、生态体验、人文追踪于一体的综合性的野外基地。努力把野外基地建设成为地学科技创新、培养野外科技创新人才、开展学术交流的重要平台，形成地下、地上立体野外观测科研基地。重点研究超长历史时期三维地质数据库、低空遥感监测设备与应用、沟域经济等综合观测体系。

（2）平原区地下水——北京野外基地：

北京市已经初步建立覆盖全平原区的地下水水位（635个监测井）和水质监

测网（1182 个监测点）；建立 7 个地面沉降监测站和 1 座地裂缝监测站；建立张家湾科学场，可以进行地下水溶质迁移试验、非饱和带水运移原位试验、气象观测和地面沉降监测；建立廖公庄均衡试验场和西黄村地下水调蓄试验站。北京基地的基础条件，可以进行地下水位、水质，溶质迁移试验、非饱和带水运移原位试验、气象观测、地面沉降监测、地下水入渗与蒸发、调蓄等多方面的观测与研究。

（3）浅层地温能——北京野外基地：

北京浅层地温能野外观测基地包括两部分。

一是浅层地热能应用综合效能实验基地。2009 年至 2010 年，北京市地质矿产勘查开发局资助北京市地质勘察技术院开展公益类地质科研项目“浅层地热能应用综合效能实验平台建设及研究”项目。初步建成平谷浅层地热能实验平台，具备一定的实验功能。开展室外地埋管换热影响因素分析、地下岩土体地温场变化的监测、岩土热物性测试及研究、浅层地热能利用对植物及土壤微生物影响的研究及中央空调不同末端形式的对比研究等工作。基地位于北京市平谷区大兴庄镇韩屯村，基地总占地面积约为 2500 平方米，其中建筑面积约为 333 平方米。

二是浅层地温能开发利用监测站与监测点。建设地下水地源热泵和地埋管地源热泵监测系统各 1 处、地下水地源热泵系统和地埋管地源热泵系统长期监测点不少于 20 个。

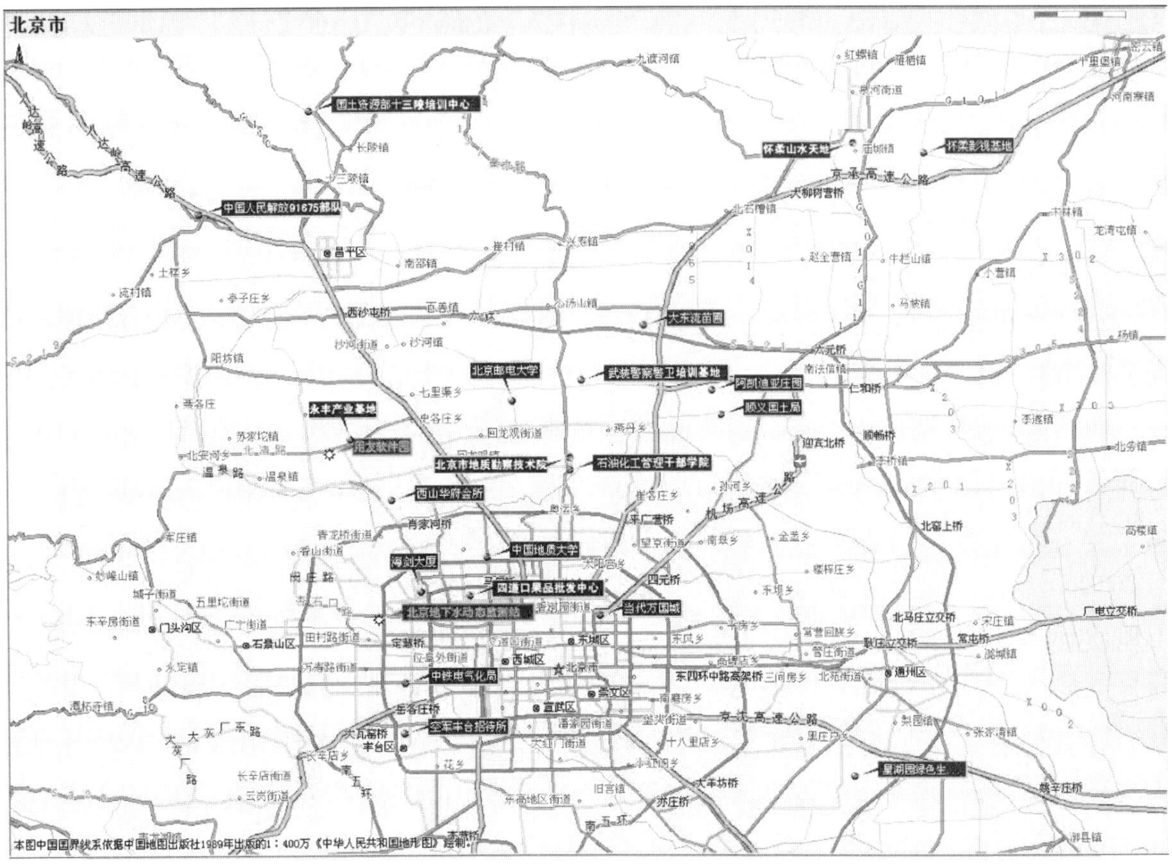

图 1　监测站及监测点分布图

4.《首都国土资源高频度监测技术系统研建与示范》

该项目集成航天遥感（卫星）、航空遥感、地面监控（雷达、视频监控、巡查车）的技术和设备，研究构建“天空地一体化”国土资源高频度监测技术体系，为市局解决国土资源变化信息的“早发现”问题，探索形成“时间连续、空间无缝”的国土资源高频度监测服务新模式。课题拟研究建立“天空地一体化”高频度监测技术体。

根据北京市国土资源违法早发现、早报告管理的需要，引入精细化、智能化工作思路，对全市国土资源违法的行为、等级进行精细分类和空间划分，针对不同区域、不同类别的违法行为，构建基于物联网技术的“探头、雷达、卫星、巡查、12336举报、其他（领导批办、媒体反映）”多方式实现对全市土地、矿产资源违法行为的智能早发现，形成“时间连续、空间无缝”的高频度监测模式。本项目实施年限为16个月，自本年9月至2012年12月。

5.《矿山地质环境监测修复技术研究及示范》

在市国土局支持下，由北京市地质工程设计研究院牵头，国家地质实验测试中心、芬兰阿尔托大学参与，联合申报2012年度国家国际科技合作专项《矿山地质环境监测修复技术研究及示范》，项目开展周期为2012年6月至2015年6月。该项目围绕门头沟采空区土地可持续利用为研究主题，项目将从区域矿山地质环境监测技术方法、矿山地质环境污染修复技术、矿山地质环境监测修复示范决策支持体系初步研究三个方面开展工作。

6.《北京市土地信息共享数据元标准》、《北京市地类认定标准》

一是按照《北京市地方标准项目立项指南》要求，根据国家标准《信息技术元数据注册系统（MDR）(GB/T 18391)》、《电子政务数据元》(GB/T 19488.0－2004）等系列标准，将制定《北京市土地信息共享数据元标准》。

二是在现行的《土地利用现状分类》(GB/T 21010－2007）的基础上，结合北京市的自然和经济社会情况，对土地利用现状分类进一步细化，制定北京市地类认定标准，使其更加符合北京市的地类特征，更具有可操作性和使用。

7.《北京市中心城区节地标准验证研究》

根据国务院《关于促进节约集约用地的通知》要求，市国土局委托中国地质大学（北京）依托该校之前的研究基础设立课题，在中心城区（五环内)，全面验证节地标准的适用情况。研究的主要目的：验证《北京市建设用地节约用地标准》的可操作性及合理性；研发一套基于节约用地标准的动态管理信息工具，为政府管理效率提供技术支持。

（科技合作处　王燕、王建华、周岩）

学术社团工作

【学会概况】

北京土地学会（以下简称学会）成立于2002年7月31日，挂靠北京市国土资源局，经北京市民政局依法登记，是北京地区从事土地管理、土地科技、土地经济理论研究和土地开发经营专业人员或相关单位自愿组成并依法登记的，具有社会公益性质的地区性、学术性、非营利性的人民社会团体。2008年9月，学会召开第二届会员代表大会，组成第二届理事会，会长安家盛。2011年5月，学会召开第二届理事会第二次会议，因工作原因对部分常务理事、理事进行了调整。调整后常务理事42人，理事140人。

学会内设“四部一室”：综合办公室、学术部、培训部、编辑部、咨询部。下设八个专业委员会：土地经济和土地市场专业委员会、土地科普和学科教育专业委员会、耕地保护与土地整理专业委员会、地籍管理和土地信息技术专业委员会、土地利用规划专业委员会、土地价格和土地估价专业委员会、土地法学专业委员会、土地储备开发专业委员会。

【学术交流】

学会以服务国土管理工作为目的，以当前国土管理工作的焦点难点为导向，组织了一系列学术研讨和学术交流活动，全年参与人次累计达千余人，在数量质量上均有所提高。

1. **学术研讨会**

年内学会围绕北京市国土资源管理中心任务和重点工作，积极搭建学术交流平台，1月份举办征地制度改革问题研讨会、7月份举办关于国土资源的经济形势分析问题研讨会、8月份举办当前的经济形势及宏观调控面临的困难专题报告会、9月份举办中国创造性土地利用规划专题报告会、11月份举办当前我国房地产市场形势及走势预测学术讲座、12月份举办海峡两岸地政工作（北京）交流会和标定地价课题成果研讨会，共计7个学术研讨会，为国土资源管理建言献策。

2. **青年学术论文交流活动**

青年学术论文交流活动是学会自2009年开始组织的品牌学术交流活动。4月，学会组织开展第三届青年学术论文交流活动。市国土资源系统、学会会员单位40岁以下青年积极参与，共征集论文稿件72篇，较2010年度论文数量增长10%。经过组织专家评审，共评出一等奖8篇，二等奖22篇，三等奖42篇。活动设置优秀组织奖，对市国土局西城分局、门头沟分局、延庆分局、储备中心、北京市新兴宏基公司等5个单位进行奖励。

9月，学会首次举办优秀论文学术交流演讲会，论文交流首次尝试采用演讲形式，8位优秀论文作者参与演讲交流。演讲会评出论文演讲优秀奖3名。

3. 主题论坛会

10月，学会根据市社科联对全市各学科科学技术交流的统一部署，围绕当前国土资源管理新形势需要，与北京市科协、市社科联、市国土局在北京会议中心联合举办第5届北京土地科学管理学术论坛，主题为《惠民生促科学发展 守红线坚持数质并重》，5位专家学者在论坛会上做了主题发言。

4. 加强横向交流

7月份，首次参加4个直辖市土地学会联席会议，围绕当前国土资源管理热点、难点问题进行研讨，会议交流论文3篇。10月份，赴广州组织参加中国土地学会召开主题为"城乡统筹发展与深化土地制度改革"学术年会，向大会提交13篇学术论文，论文涉及保障房建设、土地节约集约利用、房地产抵押等多方面内容。其中2篇论文入选大会论文集，中国人民大学谭峻教授的《基于非线性规划的城市土地利用结构优化研究》，被评为中国土地学会学术年会优秀论文。11月份，首次在京承办中国土地学会城市土地分会主任会议，学会提交2篇学术论文，编入城市土地分会论文集。11月份，学会联合天津土地学会举办土地一级开发及管理座谈交流会。

5. 海峡两岸交流

4月初，以台湾中国地政改革协会理事长王进祥为团长，台北市地政士公会有关专家学者一行24人来京考察，双方就土地管理相关情况进行了广泛交流。8月10日，学会安家盛会长、史贤英常务副会长、王黎明副会长及会员共6人参加在哈尔滨举办的"2011年海峡两岸土地学术交流会暨纪念海峡两岸土地学术交流20周年大会"。10月，应台北市地政士公会邀请，学会组织国土资源系统及会员单位相关人员一行12人赴台湾，进行了为期10天的学习考察。自2004年以来，学会共组织赴台学术交流考察6个批次，98人次。

【土地科普宣传】

1. 科技周

5月14日，学会参加由北京市人民政府主办的以"携手建设创新型国家 科技让生活更美好"为主题的群众性大型科普活动——"2011年（第17届）北京科技周"。学会在龙潭公园袁庙广场设点，围绕"北京科技周"主题，以展板的形式宣传国土资源保护的相关知识，现场发放《北京土地》杂志和土地科普知识宣传册等资料约400余份。

2. 土地日

学会为纪念第二十一个"6·25全国土地日"，开展宣传活动，举办2项活动：一是网上论坛。在学会网站上开设为期两周的主题为"农村土地整治——

利民、利乡、利城”的网上论坛，共征集刊发论文25篇。二是举办科普讲座。学会邀请北京师范大学环境学院教授、博士生导师赵烨做了题为《强化土地资源监测和调查保障土地可持续利用》的学术讲座。

【教育培训】

行业继续教育培训工作是学会日常工作的重要组成部分。学会本着注重社会效益，服务会员单位的宗旨，整合业内优势教育资源，多方合作，贴近需求适时举办教育培训班。全年学会培训中心共组织培训、研讨活动12次，参与培训的人数达到814人。

【科研调研】

年内学会完成社科联重点科研课题1项，北京市国土资源局处室及事业单位委托课题研究3项，分别是《关于城乡统筹的基本思路及其制度规范的研究——以土地问题为例》、《北京市土地开发整理（整治）项目全流程即控管理研究》、《北京市土地储备融资模式研究》及《完善国有建设用地使用权招标拍卖挂牌出让制度研究》。4个课题均已通过专家评审，为国土资源管理工作提供决策参考。

【《北京土地》办刊】

《北京土地》是学会的会刊，经北京市新闻出版局正式批准为内部刊物免费发行。为不断提高办刊水平，年内重点做了四方面工作。一是加强出刊计划性。定期研究出刊计划，制定出刊方案。二是明确规范审稿流程。三是加强稿件征集工作，印发了《关于做好会刊稿件征集工作的通知》，明确了宣传重点。四是调整了部分栏目，重新设计版面。全年共出版6期，刊发理论类文章118篇，会讯22篇，发行6000册。自2004年1月创刊以来累计出版44期，44000册。

【完成专项工作】

国土资源年鉴编撰工作　受市国土局委托，学会已连续5年承担《北京市国土资源年鉴》的编撰工作，累计共出版发行2500册。6月启动了2011年北京市国土资源年鉴编撰工作，在市国土局研究室的指导下，学会具体承担，历经动员部署、业务培训、资料搜集、梳理撰写、审稿校验，11月出版发行。

乙级土地规划机构评审推荐和年检工作　乙级土地规划评审推荐工作是中国土地学会授权各省级土地学会的专项工作。在中国土地学会的指导下，学会会同市国土局有关部门，不断规范和完善推荐评审工作机制，规范程序，统一标准，确保推荐工作有序实施。年内经过对申报企业内外业审核、现场踏勘、专家评审推荐，批准11家企业为北京市土地规划乙级资质单位。在把好准入关的同时加强对乙级土地规划机构的年检审核工作，年内完成了2010年评审通过的48家土地规划乙级机构的年检工作，发挥了行业监督管理的作用。

【被评为5A级社会组织】

根据民政部部署，年内北京市社会组织评估委员会对北京市符合条件的309个社会组织进行评估。学会顺利通过市民政局评估组的考察和评估，经过终审评定，被评为5A级社会组织。

【学会内部建设】

为保障学会工作顺利开展，年内落实了4项工作。一是抓制度建设。完善内部工作制度，包括会议制度、人员管理、工作流程、财务管理等制度规范。二是抓队伍建设。顺利完成了驻会会长和《北京土地》刊物主编新老人员交替，同时通过社会公开招聘，充实了2名工作人员，驻会工作人员计9人。三是抓网站建设。设专人管理网站，研究改版方案，及时更新网页内容，发挥网页的宣传和窗口作用。四是做好会员服务。加强会员单位的动态管理，贴近会员需求做好信息沟通和服务工作，积极发展新会员。年内学会发展新会员8个，截至年底，共有团体会员128个，个人会员37人。团体会员单位中，国土资源系统单位37个，占总数的29%；房地产行业单位41个，占总数的32%；中央与地方科研高校9个，占总数的7%；土地规划、整理和科技公司37个，占总数的29%；其他各类单位4个，占总数的3%。

（北京土地学会　江顺海）

行业协会

【工作概况】

北京房地产估价师和土地估价师协会（简称估价师协会）在“十二五”规划开局之年，高举中国特色社会主义伟大旗帜，以邓小平理论和“三个代表”重要思想为指导，深入贯彻落实科学发展观，团结带领全体会员，顺利完成了既定目标。同时通过“以评促建”，全面提升了协会自身建设。截至12月底，估价师协会共有会员单位156家，其中具有房地产评估资质的机构151家，具有土地评估资质的机构90家，外地在京分支机构4家。

【成立“北京估价师协会地价动态监测办公室”】

根据市国土局关于地价动态监测工作要“充分发挥估价师协会对评估机构和土地估价师的行业自律作用，建立业务主管部门和行业协会双重实施保障机制”的要求，1月成立了“北京估价师协会地价动态监测办公室”。其主要职责是：配合市国土局选择落实参加地价动态监测的估价机构和土地估价师；负责督促、检查、考核各机构及估价师的工作情况和工作质量；组织专家组对监测成果进行抽查考评、召开相关工作会议及技术研讨；组织年度工作总结、实施奖惩、颁发证书等工作。

【评选表彰优秀估价师】

为了规范行业的整体水平，鼓励广大估价人员依法执业，提高业务水平。年内开展了优秀估价师的评比活动。优秀估价师候选人由各会员单位推荐，原则上一个公司推荐1名优秀估价师，专职估价师人数超过15人的公司最多推荐不超过2名优秀估价师。根据协会《关于在行业内评选优秀估价师的通知》，经过估价师协会评选领导小组和工作组初选，经协会第二届理事会2011年第一次常务理事会通过，并经过5天公示期，共有63家估价机构推荐90名估价师被评为本年度北京市优秀估价师，年内召开会员代表大会举行了颁奖仪式，对90名优秀估价师进行了表彰。

【杜鸣副会长被评为北京市第三届优秀中国特色社会主义事业建设者】

年初，中共北京市委统战部、北京市经济和信息化委员会、北京市人力资源和社会保障局、北京市工商行政管理局和北京市工商业联合会，共同开展了北京市第三届优秀中国特色社会主义事业建设者评选表彰活动。经过广泛推荐、严格评审、社会公示等环节，估价师协会杜鸣副会长等49名新的社会阶层人士被授予北京市“优秀中国特色社会主义事业建设者”荣誉称号。刘淇、郭金龙、牛友成等市领导出席了优秀建设者的颁奖仪式。

【组织估价机构赴香港估价行业进行考察学习】

5月，估价师协会教育及考试委员会主任高喜善、对外交流委员会主任杜鸣作为正副团长，组织京津两地估价师组成考察团到香港考察。考察团分别访问了香港测量师学会、永利行、世邦魏理仕、第一太平戴维斯和戴德梁行，与香港同行进行了深入交流。由于香港的城市发展已步入成熟阶段，传统的评估业务比重已很小，这些机构将发展的重点延伸到交易顾问、物业招商、物业管理、项目管理、策略顾问等领域，此次考察对估价机构如何应对业务的发展与创新方面具有很好的借鉴意义。

【参加四直辖市估价师协会联谊会】

5月，第六次京津沪渝四个直辖市房地产估价、土地估价行业协会联谊会在山城重庆召开，四个直辖市估价行业协会的会长、副会长、秘书长及行业协会代表共17人参加了此次会议。重庆市国土资源房屋评估和经纪协会作为轮值承办了本次会议。会议主题为“行业协会在贯彻落实《国有土地上房屋征收与补偿条例》［国务院第590号］中应如何发挥作用”。估价师协会副会长陈再进在大会发言，重点介绍了估价师协会根据《征收条例》规定和北京市的实际情况，起草完成的与《征收条例》相关研究课题和评估配套文件。

【参加北京新的社会阶层人士联谊会三届一次理事大会】

9月，受北京市委统战部工商经济处邀请，估价师协会杜鸣副会长、邓峰副会长、陈平秘书长出席了北京新的社会阶层人士联谊会三届一次理事大会。中共中央统战部副部长陈喜庆，中共北京市委常委、统战部部长牛有成出席会议并讲话。会议举行了北京新的社会阶层人士联谊会揭牌仪式。杜鸣副会长当选为北京新的社会阶层人士联谊会三届常务理事、新的社会阶层人士联谊会专业人士界别组副秘书长，邓峰副会长和陈平秘书长当选为理事。

【党建工作】

估价师协会会员单位中有共产党员341人，其他民主党派5人，建立了5个党支部。协会专职人员中，共产党员3人。年内，按照中国共产党党章要求，符合建立党支部的要求。估价师协会与东城区社会工委接洽，申请成立党支部，经过为期半年的考察，经东城区社工委和平里街道组织人事部批准成立，正式成立估价师协会党支部，高千里会长任党支部书记，成为东城区第一家成立党支部的社团组织。

【土地估价报告评审】

12月，估价师协会启动了土地估价报告评审工作，此次评审采取随机抽检的形式对我市69家评估机构69份土地估价报告进行了评审。为保证评审的客观、公平、公正，报告评审全部采用电子版报告，隐去机构等相关信息，组织32名专家2名专家为一组，采用背对背方式进行打分，由专家组审核汇总出具综合评审意见。

【协会被市民政局、市人保局评选为首批北京市先进社团集体】

年内，北京市民政局、北京市人力资源和社会保障局在全市范围内开展社团系统先进集体评选表彰工作，经过遵法守纪、功能作用、自身建设、党建工作和社会影响等五个方面考察和评审，估价师协会被评选为北京市首批先进社团集体。

【全年房屋征收拆迁评估专家鉴定工作汇总】

截至12月底，专家鉴定委员会办公室全年共计接受基准价格鉴定申请1件，办结1件；分户鉴定申请46次246件，受理226件，办结175件，组织专家进行鉴定678人次，进行现场实地鉴定41次。分户鉴定区域统计：接收了昌平区（19件152户）、大兴区（16件73户）、通州区（4件10户）、怀柔区（2件5户）、密云县（2件2户）、丰台区（1件1户）、金桥科技（马驹桥镇姚村1件2户）、龙湖置业（顺义县牛山镇安乐村南头1件1户）。专家鉴定委员会办公室共接听咨询电话496个，接待群众来访78次。

（北京估价师协会　吴芳）

科教文化

调研课题

全年北京市国土资源系统各类调研课题共计64项。

东城分局

1. 东城区土地储备开发评价系统。

2. 东城区土地闲置问题研究。

3. 文保区土地供应方式研究。

西城分局

1. 新西城文保区土地开发利用模式探讨。

2. 西城区土地储备和征收（拆迁）工作调研。

3. 城镇成套住宅土地登记调研。

4. ABS融资应用于我国土地储备开发问题研究。

朝阳分局

1. 城市化进程中农村整建制转居问题研究。

2. 关于绿化隔离地区代征绿地的思考。

3. 朝阳区设施农用地管理审批工作调研。

4. 朝阳区出让项目用地存在的问题及对策。

5. 实现好维护好发展好农民利益是推动城乡一体化发展的核心动力。

6. 浅谈《国有土地上房屋征收与补偿条例》对土地储备工作的影响。

7. 落实“两整治一改革”政策，推进土地储备资金工作。

8. 强化政策研究，探索“城中村”整治项目用地储备管理模式。

9. “十一五”期间（2006－2010年）朝阳区经营性用地公开出让分析报告。

10. 土地储备过程中代拆问题的试点研究。

海淀分局

海淀区土地资源管理与人口发展问题研究。

石景山分局

1. 关于首都绿色转型示范区土地管理问题研究。

2. 土地一级开发中地上物补偿方式及工作机制调研。

3. 新首钢高端产业综合服务区土地开发模式研究。

4. 石景山区土地储备及实施策略

研究。

5. 石景山区人口与土地利用管理关系研究。

大兴分局

征后剩余土地的处置研究。

门头沟分局

1. 关于门头沟区工矿用地现状调查及土地利用研究的调研报告。

2. 门头沟区耕地后备资源调查与分析。

3. 北京市门头沟区小矿种矿产资源调查及开发利用规划报告。

4. 浅谈国土资源系统干部如何预防职务犯罪。

5. 门头沟分局信息化应用水平调查报告。

6. 关于构建门头沟区土地管理共同责任机制的调研报告。

7. 关于企业出资土地一级开发项目监管模式研究。

8. 关于如何节约集约用地促进永定镇统筹发展的调研报告。

9. 关于门头沟区农村集体建设用地流转的调研报告。

10. 浅谈新形势下基层国土执法监察工作。

11. 关于煤矿关闭后农村产业转型问题的调研报告。

顺义分局

关于近年来涉地信访情况分析。

平谷分局

1. 平谷区开展农村土地确权登记颁证工作的思考。

2. 城市土地集约利用评价研究。

3. 生态环境保护与旅游发展建设。

怀柔分局

1. “十二五”土地管理要助推经济发展方式转变。

2. 关于在新形势下创建学习型党组织的几点思考。

局机关和事业单位

研究室

1. 土地调控政策对经济形式的影响评价研究——以北京市为例。

2. 加强土地市场调控　促进经济平稳较快发展。

3. 珍惜土地资源　推进首都经济科学发展。

科技与对外合作处

1. 典型城镇村节地技术研究与示范。

2. 面向公众服务和政府决策的首都土地利用信息平台研究应用与关键技术研究。

3. 国土资源部命名的北京市“国土资源野外观测科学研究基地”。

4. 首都国土资源高频度监测技术系统研建与示范。

5. 矿山地质环境监测修复技术研究及示范。

6. 北京市土地信息共享数据元标准。

7. 北京市地类认定标准。

北京市国土资源局东城分局

【土地资源概况】

东城区位于北京市中轴线以东的城区东部，中心坐标为北纬 39°54′，东经 115°23′。北、东两面与朝阳区相接，南与丰台区相接，西与西城区相邻。辖区设 17 个街道：和平里街道、安定门街道、交道口街道、景山街道、东华门街道、东直门街道、北新桥街道、东四街道、朝阳门街道、建国门街道、前门街道、崇外街道、东花市街道、龙潭街道、体育馆街道、天坛街道、永外街道。总面积为 41.82 平方公里，土地用途分类详见表 1。

表 1　东城区 2011 年土地用途分类统计表

分类 项目	商服用地	工矿仓储用地	公用管理与公共服务用地	住宅用地	交通运输用地	特殊用地	合计
面积（公顷）	360.64	62.72	1219.54	1383.06	1007.23	148.85	4182.04
百分比（%）	8.62	1.50	29.16	33.07	24.08	3.56	100

【机构设置】

根据北京市编办《关于同意市国土局实施首都功能核心区行政区划调整后机构设置方案的函》(京编办［2010］9 号)，2010 年 10 月 20 日，原北京市国土资源局东城分局与原北京市国土资源局崇文分局进行整合，设置新的北京市国土资源局东城分局（简称东城分局）。新东城分局机关设办公室、综合科、地籍科、国土资源利用科、重点工程科、财务科、政工科、执法监察科和纪检监察科 9 个职能科室。机关行政编制 40 名，其中，党组书记 1 名，局长 1 名，副局长 4 名，纪检监察副处级领导职数 1 名；科级领导职数 9 正 8 副。机关工勤编制 8 名。现有行政人员 36 名，工勤人员 7 名。下设北京市土地整理储备中心东城区分中心、北京市东城区土地权属登记事务中心、北京市东城区土地利用事务中心 3 个事业单位，编制 42 人。现有事业编人员 41 名。

分局领导班子：

党组副书记、局长　　李　伟
党组书记　　李凤海
党组副书记、副局长　　童四见

副局长　　刘翠华（女）
副局长　　孔德智
（2011 年 4 月任职）
副局长　　韦先波
（2011 年 10 月任职）

【东城区“十二五”土地利用规划编制工作】

根据行政区划调整的实际情况，在原《东城区“十二五”土地利用规划》和原《崇文区土地利用现状研究》的基础上，完成《新东城区“十二五”土地利用规划》，提出东城区“十二五”期间土地利用的规划目标和重点发展区域的土地利用规划设想，并顺利通过专家评审。

【土地供应及实施】

完成东城区本年度土地供应计划与 2011－2015 年度土地供应计划的编制及上报工作，并对在列用地项目实行规范化管理，加强计划执行情况的监督检查。东城区全年土地供应计划安排用地项目 15 宗，用地总面积 18.43 公顷。实现供地 4 宗，分别是崇文门菜市场、王府井国际品牌中心、北京时间博物馆和东城区文化活动中心，土地面积 5.53 公顷，保障了重大项目落地。

【土地储备开发】

年内，完成对金天坛美食城、原崇文区少年宫、109 中学、崇文门菜市场 4 个项目的收储工作；稳步推进以土地储备分中心为主体的土地开发，已完成和平里南街、文章胡同东口、定安里 3 个项目的土地一级开发工作，东交民巷 29、31 号院项目基本完成；彭庄、金鱼池二期西 2 个在施项目，已分别完成拆迁量的 61%、85.7%，全年累计完成开发投资 2 亿元，拆迁居民 100 户；积极推进“城中村”项目整治后用地的收储入库工作，鼓楼东大街两侧、青龙胡同“城中村”已具备上市条件；发挥监管职责，加强对企业为主体开发项目的监管及服务工作，促使项目用地尽早入市交易；加强土地储备开发资金管理，没有发生违规使用资金和逾期还贷的问题。积极推进土地一级开发，实现成熟地块上市交易。

【建设项目用地预审】

全年完成 14 个建设项目的用地预审，用地面积 29.63 公顷；完成 2 个划拨项目的用地批复，用地面积 1.56 公顷；完成 1 个项目的划拨决定书审批，用地面积 0.55 公顷；就 14 个项目的用地征求意见向区发改委进行了函复。

积极发挥职能作用，对东城区纳入市政府绿色审批通道的重点工程建设项目，主动服务，提前介入，全程协办，做好土地政策咨询解答，协调解决办理用地手续中遇到的问题，优化审批流程，压缩审批时限，确保重大项目尽快落地。

【批后监管】

年内，对辖区内涉嫌闲置和违约用地的 59 宗项目用地，通知开发单位及时上交相关材料和情况说明；完成所有闲置项目用地的现场踏勘，建立台帐；召开 2 次闲置用地企业座谈会，涉及 46 宗闲置地，约谈 7 家开发建设单位，涉及 27 宗闲置地，了解闲置原因，宣讲法规政策，督促开工建设，并积极主动做好服务。经督促，已有天街（B－2、B－3、B－6、B－8）4宗地、玉河项目北区4宗地、燕京大厦、忠实里一区3号楼等10个闲置项目开工建设，皇都艺术中心、新裕商务楼、天街B－5、玉河南区10宗地、桥苑艺舍等共14个闲置项目准备开工。总结归纳闲置地清理工作，深入分析闲置土地形成原因，并有针对性地提出对策建议，撰写《东城区闲置土地清理专项工作报告》。

【地热资源管理】

辖区内共22眼地热井，涉及16个地热开发单位。经检查，除人民美术出版社因为多年未缴纳矿产资源补偿费、没有泵房的原因未通过年检外，其余15个地热开发单位顺利通过年检。年内完成了地热资源统计数据库系统数据的填报工作。

【地籍管理和土地登记】

进一步健全土地登记的各项制度，完成原东城、崇文地籍管理信息系统的合并工作，各类型土地登记所需模块均已上线运行，实现“电子办公、实时更新、实时查询、实时统计”四大功能。制定《东城区成套住宅土地登记工作方案》，为开展成套住宅土地登记打好基础。

完成全区23345宗地的地毯式摸排工作，全面掌握各类型宗地的基本情况。全年完成各类型土地登记1218件，其中：大业主土地使用权登记166件，小业主土地使用权登记536件，大业主抵押登记78件、抵押注销登记69件，小业主抵押登记193件、抵押注销登记176件。同时完成地籍调查确认单58件、土地权属审查告知单30件；完成2010年档案数字化2161卷，278465页，完成2011年档案数字化654卷，95603页。

【依法行政和法制宣传】

制定《2011年推进依法行政落实行政执法责任制工作计划》、《2011年法制宣传教育工作计划》，配合市国土局做好行政许可、行政服务事项的修改工作；完成“阳光执法”活动方案及自查工作；落实教育执法职责工作；开展行政许可案卷、行政服务案卷的规范自查工作。组织“4·22世界地球日”，“6·25全国土地日”“12·4法制宣传日”主题宣传活动，落实领导班子会前讲法学法、干部职工学法用法培训，开展法制知识答卷活动，2次走进社区宣传普法，共发放宣传资料6000余份，宣传纪念品3000余份。

【行政服务窗口建设】

全面贯彻落实市国土局业务受理“五统一”工作规范，开展“创建先锋窗口、争当服务标兵”活动，履行服务承诺制度。被区行政服务中心授予“2011年度突出贡献窗口”荣誉称号，马洁、原鹏2名同志被授予“窗口年度活动积极分子”荣誉称号。

【信访和信息公开工作】

进一步完善信访和信息公开工作机制，开通信访网上办公系统，拓宽沟通渠道，制定群体性上访事件应急处置预案，健全矛盾纠纷化解机制。全年，开展了4次矛盾纠纷排查，接待群访13批、1000余人次，受理信访申请165件，受理依申请信息公开701件，均依法办理进行答复。主动信息公开60余件次。

【党建工作】

制定《2011年党建工作计划》和责任分解方案。制定中心组学习计划、领导干部调研课题计划、处级领导讲党课计划。党组中心组扩大学习讲座10次，完成调研报告10篇，讲党课3次。学习贯彻十七届六中全会、中央领导同志关于加强国土资源管理重要讲话精神、弘扬践行北京精神。开展《北京“十二五”时期经济和社会发展热点问题讲座》。开展“创先争优”、创建学习型机关专项行动。开展“党心连民心、亲情进万家”走访慰问活动，先后走访慰问了富贵园社区和民安社区7户困难家庭，以及分局15名困难党员、干部职工，累计发放慰问品和慰问金9000元。开展“博爱在东城、帮扶在社区”和“共产党员献爱心”捐款活动，共捐款9910元。开展“纪念建党90周年”主题党日活动。完成第一届机关党总支委员会和5个基层党支部的组建选举工作。完成8名预备党员转正，发展4名新党员，培养9名入党积极分子。加强工会建设，保障职工合法权益。组建“青年宣讲团”，在局内网开办青年学习交流平台。开展丰富多彩的文体活动，加强机关文化建设。

【党风廉政建设】

制定《2011年党风廉政建设和反腐败任务分工》、《2011年党风廉政工作任务》、《2011年深化廉政风险防范管理和“两整治一改革”专项行动工作方案》、《2011年反腐倡廉制度建设计划》，逐级签订党风廉政建设责任书，开展廉政风险点大排查和自查自纠工作，确定年度风险防范重点项目，建立廉政风险项目库。

【主题教育活动】

8月中旬至12月中旬，开展"感悟古都历史文化、做好东城土地管理"主题宣传教育活动。制定实施方案，成立领导小组及办公室，召开动员大会，先后组织33批、463人次，参观考察北京市和东城区具有代表性的人文地理景观37处，举办3次专家讲座，开展内部交流学习，召开座谈会建言献策，收集大家对推动国土管理向前发展的意见建议182条，部门撰写调研报告或收获体会13篇，个人撰写征文71篇，编发主题宣传教育活动工作动态67期。

【大事记】

1月6日，完成原东城分局、崇文分局土地权属登记办公管理系统合并工作。

6月27日，崇文门菜市场由广州市丰璟房地产开发有限公司成功竞得，实现挂牌上市，地块面积0.59公顷，挂牌金额2.96亿元，成交金额7.1亿元，成为全市2011年二环路内上市的首个地块。

8月12日，北京王府井国际品牌中

心项目由王府井发展有限公司竞得，完成土地上市交易，地块面积 3.47 公顷，中标金额 29.1 亿元，是 2011 年东城区上市的第二个地块。

9 月 1 日，东城分局编制的《东城区“十二五”土地资源开发利用规划》通过专家评审。

（东城分局　薛守娥）

北京市国土资源局西城分局

【土地资源概况】

西城区是首都功能核心区之一，辖区面积50.33平方公里。东以鼓楼外大街、人定湖北巷、旧鼓楼大街、地安门外大街、地安门内大街、景山东街、南长街、北长街、天安门广场西侧、前门大街、天桥南大街、永定门内大街为界，与东城区相连；西以三里河路、莲花池东路、马连道北路为界，与海淀区、丰台区接壤；北以南长河、西直门北大街、德胜门西大街、新街口外大街、北三环中路、裕民路为界，与海淀区、朝阳区毗邻；南以永定门西滨河路、右安门东城根、右安门西城根为界，与丰台区相连。辖区设西长安街、新街口、月坛、展览路、德胜、什刹海、金融街、大栅栏、天桥、椿树、陶然亭、广安门内、牛街、白纸坊、广安门外15个街道。土地用途分类详见表1。

表1 西城区土地用途分类统计表

项目＼分类	商服用地	工矿仓储用地	公用管理与公共服务用地	住宅用地	交通运输用地	特殊用地	合计
面积（公顷）	484.15	86.39	1517.73	1679.01	1167.34	98.51	5033.13
百分比（%）	9.6	1.7	30.2	33.4	23.2	1.9	100

【机构设置】

2010年10月20日，原北京市国土资源局西城分局与原北京市国土资源局宣武分局合并为北京市国土资源局西城分局（简称西城分局），编制91人，其中公务员编制40人，实有40人；机关工勤编制7人，实有7人；参照公务员法管理事业单位编制17人，实有15人；全额拨款事业单位编制27人，实有15人。分局机关设办公室、财务科、政工科、纪检监察科、综合科、执法监察科、国土资源利用科、重点工程科、地籍科9个职能科室；下辖北京市土地整理储备中心西城区分中心、北京市土地整理储备中心金融街分中心、北京市西城区土地权属登记事务中心、北京市西城区土地利用事务中心4个事业单位。

分局领导班子：

党组副书记、局长　　林　毅

党组书记　　　　　张宏生
副局长　　　　　　吕仕锋
副局长　　　　　　程建英（女）
副局长　　　　　　陈　键
（2011 年 1 月—2011 年 12 月）
副局长　　　　　　黄东华
（2011 年 4 月—2011 年 12 月）
纪检组长　　　　　张文泉
（2011 年 1 月—2011 年 4 月）
纪检组长　　　　　刘宽新
（2011 年 4 月—2011 年 12 月）

【建设项目用地预审】

共有 28 个建设项目通过用地预审，用地总面积约 54.78 公顷。其中公共管理与公共服务项目 13 个，约 9.46 公顷；商服项目 3 个，约 2.65 公顷；交通运输项目 2 个，约 2.19 公顷；住宅项目 2 个，约 15.11 公顷；储备项目 7 个，约 25.26 公顷；特殊项目（宗教）1 个，约 0.11 公顷。

【土地供应计划及实施】

西城区年度土地供应计划共申报建设项目 22 个，总用地面积约 21.58 公顷。其中交通运输项目 5 个，约 7.43 公顷；公共管理与公共设施项目 13 个，约 7.83 公顷；商服项目 4 个，约 6.32 公顷。年内，实现供地项目 7 个，11.69 公顷，约占计划总量的 54.17%。其中公共管理与公共服务项目 3 个，约 1.74 公顷；住宅项目 2 个，约 8.69 公顷；特殊项目 1 个，约 0.35 公顷；商服项目 1 个，约 0.91 公顷。

【国有土地使用权划拨】

共办理国有建设用地使用权划拨供地方案 10 件，约 12.03 公顷。其中城市道路项目 5 件，约 9.5 公顷；居住项目 2 件，约 0.43 公顷；科教项目 2 件，约 1.75 公顷；宗教项目 1 件，约 0.35 公顷。其中 3 件办理划拨决定书，约 0.94 公顷。

办理房改房上市补交土地出让金 1214 件约 804.20 万元。10 月 12 日后，该项工作转交区房管局办理。

【节约集约模范县（市）创建活动】

8 月 17 日，首届“全国国土资源节约集约模范县（市）创建活动实地考核会”在西城区召开，王少峰代区长、李岩副区长参会并接受评审组专家提问。会后，专家组到区金融街、什刹海参观，实地考察土地资源节约集约利用情况。

【地热资源管理】

由东城分局牵头，东城、西城共同开展 2011 年度地热采矿权年检工作。组织召开年检动员工作会，审核辖区 3 家持有采矿许可证的单位提交的年检材料。

【土地储备开发】

完成开发已供应项目 5 个，13.76 公顷；完成开发未实现供应项目 2 个，分别为西单东南 D 西和大栅栏 C、H 地块中的 C1C2 地块；其他项目处于一级开发实施阶段。实际完成投资约 45 亿元，占计划投资比例的 150%。

推进广安联合储备开发一期项目。累计拆迁居民 1240 户、企业 25 个。累计投资约18.32亿元，完成项目总投资计划的77%。重新测算项目总投资；完成储备土地登记。

加强西城区44个土地一级开发、25个“城中村”环境整治项目监管。审核大栅栏煤市街以东C、H地块、手帕口南街64号、立恒住宅小区4号楼、核桃园综合楼等项目的地价报告；开展金融街拓展项目2个地块（复兴门、阜成门）、西直门小区南区项目土地一级开发授权延期申报；审计西便门内大街东西两侧项目预收储成本；自查辖区土地储备开发项目，编制《西城区土地储备开发项目手册》；自查辖区土地招拍挂制度执行情况。

【地籍管理及土地登记】

作为市国土局确定的2011年城镇土地利用强度调查典型区域，在土地利用现状调查的基础上开展土地利用强度调查，补测全国第二次土地调查后新建成建筑物，调整相应数据。

结合“两整治一改革”专项行动，完成土地登记规范化和土地权属争议调处自查、与东城分局互查及市国土局迎检工作。

出台辖区地籍管理工作制度。出台《关于办理司法协助执行工作流程》、《关于拆迁区收回、注销国有土地使用证工作流程》，明确拆迁、司法协执区域土地管理工作流程、标准和责任分工；制定《西城区日常登记测绘规范》，统一辖区地籍测绘技术、管理标准。

开展央产、军产和保密产土地登记。根据市国土局服务在京中央单位会议精神，协助中组部、中宣办、中直机关、全国工商联、中国人民解放军总后勤部（总政治部歌剧团）、中国人民武装警察部队总后勤部（中国人民武装警察部队司令部直属工作部）等单位办理土地登记20余件。

推进档案数字化工作。更新、完善原国土西城分局历史初始、变更登记数字化案卷6082卷，完成1871卷、12.52万页各类档案日常数字化工作。

完成各类国有土地使用权登记1222件，共185公顷。其中国有土地使用权初始登记129件，57.54公顷；变更登记687件，74.18公顷；他项权利登记406件，53.28公顷。

【法制宣传】

开展“4·22”地球日、“6·25”土地日、“12·4”法制日等执法宣传，启动“六五”普法宣传活动，宣传国土法规政策，发放宣传资料4500余份、宣传品2000余个。

【信息化建设】

9月，以原西城、宣武地籍数据为基础，以武汉瑞得系统为框架的地籍管理信息系统整合工作全面完成，全部土地登记业务在北京市地籍信息系统内办理，基本实现西城区土地登记“一盘棋”即收件标准、审批流程、规范管理“三统一”和地籍数据“一张图”目标。

12月，综合信息系统二期建设项目通过验收。召开综合信息系统二期建设项目验收会，听取项目研发单位和监理单位工作汇报，观看系统演示，审阅相关资料并进行质询，同意该系统通过验收。

综合监管平台建设取得阶段性成果。与市国土局信息中心及研发单位北京苍穹数码科技有限公司沟通协调，制定研发思路，召开部门研讨会，研究部署综合监管平台建设工作并取得阶段性成果，公文流转、信息报送、固定资产管理等多个模块均搭建测试完毕，基本满足电子政务实际办公需求，现已开展试运行。

完成1964年版老蓝图扫描矢量化工作。委托北京新兴华安公司扫描配准纠正1964年版418幅纸质地籍图，对什刹海、新街口地区200幅图进行矢量化处理，便利土地权属信息查询。

【信访工作】

年度信访量是2010年的3.5倍。共受理来信93件，接待来访536人次，妥善处理城镇私房历史遗留问题群访6起，避免矛盾激化，没有形成到上一级机关的集体访，办结率100%。

【两整治一改革专项工作】

全面梳理排查岗位廉政风险点349个，制定防控措施349条，出台《关于加强风险防控完善“三重一大”决策制度的实施办法》，探索建立廉政风险防控机制。

【政府信息公开】

主动公开、更新政府信息245条；受理依申请政府信息公开776件，全部办结。

【大事记】

1月5日，召开第一批挂职锻炼干部动员会，正式启动选派优秀干部到基层挂职锻炼工作。

2月23日，经西城区区直机关工委批准，西城分局机关党总支成立。张宏生任党总支书记，黄东华任党总支副书记兼纪检委员。下设2个党支部，共有党员45名。

3月23日，经西城区区直机关团工委批准，西城国土资源分局团支部正式成立，任博任团支部书记。

4月18日，西城分局业务受理服务窗口入驻西城区行政服务大厅，对外行使4项行政许可和30项行政服务事项。

5月5日，局长林毅带领各主管领导、主要业务科室负责人，主动走访大栅栏投资有限公司，介绍工作职责，宣传国土政策，提供业务咨询。

6月22日，党总支组织分局党员干部参观刘胡兰纪念馆，向烈士敬献花圈并庄严宣誓。

6月25日，在西单文化广场举办纪念《土地管理法》颁布实施25周年和第21个“6·25”全国土地日现场宣传活动，副区长李岩参加。

7月21日，党总支启动“三情”——“世情、国情、局情”教育活动，学习贯彻“七一”讲话精神。

8月17日，首届“全国国土资源节约集约模范县（市）创建活动实地考核会”在西城区召开，国土资源部执法局副巡视员张海萍一行六人出席并担任评审，代区长王少峰、副区长李岩参会。

9月20日，以原西城、宣武地籍数据为基础，以武汉瑞得系统为框架的地籍管理信息系统整合工作全面完成。

（西城分局　季美）

北京市国土资源局朝阳分局

【土地资源概况】

朝阳区位于北京市主城区的东部和东北部，是北京市中心城区的重要组成部分。行政区划南北长28公里，东西宽17公里，约占全市土地总面积的2.8%，是北京市面积最大的城市功能拓展区，下辖23个街道办事处、20个地区办事处。

朝阳区位于北京冲洪积平原中部，地形平坦开阔。平均海拔高度为34米，最高海拔46米，位于城北德清路附近大屯至洼里关西一带；最低海拔20米，位于东部楼梓庄沙窝村西坝河下游，高低相差26米。整体地势呈西北高东南低，地面坡度为千分之一。地貌有洪积、冲积扇平原、扇缘洼地和河流冲积平原三种类型，地带性土壤为褐土与潮土。

根据本年度土地变更调查统计数据，朝阳区土地面积现为466.78平方公里（含首都机场面积12平方公里）。其中：建设用地375.41平方公里、占总量82.55%，农业用地76.71平方公里、占总量16.87%，未利用地2.66平方公里、占总量0.58%，详见表1。

表1　朝阳区2011年度土地利用情况统计表

地类		2011年初面积（公顷）	比例（%）	2011年末面积（公顷）	比例（%）	净增减值（公顷）
农用地	小计	7671.2	16.87	7247.27	15.94	-423.93
	耕地	2918.61	6.42	2710.46	5.96	-208.15
	园地	779.66	1.71%	731.35	1.61	-48.31
	林地	3960.71	8.71	3793.24	8.34	-167.47
	草地	12.22	0.03	12.22	0.03	0
建设用地	小计	37541.31	82.55	37907.25	83.35	365.94
	居民点及工矿用地	33030.32	72.63	33415.86	73.48	385.54
	交通运输用地	2236.97	4.92	2267.58	4.99	30.61
	水利设施用地	2274.02	5.00	2223.81	4.89	-50.21
未利用地	小计	265.61	0.58	323.6	0.71	57.99
	其它土地	265.61	0.58	323.6	0.71	57.99
合计		45478.12	100.00	45478.12	100.00	0

注：本表不含首都机场街道的行政辖区建设用地面积。

【机构设置】

北京市国土资源局朝阳分局（简称朝阳分局）成立于2005年5月8日。作为北京市国土资源局派出机构，负责组织实施本行政区域内土地、矿产资源行政管理工作，内设办公室、财务科、综合科、地籍科、土地利用科、耕保征地科（矿产资源科）、政工科等7个职能科室；下设北京市土地整理储备中心朝阳分中心、北京市土地整理储备中心商务区分中心、北京市朝阳区土地利用事务中心、北京市朝阳区土地权属登记事务中心、北京市朝阳区国土资源执法监察队、北京市国土资源局朝阳分局第一国土资源管理所、北京市国土资源局朝阳分局第二国土资源管理所、北京市国土资源局朝阳分局第三国土资源管理所等8个事业单位。目前，共有行政编制人员35名，其中公务员33名，工勤人员2名；事业编制人员86名。

分局领导班子：

党组书记、局长　樊文祯
党组副书记、副局长　李　燕（女）
副局长　张雅明
副局长　王国韬
纪检组长　吴　江
（2011年4月任职）
副局长　武　鸿
（2011年4月任职）

【土地利用总体规划】

一是顺利完成区级土地利用总体规划修编工作。朝阳分局按照市国土局统一要求，对区级规划成果进行技术封口，目前相关技术数据已正式使用。二是积极推进乡级土地利用总体规划编制工作。乡级规划基数由2008年第二次全国土地调查数据调整为2009年数据，朝阳分局按照“以拆为主，部分调整”的解决方案，顺利完成基数更新后乡级规划的确定工作，并通过市国土局专家评审会及区政府的审定。

【建设项目用地预审】

全年累计完成123个项目的土地预审工作，占地面积1419.62公顷，其中国有土地589.45公顷，集体土地830.16公顷；完成24个项目的土地利用总体规划和地类审查，占地面积193.64公顷；完成代征绿地移交手续7件，占地面积61.83公顷。

【征用及农用地转用项目用地管理】

全年完成东坝项目、垡头污水处理厂（一期）工程、北京澳际国际教育研发中心项目、电子城西区北扩2－6号地土地一级开发项目、市委政法委公租房项目、十八里店乡周庄三期农民回迁房及配套设施项目等30个项目的征地前期手续办理工作，用地总面积共1038.64公顷，涉及征收集体土地918.36公顷，占用耕地155.26公顷；完成征地结案10件，用地总面积231.33公顷。

【土地供应计划及实施】

全年公开供应经营性用地17宗，总供地面积约111公顷，总建筑规模约274万平方米，土地成交价款约316亿元，政府土地收益约121亿元，为确保资金回笼提供了有力保障。

【保障性住房用地供应】

全年完成土地供应项目21宗，供地面积约195公顷，总建筑规模约383万平方米。

【土地储备开发】

年内启动小红门、十八里店、王四营三个乡、七个重点村的整治工作，预计总投资额为278亿元。自2009年以来，朝阳分局全面启动了11个乡、49个村的土地储备工作。截至年底，共完成30个行政村的住宅拆迁，实现住宅腾退18017户，约692万平方米；完成9个行政村的非住宅拆迁，非住宅腾退2253家，约898万平方米；先后与16家国有土地使用单位就收储事宜达成一致意见，涉及土地面积约18万平方米。

【地籍管理及土地登记】

依据《关于开展北京市第二次土地调查工作的通知》（京政发［2007］15号）文件精神，朝阳分局以朝阳区朝外街道为试点进行数据库核查接边工作，调查朝外街道19个街坊，共计503宗土地（包括道路121宗），调取档案382份，发现有问题宗地132宗并进行测绘，测量总面积为446138.10平方米；变更土地证14宗、完善测绘成果宗地9宗、修改数据库图形49个、完善道路名称17条。

全年累计完成国有土地使用权登记609宗，涉及面积2207.50万平方米。其中，出让国有土地初始登记128宗、面积219.10万平方米，划拨国有土地初始登记115宗、面积273.74万平方米，变更登记331宗、面积1327.9万平方米。完成抵押登记设定375宗，涉及面积1828.73万平方米，贷款金额2025.04亿元。办理城镇成套住宅分摊土地使用权土地登记6062宗，涉及面积165.68万平方米；抵押登记设定1970宗，涉及面积11.88万平方米，贷款金额253.29亿元；注销登记1686宗，涉及面积1759.18万平方米。

【土地执法监察】

持续加大执法力度，逐步完善土地执法监管长效机制，年内主要完成以下几项工作：

一是完善执法监察机制。年内，朝阳分局进一步完善土地执法监管共同责任机制，在明确区、乡两级政府作为土地监管责任主体的基础上，注重加强国土、规划、监察、公安、司法等相关部门联合办案的长效机制，强调耕地与基本农田保护。充分发挥动态巡查和网格化管理的优势，把积极预防与案件查处相结合，进一步控制和减少违法用地的增加。对发现的违法用地苗头，第一时间采取措施制止，将事后查处变为事前防范。全年消除违法用地苗头20余起，有效防止违法用地案件的发生，减少朝阳区新增违法用地量。

二是加大对各类土地违法违规案件的查处力度。年内，共下发《行政处罚决定书》70份，申请法院强制执行15件，以拆除等非立案方式查处违法用地

33宗。其中公开曝光查处东郊农场内北京三元绿化工程公司违法出租土地建设汽车4S店案，加强土地执法的威慑力。认真落实2010年度卫片执法检查工作，对发现的56宗违法用地全部处理完毕，顺利通过全面验收。全面查处高尔夫球场违法用地，其中2家已处罚完毕；2家涉及占用耕地的，已严格按照“占用耕地必须全部退出进行复耕”的要求，责令其整改完毕。同时，督促温榆河大道、地铁6号线等5个重点工程项目加快办理用地审批手续，涉及土地面积974亩（含耕地384.8亩），使朝阳区违法用地占新增建设用地的宗数比例、总面积比例均呈明显下降趋势，特别是占用耕地面积比例从31%下降至1.41%。

三是加强宣传，注重预防。朝阳分局利用“土地日”、“地球日”、“法制宣传日”，积极向社会宣传当前的法律法规政策，累计向社会群众发放宣传资料1万余份。以卫片执法检查、各类案件查处为切入口，通过对涉案的每一个土地使用者进行土地管理法律知识教育宣传，使我区广大土地使用者依法依规用地意识明显增强。

【信息化建设】

为贯彻落实市国土局深化应用综合监管平台信息系统办理审批业务和数据汇总上报的要求，朝阳分局将所涉及的10项行政许可、服务类业务全部上线运行，成为市局系统首批实现全业务综合监管平台办理的分局。同时，做好主机房的软硬件维护工作，定期对服务器进行杀毒，共完成服务器升级病毒库9次、为各科室做好技术支持工作，共排除网络和电脑故障158次、联调视频26次。

【矿产资源概况】

朝阳区地处平原区，地矿资源主要是地热和矿泉水。全年，共完成地质灾害危险性评估报告备案14件，建设项目压覆重要矿产资源核查8件，地源热泵系统备案5件，完成12家探矿权项目年检和2家矿泉水开发利用年检，实地检查32个在用地热井的开发利用情况，制止非法采砂8起。

【信访工作】

全年共受理群众来信、来访142件次，比上年增加18.3%。其中，市局转办55件次，区信访部门转办12件次，直投信访（含来访）30件次，网上投诉45件次。据统计，全年信访事项主要涉及三方面内容：一是违规用地问题，共计59件，约占41.5%，比上年增加28.2%；二是征地拆迁问题，共计48件，约占33.8%，比上年减少4%；三是土地权属及宅基地问题，共计17件，约占12%，比上年减少10.5%。

【大事记】

1月21日，朝阳分局获得“全国国土资源管理系统先进集体”荣誉称号。国土资源部在人民大会堂召开全国国土资源系统先进集体和先进工作者表彰大会，期间李克强副总理与“双先”代表进行了座谈，朝阳分局党组书记、局长樊文祯作为代表参加了表彰大会和座谈会。

4月15日，朝阳区崔各庄乡大望京村环境整治土地储备项目2号地国有建设用地使用权招标出让工作结束，北京昆泰房地产开发集团、中航投资控股有限公司以及北京融侨置业有限公司联合体竞得该项目国有建设用地使用权。

5月19日，朝阳区东坝乡单店村光华木材厂项目国有建设用地使用招标出让工作结束，北京金隅嘉业房地产开发有限公司竞得该项目国有建设用地使用权。

5月27日，朝阳区中关村科技园区电子城西区A6、C1－1地块国有建设用地土地使用权招标出让工作结束，湘电集团、湘电新能源及中关村电子城建设联合体和金汉王科技有限公司分别竞得上述两宗地国有土地使用权。

7月8日，朝阳储备分中心取得大望京国际科技商务区城市设计导则成果，经与电子城管委会、区规划分局沟通，该成果正筹备申报市规划委进行审批并备案。

8月18日，朝阳区开展2011年度乡、村两级耕地保护目标管理责任书的签订工作，共签订区、乡级责任书14份，乡、村级责任书79份。

8月19日，朝阳区乡级土地利用总体规划（2006—2020年）专题评审会在市国土局召开。市国土局副局长张维对朝阳区乡级规划方案给予高度评价，专家组一致同意该规划方案通过评审。

8月22日—23日，国家土地督察北京局蔡可军专员带队一行5人到朝阳区，对城乡结合部土地违法情况进行调研。

9月7日—9日，国家土地督察北京局蔡可军专员带领检查组一行8人，对朝阳区2010年度卫片执法检查工作进行全面验收，顺利通过验收。

9月14日，朝阳区纪委书记宋铁健、区监察局副局长李奕华一行到朝阳分局，听取了朝阳区国土资源管理工作的汇报。

9月23日—12月16日，朝阳分局组织“拼搏、和谐、朝阳”主题辩论赛，通过初赛、复赛和总决赛7场比赛，充分展示朝阳国土人团结、拼搏、向上的精神风貌。

9月底，朝阳区黑庄户乡农村集体土地所有权和集体建设用地使用权登记颁证试点工作基本完成，对该乡130宗集体所有权宗地、261宗集体建设用地使用权宗地及132宗国有土地使用权宗地中符合登记条件的176宗地进行了登记发证。

10月中旬，按照市、区政府的统一部署，朝阳区全面启动小红门、十八里店、王四营东南三乡重点村的拆迁腾退工作。

（朝阳分局　陈杨众）

北京市国土资源局海淀分局

【土地资源概况】

海淀区位于北京城西北，东西两边相距约29公里，南北约30公里，兼有山地、平原，地形西高东低。西部山区统称西山，属太行山余脉。以百望山为界，山南称山前，山北称山后。根据海淀区2009年第二次全国土地调查数据，海淀区土地总面积为430.76平方公里。土地利用状况详见表1。

表1 海淀区土地利用现状一级地类统计表

地类		面积（公顷）	百分比（%）
农用地	小计	18251.23	42.37
	耕地	2239.74	5.20
	园地	2831.3	6.57
	林地	10984.84	25.50
	牧草地	0	0.00
	其他农用地	2195.35	5.10
建设用地	小计	24167.99	56.10
	居民点及独立工矿用地	20214.46	46.93
	交通运输用地	3874.4	8.99
	水利设施用地	79.13	0.18
未利用地	小计	657.65	1.53
	未利用土地	15.01	0.03
	其他土地	642.64	1.49
合计		43076.87	100

【机构设置】

北京市国土资源局海淀分局（简称海淀分局）成立于2005年5月31日，为北京市国土资源局的派出机构，在北京市国土资源局领导下，按照管理权限，负责组织实施本行政区域内土地、矿产资源行政管理工作。局机关设办公室、综合科、地籍科、土地利用科、耕地保护科、地质矿产科、财务科、政工科、纪检监察科9个职能科室；下设海淀区土地权属登记事务中心、海淀区土地利用事务中心、海淀区国土资源执法监察队、北京市土地整理储备中心海淀区分中心、北京市国土资源局海淀分局第一国土资源管理所、北京市国土资源局海淀分局第二国土资源管理所、北京市国土资源局海淀分局第三国土资源管理所7个事业单位。分局现有工作人员93人，其中，局长1名，副局长4名，纪检监察副处级领导职数1名；科级领导职数9正5副。机关工勤编制2名。

分局领导班子：

党组书记、局长　　梁桂明
（2011年4月任职）
副局长　　武克非
副局长　　和金庆
副局长　　于　东
（2011年4月任职）
纪检组长　　许　荔（女）
（2011年4月任职）
副局长　　向　文（女）

【土地利用总体规划】

北京市人民政府于2月份批复海淀区土地利用总体规划。7月中旬，区委常委会专题听取海淀分局的工作汇报，赵凤桐书记对海淀分局土地利用总体规划成果和整体建设工作成效给予高度评价。规划批复后，为促进规划实施，增强规划社会监督效果，开展土地规划宣传和公示工作。

1. **总体战略**

按照服务于中心城和中关村国家自主创新示范区研发服务和高新技术产业聚集区的建设要求，规划期内海淀区将全面推行“城乡统筹”、“区域协调”、“节约集约”和“生态友好”的土地利用战略。在南部中心城地区以调整优化现有用地结构、限制建设用地扩张为主；在北部地区以坚持节约集约利用土地、改善土地生态环境为主。

（1）城乡统筹

立足海淀区城乡经济社会一体化发展目标，优化配置城乡用地结构和空间布局，加强基础设施建设的引导，在重点保障中关村国家自主创新示范区研发服务和高新技术产业聚集区建设的同时，统筹城乡经济社会发展，实行城镇建设用地增加与农村居民点减少相挂钩的政策机制。

（2）区域协调

南部中心城地区以“内涵挖潜、提高效率”为主，通过合理调整现状用地结构，加大整理改造力度，严格控制新增建设用地，防止中心城的无序扩张和蔓延；北部地区要坚持“生态优先、精明增长”的原则，在不断加强土地生态环境建设的基础上，结合中关村国家自主创新示范区研发服务和高新技术产业聚集区建设，实现建设用地的精明增长与高效利用，打造生产、生活和生态相统一的新型发展模式。

（3）节约集约

按照节约集约用地以及“三个集中”的要求，不断提高土地利用效率。结合产业结构和布局调整总体思路，统筹土地增量供给和存量挖潜，严格执行节约集约用地标准和评价指标体系，为促进区域经济协调、可持续发展提供用地保障。

（4）生态友好

协调保护农用地与保障经济发展用地的关系，突出对北部地区集中连片耕地和优质农地的保护，建立基本农田的“红线与绿心”工程，积极探索都市农业发展模式，重点保护基础性生态用地，不断提高土地生态服务功能，构建复合型的土地生态系统。

2. 规划目标

通过全面摸清资源家底，合理调整土地利用结构和空间布局，划分不同的土地用途分区并制定相应的管制规则，科学合理配置各类各业用地，促进“两心两带多点五田网络型开放式”土地利用空间格局的形成，促进建设用地和农业用地节约集约利用水平的不断提高，促进中关村国家自主创新示范区研发服务和高新技术产业聚集区建设，保障海淀区的健康、可持续发展。

（1）耕地保有量和基本农田保护面积

严格控制非农建设占用耕地，加强基本农田保护和建设，稳定数量，提高质量。到2020年，全区耕地保有量不低于2067.00公顷；落实上级下达基本农田保护责任面积为1600.00公顷。

（2）建设用地控制指标

从严控制建设用地总规模，科学配置城镇工矿用地，合理调控城镇工矿用地增长规模和时序，整合规范农村建设用地，保障必要的基础设施用地。优化建设用地结构和布局，加大存量建设用地挖潜力度，促进各项建设节约集约用地，积极拓展建设用地新空间。到2020年，全区建设用地总面积控制在27700.00公顷以内，其中城乡建设用地不突破22700.00公顷，特殊、交通和水利用地不突破5000.00公顷。

【土地供应计划及实施】

全年完成供地210.65公顷，占供地计划指标的78.02%，其中保障性住房用地供应计划指标150公顷，占住宅类供地计划的87.72%。

【保障性住房用地供应】

依据北京市年度国有建设用地供应计划区县指标分解和年度政策性住房供地落实会精神，以及“一村一策”的要求，全力支持产业发展用地，加强了区域住宅、商服、工业用地指标的供给，特别是加大保障性住房用地供应比重。针对城乡结合部整治项目及北部地区先期启动项目定向安置房供地完成率低、征地和拆迁工作难度较大等问题，主动跟进、提前介入，发挥服务工作和政策支持的能动性，积极办理项目用地手续，推进温泉太舟坞、西北旺六里屯、苏家坨镇前沙涧等安置房项目的实施。跟踪调查年度土地供应计划执行情况，对完成项目在图上及时进行标注，预见性地研究新情况新问题，确保完成年度供地指标。全年列入2011年住房保障计划开工项目共21个，完成供地72.28公顷，占政策性住房供地计划指标的48%。

【建设项目用地预审】

依据规划全年共完成建设项目用地预审审批74件，用地总面积351.89公顷。“十一五”期间海淀区辖区内共办理建设用地预审项目700多件，涉及土地总面积近4000公顷，其中占用耕地500多公顷。为了加强政府宏观调控能力，改善区域基础设施状况和投资环境，促进中关村国家级自主创新示范区核心区建设，在用地结构上，加大对基础设施项目和储备开发类项目的用地预审，这两种类型项目的土地面积占全区预审项目总面积的40%以上；在项目分布上，引导建设项目以内涵挖潜为主，尽量不占、少占耕地或其他农用地。南部建成区预审项目占全区预审项目总面积的45%以上，促进了区域土地资源的集约节约利用，提高了全区土地利用的综合效益。

【征地及农用地转用项目用地管理】

全年共办理征地项目20件、总用地面积263公顷，其中农用地171公顷；制作征地公示、公告38件；完成征地结案22件。随着海淀区建设发展的速度急剧加快，“十一五”期间征地工作办理的建设项目主要有南水北调工程、六环路道路工程、城中村环境整治项目、中关村科技园区开发项目、玉泉地区回迁安置房项目、配套基础设施项目、军事设施项目、园区开发项目以及国家各大部委的重点工程项目、保障房项目等。在办理建设审查报批工作中，分局认真贯彻执行国家法律、法规和部、市级国土资源部门的有关规章，做到“有法必依，从严规范”，加大办理结案工作力度，采取“二证明、二把关”措施，坚决杜绝用地单位拖欠农民征占地款的行为，为区域经济建设稳定发展做出贡献。“十一五”期间共办理征地项目97件，用地总面积1376公顷，办理农转非人数9007人，安置劳动力5390人。

【土地整理及耕地占补平衡】

继续细化落实北京市土地整治目标任务和海淀区土地利用总体规划，按照中央领导“关键在规划好、使用好、监管好”的重要批示精神，结合国土资源部关于土地整治规划编制的总体部署安排，以及海淀区经济社会发展情况和土地资源利用特点，开展土地整治规划编制试点工作。通过科学地制定土地整治的战略和目标，合理安排土地整治规模布局和土地整治项目，探索土地整治新模式，优化田、水、路、林、村空间布局，提出规划实施保障措施，积极稳妥推进土地整治工作，有效促进新农村建设和城乡统筹发展。

【土地市场交易】

全年海淀区入市交易土地4宗，总面积53.58公顷，总建筑规模79.46万平方米，总成交价款37.09亿元，详见表2。

表2 2011年海淀区入市经营性用地列表

宗地名称	成交年度	土地面积（公顷）	规划建筑（万平方米）	交易	规划用途	成交单位	成交价（亿元）
海淀区上庄镇中心区C－14地块	2011	17.24	26.29	邀标	居住	北京三元嘉业房地产开发有限公司	10.08
海淀区温泉镇中心区C地块（C-06、C-07、C-08）	2011	13.65	25.39	邀标	居住、商业	北京宝晟住房股份有限公司	10.31

续表2

宗地名称	成交年度	土地面积（公顷）	规划建筑（万平方米）	交易	规划用途	成交单位	成交价（亿元）
西三旗建材城危改项目二期	2011	12.53	13.6	挂牌	R2 二类居住、R52 小学 \ R53 托幼、C9 其他公共设施用地	北京金隅程远房地产开发有限公司	10.1
海淀区西二旗居住用地（清河北库）	2011	10.16	14.18	邀标	居住、托幼、小学	北京威凯建设发展有限责任公司	6.61
2011 年度小计		53.58	79.46				37.09

【土地储备开发】

上年度结转项目47个（包括67个地块），土地面积1940.5公顷；新增项目4个，土地面积117.2公顷；计划完成项目10个（包括18个地块），土地面积520.6公顷；计划供应项目22个，土地面积138.3公顷。

年内重点负责八家地区整体改造、学院路北端、凤凰岭一期、二期项目、温泉K地块5个储备中心为主体项目。其中八家地区整体改造项目在稳步推进回迁房建设的同时，集中力量完成建设用地范围内的拆迁工作，并于10月与清华大学实现顺利的土地交接。

根据区政府的统一部署，分中心还负责玲珑巷、五路居、五孔桥、半壁店地区统筹整合改造项目前期研究、安宁庄钢材市场及周边地区改造项目、赛迪集团紫竹院科研楼项目、泰跃公司八家（一期）拆迁遗留项目、清华大学朱房项目、四季青镇营会寺地区城中村改造项目6个预研究项目的推进工作。

在正常进展项目中，社会监管项目38个，土地面积1716.16公顷，收取了15个项目的监管资金和保证金共计124269.21万元，根据项目进展情况，已拨付81037万元，剩余资金43232.21万元。

根据年初制定的银行还款计划，2011年度分中心还银行贷款30亿元。为完成区委、区政府下达的融资贷款任务，分中心积极推进融资工作。全年共完成贷款任务4.28亿元。

【地籍管理及土地登记】

全市开展农村土地确权登记颁证以来，海淀分局通过周密部署，完成了确定测绘作业单位、刻制印章、申请经费等工作，制定了《北京市海淀区农村土地确权登记颁证工作方案》，召开了由区农村土地确权登记颁证工作领导小组21个成员单位、8个镇、96个村以及测绘作业单位等270余名工作人员参加的动员部署培训大会。对2012年底完成集体土地所有权确权登记发证工作进行了部署，提出了调查率达到100%，确权登记率达到90%以上的工作目标。目前，已完成129宗集体土地所有权和405宗集体建设用地使用权的工作底图。

完成日常国有土地登记业务828件，其中土地使用权登记241件，包括大业主土地设定登记118件，大业主转移登记70件，变更登记24件，储备用地13，注销登记16件（因土地使用权转移），颁发土地证书221本；抵押登记587件，其中大业主抵押设定登记268件，储备用地抵押1件，抵押变更登记16件，抵押注销登记302件，颁发他项权利证明书269本。地籍调查审核工作：办理划拨出让前地籍调查88件。小业主土地登记业务工作：完成登记业务958件，其中转移登记862件，抵押设定登记457件，抵押注销登记285件。承担央产单位、军产单位国有土地使用证报送市局盖章的工作，全年共制发中央单位土地登记10件，军产保密产登记11件。

【土地执法监察】

以查处土地违法违规为主线，重点开展国土部2010年度卫片、遥感二号卫片等多项土地执法检查工作，制止、清理了一批土地违法案件，尤其是对占用耕地的违法建设进行了严格查处。今年已立案并处理到位29宗，移交城管违法用地案件2件，拆除清理违法占地建设4200平方米，罚款约3700万元。一系列举措使绝大部分地区的违法用地势头得到了有效遏制，同时清查和处理了一批动态巡查、群众举报案件。就全区土地管理情况来看，大宗的土地违法大幅下降，违法占地总量骤减，特别是违法占用耕地的现象正在逐年减少，违法占用耕地的比例由2008年的25%、2009年的19%、2010年的4.75%降低到2011年的0.4%，查处违法效果显著。全年累计巡查160天，出动巡查人员580人次，其中一级巡查区域巡查62天，出动巡查人员252人次，二级巡查区域巡查82天，出动巡查人员270人次，三级巡查区域巡查16天，出动巡查人员58人次。巡查中发现违法建设单位49家，违法占地252亩，对30家单位发放“责令停止土地违法行为通知书”，实现了查处土地违法“早发现、早制止、早处理”的目标。

【信息化建设】

全年使用综合监管平台受理事项为73件，办结49件，更新业务数据871次，建设建党九十周年专题。编制完成《海淀分局信息化“十二五”发展规划调研报告》、《机房建设和管理制度》、《分局信息化管理制度》、《数据管理制度》、《门户网站信息发布制度》、《门户网站信息保障责任分工》、《信息安全责任书》、《政府网站与信息系统安全事件应急预案》、《机房及网络安全事件应急预案》、《海淀分局2011年网络与信息系统信息安全检查自查报告》等。建立信息系统数据更新台帐制度，并采取双机备份的方式，保障数据的安全。完成了政务内网和电子政务互联网提速、向市局信息中心上报分局国土所选址及申报VPN设备、储备分中心办办公场所的综合布线、三个国土所下沉乡（镇）的信息化基础环境建设、分局各业务科室调整后的信息点、网络及电话线的调试等工作。

【矿产资源概况】

海淀辖区内共有矿泉水开发企业4家，共收缴2011年矿产资源补偿费6.9万元。经检查，采矿权人按要求上报了年检材料，在实地核查中未发现违规行为，参检单位均年检通过。

【地热资源管理】

海淀区共有北京大学、裕龙大酒店等8家地热开发利用单位。经检查，地热采矿权人按要求上报了年检材料，在实地核查中未发现违规行为，参检单位均通过年检。

【地质灾害防治】

积极配合区政府做好汛期地质灾害防治工作，成立了海淀分局汛期突发性地质灾害应急领导小组；编制了汛期突发性地质灾害应急工作预案；全面开展汛期地质灾害隐患排查工作；与乡镇积极配合发放地质灾害防灾明白卡，更新了汛期地质灾害群测群防网络；当出现地质灾害险情、灾情时及时、有效、有序的开展地质灾害应急工作，以最大限度的减少海淀区因地质灾害所造成的人民生命财产和经济损失。

【信访工作】

全年共受理信息公开59件，信访53件，接待群众73批145人次，受理信访件已全部办结，办结率100%。办理人大建议、政协提案16件，办结率100%。共代理行政诉讼9件，行政复议7件，基本做到了接诉及时，办理有效，事事有回音、件件有着落，目前全部胜诉。

【大事记】

2月23日，国家土地督察北京局领导在市国土局执法队的陪同下，对海淀区2009年度土地卫片执法检查工作进行验收。

4月13日，海淀分局荣获中共北京市委、北京市人民政府2006年至2010年信访排查调查工作先进集体荣誉称号。

4月22日，海淀分局开展“4·22”世界地球日宣传活动。分局领导高度重视，精心组织并积极准备，取得了良好的宣传效果。

5月19日，市国土局李燕飞副局长带队，来海淀区对地质灾害防治工作进行调研和检查，梁桂明局长汇报了海淀区地质灾害防治情况和2011年度汛期突发性地质灾害应急工作预案。

6月25日，是第21个全国土地日，海淀分局联合区住建委、规划分局于当天在北京市玉渊潭公园举行大型土地日宣传活动，市国土局副局长谢俊奇、海淀区副区长穆鹏、市国土局相关处室、区政府相关部门领导受邀参加，海淀分局领导班子全体成员及各部门负责人参与组织此次活动。

7月1日－2日，海淀分局组织全局干部职工赴狼牙山爱国主义教育基地参观学习。

11月8日，海淀分局组织召开了“海淀区2012年度国有建设用地供应计划项目梳理协调会”。

12月21日，海淀分局开展“遥感二号”2011年第二、三季度卫片执法检查工作。

（海淀分局　韩子瑞）

北京市国土资源局丰台分局

【土地资源概况】

丰台区位于北京市的西南部，属城乡过渡地带，东西长35.4公里，南北宽14.9公里。下辖16个街道办事处（地区）、5个乡（镇）。全区土地总面积现为305.52平方公里，区域土地中耕地23.47平方公里，占总量7.68%，园地7.89平方公里，占总量2.61%，林地44.7平方公里，占总量14.93%，草地0.81平方公里，占总量0.29%，城镇村及工矿用地188.08平方公里，占总量61.56%，交通运输用地25.98平方公里，占总量8.5%，水域及水利设施用地12.38平方公里，占总量4.05%，其它土地2.14平方公里，占总量0.7%，详见表1。

表1　丰台区2011年度土地利用现状分类统计表

地　类		年初面积（公顷）	年初所占比例（%）	年末面积（公顷）	年末所占比例（%）	年度变化量（公顷）
农用地	耕地	2434.39	7.97	2347.51	7.68	86.87
	园地	796.61	2.61	789.41	2.61	7.2
	林地	4560.17	14.93	4475.06	14.93	85.11
	牧草地	89.15	0.29	81.63	0.29	7.52
建设用地	居民点及工矿	18611.14	60.91	18808.03	61.56	196.89
	交通用地	2602.14	8.52	2598.72	8.5	3.42
	水域及水利设施用地	1248.85	4.07	1238.25	4.05	4.6
	其他土地	216.20	0.70	214.02	0.7	2.18
合计		30552.63	100	30552.63	100	

【机构设置】

北京市国土资源局丰台分局（简称丰台分局）现设办公室、综合科、地籍科、耕保征地科、土地利用科、地质矿产科、政工科、纪检监察科8个职能科室，其中办公室加挂财务科牌子；设置土地权属登记事务中心、土地利用事务中心、土地整理储备分中心、国土资源执法监察队、第一国土所、第二国土所、第三国土所等7个事业单位。

截至年底，分局工作人员105名

（编制110个），其中处级干部7名，科级干部30名（含主任科员3名、副主任科员4名）。其中公务员29名，机关工勤4名；参照公务员法管理事业单位（登记中心）人员15名；纳入规范管理事业单位（执法队）工作人员10名，全额拨款事业单位工作人员47名。

分局领导班子：

党组书记、局长　孙连喜
副局长　董志坚
副局长　陈春节
副局长　杨　坤
纪检组长　张文泉
（2011年4月任职）

【土地利用总体规划】

丰台区土地利用总体规划（2006－2020）的编制以第二次全国土地调查为基础数据，根据北京市下达给丰台区的基本农田、耕地保有量和建设用地等指标，结合北京城市总体规划和河西地区整体规划等资料，按照市局土地利用总体规划与城市土地规划相衔接的要求，在广泛征求各方面的意见之后，对上轮土地利用总体规划进行修编，以实现丰台区的可持续发展，提高土地承载力。

根据市国土局的指示精神，按照土地利用总体规划的编制技术要求，在征求了相关部门意见的基础上，组织课题组完成了《丰台区土地利用总体规划（2006－2020年）》，并已经市政府审批通过予以实施。

在区级土地利用规划的基础上进一步细化各种土地分区管制用途，编制了《丰台区河东地区土地利用总体规划（2006－2020年）》、《丰台区长辛店镇土地利用总体规划（2006－2020年）》和《丰台区王佐镇土地利用总体规划（2006－2020年）》。现乡（镇）级规划也已通过市政府审批通过予以实施。

【土地供应计划及实施】

年内编制完成《北京市丰台区2011年度土地供应计划》。全年度土地供应计划已完成项目19个，合计完成供应99.24公顷。全年绿通项目46个，已完成预审的14个，无需预审的6个，两项合计占项目总数43.48%；已办理征地项目5个，无需征地项目10个，两项合计占项目总数32.61%。

【土地市场治理整顿】

按照市国土局、区政府专项治理工作安排，对第三批专项治理项目89个进行梳理，在自查、排查工作后，市国土局认定需整改项目23个，有2个项目经核实不存在问题，其余21个项目已经下发整改通知。

【建设项目用地预审】

为落实市、区绿色审批通道工作的要求，分局积极响应，成立丰台分局重大项目推进领导小组，主动研究审批程序，优化工作流程，提出四个“提前”的工作机制：“提前沟通、提前介入、提前勘察、提前办理”，力争减半时限办结。截至年底，建设用地预审等各项工作进展顺利。丰台区纳入市政府绿色审批通道项目共计46个，已完成预审14个，加上不需办理预审的6个，2项合计为20个，约占43.48%。

全年共完成建设项目用地预审103宗，用地规模2136.48公顷（详见表2）；办理土地利用总体规划和地类的审查意见13件，有效的保证了用地手续后期工作的顺利开展。

表2 丰台区2011年度建设用地预审情况

指标		项目个数	用地面积总量（公顷）
合计		103	2136.48
建设用地预审	基础设施	31	233.96
	产业用地	3	7.5
	科教文卫和行政办公	13	150.47
	经济适用住房	15（含农民回迁楼）	99.84
	住宅商品房	4	12.77
	商服用地	8	62.93
	混合用地	29	1569.01

【征用及农用地转用项目用地管理】

严格执行北京市政府颁发的《北京市建设征地补偿安置办法》(148号令)，按照规定的程序办理征地工作。共办理了西山老年公寓、北京长辛店生态城一期（北区）综合整治土地一级开发、丽泽金融商务区（B2、B3地块）土地一级开发、丰台区丽泽金融商务区C9公建土地储备地块等项目征地前、后期协助、项目审核和报批工作。全年共完成征地14宗共计186.75公顷，其中耕地10.77公顷。

【土地整理与占补平衡】

年内丰台分局积极审核征地补偿、耕地占补平衡和基本农田调整方案，促进国家、市属重点工程征地项目的推进工作，严格执行北京市政府颁发的《北京市建设征地补偿安置办法》(148号令)，按照规定的程序办理征地工作。全年共完成征地14宗，涉及土地面积186.75公顷，其中耕地10.77公顷，全部实现占补平衡。

【土地储备开发】

以落实“两带四区”发展定位中重大项目落地为根本，力促2011年土地供应为抓手，按照优化管理、提高效率、提升服务的总体要求，积极推进各项工作进度，取得一定成效。

对区重大项目和重点功能区项目积极协调市局相关处室和部门，逐环节深入研究，从程序到政策把握全方位给予指导，确保项目上市的顺利实施。对于纳入计划的供地项目，调整原串联的业务流程，尤其对项目验收结案报告的编制和审核、钉桩测绘、权属核查等环节，优化流程、提高效率、提升服务，缩短了项目验收时间，为供地项目上市工作争取时间。

进一步完善项目监管机制，系统梳理项目自开发到供地完成工作总流程，对供地项目所完成节点和后续各项工作从责任单位到经办人均予以明示，制定了项目形象进度表，时时更新，做到了任务清、责任明，横向到主体，纵向到流程，使项目监管工作有的放矢。并配合半月通报制度，为区委、区政府和相关责任单位共同把握、协调工作进度提供依据。

建立重点村储备开发资金监管审批制度，8个重点村项目已全部取得授权批复、规划条件、用地预审及立项批复等前期手续；郭公庄项目二、四、五期已完成入市交易工作，用地面积约32.71公顷、成交价款367500万元；承担约6.5万平方米限价商品房及25万平方米公共租赁房的保障性住房建设任务，为保障房建设任务提供有力支持。

为保证区内重点村及其他重点项目资金需求，储备分中心作为借款主体与银行签订借款合同金额共计125.07亿元，全年资金到帐68.79亿元。截至年底，分中心共计签订借款合同金额约197.96亿元；银行贷款余额132.79亿元；共办理储备证13个，另借用石景山储备证1个，全部用于银行贷款抵押物使用，抵押物价值约281.59亿元。

全年共完成土地储备开发投资153亿元，已在土地市场完成土地交易22宗，土地总面积158.52公顷，规划建筑面积299.15万平方米，土地总成交额237.88亿元，实现政府收益124.13亿元。截至12月底，按照北京市土地交易市场统计，丰台区完成经营性用地土地供应总量位居全市第二。

全年丰台区年度政策性住房供地任务指标为84公顷，截至12月底，已完成保障性住房土地供应面积61公顷，完成比例约73%。

【地籍管理及土地登记】

全年受理行政许可事项121件、服务事项1910件、办结行政许可事项102件、服务事项1868件。受理信息公开668件、档案查询700件（对内和对外查询）、接收法院协助执行91件。

全年办结国有土地使用权登记909件（其中国有土地使用权初始登记139件、国有土地使用权变更登记729件、国有土地使用权注销登记3件、集体土地使用权注销登记3件、军产和保密产国有土地使用权登记办理5件、在京中央单位国有土地使用权登记30件）；国有土地使用权抵押登记974件（其中国有土地使用权抵押登记582件、抵押变更登记12件、国有土地使用权抵押注销登记380件）。10月份，开始启动丰台区集体土地所有权确权工作。

【国土资源执法】

年内，在国家土地督察北京局有力督导、市国土局的精心部署、执法总队的大力支持帮助下，市、区级政府高度重视，全区上下齐心，乡（镇村）和相关部门密切配合、共同努力，使全区卫片违法占耕地比例由最初的63.8%大幅降至3.3%，例行督察违法用地155宗全部整改到位，拆除复耕近500亩，立案处罚69宗，涉及土地面积312.75亩（其中耕地12.4亩），收缴罚没款约51万元。完成例行督察和卫片执法检查任务，通过了督察北京局的验收。

全年执法监察方面信访共50件，重复访7件，不属实10件，属实33件。在查办信访案件过程中，丰台分局依据信访条例和相关法规，坚决落实市国土局对信访工作的要求，坚持解决问题与化解矛盾相结合的原则，采取局领导包案等措施，做到了件件有调查，事事有答复。

丰台区共开展土地巡查77天，出动人员180人次，巡查里程数3173公里。对巡查中发现的非法占地行为，及时下达责令改正通知书，并依法依规进行了立案查处。

全年立案查处矿产违法案件3件，其中个人2件，村集体1件。3件已全部结案，罚没款17.3万元。

【法制建设与法制宣传】

为深入学习贯彻落实中央领导同志近期关于土地管理工作的讲话精神，认真做好今年“12·4”法制宣传工作，进一步总结全区卫片执法、例行督察和信访查核等工作中经验和做法，丰台分局召开了由区农委、区规划分局、区住建委、区拆违办、区监察局、各乡镇及宛平地区办事处相关工作人员参加了土地管理执法总结和法律法规专题宣传培训会。通过此次会议，进一步增强了各乡镇相关人员的法制意识，提高依法行政能力，不断提升土地管理服务能力，不断加强土地管理宣传工作，并为下一年的工作奠定了良好基础。

年内，加强国土资源法制宣讲，深入到长辛店等乡（镇）政府、各村委会，为乡（镇）干部及工作人员宣讲国土资源政策法规，使村镇干部更加清楚的认识土地执法监察和卫片执法检查的各项工作，使基层干部依法行政、依法用地、节约集约用地、合理利用国土资源的观念全面增强。在“4·22”世界地球日和“6·25”全国土地日期间，在丰台区乡（镇）和村设立宣传点，开展形式多样、内容丰富的主题日宣传活动，使国土资源法律法规逐步深入人心。

【电子政务及信息化建设】

信息化基础工作有序开展，为分局办公自动化提供稳固的保障：一是积极应对各种有关电脑的问题，为大家排忧解难；二是积极准备各项信息化新制度，继续完善信息化工作流程；三是按市局要求为分局的电脑客户端更新杀毒软件。

【矿产资源概况】

截至年底，丰台区的矿产地共22处。主要矿产包括地热、矿泉水、冶金用白云岩、制灰用灰岩、水泥配料用页岩。主要矿产探明的储量：冶金用白云岩220万吨，制灰用灰岩2.87亿吨，水泥配料用页岩2703万吨。没有新增矿产地和新查明重要矿产资源储量。开发利用的矿种有矿泉水资源及地热资源2种。已开发利用矿产地22处，其中矿泉水2处，地热20处。

【矿产资源开发及秩序整治】

为做好打击非法开采矿产资源工作，最大限度地遏制非法开采，确保社会和谐稳定，区打击非法开采协调小组各成员单位结合丰台区实际，积极开展打击非法开采专项工作。加强监管，严厉打击涉矿违法活动，加强巡查、检查，对偷挖盗采易发区进行严密监控，防止非法开采现象出现反弹，认真履行各自职责，取得明显成效。年内，国土分局组织有关部门和部分乡镇政府开展巡查、检查24次，出动检查人员300多人次。其中查处非法开采3起，罚没款13万余元。

【矿产资源开发管理】

年内对辖区内从事矿泉水和地热开采企业进行年检，按时完成上级机关布置的年检登记组织工作，总体评价丰台区矿产资源勘查开发利用基本规范有序。

【地质勘查储量管理】

丰台辖区从事地热资源勘探项目企业1家，年内探矿权人对勘探施工进展等情况进行了现场查验和材料审验。年内辖区没有公益性的地质勘察投入。

【地热资源管理】

加大地矿资源管理力度，年内对丰台区地热开采情况进行了调查和年检，本区共有地热井30眼，其中有20眼正在使用，7眼待用，2眼停用，1眼报废。

【地质灾害防治】

按照区应急委颁布的《丰台区突发地质灾害应急预案》，积极开展地质灾害防治工作，制定汛期预防突发地质灾害应急预案和建立应急抢险、避险等预防措施，建立汛期预防地质灾害值班、预防地质灾害险情报告制度及预防地质灾害群测群防体系。组织全区有关业务部门主管领导和业务骨干开展预防地质灾害方面业务知识专项培训，提高了全区各有关部门地质灾害防治意识，增强了防范能力。

【信访工作】

信访工作始终是丰台分局落实“保稳定”的头等大事，领导班子非常重视信访工作，逐级明确责任，明确“领导包案、归口办理、限期结案、加强督查”的办理机制，对全体工作人员提出“热心、耐心、诚心”的工作要求。分局领导严格执行每月两次在岗信访接待和每周领导信访值班制度，对重大信访案件实行领导包案制，认真做好不同阶段的矛盾排查和重点案件的办理工作。全年接待群众来访69批、447人次，接收信访件67件，12336转办50件。

【政务公开与制度建设】

通过网络公布、公开电话、设立信箱等多种方式和形式建立起一套符合丰台分局特点的“政府信息公开”办理流程，主动接受社会各个方面的监督。年内，主动公开各类政府信息362条，受理依申请公开政府信息查询196件，内容涉及征地拆迁、国有土地使用、土地权属等多个方面，全部在规定的时限内做出了答复。

【大事记】

2月15日，丰台分局总结部署执法工作。按照贯彻落实“两整治一改革”精神的部署，结合2010年执法工作，在总结成绩和查找不足的基础上，进一步明确本年度执法工作的新思路。

2月25日，丰台区区委书记李超钢专题听取丰台区年度土地储备开发计划的汇报。强调各乡（镇）政府及有关部门要坚定信心，再接再厉，共同做好丰台区土地储备开发各项工作，为丰台区实现强势崛起和跨越式发展提供保障。

3月25日，国家土地督察北京局北京市丰台区例行督察动员大会在丰台区召开。国家土地督察北京局专员蔡可军、巡视员于孔让、督察一室主任韩琼、市政府副秘书长张玉平、市国土局局长魏成林、区委书记李超钢、区长崔鹏、副区长李昌安及相关单位、各乡（镇）主要领导参加了动员大会。会议还宣布北京市国家土地督察员名单，并颁发聘任证书。

5月3日，按照市国土局党组关于局系统干部的轮岗工作部署，市局谢俊奇副局长、市局人事处到丰台分局宣布了张文泉同志任分局纪检组长的任命决定。

7月1日，为纪念建党九十周年，加强党员党性教育，重温抗战的艰苦岁月，坚定理想信念，丰台分局党支部组织全体党员赴白洋淀抗战纪念地开展“主题党日”活动。

8月3日，经丰台区区直机关工委批准，丰台分局党总支成立。大会按照选举程序以无记名投票方式差额选举产生新一届党总支，党总支由7名委员组成。

12月，丰台区王佐镇后甫营石灰石矿区矿山地质环境治理项目前期调研取得阶段性成果，列入市国土局2011年度矿山地质环境治理项目数据库，进入立项、可研阶段。

（丰台分局　杨燕群）

北京市国土资源局石景山分局

【国土资源概况】

石景山区位于北京市城区西部，因永定河畔的石景山而得名。石景山区土地总面积为84.38平方公里，其中山地占总面积的35.7%，平原占总面积的64.3%，绿化覆盖率45%，常住人口61.6万人。石景山区中部为山顶浑圆、坡度平缓的丘陵地带，东部和东南部是由于永定河的反复改道而形成的扇状冲积平原，其间散布着马鞍山系的老山、八宝山与田村山。石景山区东距市中心的天安门16公里，东到八角东路、玉泉路与海淀区相连；南至吴家村、张仪村一线与丰台区搭界；西临永定河与门头沟区相邻；北倚海淀区的克勤峪、香山、卢师山。

表1 石景山区2011年度土地利用情况统计表

地类		2011年初面积（公顷）	比例（%）	2011年末面积（公顷）	比例（%）	净增减值（公顷）
农用地	小计	2631.24	31.22	2564.47	30.39	-66.77
	耕地	83.02	0.99	78.13	0.93	-4.89
	园地	96.04	1.14	91.07	1.08	-4.97
	林地	2441.96	29.04	2385.35	28.27	-56.61
	草地	10.22	0.12	9.92	0.12	-0.3
建设用地	小计	5781.77	68.76	5849.64	69.32	67.87
	居民点及工矿用地	5249.42	62.43	5318.44	63.03	69.02
	交通运输用地	216.30	2.57	216.26	2.56	-0.04
	水利设施用地	316.05	3.76	314.94	3.73	-1.11
未利用地	小计	25.20	0.3	24.13	0.29	-1.1
	其它土地	25.20	0.3	24.10	0.29	-1.1
合计		8438.21	100.00	8438.21	100.00	0

根据2011年城镇地籍更新调查，石景山区城镇范围为5267.69公顷，占全区总面积的62.4%。其中商服用地353.21公顷，占辖区土地6.71%；工矿仓储用地1391.77公顷，占辖区土地26.42%；住宅用地1373.75公顷，占辖区土地

26.09%；公共管理与公共服务用地970.81公顷，占辖区土地18.43%；特殊用地约558.65公顷，占辖区土地10.61%；交通运输用地550.38公顷，占辖区土地10.45%；其他土地69.12公顷，占辖区土地1.31%（见图1）。

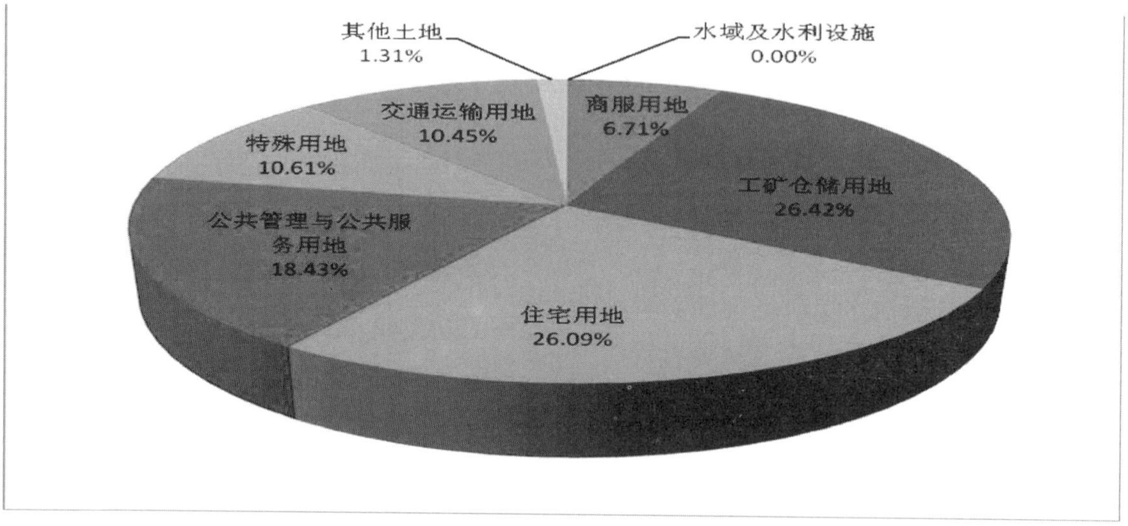

图1　石景山区2011年度城镇土地利用情况

【机构设置】

北京市国土资源局石景山分局（简称石景山分局），在市国土局领导下，按照管理权限，负责组织实施本行政区域内土地、矿产资源的行政管理工作。内设机构：办公室（加挂财务科）、地籍科（加挂综合科）、土地利用科（加挂耕保科）、地质矿产科（加挂执法监察科）、纪检监察科；下设土地权属登记事务中心、国土资源执法监察队、土地储备分中心、国土资源管理所4个事业单位。年内，新录用公务员1名，调入1名，调出3人，公开招聘北京市石景山区土地一级开发管理中心工作人员4名，年底在编在岗人员共66名，其中机关工作人员23名、参照公务员法管理事业单位人员10名、纳入工资规范管理事业单位人员10名、事业单位人员23名。土地储备分中心采取劳务派遣方式聘用工作人员10名。

分局领导班子：

党组书记、局长　　靳　薇（女）
副局长　　张　坚
副局长　　左小兵
副局长　　唐于龙
（2011年3月任职）
副局长　　尚宏瑛（女）
（2011年3月任职）
纪检组长　　马桂兰（女）

【土地利用总体规划】

年内完成区、乡两级土地利用总体规划建库工作，形成区级、乡级规划数据库，并根据国土部制定的质量检查细则进行严格质检，保持与国家数据库的标准一致。规划建库是规划修编工作的有利补充，为政府部门管理、调控、监管土地规划信息提供了有效保障。

【建设项目用地预审】

年内完成20个建设项目用地预审工作，用地面积约112.39公顷。完成6个建设项目用地预审初审工作，用地面积约28.36公顷。完成2个建设项目用地预审意见延期批准工作。

【征地及农用地转用项目用地管理】

年内上报建设用地项目8个，共申请建设用地101公顷，其中集体土地101公顷；办理了1个项目的征地初审工作（西黄村C地块），征收集体土地总面积3.46公顷。为五里坨建设组团02、06、07号地块项目、老古城综合改造项目、天泰山旅游A地块项目、煤气厂西路道路工程项目、刘娘府C1地块土地一级开发项目，共计7个项目取得了市政府的用地批复并办理了征地结案，申请结案的土地面积共计177.88公顷。

【土地供应计划及实施】

全年全区国有建设用地实际供应总量为76.35公顷，完成年初计划供应总量133.79公顷的57.06%。其中，通过划拨方式供地12.24公顷，通过招拍挂出让方式供地9.17公顷，通过协议出让方式供地19.03公顷，政策性住房项目视同供地35.91公顷。

【保障性住房用地供应】

年内政策性住房用地中的燕山水泥厂限价房、南宫住宅小区公租房、京原路公共租赁住房、刘娘府综合改造项目C1地块定向安置房5个项目实现供地，总用地面积51.73公顷，超额完成42公顷的市级保障性住房供地指标。

【土地市场交易】

经营性用地中苹果园1606－613地块已于3月30日完成上市交易；石景山燕山水泥厂项目（限价房）用地于8月5日完成上市交易。正在办理京西商务中心、北京国际雕塑园、苹果园交通枢纽商务区F地块等项目上市相关工作。

【土地储备开发】

年内运作土地储备项目38个，项目总用地面积885.07公顷，建筑规模867.83万平方米。启动拆迁工作项目的住宅拆迁累计走户率达83%，非住宅拆除累计完成65%。

【地籍管理及土地登记】

年度土地遥感监测变更调查工作是每年一次的地类变更情况摸底工作，地类的变化是土地“批、供、用、补、查”多项工作的基础影响因素，及时准确的掌握石景山区各类土地利用变化情况对开展次年的各项工作具有重要意义。根据国土资源部统一部署，分局地籍科与执法队配合作业单位开展了外业调查、资料收集与核对，对135个监测图斑进行逐块核实、分析。

全年受理各类业务753件，办结各类业务599件。其中：土地登记101件、抵押登记36件、抵押注销登记28件，小业主土地登记93件、抵押登记54件、抵押注销76件，地籍调查确认单及土地权属审核53件，用地预审19件，征地7件，数套商品房出让10件，划拨2件，信息公开114件，其他业务6件。在日常工作中严格执行退件制度，全年累计退件120件。全年完成发证194宗，其中国有初始登记57宗（出让9宗、划拨40宗、政府储备8宗），变更登记137宗，抵押登记90宗（大业主21宗、小业主54宗、政府储备14宗、大业主抵押变更登记1宗），完成31个项目的权属审查告知业务。

【土地执法监察】

全年执法监察队巡查132天、264人次，巡查总里程数为2706公里，发现违法用地16宗，违法面积共计210.04亩，其中耕地面积7.91亩。土地矿产卫片执法检查工作，发现违法占地图斑24块，违法占地监测面积185.50亩，已全部处理完毕。立案查处违法用地14件，均已做出行政处罚决定，共计罚款金额455.67万元，没收在非法占用的土地上新建的建筑物和其他设施12.64万平方米。

【信息化建设】

年内，顺利实现了分局办公系统宗地号升至18位及搭建集体土地所有权登记业务流程、更换《地籍调查表》等系统更新工作，9月份正式启动分局2010年、2011年日常档案数字化工作，共计完成2010年大业主、央产、小业主登记及2010年、2011年小业主抵押登记档案668卷。应用北京市石景山区国土综合信息系统辅助完成土地发证等各项工作任务。共受理了用地预审业务9件、数套商品房土地出让业务9件、地籍调查业务56件、土地登记业务（包括权利设定登记、变更登记、分摊登记）178件（其中小业主64件）、抵押登记业务85件（其中小业主45件）、抵押注销登记业务39件（其中小业主18件）、地籍调查确认单业务9件、公文流转业务659件。共受理1044件、办结1033件，通过督办、业务调度，实现了良好的办结率。利用《系统》历年的基础数据与业务数据，提高了发证工作的准确率，缩短了外业调查的工作时间，提高工作效率，避免重复发证，相邻土地边界重叠等问题。同时，通过换发证工作，进一步完善了地籍数据库建设。

开发信息系统业务类数据与网站的数据接口，降低信息发布的人为参与程度，提高信息发布效率，形成业务办结即信息公开的工作模式。利用网站与分局系统的数据口，发布各类数据275条。

【矿产资源概况】

目前石景山区域已探明的矿产资源有无烟煤、凝灰岩、陶粒岩、铸石辉绿岩、砂石、矿泉水、地热等矿产资源。

【地质勘查储量管理】

配合市国土局开展地质资料的管理，勘查矿产资源许可等方面的行政许可工作。开展矿产储量地质勘查管理工作，对5宗用地项目开展是否压覆矿产资源的核查工作。按照市政府要求，与地质技术单位在石景山区开展了城市地质土壤调查与评价工作，工作重点在首钢原厂区，目前该项工作正在进行中。

【矿产开发管理】

配合市国土局开展矿产资源许可、

延续等方面的行政许可工作，依法负责矿产资源有关费用的征收。对涉矿企业开展年检工作，组织对矿泉水企业开展生产水源的检测工作，开展检查是否超层越界开采工作。到2011年底石景山区具有《采矿许可证》的矿产资源开采企业6个，全部为开采矿泉水企业。

【地热资源管理】

配合市国土局对地热资源勘探的管理。石景山区衙门口有一口地热井，目前暂未开发利用。

【地质灾害防治】

石景山区存在7处地质灾害隐患点，灾害种类有泥石流、崩塌、滑塌三种，涉及石景山区的4个街道办事处，受威胁影响居民达几十人。2010年底石景山区在被国土资源部授予地质灾害防治工作“十有县”的基础上，编制了应急《预案》、《方案》，在地质灾害隐患点设立《警示牌》，与有关街道签定《地质灾害防治责任书》，发放《地质灾害预防明白卡》，建立《应急通讯录》。年度内石景山区域的降水量是往年的1倍，由于地灾防治工作的落实到位，确保了安全度汛。

【信访工作】

全年共接到信访60件。其中，市国土局批转17件，石景山区政府信访办批转22件，分局长信箱邮件6件，来访8件，来信7件，全部按期办结。

【大事记】

1月5日，石景山分局2009年以前（含2009年）所有档案室馆藏专业档案及2005年至2009年文书档案的数字化通过市国土局验收。

2月，通过国土资源部地质灾害群测群防“十有县”的验收。

7月1日，顺利实现了除地籍类登记、抵押、地籍调查确认单、勘测定界业务外的市国土局监管平台统一办理。

10月20日，国土部西藏检查组一行6人，由西藏自治区国土资源厅地籍处副处长尼玛旺堆带队，在市国土局登记中心主任陈珂等工作人员陪同下，与石景山国土分局，就土地登记规范化和权属争议调处工作进行调研交流。

11月，出让老古城综合改造定向安置房项目A1地块3.71公顷和老古城综合改造定向安置房项目A2地块1.96公顷。

12月，石景山区农村土地确权登记颁证工作领导小组成立，标志着石景山区农村集体土地登记发证工作正式启动。

12月26日，顺利实现了分局办公系统部分地籍业务的升级改造工作：宗地号升至18位及搭建集体土地所有权登记业务流程、更换《地籍调查表》等系统更新工作。

（石景山分局　李忠庆）

北京市国土资源局门头沟分局

【土地资源概况】

门头沟区位于北京市西部，北与昌平区为邻，东临海淀区和石景山区，南接房山区和丰台区，西部及西北部与河北省的涞水县、涿鹿县以及怀来县接壤。东西最长距离约62公里，南北最宽为34公里，平面大致呈扇形分布，区政府所在地龙泉镇距北京市中心约25公里。西部山地是北京西山的主体部分，山形挺拔高峻，险峰叠嶂，峭壁林立。海拔1500米以上的山峰有160余座。东部山地处于北京西山边缘，山势逐渐降低，山体变小。3条主要岭脊均呈东北向平行排列。由于山地切割严重，各岭脊之间形成大小沟谷300余条。平缓的山地与陡峭的山坡交替出现，地形呈锯齿状、阶梯性上升，具有中纬度大陆东岸季风气候特点。土壤类型主要有山地淋溶褐土、山地棕壤和碳酸盐褐土。土地总面积的98.5%为山地。全区辖9个镇，4个街道。

根据2011年度土地变更调查数据，全区土地总面积为1448.84平方公里，其中建设用地94.21平方公里，占总量的6.50%，农业用地1076.77平方公里，占总量的74.32%，未利用地277.86平方公里，占总量的19.18%（见表1）。

表1　门头沟区2011年度土地利用现状统计表

地类		面积（公顷）	占比例（%）
农用地	小计	107676.99	74.32
	耕地	802.58	
	园地	5464.60	
	林地	100470.20	
	牧草地	0.00	
	其他农用地	939.61	
建设用地	小计	9421.53	6.50
	居民点及工矿	7978.77	
	交通运输用地	894.79	
	水利设施用地	547.97	

续表 1

地类		面积（公顷）	
未利用地	小计	27785.61	19.18
	未利用土地	26898.28	
	其他土地	887.33	
合计		144884.13	

【机构设置】

北京市国土资源局门头沟分局（简称门头沟分局）下设6个职能科室，即：办公室（财务科）、综合科（地籍科）、土地利用科（耕保征地科）、地质矿产科、执法监察科、纪检监察科。所属8个事业单位：北京市土地整理储备中心门头沟区分中心、门头沟区国土资源执法监察队、门头沟区土地权属登记事务中心、门头沟区土地利用事务中心及北京市国土资源局门头沟分局第一、第二、第三、第四4个国土资源管理所（办公地点分别设在永定、军庄、王平、斋堂）。分局编制数100人，其中行政23人，机关工勤3人；参照公务员法管理10人，纳入工资规范15人；事业单位49人，其中储备分中心11人，利用中心6人，国土所32人。

分局现有干部职工93人，其中行政编制实有23人，机关工勤3人；参照公务员管理实有9人，纳入工资规范实有14人；储备分中心实有10人，利用中心实有6人，国土所实有28人。

分局领导班子：

党组副书记、局长　　王桂忠
党组书记　　吴振刚
副局长　　公庆联
副局长　　金建伟
副局长　　王晓明
(2011年4月)
纪检组长　　杜钢钎

【土地利用总体规划】

2月28日市政府批复《门头沟区土地利用总体规划（2006—2020年)》。完成了乡（镇）级土地利用总体规划修编方案。完成了区“十二五”土地利用专项规划的编制。完成区级规划数据库建设工作。

【建设项目用地预审】

完成建设项目用地预审33件，为建设单位出具用地初步意见56件。

【征地及农用地转用项目用地管理】

完成集体土地征收前期工作12项，合计土地面积324.50公顷；完成占地审核项目2项，面积1.54公顷；完成征地结案项目8项，面积100.44公顷；受理国有土地使用权划拨项目10项，面积25.98公顷，其中核发划拨决定书4项，面积12.64公顷。

【土地整理及耕地占补平衡】

完成2010年实施的清水镇椴木沟村项目、斋堂镇龙门口村等三村项目土地开发整理工程竣工验收；完成斋堂、清水、妙峰山、雁翅及龙泉等镇7个土地开发整理项目专家评审工作，其中已获批复3个。完成土地开发整理项目前期可行性研究报告3个。

共使用耕地指标74.17公顷，收缴耕地开垦费1668.83万元。

【土地供应计划及实施】

完成区《2011年度土地供应计划》的编制。计划供应土地432.70公顷，完成供地151.94公顷。其中：市批出让项目139.30公顷，区批划拨项目12.64公顷。

【保障性住房用地供应】

全年门头沟区政策性住房供地指标56公顷，完成供地57.86公顷。其中：完成定向安置房供地50.06公顷，完成公租房供地7.8公顷。

【土地市场交易】

完成“原水利工程公司地块”、“东辛秤等村综合改造项目B地块（01、02、03)”、“石龙西路南侧土地一级开发地块”、“门头沟区黑山地区居住、托幼项目地块”经营性土地入市交易4宗，成交额467785万元，土地收益261968万元。

【土地储备开发】

实施土地一级开发项目16个，其中市区联储及分中心为主体项目13个，社会企业投资项目3个；完成土地储备开发面积123公顷，完成土地储备开发投资93.61亿元。

【地籍管理及土地登记】

启动军庄镇、潭柘寺镇农村土地确权登记颁证试点工作。

登记发放国有土地使用权证82宗，面积221.09公顷；受理土地抵押14宗，面积28.46公顷，贷款金额20.09亿元；办理土地抵押权注销登记29宗，面积256.40公顷。

【土地执法监察】

开展2010年度土地卫片、2010年第四季度至2011年第一、二、三季度遥感监测土地卫片执法检查工作。共核实图斑197个，查处违法用地行为28宗；开展土地执法巡查429次，发现违法违规用地行为113起，已按相关规定进行了处理；参加区专项整治及会同相关部门开展联合检查共计195次，拆除违法建设25处，拆除面积2.95万平方米，没收建筑物1.7万平方米，罚款26万元，移交监察部门追究责任人案件2宗。

【信息化建设】

开展网络和设备的维护与故障排查，网上综合业务办理平台稳定运行；更新了网站首页横幅样式，调整了栏目布局，完善了内容，并做到及时更新；加强网络信息系统安全管理，无重大病毒感染及严重网络入侵事件。

【矿产资源概况】

区内矿产资源较为丰富，主要矿种包括煤炭、石灰石、叶腊石、砂石等。截至2011年年底，门头沟区只保留固体矿山企业1家，矿泉水企业2家。

【矿产资源开发管理】

开展煤矿复工验收2次；开展安全生

产联合执法检查2次；开展矿产资源储量管理工作检查2次。

【地质灾害防治】

经评估排查，确定区地质灾害隐患点88处；对原有群测群防网络及时进行更新；完成了区《2011年度突发性地质灾害应急预案》、《2011年度突发性地质灾害防治方案》及分局《2011年汛期突发性地质灾害应急预案》的编制；健全分局地质灾害防治工作组织机构，将任务层层分解，责任落实到人。认真执行汛期值班制度与地质灾害应急调查制度；积极开展地质灾害防治宣传，发放防灾明白卡860份；年内共启动预警响应7次，应急调查4次，全部及时处理完毕，未发生地质灾害伤亡事故。

开展门头沟区主干公路沿线地质灾害隐患勘查工作，完成投资428万元，对108国道、109国道、灵山和妙峰山景区公路及南雁路等5条路段进行道路两侧山体崩塌隐患勘查，确定地质灾害隐患点155个。

【矿产资源执法】

开展矿产资源巡查287次，发现非法盗采行为40起，已按相关规定处理；参加区专项整治及会同相关部门开展联合检查共计67次，处理煤熏口94处，没收非法煤炭548吨，移送公安部门涉嫌盗采人员54人，查扣盗采车辆17台，收缴盗采机器设备58台，公开销毁盗采挖掘机2台、运输车辆8台，收缴盗采工具106件。

【矿山环境治理】

完成2010年实施的清水镇洪水峪项目、达摩庄项目治理工程竣工验收；完成了雁翅镇田庄村地质灾害治理项目竣工验收，治理面积2万平方米；实施并完成了斋堂北山—黄岭西矿区项目的竣工验收，治理面积45万平方米。

【信访工作】

全年受理信访事项162件，其中涉地类117件，涉矿类45件，办结149件。

【法制宣传】

开展“4·22”世界地球日、“6·25”全国土地日、“12·4”法制宣传日的宣传活动。期间悬挂横幅10条，制作展板20块，发放宣传材料及纪念品8000余份；协助市局在区育园小学举办了全国第三个防灾减灾日主题宣传活动。组织开展了区相关委办局及镇领导、村级干部、分局干部职工等土地利用总体规划的宣传培训工作；深入涉及被征地、违法用地、非法盗采等镇村，开展相关法规政策宣传30余次。

【大事记】

1月7日，门头沟区委副书记、区长王洪钟与区委常委、副区长付兆庚一同到门头沟分局调研，听取了分局关于土地收储方面的情况汇报。

2月16日，市国土局局长魏成林同志带队到门头沟区进行工作调研。市国土局总规划师丁晓和门头沟区委副书记、区长王洪钟，区委常委、常务副区长罗斌，区委常委、副区长付兆庚，副区长郑伟革等区领导同志参加调研。

3月4日，门头沟区政府召开2010年度遥感二号卫片执法检查专项工作会。

门头沟区长王洪钟、常务副区长罗斌、副区长付兆庚等领导出席会议。

3月22日，门头沟区委书记韩子荣，区委常委、副区长付兆庚，区委常委、纪委书记赵潮英，区委常委、区委办主任张永等区领导同志到门头沟分局调研。门头沟分局主要领导重点汇报了土地一级开发在施项目、拟入市项目、土地储备项目资金、拟新增土地储备项目、三定三限项目及面临的主要问题等土地储备开发工作情况。

4月1日，市局地环处、财务处、矿开处和监理公司、设计单位及有关专家对门头沟区清水镇洪水峪、达摩庄地质环境治理项目进行了竣工验收，市局副局长李燕飞参加。

4月13日，原水利工程公司地块挂牌出让在北京市土地交易市场拍卖厅举行。最终由北京汇江亨通房地产开发有限责任公司以1.96亿元人民币竞得。该地块位于永定镇葡萄嘴环岛西侧，土地面积0.89公顷，规划建筑面积35704平方米。

4月27日，门头沟分局举办全区《土地利用总体规划（2006－2020年）》讲座。区相关委办局主管领导，各镇主管镇长及各村两委班子主要负责人共计400余人参加。

5月30日，门头沟区召开违法、违章建设拆除专项整治行动攻坚誓师大会。会议由区委常委、区政法委书记韩生辉主持，区委常委、副区长付兆庚出席会议并讲话。

5月23日，门头沟区召开2011年度地质灾害防治工作会暨地质灾害防治知识培训会议。

6月9日，石龙西路南侧地块挂牌出让在市土地交易市场拍卖厅举行。最终由北京住总房地产开发有限公司和北京骏洋房地产开发有限公司（投标联合体）以11.58亿元人民币竞得。该地块位于永定镇冯村，土地面积9.89公顷，规划建筑面积207452平方米。

6月25日，是第21个全国“土地日”，门头沟分局组织各科室负责人及有关人员上街，在新桥大街科技馆门前及永定镇冯村、军庄镇军庄村、王平镇王平大街、斋堂镇西斋堂等地区开展了“土地日”宣传活动。

9月6日至7日，国家土地督察北京局蔡可军专员带队到门头沟区检查验收监察部、国土部2010年度土地卫片执法检查工作。门头沟区委书记韩子荣，区委副书记、区长王洪钟，区委常委、副区长付兆庚等区领导陪同检查。期间，检查组分别查阅了本次土地卫片工作的组织、宣传、图斑核查、组卷归档、举证材料、整改查处等内业资料情况，对门头沟区妙峰山、龙泉、永定、斋堂等镇11宗图斑进行了实地抽检。

9月16日，门头沟区人大主任李慷云到门头沟分局调研，区委常委、副区长付兆庚一同调研。

9月21日，市局耕保处、财务处组织专家验收组到门头沟区就清水镇椴木沟村土地开发项目和斋堂镇龙门口村等三村土地整理项目进行竣工验收。

11月4日，市国土局组织有关专家对门头沟区雁翅镇田庄村北不稳定斜坡治理项目进行了验收。市国土局副局长李燕飞带领地环处、财务处及7个山区县国土分局30余人参加了验收。

（门头沟分局　杨立新）

北京市国土资源局房山分局

【土地资源概况】

房山区是北京的西南门户。东北与丰台区相邻，东与大兴区以一水相隔，南和西面与河北省涿州市、涞水县相连，北与门头沟区以百花山为界。房山地形复杂多变，处于华北平原与太行山交界地带，西部和北部是山地、丘陵，约占全区总面积三分之二。主要山脉有：大房山、大安山、三角山、百花山、大游龙山和新盘岭山（又名西占山），均系太行山脉分支。最高山峰是百花山的白草畔，海拔2161米，东部和南部为沃野平原，最低处是东南部立教洼，海拔为26米。根据2010年土地变更调查，房山区行政辖区面积1995.27平方公里，其中，山区面积975.91平方公里，丘陵面积492.32平方公里，平原面积527.04平方公里，其中城市建成区面积47.5平方公里。全区辖28个乡（镇）、街道办事处，社区居委会108个，村民委员会462个。全区常住人口91.2万人。

表1 房山区2011年土地利用分类面积统计表

地类		面积（公顷）	占全区比例（%）
农用地	耕地	25905.49	12.98
	园地	16413.24	8.23
	林地	61161.84	30.65
	牧草地	6.02	0.01
	其他农用地	5591.92	2.80
	小计	109078.51	54.67
建设用地	城镇村及工矿用地	29365.13	14.72
	交通运输用地	2665.52	1.34
	水域及水利设施用地	1003.08	0.50
	小计	33033.73	16.56
未利用地	未利用土地	50066.71	25.09
	其他土地	7348.53	3.68
	小计	57415.24	28.77
合计		199527.48	

【机构设置】

北京市国土资源局房山分局（简称房山分局）于2005年4月12日挂牌成立，分局机关设办公室、综合科、地籍科、耕保征地科、土地利用科、地质矿产科、财务科、执法监察科8个行政科室。编制39人，其中工勤5人。2006年5月9日根据京编办事［2006］26号文件精神成立6个事业单位，分别为：北京市房山区土地权属登记事务中心；北京市房山区土地利用事务中心；北京市土地整理储备中心房山区分中心；北京市房山区国土资源执法监察队；北京市国土资源局房山分局第一国土资源管理所；北京市国土资源局房山分局第二国土资源管理所，编制71人。2007年7月23日（京国土人［2007］505号）增设纪检监察科后调整为9个行政科室。2009年9月25日，根据京编委［2009］28号文件精神成立房山分局第三国土资源管理所、房山分局第四国土资源管理所、房山分局第五国土资源管理所、房山分局第六国土资源管理所，编制32人。2011年3月4日，根据房山区机构编制委员会办公室《关于调整北京市房山区整顿和规范矿产资源开发秩序工作领导小组办公室机构设置的通知》(房编办字［2011］34号)，将北京市房山区整顿和规范矿产资源开发秩序工作领导小组办公室由区整顿和规范矿产资源开发秩序工作领导小组的办事机构调整为区政府派出机构，并更名为北京市房山区人民政府整顿和规范矿产资源开发秩序工作办公室，其主要职责不变，机构挂靠房山分局，原有6名行政编制由区编办收回。截至年底，全局在编人员共有137人。

分局领导班子：

党组书记、局长	任振秋
党组副书记、纪检组长	李泽田
副局长	周振国
副局长	石广欣（女）
副局长	鲁永来
副局长	王景岗

（2011年8月任职）

【土地利用总体规划】

2月，房山区区级土地规划得到市政府审批，12月，乡镇级土地利用规划通过市政府审批。新版规划落实了房山区“两轴三带五园区”的产业发展格局，规划到2020年城乡建设用地总规模282平方公里，特殊交通水利设施用地90平方公里，耕地保有量和基本农田与上轮土地规划相比有较大核减，优化房山区土地利用格局，进一步拓展未来发展空间。

【建设项目用地预审】

年内，房山区共有市级绿色通道项目250个，已完成用地预审182个，完成征地117个，完成出让或划拨48个，完成登记发证15个。2011年共受理建设用地预审69件，受理征地及农转用58宗。已完成建设用地预审69件，涉及土地915公顷。

【征地及农用地转用项目用地管理】

严格执行征地补偿区片价规定，继续积极探索推进征地补偿安置多元化试点工作和总结建设项目征地留地和实物安置经验。全年共办理征地结案 19 宗（187 公顷），完成征地上报面积 1130 公顷，上报规模位居全市第二；新增建设用地 660 公顷，农转用面积占到全市 1/6，7.9 亿安置费用全部监管到帐。东羊村等九个村的整体转居安置获得市政府批准，可安置农业人员 5541 名。

【土地整理及耕地占补平衡】

利用集体建设用地整理实现“边补边占”，大力推进全区土地整治规划等措施，共完成占补平衡 5464 亩。完成总验收和申请总验收的开发整理项目新增耕地总面积达 10380 亩，项目验收数量和新增耕地数量居于全市前列，有力保障了长阳 CSD、窦店产业基地等重点功能园区和部分保障房安置项目的落地。

【土地供应计划及实施】

全年共实现土地供应 334 公顷（其中划拨 31 公顷，出让 303 公顷）。一是加大项目拆迁力度和规划落实工作。要求各乡镇、一级开发单位及时完成开发任务，将规划尽快调整到位，确保项目按计划供地；二是抓住城铁全线即将开通等机遇，积极推进项目，加快供地，及时回笼资金。加大宣传推广，重点推出轨道周边和优势区域项目；三是多方解决融资难题，采取多种方式融资；四是服务提前，协调各乡镇提前做好供地前准备工作。五是坚持以人为本，推动项目拆迁。进一步完善拆迁补偿政策，人性化开展拆迁工作，缓解拆迁矛盾。

【保障性住房用地供应】

年内，房山区定向安置房项目共计 30 个，总用地面积约为 277 公顷，建筑规模约为 325 万平方米。取得市政府批复 29 个；已开工项目 23 个。

【土地市场交易】

年内，房山区计划供应经营性用地 400 公顷，实现政府土地收益 60 亿元。全年实现土地储备供地 393 公顷，（经营性用地约 209 公顷；工业用地约 69 公顷；保障房项目供地 115 公顷）。其中，经营性用地成交 10 宗，面积 82.3 公顷，工业用地成交 4 宗，面积 48.7 公顷。共计实现基金收入约 44.35 亿元（其中政府收益 20.75 亿元）。

【土地储备开发】

全年房山区土地储备开发项目共计 40 个，总面积 1799 公顷，项目总投资 433 亿元。2011 年计划完成投资 60 亿元，计划完成开发面积 400 公顷。面对土地市场的严峻形势，房山分局进一步加大工作力度和强度，迎难而上。全年共完成土地一级开发投资 60 亿元（圆满完成市级投资指标），完成开发面积约 172 公顷。

【地籍管理及土地登记】

完成城镇地籍调查数据更新汇总和前三季度土地变更调查工作；以二调成果为基础建立了数据库，实现了日常登记流程信息化管理，登记时限进一步缩短，登记效率得到进一步提升。

按照全市统一部署，房山区于 2011 年 10 月正式启动农村集体土地确权登记颁证工作，成立了工作领导机构，组建了工作队伍，充分依托乡镇，以点代训，形成了上下联动、部门共同参与的工作机制。确定了南窖乡、石楼镇为试点乡镇。

【土地执法监察】

年内，房山分局共下达《国土资源行政处罚决定书》72件，没收建筑物23万平方米，收缴罚款538万元。完成“十一次”卫片执法检查任务。共拆除违法建筑物38万平方米，恢复耕地571亩。对其中的117宗违法用地，以立案方式处理40宗，以非立案方式处理77宗，移送公安机关3起，对4个乡镇、64个村提出处分建议并移送纪检监察部门。经过查处整改，全区违法占用耕地比例由最初的46.7%降低至5.9%。认真开展高尔夫球场综合清理整治工作。对8家高尔夫球场全部进行了立案调查，对占用耕地的球场进行了督促整改。

召开卫片拆除整改进展专题会　6月8日，房山区区委书记刘伟主持召开2010年度卫片拆除进展工作紧急专题会，区领导祁红、张祝华、吴会杰参加会议。会议传达了市政府办公厅的相关文件，并听取了国土分局卫片拆除整改进度的汇报。

多项措施推进北京市资源二号卫星监测违法违规用地整改　一是高度重视。区委、区政府召开专题会议研究部署，明确工作计划，确定整改时限；二是加大统筹协调力度。相关部门积极配合，建立执法联动机制，及时沟通解决在整改阶段出现的问题；三是加大执法巡查力度。抽调基层执法人员到执法队，深入到各乡镇进行执法检查，对限期整改到位的项目进行一对一排查；四是加大责任追究力度。对隐瞒不报、整改不到位、拒不整改的，视情节轻重按有关规定进行处理。五是加大宣传力度。采取培训、悬挂横幅、基层走访的形式加大对国家政策法规的宣传力度，提高群众依法用地的意识。

【国土宣传】

一是改变以往分局为主体的宣传模式，变基层国土所为宣传主体，把辖区内的乡镇做为宣传点对国土资源管理政策法规进行宣传。当天全区共发放宣传品2万余份，悬挂横幅300余条，制作板报80多块；二是改善以往宣传内容单一的情况。此次宣传内容涉及土地节约集约利用、打击非法开采、地质灾害防治、世界地质公园保护等内容，宣传内容更加丰富，活动更加深入人心；三是对宣传方式进行了创新。6月25日当天除了各乡镇上街宣传、电视台报道、报纸宣传、有奖知识竞猜等形式外，房山分局和区委区组织部联合采取短信的形式，对土地管理政策法规进行为期一个星期的宣传。同时联合房山区邮政局出专刊《关注》杂志，庆祝“6·25”土地日，共向全区行政部门、企事业单位发放5000册。

【矿产资源概况】

房山区位于首都西南，有三分之二为山区和半山区，南部和东部为冲击平原，优越的地质环境，造就了丰富的矿产资源。目前已发现矿产资源种类20余种，尤其是以煤炭、建材为主的非金属矿产分布，储量大、品种多、质量好，是房山区有特色的优势矿产。到2009年底，共有矿山企业93家，其中煤矿18家，非煤矿山61家，矿泉水2家，地热12家。

【地质勘察储量管理】

国家级地质环境治理项目于6月15日开工 项目位于房山区大石窝镇，项目总投资预算为2092.23万元，其中2000万元为中央财政补助资金，92.23万元为地方配套资金。通过该项目的实施，将恢复可利用土地88公顷（约1320亩），年内完工。

房山区佛子庄矿山地质环境治理项目通过竣工验收 12月，房山区佛子庄矿山地质环境治理项目顺利通过市国土局组织的竣工验收。项目分别获得中央财政补助资金690万元和市财政补助资金468.97万元，治理区面积58.65公顷。通过地形地貌整治、修建挡土墙、排水沟和联络线等工程，有效减轻了治理区内泥石流、不稳定边坡等地质灾害隐患，消除了废渣堆积和露天采坑等矿山地质环境问题；遏制了当地非法盗采矿产资源活动；通过治理，实现了矿山废弃土地的再利用，恢复可利用土地面积18.7公顷，对当地农村经济的转型具有积极促进作用。

【矿产资源开发管理】

房山分局建立健全打击非法开采长效机制 一是落实有奖举报制度。坚持有报必查，对群众举报的非法盗采行为，一经核实，及时兑换奖励，鼓励群众参与、监督打击非法开采。二是坚持打击偷挖盗采月例会制度。定期召开打击偷挖盗采例会，通报乡镇、单位打击偷挖盗采的工作进展情况，研究下一步工作计划。三是实施巡查督促制度。深入有关乡镇，检查打击非法开采的质量和效果，督促乡镇查漏补缺，完善档案管理，落实监督责任。四是严格落实动态巡查制度。坚持24小时上山检查，及时发现及时制止。同时利用遥感等高科技手段及时制止私挖盗采行为。五是落实联合执法工作制度。有效打击非法盗采者的嚣张气焰。

召开贾峪口检查站工作部署调度会 3月，房山区召开贾峪口检查站工作调度会，区委常委、副区长李江主持会议，原则通过了房山国土分局起草的《贾峪口综合检查站运行工作方案》。李江强调：一是从4月1日起，决不能让1吨煤运出。二是要充分发挥宣传作用，加大宣传力度，做到家喻户晓，告知在前，执法在后。三是要继续加大对外来人口的清理，把劳动力输送的链条切断。四是严禁矿用设备、设施等上山。五是要保持打非的高压态势，炸封力度不能减。

房山区矿山巡查大队成立 房山区政府将打击非法开采职能由政府管理转为由国土部门代政府管理，整合矿山执法力量，增强工作的协调配合，成立了矿山巡查大队。大队由40人组成，配备10辆巡查车。主要负责辖区内盗采易发区的巡查工作；督导、配合帮助乡（镇）矿山巡查队做好巡查打击工作；为区乡两级打击非法开采工作提供人力保障。

【地质灾害防治】

在2010年应急调查的基础上对区地质灾害隐患台帐进行了更新，新增加险户632户，受威胁人数1726人。一是高度重视。专题研究部署，制定工作计划，重点要求12个乡镇制定出应对地质灾害的具体工作措施。二是精心组织，周密排查。组织乡镇进行地质灾害隐患的再排查工作，对地质灾害易发区采取拉网式排查。三是加大宣传，完善制度。向险村险户发放“明白卡”，明确防灾责任人和监测人。同时建立群测群防网络，建立地质灾害预报预警制度。四是强化值班。严格落实24小时值班制，24小时上山巡查，关注天气变化，遇到雨情随时上报山区情况。

【信访工作】

全年共接待来信来访178件（来信88件，来访90件），其中：正式受理22件（其中来信12件，来访10件），不予受理23件，直接转办133件。全部依法依规办结完毕，做到事事有反馈、件件有答复。

【大事记】

1月11日，北京市最大的地质环境治理项目竣工。项目位于房山区大石窝镇辛庄大理石矿区，由国家投资2000万元，恢复土地面积1050亩。是北京市开展地质环境治理以来最大的一个项目。

1月20日，房山区六个基层国土所成立并举行揭牌仪式。国家土地督察北京局蔡可军专员、市国土局副局长李军、房山区政府副区长吴会杰等领导参加仪式。

2月18日—20日，国家土地督察北京局蔡可军专员带队到房山区进行例行督查，区领导祁红、高言杰、吴会杰陪同督查。

3月22日，房山区召开年度土地储备工作专题会，区委书记刘伟、区委常委、政法委书记刘欣国、副区长吴会杰参加会议。

4月20日，区委书记刘伟到房山分局就土地储备、土地执法、国土所建设等工作进行调研。

4月22日，房山区举办第42个“世界地球日”宣传活动。市国土局局长魏成林、区委书记刘伟、区长祁红、区政协主席唐淑荣、区人大副主任段维鹏、副区长卢国懿、市国土局副局长李燕飞参加宣传。

5月27日，国土部执法监察局局长李建勤带队到房山调研国土所建设情况。市国土局副局长李军、副区长吴会杰陪同调研。

6月2日，区人大副主任段维鹏带队到国土分局就土地管理法的贯彻落实情况进行调研。段维鹏副主任对国土分局落实土地管理的情况给予充分肯定。

6月16日，国家审计署京津冀特派办王波副特派员带领审计组到房山对国土资源进行专项审计，审计的主要内容为郭金龙市长任期内房山区土地资源专项资金的管理使用情况、国家有关土地管理、土地出让、房地产开发等重大经济政策的执行情况。区委常委、常务副区长高言杰、副区长吴会杰参加审计组进点会。

7月29日，市国土局副局长曾赞荣率市规委、市住建委、市住保办、市国土局相关处室等领导到房山就土地供应及政策性住房问题进行调研，区政府副区长吴会杰陪同调研。

8月2日，房山区在史家营乡曹家坊村举行“汛期地质灾害应急演习”。市国土局副局长李燕飞、区委常委、区委办主任赵军参加演习活动。

8月3日，国土资源部执法局王玲副局长带队检查房山区周口店镇拴马庄村小产权房整改进展情况。市国土局副局长李军、区政府副区长吴会杰陪同检查。

9月7日，国家特邀国土资源监察专员到房山区调研房地产调控政策落实有关情况，国土资源部执法监察局副局长王玲，市国土局副局长李军、区政府副区长吴会杰、区政协副主席李惠英陪同调研。

9月14日，国家土地督察北京局到房山区开展2010年度土地卫片检查验收工作，国家土地督察北京局执法一室主任韩琼，市国土资源局执法监察总队长杨洪范，区政府副区长吴会杰参加会议。

11月2日，国土资源部“两整治一改革”检查组到房山分局检查验收“两整治一改革”专项行动工作。市国土局党组成员、纪检组长周新华，区委常委、区纪委书记王智慧陪同检查。

（房山分局　胡舰波）

北京市国土资源局通州分局

【土地资源概况】

通州区位于北京市东南部，北纬39°361至40°021，东经116°32′至116°54′，地处举世闻名的京杭大运河的起点。西邻朝阳区、大兴区；北与顺义区接壤；东隔潮白河与河北省三河市、大厂回族自治县、香河县相连；南和天津市武清县、河北省廊坊市交界。

通州区为平原地区，境域东西宽37公里，南北长48公里。自然环境和区位主要有以下几个特点：一是区位优势明显。在北京“两轴—两带—多中心”的空间布局结构中，通州处于长安街轴线与东部发展带的节点之上，是离市中心最近的郊区，距北京中央商务区（国贸中心）13公里、天安门20公里、首都机场16公里、天津塘沽港100公里，是环渤海经济圈中的核心枢纽部位。二是交通条件优越。拥有京沈、京津塘等5条高速路和京通快速、朝阳北路等4条进京通道，地铁八通线和规划建设的M6、S6轨道交通线路贯穿全境。三是发展资源丰富。境内一马平川，多河富水，发展空间广阔。境内分布有北运河、潮白河、凉水河等13条河流，总长245公里，其中北运河通州境内42公里。四是文化底蕴深厚。通州是一座拥有2200年建置史的古城，运河文化源远流长，有三教庙、燃灯佛塔、皇木厂等众多名胜古迹。

全区辖10个镇（永顺镇、梨园镇、宋庄镇、张家湾镇、漷县镇、台湖镇、马驹桥镇、西集镇、潞城镇、永乐店镇）、1个民族乡（于家务回族乡），483个行政村，4个街道办事处（中仓街道办事处、新华街道办事处、北苑街道办事处、玉桥街道办事处），86个社区居委会。截止到2010年，通州区常驻人口为118.4万人，户籍人口为66.33万人，其中，非农业人口为33.03万人。

根据2011年土地变更调查数据统计，通州区总面积为905.94平方公里。其中，耕地面积为342.05平方公里，占全区总面积的37.76%；园地面积为36.07平方公里，占全区总面积的3.98%；林地面积为80.68平方公里，占全区总面积的8.91%；草地面积为1.24平方公里，占全区总面积的0.14%；城镇村及工矿用地面积为291.46平方公里，占全区总面积的32.17%；交通运输用地面积为47.65平方公里，占全区总面积的5.26%；水域及水利设施用地面积为88.62平方公里，占全区总面积的9.78%；其他土地面积为 18.17 平方公里，占全区总面积的 2.01%。

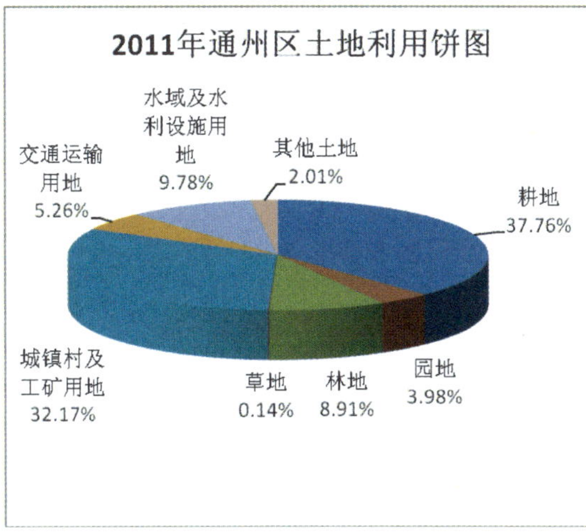

图 1　通州区土地利用分类面积统计图

【机构设置】

北京市国土资源局通州分局（简称通州分局）局机关行政设置有办公室、综合科、地籍科、耕保征地科、土地利用科（地质矿产科）、财务科、执法监察科、纪检监察科 8 个科室，机关行政编制 31 名（实有人数 28 人）；其中局党组书记兼局长 1 人，党组副书记兼副局长 1 名，副局长 3 名，纪检组长 1 名；科级领导职数 9 正 4 副。机关工勤编制 5 名（实有人数 4 人）。下设北京市通州区土地权属登记事务中心、北京市通州区土地利用事务中心、北京市土地整理储备中心通州区分中心、北京市通州区国土资源执法监察队、北京市国土资源局通州分局第一国土资源管理所、北京市国土资源局通州分局第二国土资源管理所、北京市国土资源局通州分局第三国土资源管理所、北京市国土资源局通州分局第四国土资源管理所 8 个事业单位，编制 82 人，实有人数 75 人。

分局领导班子：

党组书记、局　长　　刘占恩
党组副书记、副局长　　高聪全
副局长　　张士祥
副局长　　康振宇
副局长　　王满屯
（2011 年 4 月任职）
纪检组长　　张桂玲
（任职到 2011 年 4 月调市局）
纪检组长　　王　玥
（2011 年 10 月任职）

【土地利用总体规划】

区（县）级土地利用规划获得批复后，继续加快乡（镇）级规划调整完善工作。完成了 10 平方公里区政府城乡机动指标调控区的划定。再一次征求各乡（镇）、委办局意见，对重点工程项目按照新调整范围空间进行重新布局，从规划层面对近期重大项目予以用地保障，经多轮修改完善后的乡（镇）级规划成果于 11 月最终获得市政府批复。至此，历时三年的规划修编工作全部完成。

【建设项目用地预审】

全年办理167件，用地面积为2257.11公顷（其中农用地面积1001.84公顷、建设用地面积1198.87公顷、未利用地面积56.4公顷）。其中基础设施类项目40个、用地面积231.87公顷；科教文卫类15个、用地面积13.81公顷；商业、居住类73个、用地面积1692.37公顷；旧村改造类3个、用地面积2.8公顷；工业类27个、用地面积309.55公顷；行政办公类9个、用地面积6.71公顷。

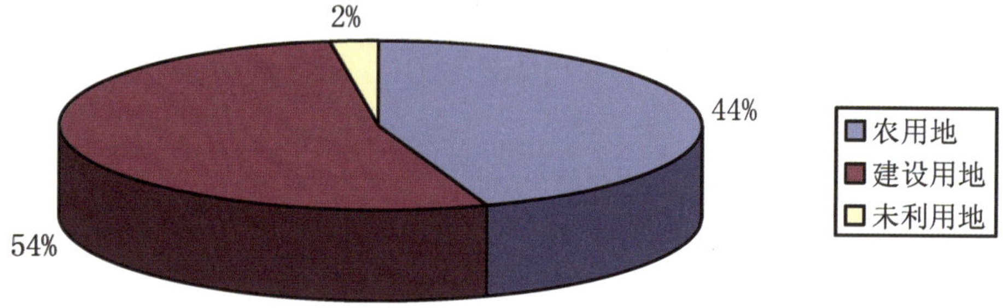

图2　建设项目用地预审情况

【征地及农用地转用项目管理】

年内共办理征占地项目58个，用地面积约957.6公顷，其中农用地575.88公顷（涉及耕地351.16公顷）。其中2010年上报2011年批复项目15个，用地面积约279.16公顷，其中农用地154.88公顷（涉及耕地93.57公顷）；本年上报并取得批复项目39个，用地面积约636.11公顷，其中农用地381.24公顷（涉及耕地226.4公顷）；本年受理上报尚未批复项目4个，用地面积约42.33公顷，其中农用地39.76公顷（涉及耕地31.19公顷）。

【土地整理及耕地占补平衡】

年内共完成6个开发整理项目的竣工验收，实现新增耕地指标145.87公顷（2188亩）。在施项目8个，建设总规模4200公顷（6.3万亩），项目总投资1.91亿元，项目完成后可新增耕地201.67公顷（3025亩）。全区12个建设项目需要占补平衡，补充耕地指标33.67公顷（505亩）。其中3个项目由区级指标进行补充，面积4.07公顷（61亩），另外9个项目需市局指标解决，面积29.67公顷（445亩）。

【土地供应计划及实施】

全区土地供应指标448公顷，实际供应土地47宗，用地面积302.41公顷，完成计划指标的67.5%。

【保障性住房用地供应】

全年完成各类保障房项目供地101公顷，完成指标的81.2%。其中限价房完成供地11.59公顷，经济适用房完成供地1.43公顷，公租房完成供地28.17公顷，定向安置房完成供地60.25公顷。

【土地市场交易】

全区通过土地市场成交项目共26宗，

总用地面积180.55公顷，建设用地124.68公顷，建筑规模222.83万平方米，政府土地收益36.78亿元。

【批后监管】

年内完成涉嫌闲置和违约项目用地的查处工作，共清理涉嫌闲置和违约项目共计41个，建设用地面积275.2公顷，对这些闲置项目下达第二次责令开工通知书，其中由区政府审批的未开工项目21个，建设用地面积97.86公顷；由市政府审批的未开工项目17个，建设用地面积165.24公顷。

【土地储备开发】

年内共完成3宗国有土地收购储备工作，总用地面积435017公顷，收购补偿款共5.88亿元，分别是北农集团地块、金海鸿业公司地块、次渠粮库地块；实现投资61.96亿元，新增土地开发面积1156.08公顷（新授权项目面积）。

【地籍管理及土地登记】

2011年11月至2012年第一季度开展2011年度土地利用现状变更调查。截至2012年3月30日的数据统计，新增建设图斑为2431块，总面积967.66公顷（14514.9亩），占用耕地面积441.65公顷（6624.7亩）。新增建设用地中合法的图斑为1812块，总面积为800.36公顷（12005.4亩），其中占用耕地面积为378.76公顷（5681.4亩），所占耕地占新增建设用地占耕地总面积的比例为85.76%。新增建设用地中违法图斑619块，总面积167.3公顷（2509.5亩），占用耕地面积62.89公顷（943.3亩），所占耕地占新增建设用地占耕地总面积的比例为14.24%。

表1 2011年新增建设用地统计表

		占地总面积（公顷）	占用耕地面积（公顷）	耕地占总用地面积百分比（%）
本年批准本年建设		180.01	88.82	49.34
本年批准未建设		451.69	209.72	46.43
本年未批先建	合法	168.66	80.22	47.56
	违法	167.3	62.87	37.58
往年批准本年建设		194.64		
伪变化		348.71		

出让初始登记70宗、317.81公顷；划拨初始登记20宗、83.58公顷；政府储备11宗、184.34公顷；大业主转移登记42宗、110.23公顷；小业主转移登记68件、0.3公顷；其他登记35宗、111.53公顷；集体土地建设用地使用权229宗、125.26公顷；集体土地所有权115宗、4679.33公顷（说明：集体土地登记含试点乡登记数据）。

【农村土地确权登记试点】

2009年至2011年3月于家务乡作为北京市农村土地确权登记颁证试点之一完成了试点工作。该乡集体土地所有权共计163宗，确权登记发证153宗，确权登记率94%；集体建设用地使用权306宗，确权登记发证263宗，确权登记率86%；国有土地300宗，确权登记、发证131宗，确权登记率44%。共形成各种图件163幅，其中土地利用现状挂图、土地利用总体规划图各1幅；分幅地籍图113幅；乡、村宗地结合图24幅；乡、村发证情况示意图24幅。

【土地执法监察】

按照市国土局对土地巡查工作的要求，土地巡查工作实行周报制度，每周将发现违法违规占地行为及后续处理情况汇总后上报市局。根据国土资源部《关于开展2010年度土地矿产卫片执法检查工作的通知》(国土资发［2011］37号）的精神，对2010年卫片查出的181宗违法用地项目进行处理，处理到位率100%。

【法制宣传】

以“6·25”第二十一个全国土地日的宣传为契机，6月25日在全区进行广泛的土地法律法规宣传；6月28日，与司法局配合进行制止违法用地违法建设专项宣传活动，随后各相关部门开展了为期一周的打击违法建设的专题宣传活动。制作了近几年违法用地查处的典型案件宣传图版，共向群众发放了2万余份宣传资料。

【信息公开及信息化建设】

根据市国土局7月1日起所有行政许可和服务事项的审批（审核）都要通过综合监管平台信息系统办理的要求，5月23日开始一个月的试运行后正式应用该系统。4月，完成弱电机房的搬迁工作，网络设备安全搬入新办公楼，确保搬迁过程中各项业务的办理。

全年共发布信息及公告37条，按月公示业务办理结果。

【行政服务窗口建设】

采取完善制度、不定期检查等方式对工作人员服务态度、服务质量进行监督，建立奖惩机制、落实长效学习机制等六项措施，加强行政服务窗口建设，在全区“服务示范窗口”的评比中，义务监督员对大厅的硬件条件、服务态度、服务质量进行了明察暗访，行政服务大厅获得一致好评，并取得了98.5分的高分，名列全区前茅。

行政服务大厅共受理业务1255件，其中行政许可事项217件，行政服务事项1038件，涉及市级绿通项目37件，按时办结率100%。

【地质灾害防治】

启动《北京市通州新城核心启动区地质环境条件综合评价》项目，完成相关资料搜集工作、野外勘探与测试等四项具体工作；全年完成地质灾害危险性评估备案10件。

【地热资源管理】

依据《矿产资源开发登记管理办法》和《北京市矿产资源管理条例》的有关规定，落实2010年度地热资源开发利用年检工作，对地热开发利用单位进行现场检查、核实，根据综合年检情况，东方化工厂等5家用热单位符合年检要求，通过了采矿权检查，古城房地产公司等6个探矿权人通过年检。

【行政诉讼及信访工作】

配合区法制办应诉宅基地行政诉讼11起，其中5起上诉至市第二中级法院，败诉1起；通过12336等共接待来电379个，涉及208人的来信22封，涉及115人的来访53批次，信访量与去年同期相比上升6%。在受理的信访件中，共反映事项132件，其中反映违法用地问题约占85%，已办结124件，办结率为96%；分局长信箱来信55封，已回复解答47封。市局领导下分局接待4次，共接待上访群众10批次（计31人次）。

【廉政建设】

以“两整治一改革”为契机，进一步深化廉政风险防范管理。按照国土部、市局总体要求，自2010年10月初开始，在全局范围内开展了“两整治一改革”专项行动，共查找“风险点”655个，制定防控措施659条，修订完善了《通州区土地储备开发项目资金监督管理办法（试行）》、分局财务、后勤管理规章等制度。严格执行党内外监督制度，共召开党组会11次，局长办公会2次，专题会31次，集体讨论的决策事项108件（次）；采取调卷查访、调查问卷、召开办事单位座谈会、外出走访等多种形式，每季度开展一次效能回访和跟踪访工作，重点加强对干部职工履行职责、依法行政、提高工作效率、廉洁自律等的监督检查。

【大事记】

1月1日，军产、保密产下放分局办理，市级以上人民政府审批。

2月18日，运河核心区三宗多功能用地日前招标出让成交。三地块总用地面积6.35公顷，总建筑规模约26.42万平方米，总成交价款23.25亿元，折合楼面价均为8800元/平方米，全部由北京华业地产股份有限公司竞得。

4月23日，《通州新城土地储备开发规划（2010－2020年）》成果通过专家评审。

5月23日，按照市局“深化应用北京市国土资源综合监管平台”相关文件要求，综合监管平台信息系统试运行，7月1日起通州分局所有涉及行政许可和服务事项的审批全部通过综合监管平台信息系统办理。

7月18日，宋庄镇C－06、C－02地块日前挂牌出让成交。两地块总用地面积23.22公顷，总建设用地面积13.63公顷，总建筑规模20.44万平方米，均由北京首都开发股份有限公司竞得，总成交价款14.7亿元。

8月8日，国家土地督察北京局蔡可军专员到通州区检查指导工作。蔡可军专员对国土执法和信访工作给予充分肯定，并要求在下一步工作中要加强查处违法用地长效机制建设。

8月31日，按照市政府及市国土局相关要求，完成了市与区、区与乡镇、镇与村四级2011年度耕地保护责任目标管理责任书的签订工作。

9月16日，国家土地督察北京局检查组到通州区进行2010年度土地卫片执法检查情况进行检查验收。检查组由国家土地督察北京局蔡可军专员、督察一室韩琼主任带队，成员单位有：天津市、河北省、山西省、内蒙古自治区国土资源厅（局）组成。

10月17日，开展西集镇、漷县镇农村土权属调查，每个镇分三个组，分乡镇进行，将任务落实到乡镇。限定工作时间，落实质量标准，按工作要求考核任务完成情况。

11月10日，市国土局张维副局长、通州区赵玉影副区长率有关部门负责人到宋庄镇政府现场办公，调研白庙村群众上访的土地问题，并接待了上访群众。

11月22日，通州分局召开第一次行政处罚听证会，就2011年3月北京温榆河高尔夫球俱乐部有限公司非法占用土地进行建设案件举行听证。

11月28日，通州区各乡镇土地利用总体规划（2006—2020年）获市国土局批复。

（通州分局　胡桂兰）

北京市国土资源局顺义分局

【土地资源概况】

顺义区辖19个镇，6个街道办事处。分别是：仁和镇、马坡镇、南法信镇、李桥镇、天竺镇、后沙峪镇、杨镇、赵全营镇、牛栏山镇、李遂镇、南彩镇、北小营镇、木林镇、龙湾屯镇、张镇、大孙各庄镇、北石槽镇、北务镇、高丽营镇；光明街道办事处、胜利街道办事处、石园街道办事处、旺泉街道办事处、双丰街道办事处、空港街道办事处。土地总面积约为1019平方公里，约占全市土地总面积的6.22%。全区由平原、台地、丘陵和山地等四种地貌构成，平原面积约占全区总面积的90.1%。根据2011年土地利用变更调查结果，全区土地利用现状概况见下表1。

表1 顺义区土地利用现状分类统计表

序号	土地类别	面积（公顷）
1	耕地	34017.71
2	园地	5013.04
3	林地	15407.58
4	草地	1806
5	城镇村及工矿用地	27698.39
6	交通运输用地	7148.99
7	水域及水利设施用地	7754.63
8	其它用地	3088.18
总计		101934.52

【机构设置】

北京市国土资源局顺义分局（简称顺义分局）设5个职能科室。其中：办公室、地籍科、土地利用科、执法监察科分别加挂财务科、综合科、耕保征地科、地质矿产科牌子。另外设纪检监察科。

分局所辖8个事业单位，分别是：北京市顺义区土地权属登记事务中心、北京市顺义区国土资源执法监察队、北京市土地整理储备中心顺义区分中心、北京市顺义区土地利用事务中心、北京市国土资源局顺义分局第一国土资源管理所、北京市国土资源局顺义分局第二国土资源管理所、北京市国土资源局顺义分局第三国土资源管理所、北京市国土资源局顺义分局第四国土资源管理所。

截至年底，顺义分局在册人员108人。其中公务员26名，机关工勤6名，全额事业编制76名。

分局领导班子：

党组书记、局长　　韩凤桐
副局长　　王军生
副局长　　纪品良
（2011年4月任职）
副局长　　赵丽婷（女）

纪检组长　　　　张晓梅（女）
副局长　　　　　杜井龙
（2011 年 4 月任职）

【土地利用总体规划】

2011 年 2 月，北京市人民政府批准了《顺义区土地利用总体规划（2006—2020 年）》，顺义区人民政府正式启用了新一轮规划数据。“规划”中所确定的主要目标和指标，要纳入国民经济和社会发展规划，要将耕地保有量、基本农田保护面积和城乡建设用地指标层层分解落实，不得突破。

2006 – 2020 年整理补充耕地规模不少于 2333 公顷；到 2020 年耕地保有量不低于 29333 公顷，基本农田保护面积不低于 27067 公顷，城乡建设用地规模控制在 27700 公顷以内。

10 月，北京市人民政府批准了《顺义区 19 个镇镇域土地利用总体规划（2006—2020 年）》。

【建设项目用地预审】

全年共完成 121 个项目的用地预审，涉及用地总面积约 25416.6 亩。

【征地及农用地转用项目管理】

全年办理征地结案 14 宗，征用集体土地面积 2812.2 亩（其中，农用地面积约 1669.2 亩，耕地面积约 1407.3 亩），转非人员安置 1742 人，超转人员安置 467 人，劳动力安置 1072 人。

【土地整理及耕地占补平衡】

年内，通过对现状数据的分析，共立项 7 个区级土地开发复垦项目，总复垦规模 772.03 公顷，拟新增耕地 178.36 公顷，总投资 4105.05 万元；新增耕地亩均投资 1.53 万元。

完成土地开发复垦项目可行性研究专家评审 5 个，总规模 470 公顷，拟新增耕地 213 公顷，总投资 2569.35 万元，均为区级投资；新增耕地亩均投资 0.8 万元。

共完成了 14 个建设项目占用耕地的补充工作，涉及补充耕地面积 60.09 公顷，收缴土地开发复垦费 1622.42 万元。

【土地供应计划及实施】

全年全区计划供地 1.2 万亩。年内共实现供地 47 宗，供地总面积 283 公顷，其中：以招拍挂方式供地 32 宗，供地面积 224.82 公顷（工业仓储用地 35 宗，供地面积 233.44 公顷）；以协议方式供地 3 宗，供地面积 8.63 公顷；其他 12 宗主要是教科文卫用地，将采取划拨方式供地。

【保障性住房用地供应】

全年共完成保障性住房供地 56.8 公顷，其中：完成马坡 9 号地双限房项目 9.8 公顷；梅沟营双限房项目 9.6 公顷；马坡 9 号地公租房项目 0.6 公顷；望泉寺 E 地块公租房项目 30 公顷，后沙峪 C 地块公租房项目 1.8 公顷；马坡 9 号地经适房项目 5 公顷。

【土地市场交易】

全年完成经营性用地入市交易 20 宗，总面积 1351939.8 平方米（约 135.2 公顷），实现政府收益 300847 万元。完成工业用地入市交易32宗，总面积2932519.92平方米（约293.3公顷），实现政府收益总计19246万元。

【土地储备开发】

全年累计完成土地储备投资84.75亿元。情况如下：

1. **联储项目情况**

全年共完成民宅拆迁10户，非住宅60家，公有住房66户。顺西路－府前街站梅沟营村地块已完成入市交易。

在回迁安置房方面，联储项目共涉及回迁安置房项目5个。分别为梅沟营村项目、前进村和太平村项目、东庄村和火神营村项目、望泉寺村项目、花梨坎村项目。截至到2011年底，花梨坎村项目已完成回迁安置工作，梅沟营村项目、望泉寺村项目、东庄和火神营项目正在进行施工建设。

2. **储备分中心为主体项目情况**

储备分中心为主体项目共计20个，总面积729.22公顷。包含平各庄项目、天竺村项目（分为9个项目），板桥村项目（分为A、B地块两个项目）、夏县营村项目、马头庄村项目、后沙峪村项目、M15号线河东站项目（分一期、二期），M15号线南法信站项目（分为3个项目）。

后沙峪村项目于12月下旬启动拆迁工作；天竺村项目及M15号线南法信站项目进行了拆迁扫尾工作，共计完成非住宅拆迁51个。

【地籍管理与土地登记】

年内土地变更调查工作共监测图斑976个，监测面积1103.92公顷，新增建设用地117.62公顷。

完成国有土地使用权登记402宗、1135.87公顷（17038.05亩）。其中：国有土地使用权初始登记88宗、567.29公顷；国有土地使用权变更登记314宗568.58公顷。

完成国有土地使用权抵押权设定登记307宗，抵押面积792.52公顷，贷款金额250.08亿元。

完成了地籍管理信息系统建设，挂接整理档案1100余件，已实现所有土地登记、土地抵押、查封等业务完全系统办理。

【土地执法监察】

1. **国土部11次卫片查处情况**

从3月开始，组织人员对第11次卫片图斑发生变化地块进行了实地踏查，按时完成了内、外业核查、上报工作，并对其中的重点违法占地案件进行了查处，到年底已全部处理到位。具体情况是：国土部2011年度卫片共监测顺义区变化图斑1042个，经过实地调查，新增建设用地中违法用地28宗，占地面积1069.49亩，其中占耕地399.54亩。现已立案查处23宗，占地288.04亩，占耕地167.79亩。非立案查处5宗，占地781.45亩，占耕地231.75亩。

2. **违法建设拆除情况**

协调各镇与区有关部门，对国土部11次卫片、二号小卫星监测图斑以及市区重点工程周边及镇域范围内主要道路两侧违法建设坚决予以查处、拆除。年内全区共拆除没收构筑建筑物70万平方米。

【政府信息公开】

全年共通过网站主动公开政府信息1065条，全文电子化率达100%。在主动公开的信息中，机构职能类信息16条，占总体的比例为1.5%；规划计划类信息2条，占总体比例为0.19%；业务动态类等服务型信息1047条，占总体的比例为98.31%。

【矿产资源概况】

顺义区矿产资源主要有煤炭、建筑用沙、砖瓦用黏土、水泥用灰岩、建筑石料用灰岩、地热、矿泉水、陶瓷土、陶粒用黏土。北京市实行禁采砂石、黏土政策后，目前开采的矿产资源有水泥用灰岩、建筑石料用灰岩、地热、矿泉水。水泥用灰岩、建筑石料用灰岩主要分布在张镇、大孙各庄、杨镇、木林、龙湾屯、北石槽、牛山等镇；地热资源主要分布在天竺、后沙峪、李遂、南彩、高丽营等镇。全区地下蓄藏着2亿多吨煤炭资源，主要分布在北小营、大孙各庄等镇。

【矿产资源开发】

加大对区政府保留的6家矿山企业的监管力度，严厉打击超层越界开采行为，全年未发生安全事故；积极配合企业完成压矿核查工作，全年完成压矿核查报告53份。

【地热资源管理】

对所有地热井开发利用单位及时巡查；配合市局完成10家企业的地热资源勘察许可证年检工作。

【地质灾害防治】

5月上旬召开了区汛期地质灾害防治动员会，发放宣传材料106份，知识普及光盘50份。对易发区内进行工程建设的企业及时下发做好地质灾害防治工作的通知，认真履行告知义务。积极督促企业做好灾害易发区内灾害评估工作。

【信访工作】

全年共接待群众信访528批次，1629余人次，其中：涉及集体访14批，440余人次；重复访356批，749余人次；初访158批（包括咨询），440余人次。接到来信82件，其中市局转68件，区转3件，自接11件。接到重信22件。市长信箱及北京市信访办公系统转办8件，目前已全部办结。

【其他专项工作】

1. 全年累计接待办事群众7443人次，办理承办件2693件，政府信息公开业务受理275件，做到了“三个100%”：电话接通率100%，办事受理率100%，事项办结率100%。

2. 区政府“政风行风热线”网上回复群众咨询22件。

3. 在土地法律法规的宣传方面，分局相关科室分别在仁和镇、牛山镇、高丽营镇、李桥镇、赵全营镇、大孙各庄镇举办了6场镇、村干部土地法律、法规培训班。在区委组织部组织的党支部书记培训班上，分局副调研员申长华还为参培村支部上了两节土地管理政策法规课。

4. 根据市局安排，与区电视台、区

广播电台等单位联手，认真组织开展了“4·22”地球日和“6·25”土地日宣传活动。

【大事记】

4月16日—4月22日，在第42个世界地球日之际，顺义区围绕“珍惜地球资源、转变发展方式”主题，开展形式多样的主题宣传周活动。

4月22日，顺义分局组织开展了“送温暖　献爱心”社会捐助活动。全局135人参加捐赠活动，共捐款14500元。

6月25日是第21个全国土地日，顺义区围绕“土地与转变发展方式—促节约　守红线　惠民生”的宣传主题，采取各种形式，不断加大宣传力度。

6月29日，顺义分局召开全体党员及入党积极分子纪念建党九十周年暨党风廉政建设工作会。

（顺义分局　商保卫）

北京市国土资源局大兴分局

【土地资源概况】

大兴区现辖有14个建制镇、5个街道办事处。根据上年度土地变更调查数据，全区土地总面积约1036平方公里，其中建设用地311.94平方公里，占总量30.10%，农用地667.75平方公里，占总量64.43%，未利用土地56.63平方公里，占总量5.46%（详见表1）。

表1　大兴区2010年土地利用现状分类表

<table>
<tr><th colspan="3">地类</th><th>面积（公顷）</th></tr>
<tr><td rowspan="6">农用地</td><td colspan="2">小计</td><td>63066.49</td></tr>
<tr><td colspan="2">耕地</td><td>41365.06</td></tr>
<tr><td colspan="2">园地</td><td>8603.27</td></tr>
<tr><td colspan="2">林地</td><td>6811.10</td></tr>
<tr><td colspan="2">牧草地</td><td>0</td></tr>
<tr><td colspan="2">其他农用地</td><td>6287.06</td></tr>
<tr><td rowspan="8">建设用地</td><td colspan="2">小计</td><td>36023.6</td></tr>
<tr><td rowspan="5">城镇及工矿用地</td><td>小计</td><td>33093.44</td></tr>
<tr><td>城镇用地</td><td>20122.29</td></tr>
<tr><td>农村居民点</td><td>12610.34</td></tr>
<tr><td>采矿用地</td><td>29.11</td></tr>
<tr><td>特殊用地</td><td>331.70</td></tr>
<tr><td colspan="2">交通运输用地</td><td>2071.07</td></tr>
<tr><td colspan="2">水利设施用地</td><td>859.09</td></tr>
<tr><td rowspan="3">未利用地</td><td colspan="2">小计</td><td>4505.48</td></tr>
<tr><td colspan="2">未利用土地</td><td>4505.48</td></tr>
<tr><td colspan="2">其他土地</td><td>0</td></tr>
<tr><td colspan="3">合计</td><td>103595.57</td></tr>
</table>

【机构设置】

北京市国土资源局大兴分局（简称大兴分局）成立于2005年8月17日。分局机关现设有办公室、土地利用科、地籍科、耕保征地科、执法监察科、纪检监察科6个职能科室，编制26人，实有24人，其中工勤人员3人；下设北京市土地整理储备中心大兴区分中心、土地利用事务中心、土地权属登记事务中心、国土资源执法监察队和国土资源管理所（4个）等8个事业单位，编制87人，实有78人。

分局领导班子：

党组书记、局长　　赵建华
纪检组长　　李　刚
（2011年4月任职）
副局长　　芦亚静（女）
副局长　　景文成
（2011年4月任职）
副局长　　孙龙广
副局长　　夏仁林
（2011年10月任职）

【土地利用总体规划】

大兴区区级土地利用总体规划（修改稿）（2006－2020年）于2011年5月经市政府审议通过。亦庄经济技术开发区和北京生物医药产业基地分别增加产业用地16平方公里和8平方公里。通过编制迁村并点方案解决了建设用地指标不足的问题。在区级规划成果基础上，组织规划课题组开展了14个镇的镇级土地利用总体规划的编制工作，2011年8月，大兴区乡镇土地利用总体规划（2006－2020年）正式得到市政府批准。

【建设项目用地预审】

年内，在建设项目用地预审工作中，共审批建设项目用地预审101件，用地面积约1285.24公顷。回复区发改委项目用地征求意见函45件。

【征地及农用地转用项目用地管理】

年内，完成征地公告项目68个（面积1434公顷），办结征地结案项目55个（面积1099公顷）。受理土地征收和农转用项目54个（包括24个“绿通”项目，21个“亦庄12平方公里扩区”项目，9个“区重点”项目），总面积1357公顷（含耕地494公顷）。其中：已经市政府批准的项目有39个，批准面积795公顷（含耕地212公顷）。

【土地整理及耕地占补平衡】

年内，推进最后一个国家级基本农田示范区项目验收工作，完成2010年申报区自筹六个项目的实施及验收，申报六个新的土地开发整理项目。全区建设用地占耕地实现了占补平衡，完成补充耕地项目地总面积50.76公顷，收缴耕地开垦费1370.56万元。

【土地供应计划及实施】

全年计划新增储备开发项目指标220公顷，完成开发计划指标690公顷，供地计划指标256公顷，投资计划指标90亿元。年内，实际新增项目约150公顷，完成开发约330公顷，供地约213公顷（含正在公告82公顷），完成全年供地任务的83%。在施项目2464公顷，完成投资94亿元，完成全年投资任务的104%。

【保障性住房用地供应】

根据市国土局计划，大兴区政策性

住房的供地指标为90公顷，其中限价房19公顷，经济适用房6公顷，公租房35公顷，定向安置房30公顷。经与区住保办、区规划分局沟通和协商，并结合有关情况，年内完成政策性住房供地约150公顷，其中限价房供地约19公顷；经适房供地约4公顷；公租房供地约37公顷；定向安置房供地约90公顷，超额完成市国土局下达的保障房供地任务。

【土地市场交易】

年内，经营性用地项目地块成交13宗，总用地面积约130公顷，建设用地面积约87公顷，总建筑规模约172万平方米，总成交价97亿元，实现政府收益41亿元；工业用地项目地块成交35宗，总用地面积199.97公顷，建设用地面积144.63公顷，总成交价8.31亿元，政府收益1.49亿元。

【集体土地确权登记发证】

成立了大兴区农村土地确权颁证工作领导小组及办公室，编制了相关的《工作方案》、《实施方案》和《经费预算报告书》，将《大兴区农村土地确权登记发证的通告》在区政府网站、大兴电视台、《大兴报》和国土分局网站上发布。开展了魏善庄镇、西红门镇的试点工作。完成魏善庄镇、西红门镇全部行政村的外业调查核实工作。

【地籍管理及土地登记】

年内，完成土地使用权登记业务259宗，土地总面积为830.72公顷。土地抵押登记322宗，土地抵押面积853.67公顷，贷款金额304.74亿元；其中，政府储备土地抵押登记23宗，抵押面积359.79公顷，贷款金额134.87亿元。国有土地使用权注销登记44宗，土地面积141.37公顷；抵押权注销登记132宗。协助法院办理查封、解封案件68件。

【土地执法监察】

全年共立案查处违法违规用地案件150宗，已处理完毕135宗，另办结上年度案件27宗。共收缴罚款1094.7万元；致函相关镇政府实施没收18宗，涉及的违法建筑面积21.8万平方米；拆除违法建筑面积约16.3万平方米。向纪检部门移送涉嫌违纪案件80宗，向公安分局移送涉嫌违法案件4宗且已同步移送区检察院备案，向区人民法院申请强制执行案件72宗。

【信息化建设】

地籍数据库管理系统以第二次土地调查成果应用为切入点，通过更新基础数据，并将二调现状数据库、权属数据库和档案数据库相叠加，整合建立了“大兴区地籍数据库管理系统”。系统具备日常登记流转、查询统计、图形处理、决策分析等功能，实现了地籍管理工作的自动化、制度化和标准化。并且，系统搭建了各业务科室间数据互联互通平台，通过土地资源信息的实时更新和信息共享，基本达到土地管理“批、供、用、补、查”的“一张图”作业目的。

【开展主题宣传活动】

围绕“珍惜地球资源、转变发展方

式、倡导低碳生活”宣传主题组织开展“4·22”第42个世界地球日宣传活动；第21个土地日宣传主题：“土地与转变发展方式—促节约、守红线、惠民生”，和全国法制宣传日主题：“弘扬法治精神，培育法治文化”，在大兴区宣传依法管地、集约用地和保护耕地为主，共制作宣传横幅4条、宣传展板8块、张贴宣传海报8张、发放宣传材料近万份。

【信访工作】

实行领导带班接访制度。共收到群众来信来访涉及土地问题信访件205件，受理205件。其中：市国土局转来108件，区政府转来3件，已经办结151件。受理群众匿名电话咨询及匿名举报140件，信访量与去年同期相比下降23%。

【大事记】

8月，完成全区13个镇级与区以及全区范围内457个村级与镇互签《2011年度耕地保护责任目标管理责任书》的签定工作。

9月1日，大兴区旧宫3号地C－11、C－14地块公建混合住宅、二类居住用地项目9.45公顷地块使用权挂牌出让结束，北京万科企业有限公司和北京金第房地产开发有限责任公司联合体以170500万元成交价竞得该项目国有建设用地使用权。

10月，成立了大兴区农村土地确权颁证工作领导小组及办公室，大兴区农村集体土地确权登记发证试点工作正式启动。

11月10日，市委农工委高华副书记等到大兴区督导检查大兴区农村土地确权登记颁证工作。

（大兴分局　夏仁林）

北京市国土资源局昌平分局

【土地资源概况】

昌平区位于北京市西北部，是北京的北大门，北与延庆区、怀柔区相连，东邻顺义区，南与朝阳区、海淀区毗邻，西与门头沟区和河北省怀来县接壤。全区地处温榆河冲积平原和燕山、太行山支脉的结合地带，地势西北高、东南低，北倚燕山西段军都山支脉，南俯北京小平原，主要河流属温榆河水系。全区辖15个镇、2个街道办事处，306个行政村。根据2010年土地变更调查数据，全区土地总面积为1342平方公里（详见表1）。

表1　2010年土地利用现状统计表

地类		面积（公顷）
耕地（01）	小计	12281.14
	水田（011）	89.89
	水浇地（012）	9373.61
	旱地（013）	2817.64
园地（02）	小计	12838.37
	果园（021）	12777.29
	茶园（022）	0.00
	其他园地（023）	61.08
林地（03）	小计	63868.33
	有林地（031）	15478.53
	灌木林地（032）	39612.34
	其他林地（033）	8777.47
草地（04）	小计	1622.16
	天然牧草地（041）	0.00
	人工牧草地（042）	17.44
	其他草地（043）	1604.72

续表 1

地类		面积（公顷）
城镇村及工矿用地（20）	小计	32258.18
	城市（201）	3963.84
	建制镇（202）	11436.25
	村庄（203）	9433.64
	采矿用地（204）	1113.93
	风景名胜及特殊用地（205）	6310.52
交通运输用地（10）	小计	4978.25
	铁路用地（101）	689.63
	公路用地（102）	2963.59
	农村道路（104）	1316.38
	机场用地（105）	7.44
	港口码头用地（106）	0.00
	管道运输用地（107）	1.21
水域及水利设施用地（11）	小计	4347.03
	河流水面（111）	947.58
	湖泊水面（112）	0.00
	水库水面（113）	848.79
	坑塘水面（114）	939.01
	沿海滩涂（115）	0.00
	内陆滩涂（116）	144.66
	沟渠（117）	1296.97
	水工建筑用地（118）	170.01
	冰川及永久积雪（119）	0.00
其他土地（12）	小计	2007.05
	设施农用地（122）	1763.66
	田坎（123）	134.36
	盐碱地（124）	0.00
	沼泽地（125）	0.00
	沙地（126）	0.00
	裸地（127）	109.03
合计		134200.51

【机构设置】

北京市国土资源局昌平分局（简称昌平分局）机关内设办公室、政工科、财务科、综合科、地籍科、土地利用科（耕地保护科）、地质矿产科，共 7 个行政科室，设纪检监察科，机关行政编制 31 名，机关工勤编制 3 个（实有机关行政人员 26 名，工勤人员 3 名）；下设北京市昌平区土地权属登记事务中心、北京市昌平区土地利用中心、北京市土地整理储备中心昌平区分中心、北京市昌平区国土资源执法监察队、北京市国土资源局昌平分局第一国土资源管理所、北京市国土资源局昌平分局第二国土资源管理所、北京市国土资源局昌平分局第三国土资源管理所、北京市国土资源局昌平分局第四国土资源管理所、北京市国土资源局昌平分局第五国土资源管理所，共9个事业单位，事业单位人员编制共计95名，在岗实有92名。

分局领导班子：

党组书记、局长	张少伟
副局长	梁　英
副局长	李亚琴
副局长	孙宪海
纪检组长	王维舟
副局长	张兴国

（2011年4月任职）

【土地利用总体规划】

《昌平区土地利用总体规划（2006－2020年）》于2月获得市政府批复，确定“两带两轴两田三城多点”的土地利用空间格局，确定建设用地总量为41100公顷，规划期内耕地保有量不低于10933公顷，基本农田保护面积不低于10000公顷，为建设“京北创新中心、国际科教新城”提供了土地资源保障。编制完成了《昌平区镇（街）级土地利用总体规划（2006－2020）》，并通过了市国土局组织的专家评审。《昌平区镇（街）级土地利用总体规划（2006－2020）》体现了区级土地利用总体规划用途管制要求，落实了区级规划相关指标。

【建设项目用地预审】

全年共审核完成建设项目用地预审82件，项目总用地面积1278.86公顷，其中农用地572.23公顷（占总用面积的44.75%），建设用地636.55公顷（占49.77%），未利用地70.08公顷（占5.48%）（见图1）。

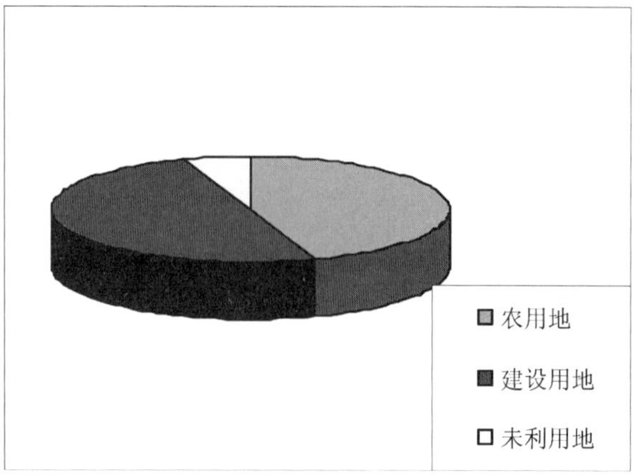

图1　昌平区2011年预审项目占地情况示意图

【征地及农用地转用项目用地管理】

全年审核上报征地及农用地转用项目27个，总用地面积468.59公顷，其中农用地265.56公顷，建设用地177.78公顷，未利用地25.25公顷。全年获得批准征地及农用地转用项目18个，总用地面积313.44公顷，其中农用地200.34公顷，建设用地92.97公顷，未利用地20.13公顷。

【土地整理及耕地占补平衡】

全年昌平区土地整理在施项目共8个，建设总规模1308.46公顷（19626.96亩），新增耕地80.13公顷（1201.97亩）

（详见表2）。全年上报征地及农转用项目占用耕地112.62公顷，已全部按规定落实了耕地占补平衡。

表2 昌平区2011年土地开发整理在施项目情况

单位：亩

序号	项目名称	建设规模	新增耕地	立项批复年月	实施状态
1	阳坊镇基本农田整理项目	6320.36	238.39	2006.9	竣工未验收
2	长陵镇上口村改善农业生产条件项目	102.84		2007.12	竣工未验收
3	长陵镇黑山寨村改善农业生产条件项目	102.24		2007.12	竣工未验收
4	流村镇流石港村改善农业生产条件项目	96.46		2007.12	竣工未验收
5	南口镇李庄村改善农业生产条件项目	271.2		2007.12	竣工未验收
6	流村镇马刨泉等五个村基本农田整理项目	5144.25	358.35	2007.12	在施
7	南口镇前洼等9个村基本农田整理项目	7217.4	248.55	2008.12	竣工未验收
8	流村镇马刨泉村土地开发项目	372.21	356.68	2008.12	竣工未验收
合计		19626.96	1201.97		

【土地供应计划及实施】

完成昌平区2011－2015年以及2011年度土地供应计划编制工作。2011－2015年昌平区计划供应土地4200公顷（详见图2），2011年拟安排供应建设项目65个，土地面积843.94公顷（详见图3）。

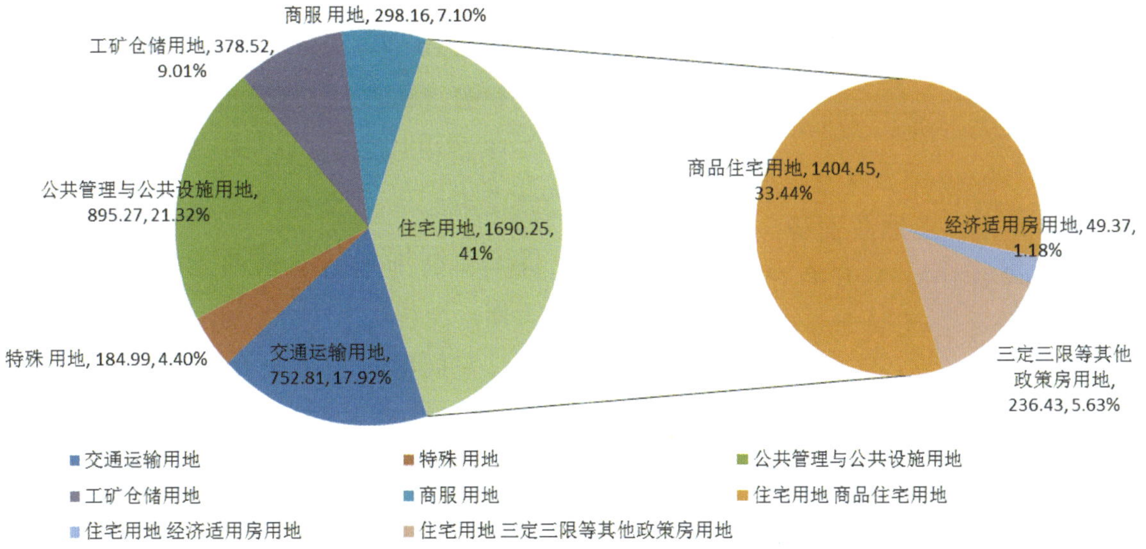

图2 2011－2015年昌平区土地供应计划用途结构（公顷）

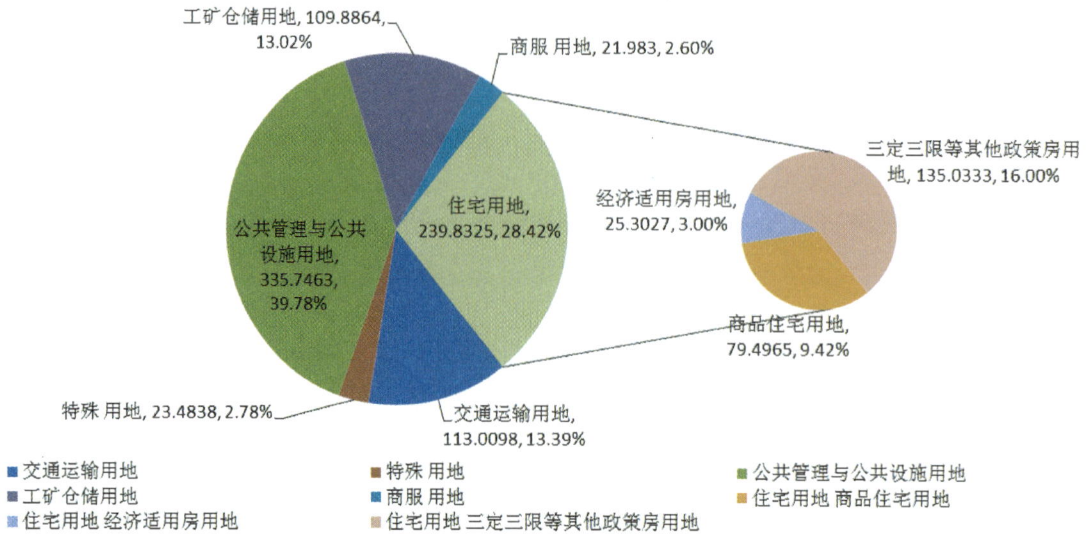

图 3　昌平区 2011 年土地供应计划用途结构（公顷）

【保障性住房用地供应】

全年完成保障性住房项目土地供应 120.81 公顷，超额完成任务（市政府下达昌平区的任务量为 76 公顷）。其中：限价商品住房用地 7.73 公顷，公共租赁住房用地 24.99 公顷，定向安置房用地 88.09 公顷。

【土地市场交易】

全年通过招拍挂方式共发布出让公告 13 宗，土地总面积 174.37 公顷，规划建筑面积 190.24 万平方米。其中经营性项目用地 6 宗，土地总面积 71.73 公顷，规划建筑面积 102.45 万平方米，6 宗土地中 3 宗成交，实现政府土地收益约 40548 万元；工业用地项目 7 宗，土地面积 102.64 公顷，规划建筑面积 87.79 万平方米，7 宗土地均在年内成交，实现政府土地收益约 13283 万元。

【土地储备开发】

全年共计完成土地储备开发投资 100.02 亿元，完成土地储备开发面积 508 公顷（市政府下达昌平区土地储备开发投资任务是 90 亿元，土地储备开发面积任务是 310 公顷）。

【地籍管理及土地登记】

全年共完成地籍调查 333 件，其中，初始登记地籍调查 151 宗，调查面积 1094.87 公顷（16423.03 亩），变更登记地籍调查 182 宗，调查面积 962.78 公顷（14441.71 亩）。完成地类审核 194 项，审核面积 5122.80 公顷（76842.02 亩）。完成第二、三季度新增建设用地和本年度土地利用现状变更调查外业核实确认工作。

完成国有土地使用权日常登记发证 761 宗，面积 3410.35 公顷。其中划拨国有土地使用权登记 9 宗，面积 57.89 公顷；出让国有土地使用权登记 49 宗，面积 180.61 公顷；国有土地使用权变更登记 338 宗，面积 1732.33 公顷；国有土地使用权注销登记 3 宗，面积 15.33 公顷。

国有土地使用权抵押登记193宗，抵押面积631.54公顷，抵押贷款金额243.72亿元；国有土地使用权抵押注销登记165宗，注销抵押面积748.94公顷，注销抵押贷款金额132.89亿元。

【农村土地确权登记颁证】

以百善镇为试点开展了农村土地确权登记颁证工作。完成了试点镇（百善镇）辖区面积35.09平方公里、涉及33个村、465宗地的指界确认工作。

【土地执法监察】

1. 打击非法盗采砂石违法行为

年内，昌平区治理非法开采砂石办公室共出动执法8932人次；暂扣车辆机械66台，同比增长57.1；立案调查处理46宗，同比增长15%；处以罚款146.96万元，同比增长39.9%；没收矿产品1710余吨，较去年1020吨同比增长67.6%。

2. 第十一次卫片执法工作

利用国土资源部卫星监测成果开展第十一次卫片执法检查，对我区土地1412块、矿产1块变化图斑进行了核查，涉及用地590宗。共发现违法用地234宗。立案38宗查处，收缴罚款654万元，没收建筑面积21万平方米。

【信息化建设】

完成对100余台计算机内存升级，实现昌平分局行政许可和行政服务事项（除登记类业务外）均通过北京市国土资源综合监管平台统一办理。完善机房管理制度，出台内部网络应急预案，规范信息化章程。

【矿产资源概况】

昌平区共发现矿产29种，其中金属矿产10种，非金属矿产19种。共发现金属、非金属矿床和矿点94处，其中经过详查或勘探，向国家提交了储量报告的矿床26处，未做地质工作但经调查肯定矿点68处。截止2010年底，昌平区开发利用固体矿产资源4家、年产矿石量300多万吨。分别是水泥用灰岩1家、制灰用灰岩1家，建筑用白云岩1家、建筑用花岗岩1家；开发利用矿泉水企业3家，年产矿泉水近1000吨；现有热水井120余眼，开发利用地热资源的单位33家，年开采热水300多万吨。

【地质勘查储量管理】

完成11家探矿权年检，开展矿山企业的储量动态监测工作并组织了检测报告的评审；完成了矿山企业占用、消耗资源量的登记、统计工作。完成59件建设项目压覆重要矿产核查初审。

【矿产资源开发管理】

一是开展采矿权价款评估。配合市国土局通过矿业权交易市场完成了3个固体矿山采矿权交易出让（评估价款155万多元），实现了采矿权的有偿取得。二是昌平区现有的4个固体矿山，按照合理开发、综合利用、安全生产、环境保护等方面的要求，制定了矿产资源开发利用方案和矿山地质环境保护与治理方案。三是绿色矿山试点工作。北京水泥厂有限公司凤山矿自2010年起自筹资金1000多万元，通过实施矿区道路硬化，路边绿化工程，降低矿区粉尘污染；通过加大废石处理能力，减少固废排放，提高资源综合利用程度；通过合理配矿，增加低品位矿石的开采量，避免采富弃贫。被国土资源部评为全国绿色矿山试点单位。四是落实安全监管责任。每季度进行一次例行检查，主要时段（节日前后）重点检查，全年共检查20家次，固体矿山无超层越界等违法行为，处理区人大建议1件，信访举报8起，没有发生涉矿安全事故。五是采矿权管理。完成全部固体矿山企业的储量动态监测工作；实施固体矿山环境恢复保证金制度，全年缴存保证金303.45万元。六是完成4家固体矿山、3家矿泉水企业、33家地热单位的采矿权年检，建立矿山企业开发利用台帐，完成矿山企业占用、消耗资源量的登记、统计工作，完成资源补偿费和采矿权使用费的征收。征收采矿权使用费3.25万元，资源补偿费43.88万元。

【地热资源管理】

配合市局完成33家地热利用单位日常监督检查和采矿许可证的年检初审，年检合格率80%。征收采矿权使用费2.30万元。

【汛期地质灾害防治】

完成涉及地质灾害隐患的6个镇、26个村、10个旅游景区、7个矿山的野外实地调查；编写地质灾害调查记录，制定并发布《昌平区2011年度地质灾害防治方案》；填写并发放突发性地质灾害隐患点明白卡444份；组建专业人员参加应急调查组；与相关镇签订汛期地质灾害防治责任书，健全群测群防网络；在汛期不定期检查各镇“四包七落实”的落实情况。《昌平区地质灾害防治规划》文本于年底通过了专家评审。年内，发生小型崩塌1次，无人员伤亡和财产损失。

【矿山环境治理】

兴寿镇桃林村白云石矿山地质环境治理项目通过市国土局组织专家验收。延寿镇海子村花岗岩矿区地质环境质量项目完成了设计方案评审、招标工作。

【土地宣传】

围绕“土地与转变发展方式——促节约、守红线、惠民生”的宣传主题，利用多种形式开展“土地日”宣传活动。设立多个宣传咨询点，向过往群众发放宣传材料，并进行法律、法规及相关政策的现场解答，共发放环保宣传袋、宣传T恤衫等宣传材料18000余份。邀请中国政法大学法学院大学生参与土地日宣传活动。利用电子宣传屏、《昌平周刊》及政府网站等媒体对土地日主题及国土资源管理的法律法规和政策进行宣传。

【信访工作】

开展社会矛盾排查化解工作，确定包案领导和责任科室，制订矛盾排查化解措施。年内，共接待群众来访58批次、90人次，受理群众来信221件，办结221件，办结率达100%。

【政府信息公开工作】

年内，主动公开政府信息231条，全文电子化率达100%。受理依申请公开案例27件，受理依申请公开的政府信息26件均已办结。在已答复的5件申请中，“同意公开”的24件，占总数的92.3%；“不予公开”的0件，占总数的0%；“信息不存在”的2件，占总数的7.7%。

【大事记】

2月28日，《昌平区土地利用总体规划（2006－2020年）》通过市政府审批，取得《北京市人民政府关于昌平区土地利用总体规划的批复》（京政函［2011］28号）。

4月15日，张少伟同志任昌平分局党组书记、局长。张兴国同志任昌平分局党组成员、副局长。

4月22日，昌平分局领导和相关工作人员一起进行了第42个“世界地球日”的宣传活动。通过悬挂“珍惜地球资源　转变发展方式”和“今天是第42个‘世界地球日’”的宣传横幅，向过往行人发放了“世界地球日”特刊和宣传折页，宣传“爱护地球、珍惜资源、低碳生活”的理念。

6月25日，昌平分局紧紧围绕“土地与转变发展方式——促节约、守红线、惠民生”的宣传主题，利用多种形式开展“土地日”宣传活动。

7月28日，昌平区长陵镇土地质量地球化学评估试点工作方案通过专家评审。该项目是北京市第一个乡镇级土地质量地球化学评估试点，由北京市地质调查研究院承担，投资共计150万元，计划2013年6月完成。

8月1日，昌平区区长金树东主持召开了2011年经营性项目用地供应专题会，对昌平区拟于年内完成供应的17个经营性项目进行了详细的梳理，并对各项目进展过程中遇见的问题进行了研究部署。

10月12日，昌平区流村镇白羊沟崩塌地质灾害治理工程正式进场施工，该项目是昌平区第一个地质灾害治理项目。

10月24日，国土部西藏检查组一行6人，由西藏自治区国土资源厅地籍处副处长尼玛旺堆带队，莅临昌平分局检查指导土地登记规范化及权属争议调处等工作。

11月3日，市国土局副局长曾赞荣、市储备中心常务副主任师宏亚及市国土局、市规委等相关部门领导到昌平区，就年内全区土地储备开发及土地供应、科技商务区（TBD）项目进展情况进行调研。昌平区领导金树东、张燕友、王承军、周云帆及相关职能部门、镇政府和开发公司负责同志出席了会议。

11月9日，市国土局副局长谢俊奇、市局登记中心主任陈珂以及市农村土地颁证办工作人员来昌平区就农村土地确权登记颁证工作进展情况进行调研。

12月2日，昌平分局“12·4”法制宣传团队赴昌平区中心公园参加区依法治区领导小组办公室组织的法制宣传活动，宣传主题为“深入学习宣传宪法，大力弘扬法治精神”。

12月6日至14日，昌平分局举办了“12·4全国法制宣传日”国土资源法律法规知识竞赛活动。

（昌平分局　李晓林）

北京市国土资源局平谷分局

【土地资源概况】

平谷区位于北京市东北部，地处燕山南麓与华北平原北端的相交地带，东西长40.61公里，南北宽38.82公里，区政府所在地距北京市区约70公里，是首都北京的卫星城。地理坐标位于东经116°55′—117°24′，北纬40°02′—40°22′之间。全区现辖14个镇、2个乡、2个街道办事处，全区共设275个行政村、23个社区，人口40万。

根据2011年度土地变更调查数据，全区土地总面积为948.27平方公里。详见表1。

表1　平谷区2011年度土地变更调查数据一览表

地　类	土地面积（平方公里）	所占比重（%）
耕地	117.8692	12.43
园地	237.4619	25.04
林地	349.2265	36.83
草地	61.2370	6.46
城镇村及工矿用地	101.3984	10.69
交通运输用地	24.6297	2.60
水域及水利设施用地	40.3784	4.26
其他土地	16.0648	1.69
合计	土地总面积：948.2659平方公里	

【机构设置】

北京市国土资源局平谷分局（简称平谷分局）为北京市国土资源局的派出机构，在市国土资源局的领导下，按照管理权限，负责组织实施本行政区域内土地、地质矿产资源行政管理工作。分局机关设办公室、政工科、纪检监察科、财务科、综合科、耕保征地科、土地利用科、地籍科、地质矿产科等9个行政科室；下设国土资源执法监察队、土地权属登记事务中心、土地利用事务中心、土地整理储备中心和国土资源管理一、二、三、四所等8个事业单位。年末，分局人员共有107名，其中机关工作人员35名，参照公务员法管理14名，规范工资人员12名，事业单位编制人员46名。

分局领导班子：

党组书记、局长　傅景玉
副局长　崔宝祥
副局长　张洪元
纪检组长　郭宝义
副局长　张雅民
（2011年10月任职）

【土地利用总体规划】

平谷区土地利用总体规划（2006－2020年）年初获得北京市政府批准，乡（镇）级土地利用总体规划已编制完成。在修编过程中，针对中国乐谷、洵河南大门、金海湖机场、老泉口新农村等多个重点项目的用地需求，给予统筹规划，力争增加规划的科学性、前置性，乡（镇）级土地利用总体规划于2011年9月16日通过专家审查会审查，已上报市国土局审核，待市政府审批。

【建设项目用地预审】

全年共完成建设项目用地预审62宗，用地总面积616.54公顷。其中储备用地9宗，总占地面积281.33公顷；工业用地9宗，总占地面积175.8公顷；公路用地1宗，总占地面积12.72公顷；基础设施用地10宗，总占地面积78.56公顷；科教文卫用地28宗，总占地面积8.56公顷；行政办公用地1宗，总占地面积0.96公顷；住宅用地4宗，总占地面积58.61公顷。

完成复函64宗。完成地类审查意见10宗。

【征地及农用地转用项目用地管理】

上报市政府审批征占地项目22个，用地面积470.04公顷。

加强每宗土地的动态管理，定期到现场勘查，健全对出让用地跟踪调查情况定期报告制度，每年6月30日、12月31日将跟踪调查情况报告市国土局。

办理出让、转让、划拨、抵押等土地流转手续44宗，办理地价款核实17宗，分五批对全区工程建设领域228个项目进行了全面梳理，未发现重大问题。

签订挂牌出让合同9宗、未批先建协议出让补办项目4宗、土地出让合同变更7宗、土地转让5宗、办理地价款核实17宗、办理合同解除3宗。

全年累计已完成12个乡镇36个村75户村民宅基地的选址调查及审批工作。

【土地开发整理及耕地占补平衡】

1. 小开荒项目。

3月，北京市平谷区王辛庄镇熊耳营村土地整理开发项目等七个项目规划设计通过区财政审批，七个小开荒项目总建设规模2452.65亩，新增耕地1880.85亩，总投资2758.87万元。项目于6月进行了招投标，7月初施工单位正式进场施工。截至年底，约完成整体工程的70%。

2. 土地开发整理项目。

年内，有4个土地开发整理项目通过市国土局验收。其中有2007年实施的2个土地开发整理项目：夏各庄镇安固村等五个村和东高村镇赵家务等六个村改善农业生产条件的土地开发项目；2009年实施的2个土地开发整理项目：山东庄镇山东庄村等五个村基本农田整理项目、镇罗营镇上镇村土地开发项目。

7月，以第二次土地调查、2010年变更调查数据为基础，结合土地利用总体规划，采取实地核查与查阅统计台帐等资料相结合的方法，对平原区的补充耕地后备资源进行全面摸底，于9月对初步选定的1000亩补充后备耕地资源进行了踏勘选址，目前正在进行项目前期工作。

8月，区长张吉福同志代表区政府与北京市政府签订耕地保护目标责任书；张吉福区长代表区政府与区17个乡（镇）、街道办事处签订平谷区耕地保护目标责任书；各乡（镇）、街道办事处与所辖村签订责任书，将耕地保护目标责任落实到村级。

9月，国土资源部、农业部、监察部、审计署、国家统计局相关领导到我区检查基本农田保护工作，并对内业卷宗以及外业的实地进行检查。

全年完成耕地补充方案23宗，共补充耕地158.60公顷，缴纳耕地开垦费3568.49万元。

【土地供应计划及实施】

全年平谷区土地供应计划总面积128公顷，其中：商业用地20公顷、住宅用地51公顷（包括政策性住房13公顷、商品住宅38公顷）、工业用地57公顷。

年内完成国有建设用地供应116.89公顷（不含划拨用地），完成比例91.3%，其中商业用地供应15.61公顷，完成比例为78.06%；住宅用地供应70.80公顷，完成比例138.8%；工业用地30.48公顷，完成比例53.47%。划拨用地供应20.34公顷。

【保障性住房用地供应】

天成开元经济适用房宗地总面积22209.99平方米。3月，向平谷分局申请办理相关手续；4月，平谷区人民政府下发《关于北京星宇昊经济技术发展中心建设经济适用房项目使用国有土地的批复》后，办理该项目《国有建设用地划拨决定书》。目前建筑主体已经基本建设完成，主要解决平谷区中低收入家庭住房问题。

【土地市场交易】

年内有12个地块入市交易，土地面积87.73公顷，其中经营性用地5宗，土地面积57.28公顷，工业用地7宗，土地面积30.45公顷，形成政府土地收益6.12亿元。

【土地储备开发】

全年，全区实现固定资产投资共计256173.72万元。其中：实现经营性用地供应7宗，供应面积为67.17公顷，实现固定资产投资243135万元；实现工业用地供应7宗，供应总面积为30.45公顷，实现固定资产投资13038.72万元。平谷区是全市经营性用地供应任务完成情况最好的区县之一，完成全市经营性供地任务的109%。

【地籍管理及土地登记】

在完成2010年启动的镇罗营镇农村土地确权登记颁证试点工作后，年内，该镇农村土地确权登记颁证注册登记、调查率、确权率以及登记发证率均为100%，为全市的农村土地确权登记颁证工作提供可供借鉴的经验和做法。11月份启动平谷区农村集体土地确权登记发证工作，开局良好。

土地权属争议、纠纷等工作的调处，始终坚持依法行政，无一败诉。

年内共完成土地登记251件，面积为595.49万平方米。其中，国有土地使用权初始登记34宗，面积为140.43万平方米；国有土地使用权变更登记48宗，面积79.56万平方米；国有土地使用权抵押登记72宗（含2宗政府储备土地抵押），面积为177.68万平方米，抵押贷款金额665195.00万元；国有土地使用权抵押权注销登记93宗，面积为197.82万平方米。注销国有土地使用权4宗，面积为12.24万平方米。

完成保存土地档案的数字化工作，正在进行日常的档案数字化。基本实现土地登记档案的电子查询工作。

【土地执法监察】

土地执法监察通过卫片、三级动态巡查、信访三个渠道保障了及时发现问题并跟进查处。完成了国土部下发的2010年度卫片的核查及查处工作，对于违法占地问题通过领导约谈、检查督办、立案查处等办法全部解决，顺利通过验收。

【信息化建设】

年内对网站内容及时进行更新，实现了公开信息、联系群众、为民服务的网站功能。坚持每月收集信息制度，保证主动公开政府信息在20个工作日内网上公开。主动公开政府信息共188条，其中抵押登记61件，征地结案4件，建设项目预审60件，宅基地审批57件，合同变更6件。

【矿产资源概况】

平谷区矿产资源丰富，已知的矿物有：金、铜、铅、锌、钨、钼、锰、铁、钾、石英岩、大理石、花岗岩、水泥灰岩、重晶石、麦饭石、白垩等20多种。黄金矿线由东到西长约60公里，曾是北京市黄金主要产地，现已禁采。

【矿产资源开发管理】

着重抓好打击非法盗采矿产资源工作，组织了四次大规模的集中打击盗采行动，向公安部门移送盗采挖砂毁坏耕地案一件，查扣8辆大型盗采砂石车辆及2台挖掘机，收缴罚款26万元。

黄松峪国家矿山公园建设项目基本完成，矿山公园总体规划已上报国土资源部审批，正在向市国土局、国土部申请揭碑开园。黄松峪国家级地质公园建设正在加速进行中。黄松峪地质遗迹保护项目规划、工程建设进行了公开招投标，规划、工程建设都在进行当中。

年内向市国土局申报了一个地质灾害治理项目——红石门地质灾害治理项目（滑坡）。市国土局完成对平谷区万庄金矿区、王辛庄－韩庄地区“北京城市地质土壤调查与评价”工作。

【地热资源管理】

对区属北京力之源饮品制造中心矿

泉水、北京神怡谷泉饮料有限公司矿泉水等2家矿山企业办理了年检，对平谷区地热普查、峪口村地热勘探两个勘探项目单位进行探矿权年检。

后北宫村对原有一眼废弃水井进行修复，在原有360米深的基础上又加深到460米，出水量达每小时48立方米，水温47℃。已经专家论证，待结果出来后，将申请市局办理采矿权登记手续。

【地质灾害防治】

继续落实多年来行之有效的防范措施，健全一级抓一级层层抓落实的工作机制，严格落实汛期值班制度、地质灾害报告制度、险情巡查检查制度。建立地质灾害险村、险户档案，重新发放了1096份避险明白卡。在全区地灾易发区隐患点竖立100块地灾防治警示牌，对刘家店镇胡家店村村东南高10余米、长130米大土坎进行削坡、清理废料、垒浆砌墙护坡，消除了坍塌隐患。

全年降雨量超出往年，出现的一些险情得到及时的处理。全年没有发生人员伤亡，做到了安全度汛。

【信访工作】

信访工作坚持为稳定服务，努力化解矛盾，保护好人民群众的正当权益，对于较为重大信访事项及时下访，把矛盾化解在基层，没有出现越级集体访。在行政处罚案件代理工作中，涉法涉诉案件，全部经法院审核、裁定，无被撤销及败诉案件。

【大事记】

2月24日下午，市国土局副局长张维为解决东高村村民耿时凤、何金平等群众的信访问题，带队到平谷分局接待。

2月9日，区土地利用总体规划（2006－2020年）获市政府批复。

3月中旬，完成2008年以前土地档案信息网络数据库，并在单位内部公开使用，实现了土地专业档案的数字化和空间化。

5月12日，北京平谷黄松峪国家地质遗迹保护项目被列入2011年国家级地质遗迹保护项目。

5月24日启动平谷区2010年度土地矿产卫片执法检查工作。要求6月30日前要把占用耕地的违法比例降到15%以下。

6月27日分局组织实施的刘家店镇胡店村地灾治理项目竣工，该工程自5月15日至6月27日施工，彻底解决了坍塌隐患，解决了村民的后顾之忧。

7月20日凌晨1时左右，镇罗营镇清水湖村出现一处山体滑坡情况，平谷分局接到情况报告后，第一时间组织相关人员赶赴现场了解情况，无人员伤亡。

8月15－17日，大华山、马坊、金海湖等三个国土所正式挂牌成立。

8月17日，平谷区政府举行全区耕地保护目标责任书签订仪式，张吉福区长与全区17个乡镇、街道办事处签订了平谷区耕地保护目标责任书。

9月23日，市国土局局长魏成林同志来到熊尔寨老泉口村进行新农村试点调研。平谷区区长张吉福、副区长姜帆和区国土分局局长付景玉同志陪同调研。

9月25日，由国土资源部、农业部、

监察部、审计署、国家统计局相关领导组成的检查组考察平谷区 2006—2010 年耕地保护责任目标履行情况。

12 月 20 日，经区直机关工委批准，平谷分局成立党总支，党总支下设第一、二党支部。

12 月 20 日，平谷分局工会委员会和工会经费审查委员会进行了换届选举。

（平谷分局　张保红）

北京市国土资源局怀柔分局

【土地资源概况】

怀柔区是北京市的远郊区，地处燕山南麓，位于北京市东北部，北纬40°14′—41°04′，东经116°17′—116°55′。东临密云县，南与顺义区、昌平区相连，西与延庆县搭界，北与河北省赤城县、丰宁县、滦平县接壤。

怀柔区地域面积2122.47平方公里，14个乡镇，共284个行政村，常住人口约30万人，汉族最多，满族其次，有喇叭沟门、长哨营两个满族乡。

怀柔区地形南北狭长，呈哑铃状，南北长92公里，东西最窄处仅11公里。地势北高南低，以著名的万里长城为界，北依群山，南偎平原，层次鲜明地分为深山、浅山、平原三类不同地区，山区占总面积的88.7%。境内最高点海拔1705米，最低点海拔仅34米。山区高处土壤较稀少，水资源匮乏，故多生长灌木和柏树林，也间有飞机播种成活的松树林；低处土质较硬，适宜生长板栗、核桃、杏等果树，所以山区特别是浅山区园地面积较大。平原区土壤多为沙土地，均有水利灌溉设施，农作物以冬季小麦、夏季玉米为主，也有较多果树种植。

表1　怀柔区2011年度土地利用情况统计表

地类		2011年初面积（公顷）	比例（%）	2011年末面积（公顷）	比例（%）	净增减值（公顷）
农用地	小计	191392.63	90.17	191133.92	90.05	258.71
	耕地	10248.14	4.83	10136.82	4.78	111.32
	园地	18016	8.49	17966.19	8.46	49.81
	林地	163128.49	76.86	163030.91	76.81	97.58
	草地	1579.71	0.74	1564.02	0.74	15.69
建设用地	小计	17335.09	8.17	17582.8	8.28	-247.71
	居民点及工矿用地	9717.6	4.58	9971.96	4.70	-254.36
	交通运输用地	2732.98	1.29	2733.36	1.29	-0.38
	水利设施用地	4884.51	2.30	4877.48	2.30	7.03
未利用地	小计	1939.28	0.91	1965.97	0.93	-26.69
	其他土地	1939.28	0.91	1965.97	0.93	-26.69
合计		212246.71	100	212246.71	100	0

怀柔区水资源相对丰富，境内有怀柔水库、北台上水库、沙峪口水库、西水峪水库等17个中小型水库；有怀九河、怀沙河、沙河、雁栖河、牤牛河、潮白河、小泉河、京密引水渠，琉璃河、汤河、白河、天河、菜食河等众多河流。河渠两岸特别是山区河渠两岸是耕地的主要分布区。

【机构设置】

北京市国土资源局怀柔分局（简称怀柔分局）成立于2005年7月，分局机关设办公室、综合科、地籍科、耕保征地科、土地利用科、地质矿产科、财务科、纪检监察科八个行政科室，编制41人，其中工勤人员4人；下设北京市土地整理储备中心怀柔区分中心、北京市怀柔区土地权属登记事务中心（北京市怀柔区土地利用事务中心）、北京市怀柔区国土资源执法监察队及6个国土所十个事业单位，在册职工80人。

分局领导班子：

党组书记、局长　　周相民
副书记　　唐军生
副局长　　王永兴
副局长　　潘连筠
副局长　　胡海伶（女）
（2011年4月任职）
副局长　　要启明
（2011年4月任职）

【土地利用总体规划】

根据市局工作部署，全面开展了怀柔区区、镇（乡）规划修编工作，完成了怀柔区区、镇（乡）规划文本、规划说明和规划图件；怀柔区区、镇（乡）规划数据库建设等各项成果的编制。《怀柔区土地利用总体规划（2006—2020年）》及《怀柔区镇（乡）土地利用总体规划（2006—2020年）》均已通过市政府审批。

【建设项目用地预审】

办理各类建设项目用地预审37件，总用地面积约267.35公顷，其中农用地115.00公顷（含耕地43.82公顷），建设用地149.41公顷，未利用地2.95公顷。

【征地及农用地转用用地管理】

合理调整基本农田保护布局，确保基本农田保护面积和质量不降低；完善基本农田保护相关措施，建立和完善区、镇、村三级基本农田保护档案，签订2011年度耕地保护目标管理责任书，严格管理，从严控制新增建设用地占用耕地，严把用地预审关。

完成了77户宅基地审批的外业踏勘工作；上报宅基地审批件4件，批准新建住宅10户，占地面积2.5亩，完成征地报批12件。

【土地整理与占补平衡】

完成2006及2007年共三个市财政投资土地开发整理项目竣工验收工作，项目建设总规模4264亩，新增耕地总面积549亩，新增可调整园地总面积131亩，总投资2666万元。

完成喇叭沟门乡等四个市财政投资土地开发整理项目立项申报工作，项目建设总规模4228亩，规划新增耕地总面积1500亩，预算总投资6517万元。

【土地供应计划及实施】

全年供地总量为351.9316公顷，分解地块31个。完成供地6个共49.78公顷，分别是中科院网络信息中心项目、怀柔新城13－051地块、怀柔新城12－015地块、怀柔区驸马庄园土地一级开发项目和旅游房地产开发总公司回迁安置房项目、怀柔新贤街城中村改造联合储备土地一级开发项目。

【土地市场交易】

全年共完成入市交易项目4个，土地总面积23.95公顷。其中，经营性用地4宗，土地总面积23.95公顷，建设用地面积12.93公顷。

【土地储备开发】

年内梳理确定15个土地一级开发项目，总开发面积998.94公顷，预计总投资116.41亿元，目前投资落地8.6亿元。

【农村土地确权登记发证】

为了贯彻落实国土资源部、财政部和农业部《关于加快推进农村集体土地确权登记发证工作的通知》的各项要求和市政府的具体工作部署，全区开展了农村土地确权登记发证工作，成立了怀柔区农村土地确权登记颁证工作领导小组办公室。依据市颁证办的部署和要求，结合怀柔区实际拟定了《北京市怀柔区农村土地确权登记发证工作意见》和《北京市怀柔区农村土地确权登记发证工作方案》，并报区政府审批。编制工作经费预算，协助领导组织召开农村土地确权登记颁证动员大会，收集整理会议所需资料，对重要的会议出会议纪要并保存归档。对北房镇开展试点工作，整理历年发证档案和调查档案，对历年已发证土地进行上图确认，对符合确权登记发证的宗地上报区政府审批。

【地籍管理及土地登记】

全年办结国有土地使用权登记118件，面积205.76公顷。其中国有土地初始登记发证37件，面积94.92公顷；转让变更登记发证33件，面积65.55公顷；其他登记发证48件，面积45.29公顷。办结集体土地使用权登记15件，面积15.94公顷。审查办结抵押登记发证160件，面积260.34公顷，贷款金额34.9亿元。办理国有土地使用权注销登记3件，面积0.89公顷，集体土地使用权注销登记1件，面积0.67公顷。

【土地执法监察】

加强动态巡查，全年共计巡查行程39600公里，2200人次，其中一级巡查1144人次，二级巡查528人次，三级巡查528人次，立案调查56宗。

按季度完成4次遥感二号卫片执法检查工作，监测时段为2010年9月至2011年9月。全区共涉及80块图斑，79宗地，面积为2176.6亩，其中耕地449.8亩。在79宗地中，建设用地28宗，面积1495.3亩，其中耕地180.7亩；实地未变化22宗，面积269.9亩，其中耕地114.2亩；农业结构调整用地29宗，面积411.4亩，其中耕地154.9亩。在28宗建设用地中，合法用地9宗，面积787.1亩，其中耕地27.2亩；违法用地19宗，面积708.2亩，其中耕地153.5亩。

土地卫片执法检查，全区涉及137块图斑，111宗地，面积943.7亩，其中耕地379.91亩。在111宗地中，建设用地70宗，面积721.94亩，其中耕地276.71亩；实地为变化40宗，面积210.16亩，其中耕地103.2亩；军事用地1宗，面积11.6亩。在70宗建设用地中，合法用地30宗，面积490.89亩，其中耕地247.66亩；违法用地40宗，面积231.05亩，其中耕地29.05亩。40宗违法用地中，历史违法占耕地项目5宗，耕地22.08亩。全区原有违法占耕地项目21宗，面积98.5亩，通过区政府及各镇乡整改查处，目前已拆除12宗，面积69.45亩。现有占耕地项目9宗，面积29.05亩，拟问责比例为10.5%；扣除5宗历史违法占耕地项目22.08亩后，2010年问责比例将降至2.74%。40宗违法用地中，立案方式处理39宗，已下发处罚决定书38宗，自行拆除1宗，处罚率100%。非立案方式处理1宗，该宗地已进入一级开发程序，储备中心收购后将进行整体拆除，处理率100%。按要求向区监察局提出处分建议3宗，向司法机关移送案件1宗。

通过卫片执法检查、动态巡查、群众举报等各种渠道发现的违法违规用地共立案调查53宗，面积207.75亩，其中耕地49.95亩。在53宗违法用地中，属2011年以前年度发生、本年发现的违法用地33宗，面积114.75亩，其中耕地19.05亩；2011年新增违法用地20宗，面积93.0亩，其中耕地30.9亩。在2011年立案的53宗案件中，已下发处罚决定书45宗，自行拆除6宗，其余2宗查处工作正在进行中。按逐步消化既往原则，对历史遗留积案，积极消化处理，继续履行处罚程序，下发处罚决定书28件，其余案件查处工作正在进行中。按时限向法院申请执行20宗。

在打击盗采工作中，分局会同区水务局、公安分局、工商分局等部门联合执法，不断开展执法行动严厉打击各类突出盗采行为，并组织区联合执法队始终保持高压打击的工作态势，以杜绝大规模盗采现象为目标，常年坚持24小时不间断的巡查检查机制，进一步遏制了全区大范围的盗采活动，确保了全区打击盗采工作形势保持稳定。据统计，2010年以来，全区共查扣盗采机械车辆135台（辆），行政处罚罚款105.3万元，拆毁、没收非法砂石厂的加工设备、房屋等36处，拆除用于非法生产、加工砂石的电力设备17处，收缴盗采铁矿石4900余吨，公安机关追究刑事责任19人，刑事拘留9人。

【信息化建设】

信息化硬件建设

完成了分局视频会议高清设备的前期调研、安装调试和定期巡检工作；完成了分局机房网络升级改造和测试工作，更换原有4台二层网络交换机为2台千兆光纤交换机，实现了分局内网到区级平台的高速连接。6月底，完成对分局部分新旧计算机等办公设备配备、调整和升级改造工作；完成了国土所信息化办公设备安装工作、网络组建工作，实现所内部联网共享办公。

信息系统建设

怀柔分局城镇地籍和土地利用一体化系统初步建设完成，实现包括行政许可、行政服务、日常审批、日常管理事项的网上办理，整合了地籍管理信息系统业务。一体化系统中全部业务正式进入“双轨制”运行，日常公文办理业务实行“单轨制”运行，取消了纸质来文文件流转。进一步推进市局综合监管平台应用，2月初，完成了分局所有干部职工的数字签章采集工作，5月1日，印发了《关于做好综合监管平台建设及深化应用的通知》和《关于综合监管平台运行有关工作的通知》，怀柔分局正式进入了监管平台运行阶段。

网站管理及政府信息公开工作

年内外网信息共计发布116条；市局办公内网分局动态共计发布89条信息，更新48项行政服务与行政许可事项办理规范。全年共主动公开政府信息456条。

【矿产资源概况】

怀柔区矿产资源较为丰富，有固体矿产资源、矿泉水、地热资源等类型。其中已发现的固体矿产有八四大类、八亚类，三十多个矿种。历代已开采的矿种有金、银、铜、铁、钼、萤石、粘土、石灰石、花岗岩等十余种。目前全区有矿山企业7个，开采矿种有铁、水泥灰岩、矿泉水等。

【矿产资源开发管理】

改革开放以来，怀柔区的矿业开发发展迅速，到2001年全区有各类矿山企业一百多个。近几年来，根据北京市政府关于逐步减少固体矿山企业的总体要求，怀柔区不断加大对矿山企业的管理和规范力度，从2004年6月起不再批设新的采矿权；对现有矿山企业采矿权的延续申请认真把关，原则上不再予以延续，做到逐步关闭。并且通过实行政策性关闭、部门联合执法、取缔非法采矿点、加大检查及处罚力度等多项措施，对全区的矿产资源开发秩序进行了全面清理整顿。改变了过去矿山企业“多而小，小而乱，遍地开花，无序开采”的状况。到2011年12月全区有非煤矿山企业仅4个，其中铁矿1家、矿泉水2家、水泥灰岩矿1家。在生产过程中，这些企业基本上做到了依法、规范、安全、合理开发利用矿产资源。

【地质灾害防治】

突发性地质灾害主要分布在山区10个（镇）乡28个行政村。按照市局及怀柔区有关工作要求，结合本区防汛工作特点和以往汛期地质灾害的基本做法，进一步健全和完善了地质灾害预案、方案、责任制等制度建设。及时通过下发文件、召开会议、实地检查、隐患点排查、加强监测和值守、应急演练等多种方式，强化地质灾害易发区域的防治工作，落实各项防治措施。同时，还通过发送地质灾害预防指南、宣传图册、手册、折页等形式，大力宣传普及地质灾害防治政策法规以及预防、避险、自救和互救等地质灾害防治知识和自我防护意识，提高了应对能力。

【征收矿产资源费用】

加强对矿山企业依法缴费宣传。全年度共收费1553013.62元。其中追缴2010年度补偿费459105.78元，征收2011年度矿产资源补偿费1093907.84元，矿山环境恢复治理保证金109.2万元。

【国土宣传】

以“4·22”地球日、“6·25”土地日、“12·4”法宣传日为抓手，开展保护国土资源环境，促进社会和谐大型宣传活动，设置宣传站点。在14个乡（镇）、街道、办事处设置16个宣传点，悬挂横幅46条，现场发放《国土资源报世界地球日北京特刊》、宣传手册、挂图等3904份，编发宣传短信。围绕地球日、土地日宣传主题，向用地单位、服务对象、乡（镇）、村级领导等，发布“让我们一起努力，珍惜国土资源，共建美好家园，促进和谐发展。”短信息725人次。开展校园宣传。以“珍惜地球资源，转变发展方式”为主题，在渤海镇中心小学开展师生签名活动，全校师生110人参加签名，现场向小学生宣传地球科普知识，发放科普知识手册等120份。深入到渤海镇、九渡河镇组织有关人员收看了地球科普知识宣教光盘，围绕“节约利用资源、循环经济、保护资源、爱护环境”，以广播形式向景峪等村50多人进行宣传。

【信息工作】

围绕工作变化点、服务点和闪光点，向市局、区委、区政府等部门报送信息310条，在市局《国土资源信息》、《怀柔信息》采用36条，其中专刊1条；在市局网、怀柔国土资源网公布信息150条；向“两台一报一网”报送各类宣传信息；整理、编辑《怀柔国土资源信息》28期，刊登信息155篇，照片112张。免费向区、镇政府赠送《中国国土资源报》。经常以“怀柔国土资源信息”的形式同区四大机关和乡（镇）政府交流情况；把国土资源法律法规、政策，涉及与老百姓生产生活密切相关的政务公开的内容放到分局网站上，营造良好的舆论宣传氛围。

【信访工作】

全年共接待信访186件，其中区政府和区矛盾调处办公室转办17件，同比去年下降了16%，市局转办的信访件34件，同比去年下降了76%；来信51件，同比去年下降了34%；来访咨询112件、224人，同比去年上升了3%；按规定程序受理7件，目前办结6件，正在调查1件，信访事项化解率91%。其他来信来访全部按照行政职能进行了处理。

另接收系统来信转件2件，复查复核5件。全国信访系统今年未接收到系统转件。市长信箱共接收57件，办结55件。市局开通了各区县分局门户网站分局长信箱，年内共计接受社会咨询和信访18件。

【政务公开和制度建设】

22项行政许可事项全部进入怀柔区行政服务大厅，实行全程办事代理制度。

制定完善《怀柔国土分局工作制度

汇编》、《怀柔国土分局党组工作制度汇编》和《北京市国土资源局怀柔分局行政服务窗口工作制度》。共计制定了56项规章制度。

【大事记】

1月1日，怀柔分局城镇地籍和土地利用一体化系统初步建设完成，一体化系统中所涉及的全部业务正式进入“双轨制”运行阶段。

1月13日，国家土地督察北京局蔡可军专员带队到怀柔督察闲置房地产用地工作，与区政府主管副区长祝自河就闲置房地产用地有关情况进行了座谈。

2月24日，怀柔区举行国土资源管理所成立暨授牌仪式。怀柔区政府主管土地工作副区长祝自河做重要讲话。区监察局、城管大队、雁栖开发区、慕田峪办事处、十四个镇乡分管土地工作的领导和城建办主任、国土分局科以上干部参加了会议。

5月19日，市国土局副局长李燕飞带队，矿产资源开发处、地质环境处、应急调查处、北京地质研究所一行6人到怀柔区检查指导地质灾害防治工作。

6月25日，是第21个“全国土地日”，为进一步落实国土资源部办公厅下发的《关于开展第21个“全国土地日”主题宣传周活动的通知》，怀柔分局紧紧围绕“土地与转变发展方式——促节约、守红线、惠民生”这一宣传主题，开展了丰富多彩的宣传活动。

7月14日，《怀柔区乡（镇）土地利用总体规划（2006—2020年）》通过了市局组织的专家及市各委办局评审。

9月28日，怀柔分局邀请特约行风监督员和服务对象，组织开展民主评议基层站所活动“面对面评议”座谈，分局科以上干部参加会议。

12月6日，市国土局张维副局长带领市局规划处、北大设计院工程师一行6人到怀北镇，对市政府已确定的山区整合试点村椴树岭村打造新型旅游产业事宜进行调研。

12月8日，怀柔分局在市国土局组织的“最佳党日活动”评选中获得一等奖。

（怀柔分局　独艳霞）

北京市国土资源局密云分局

【土地资源概况】

密云县属北京市的远郊县，位于北京市东北部。北、东与河北省滦平县、承德县、兴隆县接壤；西、南、东南与本市的怀柔区、顺义区、平谷区毗邻。密云县山多地少，全县山地（丘陵、低山、中山）、平原、水域分别占土地总面积83.3%、8.3%、8.4%，故有“八山、一水、一分田”之说。根据2010年密云县土地变更调查成果数据显示，该县土地总面积为2225.87平方公里，占全市总面积13.56%，为全市土地面积最大的县。其中建设用地391.04平方公里，占总量17.57%，农业用地1815.42平方公里，占总量81.56%，未利用地19.42平方公里，占总量0.87%。（详见表1）

表1　密云县2010年土地利用现状统计表

地类			面积（公顷）
农用地	小计		181541.6
	耕地		16553.2
	园地		30703.5
	林地		130518.9
	牧草地		2124.1
	其他农用地		1641.9
建设用地	小计		39103.5
	居民点及独立工矿	小计	13626.8
		城镇用地	5017.9
		农村居民点	7608.5
		独立工矿	941.6
		特殊用地	58.8
	交通运输用地		3083.6
	水利设施用地		22393.1
未利用地	小计		1942.3
	未利用土地		1942.3
	其他土地		0
合计			222587.4

【机构设置】

北京市国土资源局密云分局（简称密云分局）成立于2005年5月21日。局机关设办公室、地籍科、耕地保护科、土地利用科、地质矿产科、财务科、纪检监察科等7个职能科室，其中，办公室、地籍科分别加挂政工科、综合科牌子，编制27人，实有27人；下属：土地储备分中心、权属登记事务中心、土地利用事务中心、执法监察队、国土一所、国土二所、国土三所、国土四所、国土五所、国土六所等10个事业单位，编制103人，实有98人。

分局领导班子：

党组书记、局长（2011年4月调出）	李光辉
党组书记、局长（2011年4月任职）	孙全春
党组副书记副局长	王国辅
纪检组长	周广先
副局长	罗秀民
副局长	张义臣

【建设项目用地预审】

全年共受理土地预审项目62个，建设用地规模约260.51公顷。办理转让项目用地2宗，土地面积3.87公顷，办理出让项目用地5宗，土地面积103.69公顷，依法办理了出让合同变更手续17宗。在土地划拨方面，全年办理划拨项目用地3宗，总面积14.01公顷。

【土地储备开发和入市交易】

密云县本年度在施的土地一级开发项目共15个、282.95公顷。年度内完成土地一级开发项目5个、106.34公顷。

全年共成功完成11宗用地的入市交易工作，总用地面积158.44公顷，成交总价款约13.81亿元，政府土地收益6.22亿元，为成交总价的45.04%。其中，完成经营性用地入市交易6宗，总面积103.8公顷，成交总价款10.43亿元，其中政府土地收益5.85亿元。完成工业用地入市交易5宗，总面积54.64公顷，成交总价款3.38亿元，其中政府土地收益0.37亿元。

【征地及农用地转用项目用地管理】

全年报批征收集体土地项目4个，总面积527.47公顷；报批农用地转用项目12个，总面积52.46公顷；报批集体建设用地项目3个，总面积1.26公顷。

【宅基地报批】

全年共有15个乡镇、74个村、253户农民建住宅用地申请符合用地审批条件，已经县政府批准，总占地用地4.11公顷。

【土地整理与占补平衡】

全年本县在施的土地开发整理项目5个，项目总规模416.83公顷，可新增耕地面积200.07公顷。截至年底，已有2个项目通过市国土资源局验收。

【地籍管理和土地登记】

全年办理土地登记发证109宗，总面积245.36公顷；办理土地及在建工程抵押140宗，总面积260.27公顷，涉及房地抵押贷款资金累计34.60亿元；办结地调成果确认单48件，总面积199.11公顷，办理土地权属审查26件，总面积76.54公顷。为保障土地权利人合法权益，维护社会稳定做出积极贡献，贯彻落实上级指示精神，成立组织机构、制定工作方案、落实保障措施，扎实推进农村集体土地确权登记发证工作，选取北庄镇作为试点，年内完成了试点乡镇的培训及宣传工作。

【国土资源执法监察】

全年立案查处土地违法案件55起、84.93公顷，依法依规拆除违法建筑物8465.22平方米；积极做好第11次卫片执法检查工作，实地核检326个变化图斑、120宗地、监测面积184.22公顷。通过与公安、城管、水务局、交通局、涉矿乡镇政府等部门组织联合执法行动，对非法开采运输矿产资源行为实施了有效打击。全年查扣47台（辆）盗采盗运机械（车辆），罚没铁矿石3000余吨，移送县公安局涉矿案件17起。

【服务窗口建设情况】

全年共受理行政许可和行政服务事项及其他事项1392件，办结1229件，按时办结率为100%。其他事项（包括地类审核、集体土地权属证明、地籍调查成果确认单、土地权属审查告知书、农民宅基地审批的前期审核等）613件，办结558件。受理有关业务公文80件，受理法院协助执行49件；整理、装订并移交到局档案室各类业务档案共计325件；接待业务咨询2137余人次。收到留言表扬卡32件。2011年度上半年被密云县综合行政服务中心评为“红旗窗口”，罗金宇同志被评为“服务标兵”。

【矿产资源概况】

密云县矿产资源丰富，金属矿物有铁、金、银、钨、铬、铅、锌等，其中，铁矿已探明储量9.19亿吨，占北京市铁矿储量92.5%以上，主要分布在水库周边地区，包括太师屯、不老屯、高岭、巨各庄、冯家峪、石城、穆家峪等7个镇。非金属矿主要以砂石、石灰石为主，其中砂石储量为最大，主要分布在我县潮白河流域和西田各庄镇、十里堡镇等地。

【矿产资源开发管理】

整顿规范取得实效。一是按时完成县域内7家矿山企业2011年度矿产资源开发利用年检工作，并相应地完善了矿产企业的矿产资源统计基础表。二是完成了对县属5家矿山企业的超层越界开采行为的执法检查工作，在自检和抽检工作中，没有发现矿山企业越界开采行为。三是加强矿产资源补偿费的收缴。

【汛期地质灾害防治】

重点做好汛期地质灾害防治工作。本县北部山区是地质灾害的易发区，分局采取多项措施积极防范：一是成立了汛期地质灾害应急指挥部和应急调查队，逐级建立并落实防灾责任制，严格执行地质灾害险情巡查、灾害应急调查、灾情速报、汛期值班等制度，及时、有效地预防和处理地质灾害；二是认真开展宣传教育，加强防灾培训。发放防灾工作卡25份、防灾明白卡521份，发放防灾宣传资料、光盘，提高了群众的防灾避险知识；三是完善群测群防体系。对冯家峪、石城、北庄、新城子、不老屯等5个乡镇521户险户进行复查，逐一排查并落实监测责任人，建立健全防灾速报网络，对现有的6个有崩塌隐患的旅游度假村送达限期整改通知书，责令限期整改；四是加强巡查。对全县地质灾害易发区的稳定和不稳定隐患进行巡查，掌握隐患发展情况，提前采取措施，避免灾害发生；五是强化制度。实行汛期24小时值班制度和灾情速报制度，确保灾情得到及时处置。通过上述措施的实施，今年夏季汛期，本县的地质灾害防治工作经受住了多次强降雨的考验。

【矿山环境治理】

年内实施了4个矿山生态环境综合治理项目：太师屯流河沟、高岭大屯、巨各庄水峪东沟、沙场四矿带矿山环境恢复项目，项目实施后有效恢复林、耕地1400余亩。截至年底，其中2个项目巨各庄水峪东沟、沙场四矿带已竣工并通过市国土资源局验收，太师屯流河沟、高岭大屯矿山生态环境综合治理2个项目2012年6月完成。

【普法宣传工作】

开展“4·22”世界地球日、“6·25”土地宣传日、“12·4”法治宣传日的宣传活动，采取新闻媒体播放国土普法专题知识、悬挂宣传横幅、制作宣传展板、向普法重点乡镇发放宣传资料、设立街头宣传点咨询答疑等形式开展普法宣传活动；全面完成重点镇、村干部国土资源法律知识宣传教育培训活动。全年利用县电视台、广播电台等多种媒体宣传打击盗采盗运矿产资源行为和国家的相关用地知识、政策，提高广大群众自觉依法依规用地意识。

【大事记】

1月5日，密云分局召开科级以上干部参加的局长办公会。会上，宣布了李光辉局长任职决定：经市人大批准李光辉任密云县副县长，分管城市建设工作及住建委、交通局、规划局、国土分局等17个单位。在密云分局新局长到任之前，继续兼任密云分局局长。

3月25日，市国土局李燕飞副局长、办公室朱兵主任、执法总队李日红副队长一行到来密云分局参加领导信访座谈会。

4月20日，市国土局党组书记张国玉、局长魏成林、副局长李燕飞、人事处处长王翠杰到县委会议中心宣布密云分局任命：孙全春同志任密云分局党组书记、局长。免去李光辉同志密云分局党组书记、局长职务。

5月7日，分局机关由原办公楼（密云新中街38号）搬进新办公楼（密云县水源东路358号）。将原办公楼移交给密云教委，拟建政府第七幼儿园。

7月11日，县委书记汪先永、县委副书记王玉江、副县长李光辉等领导，到分局检查指导工作。

7月22日，市国土局副局长李军、副县长李光辉到高岭镇参加第六国土所揭牌仪式，并做重要讲话。分局领导及各国土所所长、副所长、高岭镇镇政府部分领导及工作人员参加。

9月23日，县纠风办在密云分局召开部分单位基层站所民主评议工作汇报会，县行政服务中心、密云分局等六个单位汇报了基层站所开展民主评议情况。

9月26日，密云分局召开机关党委换届暨全体党员大会。会议选举产生了新一届机关党委，由7名委员组成。会议选举孙全春同志为密云分局出席密云县第十二次党代会代表。

10月，密云分局完成了机关支部改选工作，按照便于开展工作的原则，从原来的3个党支部调整为6个党支部。

（密云分局　王建伟、赵中信）

北京市国土资源局延庆分局

【土地资源概况】

延庆县地处北京市西北部，距北京市区74公里，平均海拔500米以上，三面环山一面临水，生态环境优良，是首都北京西北重要的生态屏障和生态涵养区。全县土地总面积现为1995.59平方公里。（详见表1）

表1　延庆县土地利用情况统计表

地类		面积（公顷）	比例（%）
合计		199559.25	100
农用地	小计	177610.27	89
	耕地	28206.67	14.13
	园地	10760.19	5.39
	林地	135765.33	68.03
	牧草地	2878.08	1.44
建设用地	小计	19106.5	9.57
	居民点及工矿	9198.21	4.61
	交通运输用地	3480.94	1.74
	水利设施用地	6427.35	3.22
其他土地		2842.48	1.42

【机构设置】

北京市国土资源局延庆分局（简称延庆分局）成立于2005年5月25日。分局机关设置4个内设机构：办公室（财务科）、综合科、地籍科（地质矿产科）、土地利用科（耕地保护科）、纪检监察科（政工科）。在编人数24人，其中工勤人员3人。分局下设三个中心（北京市土地整理储备中心延庆县分中心、北京市延庆县土地权属登记事务中心、北京市延庆县土地利用事务中心）、一个执法队（北京市延庆县国土资源执法监察队）、六个国土资源管理所（第一、第二、第三、第四、第五、第六国土资源管理所）共10个事业单位，在编人数92人。

分局领导班子：

党组书记、局长　　张少伟

（2012年1月至3月任职）

党组书记、局长　　姜卫国

（2012年4月至12月任职）

副局长　　刘亚利

副局长　　徐　智

副局长　　房秀利

纪检组长　　孙仲军

副局长　　李淑华

（2011年4月任职）

【土地利用总体规划】

2011年2月28日，经北京市政府正式批准《延庆县土地利用总体规划2006－2020年》实施。为了延庆乡镇规划的完整性，十五个乡镇的规划成果评审完善后的成果于2011年12月上报市规划中心复审，规划编制技术单位正按复审意见做技术处理，同时乡镇规划方案文本已报市政府待批。

【建设项目用地预审】

全年共完成建设用地预审28件，土地总面积93.29公顷，其中建设用地面积为47.45公顷，未利用地面积为2.05公顷，农用地面积为43.79公顷（其中耕地面积为22.56公顷，占基本农田面积为2.25公顷）。

【征地及农用地转用项目用地管理】

年内，完成集体土地征收前期以及农用地转用前期项目5个，其中一级开发项目2个、交通基础设施项目1个、产业及其它项目2个。5个项目征（占）地面积约15.53公顷，其中新增建设用地14.67公顷。

【土地整理及耕地占补平衡】

积极实施土地整理工作，确保耕地总量动态平衡。年内，共申报土地整理项目3个，取得立项批复3个；土地整理在施项目30个，有3个项目通过了市局的技术验收；年内，共为8个建设项目提供占补平衡，占补面积为75.4公顷，实现政府收益1.70亿元，其中有偿转让给丰台区占补指标36.67公顷，为县财政创收1.65亿元。

【土地供应计划及实施】

年内，完成土地供应12宗，其中挂牌出让2宗，面积28.13公顷；协议出让5宗，面积7.02公顷；划拨4宗，面积16.70公顷，合计64.84公顷。完成402套保障性住房用地供应，总计21720平方米。

【土地市场交易】

年内，完成土地上市交易2宗，供地面积281300平方米，成交价款26500万元，实现政府收益15020万元。

【土地储备开发】

在施土地储备开发项目9个，土地面积330.74公顷。2011年实际完成开发项目3个，面积105.85公顷，完成年初100公顷的开发计划。

【地籍管理及土地登记】

完成2011年度土地变更调查与遥感监测工作，此次变更调查与遥感监测工作按照“月清季累年更新”工作模式展开，以2010年度土地变更调查为基础，叠加2011年遥感影像、新增建设用地变化图斑、数据库成果等资料确定监测图斑展开调查，今年国土部确定延庆县监测图斑为1028块，面积418.97公顷。

截至年底，延庆县农村土地确权登记发证试点工作圆满结束。此次试点工作历时四个月，共确定农村集体土地所有权151宗，面积36363.91公顷；农村集体建设用地使用权65宗，面积8.55公顷；国有土地所有权53宗，面积509.09公顷。农村集体土地所有权实现了调查率100%，确权登记率达到了96.18%；农村集体建设用地使用权实现了调查率100%，确权登记率达到了95.59%。年内，共完成国有土地使用权登记95宗，其中设定登记46宗，涉及土地面积60.59公顷，变更登记49宗，涉及土地面积147.96公顷，注销登记5宗，涉及土地面积32.72公顷；国有土地使用权抵押登记36宗，其中抵押设定登记36宗，抵押金额56251.00万元；抵押注销登记38宗，抵押金额53423.36万元；完成权属地类认定项目8个，涉及土地面积26.54公顷。

【土地执法监察】

年内，通过动态巡查、12336举报电话、群众来访、卫片执法等途径共调查违法违规用地103宗，下发《责令停工通知书》48份。拆除整改完16宗，拆除建筑面积约6100平方米，恢复耕地18.1亩；立案查处违法占地、盗采砂石案件10起，8宗已结案，共计没收建筑面积11.61万平方米，罚款4400.2万元

【信息化建设】

加快推进了分局资源综合监管平台和“一张图”工作，自7月1日监管平台正式上线以来，总计收件80件；地籍管理信息系统已经实现全部业务网上审批，为土地总登记的电子化与信息化奠定了基础，同时信息安全保障体系进一步得到加强；网站以“宣传型+服务型+功能型”作为管理理念，使老百姓了解分局各项土地政策和动态信息、实现了政府与百姓之间互动的桥梁。

【矿产资源概况】

据《北京市延庆县国土资源及地质环境综合调查》资料统计：延庆县矿产资源丰富。金属矿产主要有铁、铜、铅、锌、钼、铂、钯7个矿种；非金属矿产主要有冶金辅助原料矿产、化工原料矿产、建筑材料矿产等共计13个矿种；能源矿产主要是泥炭和天然气的产出；水气矿产主要是含锶硅质量重碳酸钙型弱碱性微硬度低矿化度水。

【矿产资源开发管理】

2008年，根据县政府会议纪要精神，延庆县区域内所有固体矿山到期全部关闭。目前，只有一家持证开采的液体矿山企业，即北京乐得天然矿泉水有限公司，该企业已经通过2011年度矿产资源年检。

【地热资源管理】

截至年底，延庆县持有采矿权许可

证的地热开发利用单位三家，即北京金隅八达岭温泉度假村、北京市延庆监狱、北京市圣世苑培训中心，均处于正常利用状态；持有探矿权许可证的单位两家，即北京中陆汇杰园林绿化有限公司、北京龙腾八达岭地热研究中心。

【地质灾害防治】

通过成立地质灾害应急指挥部及领导小组，制定工作方案及预案，层层签订责任状，落实各项制度、多角度宣传，重点乡镇进行应急演练，加强巡查、排查等措施，对我县的 10 个乡镇、55 个行政村、491 户的地质灾害隐患点进行逐一排查，对隐患点的防灾方案、避险措施、明白卡、警示标牌、七包七落实情况等进行了检查落实。并统一更新了地质灾害防治明白卡，补充竖立隐患点警示牌，更新台账相关内容。为实现地质灾害防治的有机结合，积极申请资金，对珍珠泉乡南天门村崩塌隐患进行治理。最大限度地使人民群众的生命财产不受损失。

【信访工作】

全年共受理来信 69 件，已处理 68 件，均得到了及时处理，全部办结。接待来访群众 298 批次，496 人次，来访者反映的问题均得到答复，到市国土局申请复查的信访件共 5 件，没有明显、重大不良信访隐患发生。

【国土宣传】

年内，分局以“4·22 地球日”、“6·25 国土日”、“12·4 法制日”等宣传日为契机，积极开展宣传工作，在广场、小区、学校等场所利用悬挂条幅、发放宣传册、科普宣讲等手段，大力宣传保护国土资源的重要意义，普及地质灾害避险常识，提高公民的法律法规意识，取得了良好效果。

【党风廉政建设】

积极开展“创先争优”、“三进两促”等活动，通过抓党风廉政、政风行风建设、“工程建设领域突出问题专项治理工作”和“两整治一改革”专项行动，全面加强机关作风建设水平，切实提高履行职责能力、开拓创新能力、服务群众能力和拒腐防变能力。

【大事记】

2 月 23 日，国家土地督察局北京局一行赴延庆县对 2009 年度土地卫片执法检查整改工作进行验收评估。

4 月 26 日，延庆分局接受行政许可、服务事项及行政执法案卷抽查，参加此次检查共计 14 卷，全部顺利通过。

4 月 27 日，市国土局规划处、耕保处、地矿处、研究室、规划中心、储备中心联合到延庆县就沟域经济发展建设情况进行调研。

8 月 17 日，国土部督察北京局蔡可军专员一行到延庆分局检查十一次卫片工作及高尔夫球场建设情况。

9 月 14 日上午，延庆分局于硅化木公园管理处组织召开了“2010 年延庆硅化木国家级地质遗迹保护项目第一次现场会议”。

9 月 17 日，国家土地督察北京局督

察专员蔡可军、市国土局副局长李军带队对延庆县2010年度土地卫片执法检查情况进行检查验收。

9月21日，延庆分局顺利通过ISO14001环境管理体系认证审核。

10月18日，延庆分局召开专题会议部署农村土地确权登记发证试点工作。

11月9日，市农村土地颁证办副主任、市国土局副局长谢俊奇、市登记中心主任陈珂一行五人到延庆县督导检查农村土地确权登记发证工作。

12月14日，延庆分局顺利通过县档案局目标管理考核满三年复查。

12月15日，延庆分局举行行政服务大厅“党、团员先锋岗”授牌仪式。

12月31日，延庆县农村土地确权登记发证试点工作完成。

（延庆分局　王少军）

北京市国土资源局经济技术开发区分局

【土地资源概况】

北京经济技术开发区（简称开发区）目前对北京东南部地区约57平方公里的区域实施经济管辖，其管理范围如下：

（一）1994年8月25日国务院《关于同意设立北京经济技术开发区的批复》（国函〔1994〕89号）批准开发区规划面积10平方公里，四至范围为：东到东环路，南到新凤河，西至凉水河，北至北环路。

（二）2002年8月8日，《关于北京经济技术开发区扩大发展用地的复函》（外经贸资开函〔2002〕779号）和《北京市人民政府关于北京经济技术开发区扩大发展用地的通知》（京政发［2003］10号）批准开发区在一期15.8平方公里的基础上向京津塘高速路东和凉水河以西扩展，其中，京津塘路以东约14平方公里，四至范围为：京津塘路以东，大羊坊路以南，大羊坊路及通马路以西，凉水河以北；凉水河以西约10平方公里，四至范围为：凉水河以西，旧头路以东，六环路及新凤河以北。

（三）2000年8月22日，《关于对北京经济技术开发区启动北侧绿化隔离带绿化试点工作的批复》（京国土房管权字［2000］第234号）批准开发区启动北侧绿化隔离带试点工作，绿化带内建设用地涉及有偿使用的，出让合同由开发区管委会房地局签订，土地置换等房地报批手续，可由开发区房地局统一办理，开发区管委会保证北侧绿化带的实现。2001年7月3日，《关于北京经济技术开发区北侧绿化隔离地区土地置换的批复》（京政地［2001］92号）同意由开发区管委会实施北侧绿化带拆迁安置及绿化工作，组织实施498公顷（7470亩）绿化隔离地区的土地置换方案，通过土地转换和整理后，将原零星分散的建设用地都整理到北侧绿化带南部，绿化用地则集中到北部，至此，北侧绿化带总用地面积4.98平方公里，南起开发区北环路北红线，东至京津塘高速公路西红线，北至规划公路一环，西至凉水河东岸纳入开发区管理范围。

（四）2010年，根据《北京市人民政府关于同意授权北京经济技术开发区管委会统一开发和管理亦庄新城范围内大兴区12平方公里产业及配套用地的批复》（京政函［2010］59号），北京市人民政府同意授权北京经济技术开发区管理委员会按照《北京经济技术开发区条例》和《北京市人民政府关于实施《北京经济技术开发区条例》办法》，统一开发和管理亦庄新城范围内大兴区12平方公里产业和配套用地。

【机构设置】

北京经济技术开发区房屋和土地管理局，同时称北京市国土资源局经济技术开发区分局（简称经济技术开发区分局），作为开发区管委会的内设部门，根据《关于中共北京市委经济技术开发区工作委员会北京经济技术开发区管理委员会职能部门设置和人员编制的通知》（京开党［2007］36号），其职能如下：根据国家及本市有关规定，负责办理开发区内国有土地使用权出让手续；受理开发区内国有土地使用权登记申请，按规定报市政府批准后，代发国有土地使用证；负责开发区房屋房地产市场的管理工作；负责开发区内房地产中介机构和物业管理单位的资质审核工作。编制7名，领导职数1正2副。

分局下辖四个事业单位，分别为：北京经济技术开发区房屋土地登记权属事务中心，编制15名。北京市土地整理储备中心北京经济技术开发区分中心，简称开发区分中心，编制7名。开发区物业管理办公室，编制5名。公租房中心，编制15名。

年内在岗工作人员9名，其中公务员5名，事业单位编制4名。

分局领导班子：

局　长　　尚健明

副局长　　庞　雁

副局长　　王俊杰

【土地供应计划及实施】

根据开发区项目引进情况和土地一级开发进度以及近年来土地供应情况，编制开发区2011年土地供应计划。全年计划供应建设用地261公顷，其中工业仓储用地111公顷，商服用地53公顷，住宅用地97公顷中含限价房用地30公顷，公租房用地20公顷，定向安置房用地47公顷。截至年底开发区共供应建设用地247.13公顷，其中工业仓储用地115.78公顷，商服用地35.69公顷，住宅用地95.66公顷，完成供地计划的94.69%。

【保障性住房用地供应】

全年共供应保障性住房用地95.66公顷。其中公租房用地4宗，面积19.28公顷；定向安置房用地7宗，面积76.38公顷。

【土地市场交易】

全年入市交易工业用地23宗，面积84.29公顷，成交22宗，面积88.62公顷，成交金额6.26亿元。入市交易经营性用地6宗，面积35.69公顷，成交金额12.95亿元。

【地籍管理及土地登记】

年内，加强权属登记制度建设和规范化建设工作，顺利通过了市登记中心组织的4个季度的土地登记规范化检查，各项土地登记权属数据如下：

1. 初始登记，全年共办理初始登记31宗，登记面积149.37公顷，其中出让建设用地使用权初始登记29宗，登记面积140.63公顷，国家租赁建设用地使用权初始登记2宗，登记面积8.74公顷。

2. 变更登记，全年共办理变更登记24宗，登记面积53.21公顷，其中大业主转移登记7宗，登记面积9.46公顷，其他变更登记17宗，登记面积43.75公顷。

3. 抵押登记，全年办理抵押登记情况见表1。

表1　土地抵押登记情况表

项目	宗数（宗）	面积（公顷）	评估金额（元）	贷款金额（元）
商服用地	21	86.67	2661221.72	341922.00
工矿仓储用地	154	396.78	2941557.98	1382111.62
公用管理与公共服务用地	0	0.00	0.00	0.00
住宅用地	4	25.90	796521.79	327930.00
交通运输用地	0	0.00	0.00	0.00
政府储备用地	0	0.00	0.00	0.00
综合用地	6	19.00	588498.00	147053.00
特殊用地	0	0.00	0.00	0.00
其他土地	0	0.00	0.00	0.00
总　　计	185	528.35	6987799.49	2199016.62

此外，全年共办理抵押权注销登记139件，注销抵押登记面积455.93公顷733.75亿元，担保债权99.86亿元。

【专项工作】

1. 盘活区内闲置项目用地

通过权益保留方式收回北京凯正生物工程发展有限责任公司路东区B5街区内3公顷土地使用权，该部分宗地现已安排了新项目。通过法院拍卖方式盘活伟业汽车闲置用地14.7公顷。

2. 拟定开发区基准地价更新方案

根据北京市基准地价更新成果，结合开发区土地储备情况和开发成本、产业发展政策和集约用地标准以及开发区与周边区域土地市场交易情况，拟定开发区基准地价更新方案，较大幅度提高开发区基准地价。在确定基准地价表的同时，制定土地用途、容积率、产业政策等因素修正系数，以科学、合理、规范地确定地价，使开发区基准地价既体现土地价值，也鼓励工业项目节约集约用地。此基准地价市国土局已完成，其中开发区的工业用地已按新的基准地价执行。

3. 国土资源节约集约模范县（市）创建工作

根据国土资源部和市国土局关于开展国土资源节约集约模范县（市）创建活动的有关通知部署和要求，经济技术开发区作为北京市创建活动三个试点单位之一，积极推进创建工作。开发区成立由管委会主任为组长的创建活动领导小组，制定创建活动实施方案，设置指标标准体系，并依据已通过国土部审核的《北京经济技术开发区土地集约利用评价更新成果》确定了开发区土地集约利用评价的核心指标。在开展创建活动的过程中，总结了近些年来开发区在土地节约集约利用方面的管理制度和措施以及取得的成效，并利用报刊、网络、公益广告等多种方式对开发区土地节约集约利用情况及创建活动进行宣传，按照《国土资源节约集约模范县（市）创建活动考核办法》的要求将相关材料上报市国土局、国土部，参与评优，并通过国土资源部的实地考察。

【大事记】

4 月 22 日，根据国土资源部办公厅关于开展第 42 个世界地球日主题宣传活动周的工作要求，在市国土局的部署指导下，经济技术开发区分局在博大大厦一层开展了地球日主题宣传活动，宣传活动收到较好的效果。

9 月 24 日，经济技术开发区分局党员和入党积极分子一行近三十人，在尚健明局长带领下来到西柏坡，回顾了党带领人民进行伟大革命斗争的光辉历史和毛泽东主席在党的七届二中全会上提出的“两个务必”的重要论述，并在中国共产党七届二中全会旧址前的党旗下重温了入党誓词。

9 月 28 日，市国土局“两整治一改革”专项行动检查组丁世华组长一行到北京市经济技术开发区对开发区分局开展“两整治一改革”专项行动和贯彻落实《廉政准则》工作成效进行指导检查。在听取汇报后，检查组对分局专项行动的制度建设、风险点排查及相关工作文件进行了检查评估。

（经济技术开发区分局　朱益民）

附 录

2011 年北京市国土资源局工作大事记

一月大事

2011 年 1 月 1 日 –1 月 31 日

1 月 1 日起，市国土局决定将军产、保密产登记发证工作下放至各区县分局办理，市级以上人民政府审批。

1 月 5 日，刘淇书记主持召开十届市委常委会第 175 次会议，研究北京市 2011 年固定资产投资调控思路及市政府投资和重点工程计划安排，魏成林局长参加。

1 月 5 日，李士祥常委召开朝阳区和平村拆迁工作专题会，魏成林局长参加。

1 月 5 日，北京市国土局档案数字化（三期）项目通过工作总验收。该项目的完成标志着北京市国土资源局系统 2008 年底前的全部历史档案实现数字化，并顺利实现了与 2009 年以后日常档案数字化工作的有效衔接。

1 月 6 日，王安顺副书记、吉林常务副市长召开会议，研究北京教育科学院搬迁安置问题，王宏胜副巡视员参加。

1 月 6 日，刘淇书记、郭金龙市长等市领导出席中关村国家科技园通州产业园启动仪式，丁晓总规划师陪同。

1 月 7 日，吉林常务副市长、程红副市长召开北京天竺综合保税区领导小组会议，王宏胜副巡视员参加。

1 月 11 日，王安顺副书记、吉林常务副市长、陈刚副市长等市领导出席市发改委、市财政局、市国土局、市规划委、市住建委等相关部门座谈会，魏成林局长、张维副局长参加。

1 月 11 日，苟仲文副市长召开首钢搬迁协调领导小组第 17 次会议，研究 2010 年首钢搬迁重点工作完成情况和 2011 年重点工作安排，王宏胜副巡视员参加。

1 月 11 日，房山区大石窝镇辛庄大理石矿区地质环境治理项目竣工通过验收，由国家投资 2000 万元，恢复土地面积 1050 亩，是北京市开展地质环境治理以来整治规模最大的一个项目。

1 月 14 日，郭金龙市长等市领导与住房和城乡建设部领导召开 2011 年全市住房保障工作会议，魏成林局长参加。

1月15日，市国土局开展“2011年度市‘两会’网络视频政务询问、咨询活动”。魏成林局长、李燕飞副局长、张维副局长、曾赞荣副局长、李军副局长、丁晓总规划师、王宏胜副巡视员分别通过网络接受市人大代表、政协委员的询问、咨询，局相关业务处室、单位的主要领导同志陪同。

1月19日，吕锡文常委、陈刚副市长召开会议，研究未来科技城建设进展，魏成林局长参加。

1月21日，朝阳分局获得“全国国土资源管理系统先进集体”荣誉称号。国土资源部在人民大会堂召开全国国土资源系统先进集体和先进工作者表彰大会，期间李克强副总理与“双先”代表进行了座谈，朝阳分局党组书记、局长樊文祯作为代表参加了表彰大会和座谈会。

1月21日，赵凤桐常委、苟仲文副市长出席《中关村国家自主创新示范区人才公共租赁住房建设的若干意见》发布暨第一批人才公共租赁住房启用仪式，张维副局长陪同。

1月25日，刘淇书记召开首都规划建设委员会第31次全体会议，审议《通州运河核心区规划及实施情况的报告》、《首都功能核心区人口疏解和政策性住房建设情况的报告》、《科学规划多措并举努力缓解首都交通拥堵的报告》，魏成林局长参加。

1月26日，陈刚副市长召开会议，研究“遥感二号”卫片执法检查工作及区县和乡镇土地利用总体规划修编有关工作，张维副局长、李军副局长参加。

1月27至28日，市国土局在北京会议中心召开2011年工作会议。会议由局党组书记、副局长张国玉同志主持，党组副书记、局长魏成林同志做工作报告。全市国土资源系统副处级以上领导干部参加了会议。

二月大事

2011年2月1日–2月28日

2月10日，陈刚副市长召开会议，研究贯彻落实《国有土地上房屋征收与补偿条例》问题，进一步做好房地产市场调控工作，魏成林局长参加。

2月11日，赵凤桐常委召开会议，研究中关村国家自主创新示范区研发服务和高新技术产业聚集区（昌平部分）规划工作，张维副局长参加。

2月11日，郭金龙市长召开市政府专题会，研究利用遥感二号卫片监测成果开展土地执法检查相关工作，魏成林局长、张维副局长、李军副局长参加。

2月13日，赵凤桐常委召开会议，研究中关村国家自主创新示范区空间规划和先行先试政策有关工作，张维副局长参加。

2月14日，郭金龙市长主持召开第85次市政府常务会议，研究北京市贯彻落实《国务院办公厅关于进一步做好房地产市场调控工作有关问题的通知》意见，魏成林局长参加。

2月15日，刘淇书记主持召开市委常委会，研究我市房地产调控工作，魏成林局长参加。

2月17日，陈刚副市长召开会议，研究怀柔雁栖湖生态发展示范区工作，曾赞荣副局长参加。

2月21日，吉林常务副市长、陈刚副市长召开会议，研究通州新城建设有关问题及北京市恒泰房地产开发有限责任公司历史遗留问题，曾赞荣副局长参加。

2月21日，吉林常务副市长召开会议，研究南水北调团城湖调节池工程中涉及的中坞村搬迁问题，丁晓总规划师参加。

2月24日，吉林常务副市长召开会议，按照国务院关于开展地方政府性债务审计工作部署，与审计署派出京津冀特派办来京审计组举行见面会，曾赞荣副局长参加。

2月25日，刘淇书记、郭金龙市长召开贯彻落实国务院关于中关村“1+6”政策和规划纲要动员大会，丁晓总规划师参加。

2月28日，郭金龙市长召开中关村国家自主创新示范区领导小组第八次会议，研究中关村科技创新和产业化促进中心工作进展情况，魏成林局长参加。

2月28日，石景山区通过国土资源部地质灾害群测群防“十有县”的验收。

2月28日，14个区（县）级土地利用总体规划已获得市政府批准。

2月28日，市国土局完成北京市16个区县363个街道（乡镇）2010年度的城镇地籍调查数据更新汇总与统计分析工作，涉及全市城镇总面积达1567.7平方公里，并按时向国土资源部上报数据包和分析报告，实现了对北京市城乡土地利用状况管理的全覆盖。

三月大事

2011年3月1日–3月31日

3月1日，北京市开始执行除中央国家机关及其直属单位、驻京部队以及其他跨区县的建设项目用地划拨仍由市政府审批外，北京市实施国土资源部《划拨用地目录》细则范围内的用地审批权下放至区县政府的政策。

3月1日，《北京市国土资源局关于下放区县土地储备机构为主体土地一级开发项目授权批复有关工作的通知》（京国土市［2011］82号）正式印发，自2011年3月1日起，北京市以区县土地储备机构为主体的土地一级开发项目授权下放至区县分局核批。

3月2日，市国土局完成机关党委换届选举和各党总支、支部的换届选举工作，选举产生新一届机关党委委员和机关纪委委员。4个党总支、43个基层党支部全部完成换届选举工作

3月3日，牛有成常委召开会议，研究城乡结合部重点村土地储备融资工作，魏成林局长、曾赞荣副局长参加。

3月7日，刘淇书记召开会议，听取并研究中关村空间规划布局调整有关工作，魏成林局长参加。

3月7日，陈刚副市长召开会议，听取红螺湖西区土地一级开发项目有关问题汇报，王宏胜副巡视员参加。

3月8日，陈刚副市长召开会议，研究中央领导视察保障性住房建设、住宅产业化及建筑节能工作问题，王宏胜副巡视员参加。

3月8日，国土资源部通报《2010年度国土资源政务信息网上公开执行情况检查结果》。市国土局在32个省级单位中排名第7名，同比上一年度排名第15名有较大进步，获得“2010年度省级国土资源政务信息网上公开示范单位”荣誉称号。

3月9日，杜德印主任、吉林常务副市长召开会议，研究2011年推进城南行动计划工作安排意见，魏成林局长参加。

3月9日，陈刚副市长召开会议，研究CBD核心区二期土地入市问题，曾赞荣副局长参加。

3月9日，牛有成常委调研城乡结合部重点村融资情况，王宏胜副巡视员参加。

3月11日，陈刚副市长召开会议，研究朝阳区政府关于土地储备项目涉及的代拆问题，曾赞荣副局长参加。

3月15日，刘淇书记、郭金龙市长到北京市经济技术开发区围绕“加快保障性住房建设，着力保障和改善民生”主题进行调研，魏成林局长陪同。

3月15日，郭金龙市长主持召开市政府专题会，研究金盏乡长店组团农民定向安置房二期项目核准、加快推进北京信息科技大学新校区建设立项等问题，魏成林局长参加。

3月16日，刘淇书记主持召开市委专题会，听取关于通州区美猴王国、派格5D秀、新乐城项目有关情况的汇报，魏成林局长参加。

3月16日，刘淇书记主持召开十届市委常委会第182次会议，研究2011年我市新建住房价格控制目标，魏成林局长参加。

3月16日–18日，市国土局召开2011年北京市地籍管理工作会议。会议由市国土资源局谢俊奇副局长主持，地籍处、市土地登记中心以及市局其他涉地处室和事业单位、各区（县）分局地籍系统工作人员参加。市国土资源局魏成林局长、国土资源部地籍管理司冷宏志副司长、地籍管理司土地登记处卢立为调研员出席会议并讲话。

3月17日，吕锡文常委、陈刚副市长召开会议，研究未来科技城建设有关工作，魏成林局长参加。

3月18日，陈刚副市长、审计署余效明副审计长召开会议，研究审计署新建办公楼土地置换问题，刘辉副局长参加。

3月18日，陈刚副市长召开会议，研究旧城保护性改造及保障性住房投融资平台组建方案，曾赞荣副局长参加。

3 月 18 日，吉林常务副市长召开会议，研究北京市融资平台清理有关工作意见，王宏胜副巡视员参加。

3 月 18 日，吉林常务副市长、黎晓宏政协副主席召开会议，研究设立北京市小城镇发展基金事宜，王宏胜副巡视员参加。

3 月 19 日，赵凤桐常委召开会议，研究中关村示范区空间规模和布局规划调整方案，张维副局长参加。

3 月 21 日，郭金龙市长主持召开市政府专题会，审议《北京市 2011 年度国有建设用地供应计划（报审稿）》，魏成林局长、丁晓总规划师参加。

3 月 21 日，市国土局正式签署北京市不动产债权投资计划相关协议文本。引入保险资金投资土地储备项目。

3 月 22 日，市国土局会同市发展改革委、市规划委结合北京市本年的社会经济发展形势，共同编制本年度土地供应计划，并正式公布实施《关于印发北京市 2011 年度土地供应计划的通知》（京国土调［2011］125 号）。

3 月 22 日，首次采用“预收储”模式将顺义区空港物流基地项目纳入政府储备。

3 月 23 日，陈刚副市长召开会议，研究公租房用地问题，并听取市国土局关于今年新增土地储备项目用地、地价审议工作和石景山燕山水泥厂等 6 宗经营性用地上市工作汇报，曾赞荣副局长参加。

3 月 24 日，牛有成常委召开北京市城乡结合部重点村建设金融座谈会，曾赞荣副局长参加。

3 月 24 日，李士祥常委、陈刚副市长召开司法部原址规划工作专题会，魏成林局长参加。

3 月 24 日，李士祥常委、陈刚副市长召开市委办公用房修缮改造工作专题会，魏成林局长参加。

3 月 25 日，国家土地督察北京局召开北京市丰台区例行督察动员大会。国家土地督察北京局专员蔡可军、巡视员于孔让、督察一室主任韩琼、市政府副秘书长张玉平、市国土资源局局长魏成林、区委书记李超钢、区长崔鹏、副区长李昌安及相关单位、各乡镇主要领导参加。会议还宣布了北京市国家土地督察员名单，并颁发了聘任证书。

3 月 28 日，郭金龙市长召开中关村国家自主创新示范区领导小组第九次会议，审议中关村管委会关于国家自主创新示范区发展规划纲要实施意见和工作方案，魏成林局长参加。

3 月 28 日，陈刚副市长召开会议，研究“十二五”期间城市规划评估及调整有关意见，张维副局长参加。

3 月 29 日，刘敬民副市长召开会议，研究阿苏卫垃圾焚烧厂建设及周边村庄搬迁问题，王宏胜副巡视员参加。

3 月 30 日，刘淇书记主持召开十届市委常委会第 184 次会议，研究《贯彻落实

〈国务院关于中关村国家自主创新示范区发展规划纲要（2011—2020年）的批复〉实施意见》，魏成林局长参加。

3月31日，陈刚副市长召开会议，研究贯彻国家房地产价格控制目标工作，魏成林局长参加。

四月大事

2011年4月1日－4月30日

4月1日，《地籍调查技术规程》正式实施。此《规程》是由市国土局和北京市规划委员会共同编制，于2010年12月28日经北京市质量技术监督局审查批准为北京市地方标准（标准编号：DB11/T 764－2010）。

4月8日，市人大副主任赵凤山召开“推动潮白河流域综合治理”议案督办工作座谈会，具体部署议案办理和督办工作，张维副局长参加。

4月8日，北京市国土资源系统2011年党风廉政建设工作会议召开，会议由局党组副书记、局长魏成林同志主持。局党组书记、副局长张国玉同志作《坚持整体推进，狠抓工作落实，努力取得反腐倡廉建设新成效》的重要讲话；局党组成员、驻局纪检组长周新华同志作工作报告，对2010年党风廉政建设和反腐败工作进行总结，对2011年工作进行部署。

4月9日，赵凤桐常委召开会议，研究中关村示范区布局规划调整方案，张维副局长参加。

4月9日，赵凤桐常委召开中关村科学城项目建设专题调度会议，听取中国航天科技集团公司、中国航空工业集团公司等单位项目建设进展和需要协调事项汇报，丁晓总规划师参加。

4月11日，陈刚副市长主持召开国务院落实房地产市场调控政策措施汇报会议，检查组听取我市贯彻落实房地产市场调控政策情况汇报，王宏胜副巡视员参加。

4月11日开始，市国土局开展自管理体制垂直管理以来规模最大的一次副处级领导干部竞争上岗，通过竞争上岗产生20名副处级干部。

4月13日，陈刚副市长召开会议，研究北京石化新材料科技产业基地建设用地指标，魏成林局长参加。

4月14日，陈刚副市长主持会议，国务院落实房地产市场调控措施检查组与市政府交流并反馈相关督查情况，王宏胜副巡视员参加。

4月14日，郭金龙市长召开会议，审议《北京市房屋建筑抗震节能综合改造工作实施意见》和《北京市国有土地上房屋征收与补偿实施意见》，魏成林局长参加。

4月15日，市国土局主办的第42个世界地球日宣传周启动仪式暨“地球科普知识进校园宣传活动”在和平里第四小学举行。市国土局郭创兴副巡视员和国土部科技司陈勇副巡视员等领导参加启动仪式，并向小学赠送科普类书籍。科学家马胜云（李四光秘书）结合当前资源环境热点为同学们进行了一场科普讲座。市国土局“百名青年宣讲团”的宣讲员为和平里四小的学生讲解地球日科普知识。

4 月 22 日，由市国土局主办、市地质勘查开发局协办、房山区人民政府承办的第 42 个世界地球日主题宣传活动在中国房山世界地质公园博物馆广场成功举办。

4 月 15 日，苟仲文副市长召开会议，协调解决北京窦店高端现代制造业产业基地建设有关问题，丁晓总规划师参加。

4 月 18 日，市国土局下发《关于印发北京市国土资源局机关内设机构编制及人员配置的通知》（京国土人［2011］165 号），进一步明确处室主要职责，对机关编制及人员配置进行调整。调整后，市国土局机关编制增加到 143 名，职能配置与国土资源管理的实际需要更加匹配，处室职责划分更加明确。

4 月 19 日，郭金龙市长主持召开市政府专题会，研究北京市 2011 年度土地储备开发计划，魏成林局长参加。

4 月 21 日，赵凤桐常委召开肖家河项目工作座谈会，刘辉副局长参加。

4 月 27 日，赵凤桐常委召开会议，研究中关村国家自主创新示范区研发服务和高新技术产业聚集区（昌平部分）规划工作，张维副局长参加。

五月大事

2011 年 5 月 1 日－5 月 31 日

5 月 4 日，刘淇书记主持召开十届市委常委会第 189 次会议，听取关于我市城乡结合部 50 个重点村建设工作情况的汇报，魏成林局长参加。

5 月 4 日、5 日，谢俊奇副局长分别主持召开“深化应用北京市国土资源综合监管平台”分局和市局动员会，各分局主管局长，市国土局各处室各单位负责人参加会议。会议听取局信息中心关于北京市国土资源综合监管平台总体框架的介绍和深化应用进展工作汇报，观看了局综合监管平台主要功能和“一张图”数据演示。

5 月 6 日，《北京市 2011 年度土地储备开发计划》（京国土储［2011］200 号）正式印发，2011 年度，全市土地储备开发年度结转储备规模 22000 公顷，年度新增储备规模 2500 公顷，年度基本完成开发规模 4000 公顷，年末结转规模 20500 公顷，2011 年度安排土地储备开发投资 1000 亿元。

5 月 10 日，市发改委召开高尔夫球场综合整治工作会，部署我市高尔夫球场清理整顿工作，李军副局长参加。

5 月 10 日，郭金龙市长主持召开市政府专题会议，研究市金融局发行私募债支持保障房建设工作问题，魏成林局长参加。

5 月 10 日，北京市机构编制委员会办公室发文《关于同意北京市国土资源执法监察大队更名的函》（京编办行［2011］70 号），同意北京市国土资源执法监察大队更名为北京市国土资源执法监察总队，仍加挂北京市国土资源局执法监察处的牌子，机构规格仍为正处级。

5月10日－11日，市国土局在密云召开2011年地质灾害防治工作部署暨培训会，市局、分局有关人员、国土所、重点乡（镇）、村负责人、群测群防员共145人参加会议。部地质环境司田大佑副司长、李燕飞副局长到会并讲话。

5月11日，郭金龙市长主持召开市政府专题会议，研究本市区县“十二五”期间城市规划调整有关问题，魏成林局长参加。

5月11日，陈刚副市长召开会议，研究城乡结合部及农村地区违法建设查处工作，李军副局长参加。

5月11日，刘敬民副市长召开会议，协调海淀区永定路24号院产权证办理问题，丁晓总规划师参加。

5月12日，吕锡文常委、陈刚副市长召开会议，研究未来科技城建设有关工作，魏成林局长参加。

5月12日，北京平谷黄松峪国家地质遗迹保护项目被列入2011年国家级地质遗迹保护项目。

5月12日，由国土资源部地质环境司主办，市国土局等相关部门承办的全国第三个防灾减灾日主题宣传活动在门头沟区育园小学举办。向广大师生普及防灾减灾知识，增强防灾减灾意识，提高避灾自救和互救的基本技能。

5月13日，刘淇书记主持召开市委常委专题会，听取区县“十二五”期间城市规划调整有关问题的汇报，研究相关工作，刘辉副局长参加。

5月16日，国土部召开2010年度全国土地变更调查汇总暨加快推进农村集体土地确权登记发证工作部署会议，谢俊奇副局长参加。

5月16日、18日，牛有成常委调研通州区城乡结合部重点村的拆迁工作，曾赞荣副局长、王宏胜副巡视员分别参加。

5月17日，陈刚副市长召开会议，研究丰台区重点工程进展情况，曾赞荣副局长参加。

5月18日，刘敬民副市长召开会议，研究协调朝阳区高碑店乡小郊亭和平壁店两村征地拆迁历史遗留问题，张维副局长参加。

5月20日，陈刚副市长召开会议，研究部署保障性住房建设有关工作，曾赞荣副局长参加。

5月25日，陈刚副市长召开会议，研究昌平区重点项目建设有关工作，刘辉副局长参加。

5月26日，陈刚副市长召开会议，研究怀柔雁栖湖生态发展示范区土地一级开发工作，曾赞荣副局长参加。

5月30日，郭创兴副巡视员主持召开北京市地热资源动态监测远程监控项目验收会。

5月31日，谢俊奇副局长主持召开深化应用北京市国土资源综合监管平台业务问题沟通会。会议听取信息中心关于近期综合监管平台分局推广应用回访工作中收集的业务问题的汇报，研究讨论了相关问题的解决思路。会议强调，从7月1日起“凡是行政审批业务办理结果均要从综合监管平台中产生，凡应由系统生成的统计上报数据，均由综合监管平台生成”。市局相关处室、事业单位负责人参加会议。

5月31日，郭金龙市长主持召开市政府专题会，研究市发展改革委关于报审《北京新机场建设和空军南苑机场搬迁框架协议》和《南苑机场及设施处理框架协议》及有关事项，张维副局长参加。

5月31日，牛有成常委调研海淀区城乡结合部重点村建设工作，曾赞荣副局长参加。

5月31日，市国土局基本完成农村土地确权登记颁证试点工作。共调查国有土地488宗，确权登记发证240宗；调查集体土地所有权392宗，确权登记318宗；调查集体建设用地使用权643宗，确权登记317宗，具备确权条件97宗。

5月31日，市国土局在顺义区组织国土资源视频监控系统试点建设，全面论证体系结构，重新设计开发终端应用软件，建立并试行管理制度，努力构建“天上看，地上查，网上管，群众报，视频探”的立体监管格局，为实现“早发现、早制止、早处置”的工作目标奠定了基础。

六月大事

2011年6月1日–6月30日

6月1日，陈刚副市长召开会议，研究市属国有企业利用自有土地建设保障性住房有关问题，郭创兴副巡视员参加。

6月1日，刘淇书记主持召开十届市委常委会第194次会议，研究《北京新机场建设和空军南苑机场搬迁框架协议》和《南苑机场土地及设施处理框架协议》及有关事宜，张维副局长参加。

6月1日，市政策性住房建设工作督查组一行6人在市行政投诉中心杨玉香副主任的带领下，到市国土局对政策性住房供地工作开展督查。局党组成员、纪检组长周新华参加并主持会议。

6月9日，赵凤桐常委召开会议，研究中关村国家自主创新示范区产业空间布局调控指导意见，张维副局长参加。

6月10日，陈刚副市长到大兴区检查保障性住房及城乡结合部改造项目建设有关工作，王宏胜副巡视员参加。

6月13日，陈刚副市长听取门头沟棚户区改造工作进展情况汇报，曾赞荣副局长参加。

6月14日，赵凤桐常委召开会议，研究《中关村国家自主创新示范区产业空间布局调控指导意见》，张维副局长参加。

6月14日，郭金龙市长主持召开会议，研究市审计局关于报审《北京市地方政府性债务审计报告》的请示，曾赞荣副局长参加。

6月14日，李军副局长主持召开专题会议，研究布置北京市基本农田保护区视频监控系统建设事宜。市国土局规划处、执法总队、信息中心，大兴分局、顺义分局，中国移动通信集团北京有限公司（简称移动公司）参加会议。会议听取执法总队关于北京市基本农田保护区视频监控系统建设情况的汇报，就有关问题组织讨论。会议决定：将原计划在大兴、顺义区试点建设改为全市基本农田全覆盖建设；在顺义区先行安装基本农田保护区视频监控系统。

6月15日，李燕飞副局长主持召开矿业权网上交易系统研发工作会议，市局矿开处、财务处、监察处、信息中心和承办北京市矿业权公开交易的北京国际矿业权交易所有限公司（简称北矿所）的领导和有关人员参加会议。会议听取矿开处和北矿所关于矿业权网上交易系统研发工作的情况汇报。会议议定事项如下：一是北京矿业权网上交易系统的研发主体为市国土局，知识产权为市国土局所有。二是研发工作由矿开处牵头，信息中心技术支持，财务处按照申报项目的预算负责向市财政申报研发资金，监察处负责对项目的实施进行监督。由矿开处与北矿所研提系统建设的技术方案，并会同信息中心确定实施方案。

6月15日，刘淇书记主持召开市委专题会，听取关于中关村国家自主创新示范区北部研发服务和高技术产业带（昌平部分）科技研发服务组团项目有关情况的汇报，曾赞荣副局长参加。

6月15日，刘淇书记主持召开十届市委常委会第197次会议，听取关于中关村科学城建设工作情况的汇报，张维副局长参加。

6月15日，市国土局组织2010年度国土资源节约集约模范县（市）创建活动达标考核暨申报推优工作会，对北京市2010年度创建活动试点（西城区、石景山区、北京经济技术开发区）工作开展情况进行达标考核暨申报推优，并对下一步全面铺开创建活动进行预部署。

6月15日，市国土局接到市气象台发布雷电黄色预警，加强地质灾害应急值守、做好巡查，保持通讯畅通。当日，延庆发生山体崩塌，塌方约40立方米，未影响车辆通行、未造成直接经济损失和人员伤亡。

6月17日，陈刚副市长召开历史文化名城保护系列论坛首都功能核心区保护性改造政策研讨会，曾赞荣副局长参加。

6月17日，郭金龙市长主持召开中关村国家自主创新示范区领导小组第十次会议，中关村管委会汇报《中关村国家自主创新示范区产业空间布局调控指导意见》，张维副局长参加。

6月20日，市局李军副局长主持召开2010年度土地矿产卫片执法检查工作协调会。各有关单位参加会议。会议通报说明了6月6日下午市国土局“卫片执法检查涉及处理（罚）后补办审批手续工作会”意见，听取分局卫片图斑分类梳理情况。会议决定：做好2010年度与2009年度卫片影像对比工作，分清涉及图斑的发生年份，以确定是否算入问责比例，对于历史遗留问题由各区县依法处理。

6月21日，赵凤桐常委、陈刚副市长研究中关村国家自主创新示范区空间规模和布局规划有关工作，市国土局介绍示范区空间规模和布局规划土地利用总体规划审核情况，张维副局长参加。

6月21日，郭金龙市长主持召开会议，研究市发展改革委关于海淀区循环经济产业园再生能源发电厂项目立项和批准市安全局K3工程立项的请示，张维副局长参加。

6月22日，夏占义副市长召开全市推进村庄社区化服务管理活动暨首都综治委农村综治工作协调委员会全体（扩大）会议，推进全市村庄社区化管理建设工作，张维副局长参加。

6月22日，陈刚副市长、重庆市马正其常务副市长召开会议，研究重庆市在北京市选址建设重庆大厦有关事宜，李军副局长参加。

6月22日，陈刚副市长召开会议，研究全市矿产卫片执法检查工作，李军副局长参加。

6月22日，刘敬民副市长召开会议，研究阿苏卫垃圾处理设施周边村庄搬迁工作，王宏胜副巡视员参加。

6月23日，郭金龙市长主持召开市政府专题会，研究市发展改革委关于报审《北京市“十二五”时期绿色北京发展建设规划》的请示，刘辉副局长参加。

6月24日，郭金龙市长主持召开市政府专题会，研究市科委关于报审《北京市“十二五”时期科技北京发展规划》的请示，刘辉副局长参加。

6月24日，陈刚副市长召开加强本市保障性安居工程质量管理工作会，曾赞荣副局长参加。

6月24日，市国土局召开全系统庆祝建党90周年表彰大会暨文艺演出活动，全系统42个单位1000名党员干部参加了大会，市国土局党组表彰了33个先进基层党组织、208名优秀共产党员、46名优秀党务工作者，各单位进行了丰富多彩的文艺演出。

6月25日，第21个全国土地日，海淀分局联合区住建委、规划分局在北京市玉渊潭公园举行大型土地日宣传活动，市国土局副局长谢俊奇、海淀区副区长穆鹏、市国土局相关处室、区政府相关部门领导受邀参加。

6月27日，徐绍史部长召开全国国土资源依法行政工作会议和全国国土资源法制宣传教育工作会议，李军副局长参加。

6月29日，陈刚副市长召开会议，研究中央党史馆有关问题，以及北京化工大学征地建设昌平新校区有关问题，丁晓总规划师参加。

6月29日，国务院秘书长马凯召开旧城保护和居民住房改善（二期）领导小组会，曾赞荣副局长参加。

6月29日，李燕飞副局长主持召开北京市矿业权出让价款审核办公室会议，会议对20个采矿权出让价款及采矿权评估出让的有关问题进行研究审议。

6月30日，郭金龙市长出席北京市保障性住房建设投资中心揭牌仪式，曾赞荣副局长参加。

6月30日，市监察局、市检察院、市人力社保局和市国土局首次联合警示约谈国土资源管理问题比较突出的5个区县、13个乡镇党委政府主要（管）领导。

七月大事

2011年7月1日－7月31日

7月1日，实现全局系统所有行政许可类事项、服务类事项网上办理。全局系统所有涉及行政许可和行政服务事项的审批业务都要通过市局综合监管平台信息系统办理，否则不予办结和对外发送；相关业务数据统计汇总同时基于综合监管平台信息系统完成，否则不予上报。

7月4日，陈刚副市长召开会议，研究大兴区西红门镇推进城乡结合部整体改造试点工作有关问题，曾赞荣副局长参加。

7月5日，吉林副市长召开会议，研究本市高尔夫球场清理整顿有关工作，李军副局长参加。

7月6日，市国土局对北京市矿产资源利用现状调查项目铁、铅、锌、钨、铝土矿汇总成果进行初审并全部通过。国土资源部储量司王少波副司长到会指导工作并对北京市汇总工作给予肯定。

7月7日，陈刚副市长召开会议，研究土地入市交易和征地问题，曾赞荣副局长、丁晓总规划师参加。

7月11日，李伟副秘书长召开会议，专题研究东城区张洪彬有关信访工作，张维副局长参加。

7月12日，吉林常务副市长召开会议，研究808项目腾出房产使用问题，刘辉副局长参加。

7月12日，陈刚副市长召开会议，研究门头沟区潭柘寺镇中心区土地一级开发问题，曾赞荣副局长参加。

7月14日，郭金龙市长主持召开市政府专题会，研究市发展改革委关于本市高尔夫球场综合清理整治工作意见的请示，李军副局长参加。

7月15日，赵凤桐常委召开会议，研究中关村产业用地土地政策工作，张维副局长参加。

7月15日，陈刚副市长听取629工程工作汇报，丁晓总规划师参加。

7月19日，市国土局召开北京市2011年国土资源形势暨土地供应情况研讨会。魏成林局长主持会议，市国土局调控监测处、规划处、征地处、耕保处、利用处、储备中心、利用中心、信息中心和各区县分局参加会议。会议听取调控监测处和储备中心对国土资源形势、土地供应计划执行和保障性住房供地情况的汇报。各分局汇报本区县具体项目的进展实施情况，针对存在问题与局相关处室进行研讨。

7 月 20 日，市国土局在《北京日报》等多家市主要媒体公开挂牌督办北京三元绿化工程公司非法出租土地建设汽车 4S 店案等 6 起案件。这 6 起案件主要是占用耕地（基本农田）、不符合国家和北京市产业发展政策、不符合土地利用总体规划等“未报即用”的经营类、工矿仓储类及以“农民上楼”、“旧村改造”等所谓“惠农”项目为幌子的违法违规用地。市国土局责成相关区县国土资源主管部门会同有关部门严肃查处，于 2011 年 11 月 30 日公布处理结果。

7 月 28 日，陈刚副市长召开会议，研究朝阳区常营乡十里堡村居住项目用地等 8 宗土地入市交易和动感花园、平西府车辆段土地一级开发和整理等项目办理建设用地手续及密云县华润希望小镇等项目涉及的土地手续问题，曾赞荣副局长、丁晓总规划师参加。

7 月 28 日，市国土局组织昌平区长陵镇土地质量地球化学评估试点工作方案论证评审。该项目是北京市第一个乡镇级土地质量地球化学评估试点，由北京市地质调查研究院承担。

7 月 29 日，郭金龙市长主持召开市政府专题会，研究市国土局关于北京市“十二五”时期土地资源保护与开发利用规划的请示，魏成林局长、张维副局长参加。

7 月，市国土局机关党委制定《2011 年全市国土资源系统民主评议基层站所（服务窗口）工作实施方案》和《行政服务承诺》，系统 21 个行政服务大厅（服务窗口），32 个（基层站所）被列为评议范围，全局系统共聘请社会监督员 23 名，设立行政服务电话和意见箱，共设立服务电话 58 部，设立意见箱 53 个。

7 月，为庆祝建党 90 周年和建国 62 周年，贯彻落实市委关于全民健身和首都文明交通行动的重要部署，市国土局机关党委组织团员青年重走长征路，积极参加市直机关工委和团市委联合主办的首都公务员 3510 健康步行大赛。市国土局在 20 支参赛队中取得第 6 名的优异成绩。

八月大事

2011 年 8 月 1 日 – 8 月 31 日

8 月 1 日，市国土局修改印发《北京市国土资源局实施行政许可的规定》，明确实施行政许可和行政服务事项的收件与受理、审查与决定、办理时限、告知送达与归档、督办等程序。

8 月 1 日，市国土局建成统一的国土资源网站群。信息中心对海淀分站进行整合，正式改版并入局网站群运行，至此，实现全局系统政府网站统一平台运行。

8 月 1 日，北京市纪委副书记张厚崑一行到市国土局就深入推进行政监察现代化工程开展专题调研。信息中心汇报市国土局利用综合监管平台推进行政监察现代化工程情况，并演示试点业务建设成果。

8月2日，市国土局在房山区史家营乡曹家坊村举行了约150人参加的“汛期地质灾害应急演练”，提高易灾区内群众紧急避险、逃生、自救互救能力，达到在突发灾害事件过程中快速、安全开展应急避险转移的目的。

8月5日，赵凤桐常委召开会议，研究航天科技创新园、航空科技园项目有关工作，刘辉副局长参加。

8月8日，吉林常务副市长召开北京市高尔夫球场清理调查情况通报会，魏成林局长、李军副局长参加。

8月9日，郭金龙市长主持召开市政府专题会，研究市住房城乡建设委关于加快推进公共租赁住房建设有关问题的请示，魏成林局长参加。

8月10日，吉林常务副市长召开全市投融资工作促进会，曾赞荣副局长参加。

8月11日，吕锡文常委、赵凤桐常委、陈刚副市长、黎晓宏政协副主席、张玉平副秘书长召开北京市支持中央企业人才创新基地建设工作领导小组第12次会议，研究关于未来科技城建设工作，市金融街建设工作，密云希望小镇建设工作，丁晓总规划师参加。

8月12日，陈刚副市长召开会议，研究房山区重点项目建设有关工作，丁晓总规划师参加。

8月17日，首届“全国国土资源节约集约模范县（市）创建活动实地考核会”在西城区召开。国土部执法局张海萍副巡视员一行六人出席会议并评审，西城区代区长王少峰同志进行总结陈述发言，副区长李岩同志对评审组专家提出的问题分别予以解答，市局总规划师丁晓主持会议。

8月18日，陈刚副市长召开会议，研究在建铁路工程项目、首钢地区规划建设有关工作，丁晓总规划师参加。

8月23日，牛有成常委听取北京市农村土地确权工作情况汇报，市国土局汇报农村土地确权工作情况，魏成林局长、谢俊奇副局长参加。

8月26日，郭金龙市长听取通州区新城情况汇报，魏成林局长参加。

8月29日，以全国人大财经委副主任委员、预算工委主任高强为组长的保障性住房建设调研组来京调研，主要围绕2008—2010年保障性住房建设计划完成情况、2011年建设计划编制和执行情况，召开专题调研座谈会，陈刚副市长等市领导出席，曾赞荣副局长参加。

8月29日，刘敬民副市长、张玉平副秘书长、市信访办薄钢主任召开重点矛盾纠纷协调会议，就解决“朝阳区十八里店乡白墙子地区征而未迁”问题的工作进展情况进行专题研究，丁晓总规划师参加。

8月29日，赵凤桐常委召开海淀区北部地区开发建设专题会，研究翠湖科技园、永丰基地（新）园区土地一级开发项目、先行启动区农民定向安置房项目和北部市政道路项目前期手续办理问题，张维副局长参加。

8 月 30 日，牛有成常委到朝阳区调研城乡结合部重点村建设工作，重点调研拆迁工作，以及“调、拆、建、转、管”五方面其他主要工作，曾赞荣副局长参加。

8 月 31 日，刘淇书记主持召开十届市委常委会第 207 次会议，听取关于未来科技城建设进展情况的汇报，魏成林局长参加。

8 月 31 日，陈刚副市长召开会议，研究北京电力公司四惠桥项目土地一级开发成本、石景山区衙门口村规划调整工作、门头沟区长安街延长线及 S1 线周边规划工作，曾赞荣副局长参加。

九月大事

2011 年 9 月 1 日 –9 月 30 日

9 月 2 日，国土部党组巡视组一行走访北京市，张国玉书记、魏成林局长、李军副局长参加。

9 月 7 日，牛有成常委、陈刚副市长、夏占义副市长召开北京市农村土地确权登记颁证工作领导小组会，魏成林局长、谢俊奇副局长参加。

9 月 7 日，吉林常务副市召开研究推进绿化隔离地区建设议案办理会议，市发展改革委汇报关于进一步完善政策、推进绿化隔离地区建设议案办理有关工作，丁晓总规划师参加。

9 月 7 日，刘淇书记主持召开十届市委常委会第 208 次会议，研究昌平区东小口地区综合配套改革试点方案，魏成林局长参加。

9 月 7 日，国家特邀国土资源监察专员到房山区调研房地产调控政策落实有关情况，国土资源部执法监察局副局长王玲，市国土局副局长李军、区政府副区长吴会杰、区政协副主席李惠英陪同调研

9 月 9 日，陈刚副市长召开会议，听取保障性住房建设进展情况汇报，丁晓总规划师参加。

9 月 10 日，吉林常务副市长召开轨道交通建设投融资专题会，魏成林局长参加。

9 月 13 日，刘淇书记等市领导围绕“坚持科学发展规划，推进通州新城建设”主题到通州区调研，魏成林局长参加。

9 月 15 日，陈刚副市长现场检查未来科技城建设工作情况，曾赞荣副局长参加。

9 月 16 日，国家土地督察北京局检查组到通州区对 2010 年度土地卫片执法检查情况进行检查验收。检查组由国家土地督察北京局蔡可军专员、督察一室韩琼主任带队，成员单位有：天津市、河北省、山西省、内蒙古自治区国土资源厅（局）相关领导组成。

9 月 20 日，陈刚副市长到丰台区检查保障性住房建设进展情况，曾赞荣副局长参加。

9 月 20 日，郭金龙市长主持召开第 103 次市政府常务会议，研究市发展改革委关

于永定河园博湖综合治理及园博园水源净化工程立项的请示，魏成林局长参加。

9月21日，刘淇书记主持召开十届市委常委会第210次会议，研究《北京市主体功能区规划》（草案），魏成林局长参加。

9月23日，赵凤桐常委召开会议，研究中关村科学城创新发展规划工作，市经信委汇报中关村科学城创新发展规划要点，张维副局长参加。

9月23日，陈刚副市长、国家安全部副部长召开会议，研究朝阳公园北京仲盛国际中心公建项目有关问题，曾赞荣副局长参加。

9月23日，市政府办公厅印发了《北京市人民政府办公厅关于建立健全共同查处利用集体土地违法建设销售住宅行为责任机制的通知》。

9月26日，陈刚副市长、夏占义副市长召开会议，向国土部、农业部、监察部、审计署、国家统计局等五部局考核组汇报本市2006—2010年耕地保护责任目标履行情况，魏成林局长、丁晓总规划师参加。

9月26日，牛有成常委、陈刚副市长、夏占义副市长召开市城乡结合部建设领导小组会议，市城乡结合部领导小组办公室总结以往工作，汇报整建制农转居和集体产业发展等文件制定情况，部署下一步工作，曾赞荣副局长参加。

9月27日，经北京市政府审定后，以市政府办公厅的名义下发《北京市农村集体土地所有权确权登记发证工作指导意见》。

9月27日，郭金龙市长主持召开市政府专题会，研究市发展改革委关于东城区旧城保护和居民住房改善工程（天坛东里北区1—8号楼搬迁项目）补助资金的请示，魏成林局长参加。

9月28日，北京市政府组织召开全市农村集体土地确权登记发证工作动员大会。市委常委、北京市农村集体土地颁证工作领导小组组长牛有成同志，市政府副市长陈刚、副市长夏占义参加会议，并做重要讲话。

9月28日，陈刚副市长召开会议，国土部、农业部、监察部、审计署、国家统计局考核组与本市交流2006—2010年耕地保护责任目标履行情况检查意见，魏成林局长、丁晓总规划师参加。

9月29日，郭金龙市长、陈刚副市长等市领导在丰台区南苑棚户区对接安置房建设工程项目办公区召开“北京市保障性住房建设工作检查现场会”，曾赞荣副局长参加。

9月，编制完成《北京市国土资源“十二五”科学与技术发展规划》，突出北京特色确立重点项目共77个。

十月大事

2011年10月1日－10月31日

10月10日，刘敬民副市长召开会议，研究北京会议中心8号楼工程建设进展及9号楼回购工作，刘辉副局长参加。

10月10日，李燕飞副局长主持召开北京市2011年第二批矿业权出让价款审核办公室会议。市局办公室、法制处、监察处、财务处、规划处、勘储处、地环处、地热处、矿开处相关人员出席会议，另邀请3位评估专家参加会议。

10月11日，陈刚副市长召开会议，研究门头沟区S1组团及曹各庄、桥户营土地一级开发定向安置房项目资金缺口纳入对接土地一级开发项目成本问题，曾赞荣副局长参加。

10月12日，刘淇书记主持召开十届市委常委会第213次会议，研究《关于加强本市公共租赁住房建设和管理的通知》（讨论稿），魏成林局长参加。

10月12日至13日，市国土局召开2010年度土地矿产卫片执法检查工作总结会。国家土地督察北京局督察一室韩琼主任参加，市局李军副局长出席会议并讲话。

10月14日，郭金龙市长主持召开市政府专题会，研究市发展改革委关于房山区石夏路东延（107国道—良常路）等道路工程立项的请示，市发展改革委关于延庆县北京工商管理专修学院原占地土地一级开发项目（一期）核准、北京同仁医院经济技术开发区扩建项目建议书的请示，魏成林局长参加。

10月18日，市人大城建环保办赵义主任召开座谈会，就市人大常委会议2012年监督议题进行研究讨论，拟建议市人大常委会就《北京市土地利用总体规划（2006—2020年）》修编和实施情况听取汇报，魏成林局长参加。

10月19日，陈刚副市长召开会议，研究本市林地面积和保护问题，及推进绿色北京建设、增加百万亩林地指标问题，魏成林局长参加。

10月20日，市国土局首次采用民主推荐与适度竞争相结合的方式选拔干部。采用民主推荐产生差额人选，在此基础上进行演讲答辩和半结构化面试，进行差额考察，根据考察人选特点和岗位需求，由中共北京市国土局党组研究确定12名副处级干部任职人选。

10月21日，郭金龙市长主持召开市政府专题会，研究市住房城乡建设委关于传达学习《国务院关于保障性安居工程建设和管理的指导意见及本市贯彻落实工作有关思路的请示》，魏成林局长参加。

10月21日，鲁炜常委召开会议，研究首都文化功能区规划和建设有关工作，市委宣传部副部长张淼介绍北京文化创意产业集聚区有关情况；研究首都核心演艺区建设事宜，魏成林局长参加。

10月22日，吉林常务副市长召开会议，研究人民大学在通州建设新校区问题，魏成林局长参加。

10月25日，郭金龙市长主持召开市政府专题会，研究市工商局关于报审《进一步加强市场准入管理支持产业优化升级促进经济发展方式转变的工作意见》的请示，魏成林局长参加。

10月26日，王安顺副书记、苟仲文副市长、熊大新副主席召开推进燕房合作协调小组第九次会议，听取《2011年推进燕房合作重点任务分解》工作进展情况汇报，研究部署下一步工作安排，刘辉副局长参加。

10月26日，陈刚副市长召开会议，听取市国土局关于若干地块征地上市工作汇报，曾赞荣副局长参加。

10月28日，市国土局在石景山体育馆举办全市国土资源系统2011年运动会。局机关、局属各单位和各分局的25支代表队，共计1476名运动员参加了9个集体项目、5个个人项目及2个趣味项目的比赛，参与运动会活动的人员总计1963人。

10月31日，陈刚副市长召开会议，研究国家民委中国民族博物馆工程建设有关工作；研究新华社国家金融信息大厦项目建设有关工作，刘辉副局长参加。

十一月大事

2011年11月1日－11月30日

11月1日，首都综治委委员、市国土局党组成员、副局长张维带领市国土局有关处室负责人，与通州区政府、宋庄镇政府有关领导与通州区白庙村上访代表座谈，认真化解信访矛盾。

11月1日，陈刚副市长召开会议，研究太阳宫新区D区地块土地一级开发等24个项目办理建设用地手续问题；研究朝阳东坝中路红松园18号用地等7宗土地入市交易等问题，曾赞荣副局长参加。

11月2日，国土资源部"两整治一改革"检查组到房山国土分局检查验收"两整治一改革"专项行动工作。市国土局党组成员、纪检组长周新华、区委常委、区纪委书记王智慧陪同检查。

11月3日，陈刚副市长召开2011年全市保障性住房工作会，市住房城乡建设委汇报2011年竣工项目进展情况，市规划委汇报市政综合方案进展情况等，丁晓总规划师参加。

11月4日，陈刚副市长召开会议，研究北京交通大学现代轨道交通创新基地暨新校区相关项目；研究轨道交通平谷线规划路及前期工作，张维副局长参加。

11月4日，市国土局组织有关专家对门头沟区雁翅镇田庄村北不稳定斜坡治理项目进行验收并通过。该工程是北京市第一个中央财政投资的地质灾害治理项目，投资320万元，治理面积2万平方米。

11月7日，刘敬民副市长召开会议，研究阿苏卫生活垃圾焚烧厂项目建设以及周边村庄搬迁工作，曾赞荣副局长参加。

11月7日，经局长办公会进行研究，决定在市国土局成立12336违法线索处理中心，确定编配4名处理人员，统一负责接听、受理、转办、督办、反馈、分析等工作，分局不再开通举报电话。

11月9日，陈刚副市长召开会议，研究增加百万亩林地指标有关工作，张维副局长参加。

11月11日，牛有成常委到石景山区调研重点村建设工作，曾赞荣副局长参加。

11月11日，吉林常务副市长听取本市高尔夫球场清理整治工作汇报，魏成林局长参加。

11月11日，牛有成常委到朝阳区调研重点村建设工作，曾赞荣副局长参加。

11月14日，郭金龙市长等市领导参加全国深入推进行政审批制度改革工作电视电话会议，魏成林局长参加。

11月15日，牛有成常委、丁向阳副市长召开会议，研究京郊旅游产业发展有关工作，张维副局长参加。

11月15日，陈刚副市长召开会议，研究全国政协建设保障房有关事宜，曾赞荣副局长参加。

11月15日，国土部召开开发区土地节约集约利用现场会，丁晓总规划师参加。

11月15日，郭金龙市长主持召开市政府专题会，研究市发展改革委关于梅市口路（玉泉路—长兴路）道路工程立项的请示，魏成林局长参加。

11月17日，国家特邀国土资源监察专员带队到房山区调研房地产调控政策落实有关情况。国土资源部执法监察局副局长王玲，市国土局副局长李军、区政府副区长吴会杰、区政协副主席李惠英陪同调研。

11月17日，魏成林局长主持召开“首都国土资源高频度监测技术系统研制与示范”项目专题会议，会议听取技术合作单位对《高频度监测研制》课题研究目标和技术路径的汇报，并对该课题项目做出明确指示。

11月17日，北京市直属机关工委第四党建工作检查考核组，在工委副书记杨公鼎的带领下，对市国土局本年度党建工作进行检查考核。局党组书记张国玉同志，局机关党委委员、局属事业单位党总支、党支部书记和矿产、土地方面单位代表以及部分群众代表参加会议。检查考核组对创新开展“三进两促”活动、加大对基层党总支、支部的考核力度提出意见和建议，开展对机关党建工作满意度测评。

11月20日，吉林常务副市长、赵凤桐常委、苟仲文副市长、洪峰副市长参加“通航时代　协同创新”签约仪式及中关村科学城国际航空航天创新园奠基仪式，张维副局长参加。

11月23日，陈刚副市长召开会议，听取市住房城乡建设委关于当前房地产形势和保障性住房建设进展情况的汇报，研究朝阳区孙河乡土地一级开发项目和东风泛海国际项目回迁房建设问题。曾赞荣副局长参加。

11月25日，吕锡文常委、陈刚副市长召开会议，研究未来科技城建设、金融街拓展、密云华润生态小镇建设有关工作，魏成林局长参加。

11月25日，吉林常务副市长召开会议，听取各部门关于明年经济社会发展工作思路、重点任务等情况汇报，国土局侧重汇报2011年土地储备及上市情况（在施规模、上市量、成交量、投融资等)，2012年土地储备及供应计划总体规模和具体结构，明年土地储备开发资金循环、债务偿还、拆迁整理、入市交易等方面可能出现的新情况、新问题及工作重点，曾赞荣副局长参加。

11月25日，赵凤桐常委召开会议，研究中关村示范区空间规划布局调整方案有关工作，张维副局长参加。

11月30日，国土部召开全国农村集体土地确权登记发证工作及宗地统一编码试点工作座谈会，谢俊奇副局长参加。

11月30日，市国土局党组根据《北京市委组织部　市直机关工委　市农委〈关于在市直机关深入开展城乡党组织结对共建活动推动后进村党组织整顿建设〉的通知》精神，派市局机关党委专职副书记赵蓬璐同志到怀柔区怀柔镇政府就联系该镇红军庄村及卧龙岗村进行工作对接。

11月30日，李军副局长在市局12层第一会议室会见以印尼地方议会第一委员会副会长保卢斯为团长的印尼代表团一行10人。双方就如何依法管理土地、土地管理中政府的角色定位、地籍管理工作、以及土地规划工作等方面进行交流。

十二月大事

2011年12月1日－12月31日

12月7日，共青团北京市国土资源局机关全体团员大会召开。来自局机关及局属各单位的30名团员和20名特邀青年代表参加会议。局党组副书记、副局长刘辉在大会闭幕式上做重要讲话。

12月8日，市国土局李燕飞副局长召开延庆盆地地热田综合开发利用规划汇报协调会。会议提出创建资源可持续利用与区域经济发展有机融合的新典范。

12月9日，市国土局召开以“保护资源保障发展，促进首都经济社会科学发展”为主题的专家座谈会。来自北京大学等各个单位的专家学者，分别结合各自的研究方向和工作实际，积极为国土资源管理工作如何服务、保障和推动首都科学发展建言献策。

12月12日，市国土局、市园林绿化局联合召开全市新增绿色空间落地工作协调会。市国土局在会上介绍全市新增百万亩林地的初步空间落地方案。会议要求参会各部门尽快就国土局所提初步空间方案反馈修改意见，并在此基础上，进一步修改完善空间落地方案，尽快将百万亩新增林地地块落到实处。

12月13日，由重大办主任、丁晓总规划师带队赴北京市电力公司就该公司在历史遗留的土地确权发证和新建项目用地手续等方面的问题进行现场调研办公。

12月13日，陈刚副市长召开会议，研究海军总医院海淀区振兴新村东区商品房住宅楼房房产证办理和供电、排污等配套设施建设问题，谢俊奇副局长参加。

12月13日，苟仲文副市长到北京现代三工厂调研并召开北京汽车工业领导小组专题会议，协调项目建设各项工作，丁晓总规划师参加。

12 月 19 日，李士祥常委召开会议，研究中国纪检监察学院周边公共绿地建设项目资金及学院南侧河道用地、七一棉纺厂、北庄子村拆迁有关工作，听取相关情况汇报，曾赞荣副局长参加。

12 月 19 日，市国土局组织召开 2011 年度矿产资源勘查年度检查、地质勘查资质监督管理、矿山储量动态检测的工作部署会议。就专项工作的组织领导、检查对象范围、内容、时间、方式等方面提出要求，进行安排部署。

12 月 23 日，刘淇书记、郭金龙市长等市领导集体调研保障房建设情况，并召开 2011 年北京市住房保障工作总结大会，魏成林局长参加。

12 月 24 日，刘淇书记、郭金龙市长等市领导集体调研重点村建设情况，并召开北京市城乡结合部重点村建设现场会，魏成林局长、刘辉副局长参加。

12 月 24 日，执法总队在内设机构调整中，撤并 2 个业务室，专门成立违法线索处理室，专职负责 12336 违法举报工作。

12 月 26 日，郭金龙市长主持召开中关村国家自主创新示范区领导小组第十二次会议，审议有关部门请示事项，张维副局长参加。

12 月 26 日，刘淇书记、郭金龙市长等市领导出席北京国家音乐产业基地授牌暨入驻各音乐区重大项目签约仪式，丁晓总规划师参加。

12 月 27 日，陈刚副市长、贠小苏副部长召开会议，研究加快推进“绿色北京”建设，增加百万林地指标问题，魏成林局长、张维副局长参加。

12 月 27 日，北京市首例地热资源整体勘查项目——北京市凤河营地热田地热资源整装勘查项目再获重大勘查突破，该项目第三眼地热勘探井顺利通过成井验收并成功探获 118.5℃高温自流地热水汽混合流体。该眼地热勘探井同时刷新了北京市地热资源勘查的地热流体自流流量、温度和自喷压力三项历史记录。

12 月 29 日，陈刚副市长召开保障性住房建设投资中心领导小组第二次会议，审议投资中心“十二五”时期发展规划等，曾赞荣副局长参加。

12 月 30 日，市国土局以“北京市土地利用总体规划（2006－2020 年）修编情况”为主题成功举办本年度第二期在线访谈，访谈期间共收到网友提问 19 条，页面访问量 134 次。

12 月 31 日，夏占义副市长召开会议，研究本市百万亩森林建设工程有关工作，张维副局长参加。

12 月 31 日，编制完成《北京市国土资源信息化“十二五”发展规划》，提出“321”发展战略和全面实现国土资源管理信息化的“五化”目标。

12 月 31 日，市政府已批准海淀区、丰台区等 13 个区县（除朝阳区外）乡镇级土地利用总体规划；朝阳区乡（镇）级土地利用总体规划完成技术审查，已上报市政府待批。

12 月，局直属机关工会获得“北京市模范职工之家”荣誉称号。

2011年北京市国土资源相关法律法规和规范性文件目录

第一部分　综合类

	名称	文号	日期
1	中华人民共和国行政强制法	主席令第49号	20110630
2	全国人民代表大会常务委员会关于修改《中华人民共和国居民身份证法》的决定	主席令第51号	20111029
3	国务院关于废止和修改部分行政法规的决定	国务院第588号令	20110108
4	国家赔偿费用管理条例	国务院第589号令	20110117
5	北京市人民代表大会常务委员会关于修改部分地方性法规的决定	北京市人民代表大会常务委员会公告第15号	20101223
6	北京市行政问责办法	北京市人民政府令第233号	20110616
7	北京市人民政府关于修改《北京市河道砂石开采管理暂行规定》等24项规章部分条款的决定	北京市人民政府令第226号	20101127
8	北京市人民政府关于废止《北京市城市房屋拆迁管理办法》等规章和规范性文件的决定	北京市人民政府令第239号	20111019
9	北京市人民政府关于废止部分规范性文件的通知	京政发［2010］44号	20101230
10	北京市人民政府关于加强法治政府建设的实施意见	京政发［2011］20号	20110420
11	北京市人民政府关于贯彻实施《中华人民共和国行政强制法》的通知	京政发［2011］57号	20110930

续表

	名称	文号	日期
12	北京市实施《关于实行党政领导干部问责的暂行规定》办法	京办发［2011］3号	20110128
13	北京市人民政府办公厅关于进一步加强本市行政调解工作的意见	京政办发［2011］27号	20110512
14	北京市人民政府办公厅关于做好本市预决算信息公开工作的通知	京政办发［2011］45号	20110810
15	国土资源部关于修改部分规范性文件的决定的通知	国土资发［2010］190号	20101203
16	国土资源部关于进一步推进依法行政实现国土资源管理法治化的意见	国土资发［2011］186号	20111118
17	国土资源部贯彻实施《中华人民共和国行政强制法》的通知	国土资发［2011］207号	20111128
18	关于印发《北京市国土资源局关于重大事项社会稳定风险评估实施意见》的通知	京国土办［2011］249号	20110531
19	关于印发《北京市国土资源局实施行政许可的规定》的通知	京国土法［2011］349号	20110725
20	关于印发《北京市国土资源局行政许可事项和行政服务事项办理规则》的通知	京国土法［2011］361号	20110728
21	北京市国土资源局转发北京市人民政府关于优化完善本市固定资产投资项目办理流程及相关工作机制的通知	京国土法［2011］407号	20110818
22	关于行政审批事项所有申报材料实行电子报盘的通知	京国土信［2011］632号	20111222
23	关于印发《北京市国土资源局关于进一步推进依法行政实现国土资源管理法治化的实施意见》的通知	京国土法［2011］644号	20111229
24	关于印发《北京市国土资源局开展法制宣传教育的第六个五年规划（2011—2015年）》的通知	京国土法［2011］647号	20111229

第二部分　土地管理

	名称	文号	日期
25	土地复垦条例	国务院第592号令	20110305
26	国有土地上房屋征收与补偿条例	国务院第590号令	20110121
27	国务院关于严格规范城乡建设用地增减挂钩试点切实做好农村土地整治工作的通知	国发〔2010〕47号	20101227
28	国务院办公厅关于进一步做好房地产市场调控工作有关问题的通知	国办发〔2011〕1号	20110126
29	国务院办公厅关于保障性安居工程建设和管理的指导意见	国办发〔2011〕45号	20110928
30	北京市人民政府办公厅关于公布本市2011年度新建住房价格控制目标的通知	京政办发〔2011〕16号	20110329
31	北京市人民政府办公厅关于印发北京市耕地保护责任目标考核办法的通知	京政办发〔2011〕22号	20110503
32	北京市人民政府关于印发北京市国有土地上房屋征收与补偿实施意见的通知	京政发〔2011〕27号	20110527
33	北京市人民政府关于加强本市公共租赁住房建设和管理的通知	京政发〔2011〕61号	20111018
34	北京市人民政府办公厅关于促进城乡结合部地区50个重点村集体产业发展的意见	京政办发〔2011〕48号	20110818
35	北京市人民政府关于城乡结合部地区50个重点村整建制农转居有关工作的意见	京政办发〔2011〕55号	20110919
36	北京市人民政府办公厅关于建立健全共同查处利用集体土地违法建设销售住宅行为责任机制的通知	京政办发〔2011〕50号	20110923
37	国有土地上房屋征收评估办法	建房〔2011〕77号	20110603
38	国土资源部农业部完善设施农用地管理有关问题的通知	国土资发〔2010〕155号	20100930

续表

	名称	文号	日期
39	关于切实做好2011年城市住房用地管理和调控重点工作的通知	国土资发［2011］2号	20110205
40	国土资源部交通运输部铁道部关于进一步加强和改进公路铁路项目建设用地服务和监管的通知	国土资发［2011］30号	20110302
41	国土资源部办公厅关于进一步加强12336国土资源违法举报工作的通知	国土资发［2011］16号	20110215
42	国土资源部贯彻实施《土地复垦条例》的通知	国土资发［2011］50号	20110417
43	国土资源部 财政部 农业部关于加快推进农村集体土地确权登记发证工作的通知	国土资发［2011］60号	20110506
44	国土资源部关于坚持和完善土地招标拍卖挂牌出让制度的意见	国土资发［2011］63号	20110511
45	国土资源部关于印发《全国土地变更调查工作规则（试行）》的通知	国土资发［2011］180号	20111103
46	国土资源部、中央农村工作领导小组办公室、财政部、农业部农村集体土地确权登记发证的若干意见	国土资发［2011］178号	20111110
47	国土资源部关于严格规范城乡建设增加挂钩试点工作的通知	国土资发［2011］224号	20111226
48	国土资源部办公厅关于切实做好征地拆迁管理工作的紧急通知	国土资电发［2011］72号	20110111
49	北京市国土资源局北京市人民政府国有资产监督管理委员会关于加快办理本市供销合作社土地确权登记手续的通知	京国土籍［2011］43号	20110128
50	关于进一步下放国有土地使用权划拨审批权限的通知	京国土用［2011］63号	20110217
51	关于印发《北京市国土资源领域违法违规案件公开通报和挂牌督办办法》的通知	京国土监［2011］103号	20110316

续表

	名称	文号	日期
52	关于印发北京市2011年度国有建设用地供应计划的通知	京国土市［2011］125号	20110329
53	北京市国土资源局转发北京市地方税务局关于法院判决执行房地产权属转移相关涉税完善问题的通知	京国土籍［2011］153号	20110408
54	关于印发北京市2011年度土地储备开发计划的通知	京国土储［2011］200号	20110509
55	关于印发《北京市国土资源局土地权属审查办法（试行）》的通知	京国土籍［2011］365号	20110729
56	关于印发《北京市国有土地登记工作规范》的通知	京国土籍［2011］366号	20110729
57	北京市国土资源局北京市财政局关于土地前期成本实行收支两条线管理有关事项的通知	京国土财［2011］433号	20110909
58	关于《北京市国土资源局土地权属审查办法（试行）》实施前批而未供项目权属审查有关问题的通知	京国土籍［2011］445号	20110929
59	关于进一步加强12336国土资源违法举报工作的通知	京国土监［2011］455号	20110923
60	北京市国土资源局关于非法占地行政处罚案件适用法律有关问题的通知	京国土法［2011］556号	20111123
61	北京市国土资源局关于印发《北京市国土资源局执法监察发现、制止、报告和查处工作监督管理办法（试行）》的通知	京国土监［2011］564号	20111124

第三部分　矿产资源管理

	名称	文号	日期
62	国务院关于加强地质灾害防治工作的决定	国发［2010］20号	20110613

续表

	名称	文号	日期
63	财政部 国土资源部关于印发中央地质勘查基金管理办法的通知	财建［2011］2号	20110217
64	关于调整探矿权申请资料有关问题的公告	公告2011第25号	20111008
65	国土资源部办公厅关于加强探矿权人放弃勘查区块地质资料汇交管理的通知	国土资厅发［2011］51号	20110908
66	国土资源部办公厅关于通过实施统一配号进一步加强地质勘查资质管理信息化建设的通知	国土资厅发［2011］65号	20111226
67	国土资源部办公厅关于国土资源大调查项目探矿权转让有关问题的通知	国土资厅发［2011］68号	20111231
68	国土资源部关于印发《矿业权交易规则(试行)》的通知	国土资发［2011］242号	20111231
69	国土资源部关于进一步完善采矿权登记管理有关问题的通知	国土资发［2011］14号	20110120
70	国土资源部关于进一步完善矿业权管理促进整治勘查的通知	国土资发［2011］55号	20110429
71	国土资源部关于加快推进建立地（市）级矿业权交易机构的通知	国土资发［2011］42号	20110812
72	关于进一步规范固体矿产资源储量核实工作的通知	京国土勘［2011］19号	20110112
73	北京市国土资源局关于严厉打击非法开采矿产资源行为的通知	京国土矿［2011］194号	20110509
74	北京市国土资源局关于进一步加强汛期地质灾害防治工作的通知	京国土环［2011］316号	20110707
75	关于印发《北京市“十二五”时期地质勘查发展规划》的通知	京国土勘［2011］523号	20111102

第四部分　司法解释和文件

	名称	文号	日期
76	关于印发《关于〈国有土地上房屋征收与补偿条例〉施行前取得拆迁许可证项目所涉案件有关审判、执行工作的若干意见（试行）》的通知	京高法发［2011］17号	20110610
77	最高人民法院关于审理政府信息公开行政案件若干问题的规定	法释［2011］17号	20110729
78	最高人民法院关于审理涉及农村集体土地行政案件若干问题的规定	法释［2011］20号	20110807

2011 年北京市国土资源局政府信息公开年报

引言

本报告是根据《中华人民共和国政府信息公开条例》(以下简称《条例》) 要求，由北京市国土资源局编制的2011年度政府信息公开年度报告。

全文包括概述，主动公开政府信息的情况，依申请公开政府信息和不予公开政府信息的情况，政府信息公开的人员、收费及减免情况，政府信息公开咨询情况，因政府信息公开申请行政复议、提起行政诉讼的情况，政府信息公开工作存在的主要问题、改进情况和其他需要报告的事项。

本报告中所列数据的统计期限自2011年1月1日起，至2011年12月31日止。本报告的电子版可在局政府网站（http：//www. bjgtj. gov. cn）下载。如对本报告有任何疑问，请联系：北京市国土资源局政府信息公开受理室64409795。

一、概述

2011年，我局深入贯彻落实科学发展观，认真履行《中华人民共和国政府信息公开条例》(以下简称《条例》) 规定的法定义务，结合工作实际，通过进一步健全组织，拓宽渠道，完善制度，系统培训，规范程序等方法手段，在建设服务型政府、提高服务质量上狠下功夫，不断解决工作中的困难和问题，政府信息公开工作得到有效落实，为促进依法行政、服务人民群众生产生活和经济社会活动发挥了积极的作用。

（一）职责更加明确

结合市局新“三定”方案的实施，根据局领导分工和各部门职责的调整，及时对政府信息公开领导小组及办公室的成员构成和职责进行修订调整。通过区分工作任务、明确工作标准、规范工作流程，进一步理顺关系，从而形成了主要领导亲自抓、分管领导重点抓、职能处室具体抓的良好态势。

（二）渠道更加畅通

充分发挥政府网站作为政府信息公开的主渠道作用。严格落实国有建设用地开发利用申报和信息公示制度，通过建立土地开发利用信息监管系统和增设“征地结果公示”栏目，及时向社会公示征收、出让土地的详细信息。积极打造全方位的公开渠道。通过首都之窗、新闻媒体、宣传资料栏、电子显示屏、纸质文本移送等方式，及时主动公开政府信息。通过做客“首都之窗走进直播间”栏目和开通“在线访谈”热线，同广大市民和网友进行在线交流。借助开展“地球日”、“土地日”等活动，结合“绿色北京”建设，以“珍惜地球资源、转变发展方式”为主题，宣传土地政策，传递政府信息。

（三）机制更加完善

及时修订完善制度。结合工作实际，先后修订了《北京市国土资源局政府信息公开指南》、《北京市国土资源局政府信息公开目录大纲》，完善了《主动公开政府信息纸质文本移送办法》和《北京市国土资源局政府网站群管理办法》，制定了《北京市国土资源局政府信息公开工作考核办法（试行）》。日常管理机制初步形成。坚持每月召开政府信息公开工作例会。通过例会，及时梳理、解决问题，将矛盾化解在萌芽状态，实现政府信息公开的常态化、规范化，初步形成全局系统政府信息公开“工作有计划、每月有通报、季度有讲评、日常有监管、年度有报告”的良好格局。培训机制成效显现。先后两次组织政府信息公开工作管理系统培训会，特邀首都之窗运行管理中心老师对政府信息公开工作管理系统的操作使用进行了系统培训。注重岗位实践，将培训融入到实际工作当中，通过岗位交叉，以干代练等，在工作中学习，学习中总结，总结中提高。采取请进来、走出去等方式，邀请市政府信息公开办公室领导来局指导工作，组织与发改委、规划委、住建委等单位进行专题讨论交流，深入区县调查研究，学习借鉴好经验、好做法。

（四）服务更加规范

注重把握关键环节，从受理、办理、审批，到办结、送达，严格按程序办理。同时建立工作台帐和日志，对工作中的要素信息认真记录，存档备案。牢固树立“窗口”意识，年初对依申请公开受理场所进行了调整，改善工作环境，方便人民群众，展示“窗口”形象。牢固树立服务意识，尊重服务对象，坚持热情服务、微笑服务，积极为人民群众办实事，倾听群众意见，耐心解答问题。

二、政府信息主动公开情况

全年全局共主动公开政府信息 2221 条。主动公开信息中，机构职能 14 条，占 0.63%；法规文件 7 条，占 0.32%；规划计划 4 条，占 0.18%；行政职责 1 条，占 0.05%；业务动态 2195 条，占 98.82%。

接受公民、法人及其他组织政府信息公开方面的咨询 7592 人次。其中，现场咨询 4038 人次，占总数的 53.2%；电话咨询 3554 人次，占总数的 46.8%；网上咨询尚无内容。

三、政府信息依申请公开情况

（一）申请情况

全年全局共收到政府信息公开申请4842件。

其中，当面申请4521件，占总数的93.4%；通过互联网提交申请1件，占总数的0.02%；以传真形式申请9件，占总数的0.2%；以信函形式申请311件，占总数的6.38%。

（二）答复情况

全年全局共答复政府信息公开申请4957件，其中：

“同意公开”的2130件，占总数的43%，主要涉及征地、土地利用、土地出让合同、土地一级开发、土地登记等信息。

“同意部分公开”的11件，占总数的0.2%，主要涉及土地储备等信息。

“不予公开”的689件，占总数的13.9%，主要涉及经租房问题、征地、土地利用等信息。

“信息不存在”的1558件，占总数的31.4%。

“非本机关掌握”的255件，占总数的5.1%。

“申请内容不明确”的183件，占总数的3.7%。

“非政府信息”的116件，占总数的2.3%。

“已主动公开”的15件，占总数的0.7%。

（三）依申请公开政府信息收费情况

全年全局共收取依申请公开政府信息检索费、复印费计1066.90元。

四、行政复议和行政诉讼情况

（一）行政复议

年内，针对政府信息依申请公开发生行政复议94件，审结91件。其中维持69件，驳回复议申请2件，终止审理3件，被确认违法17件。

（二）行政诉讼

年内，针对政府信息依申请公开发生行政诉讼案32件。其中败诉8件：判决撤销原具体行政行为并限期重新作出的7件，判决原具体行政行为违法的1件；驳回诉讼请求或驳回起诉的23件；原告撤诉的1件。

五、主要问题和改进措施

本年度全局政府信息公开工作取得了一定的成效，但还存在着一些不足：一是主动公开信息的力度需进一步加强；二是对解决依申请公开政府信息办理过程中出现的矛盾、问题的方法对策研究还不够深入。

2012 年的政府信息公开工作将按照“抓统筹，打基础；抓培训，强队伍；抓监管，促规范；抓重点，求深化”的总体思路，统筹协调好机关处室、直属单位和分局的政府信息公开工作；建设一支业务素质过硬的骨干队伍；进一步规范全局系统政府信息公开工作；最大限度地促进部分依申请公开政府信息向主动公开转变，努力实现政府信息公开“服务社会，稳慎推进”的目标，为建设服务型政府发挥积极的作用。

附图与附表

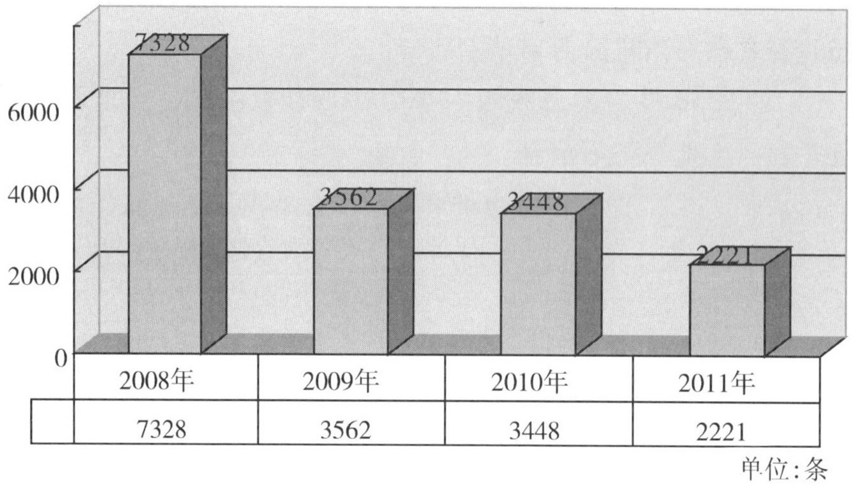

图 1　主动公开政府信息数据对比

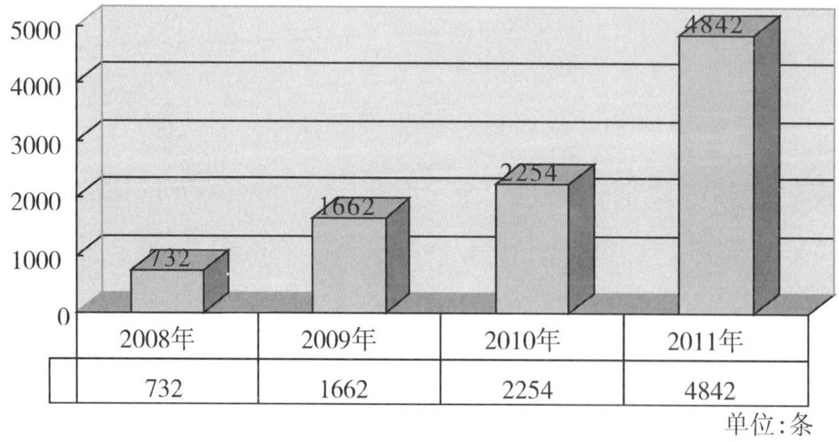

图 2　依申请公开政府信息数据对比

表 1　主动公开情况统计

指　　标	单位	数量
主动公开信息数	条	2221
其中：全文电子化的主动公开信息数	条	2221
新增的行政规范性文件数	条	7

表 2 依申请公开情况统计

指 标	单位	数量
本年度申请总数	条	4842
其中：1. 当面申请数	条	4521
2. 传真申请数	条	9
3. 互联网申请数	条	1
4. 信函申请数	条	311
对申请的答复总数	条	4957
其中：1. 同意公开答复数	条	2130
2. 同意部分公开答复数	条	11
3. 不予公开答复总数	条	689
4. 信息不存在数	条	1558
5. 非本机关掌握	条	255
6. 申请内容不明确	条	183
7. 非政府信息	条	116
8. 已主动公开	条	15

表 3 复议、诉讼、申诉情况统计表

指 标	单位	数量
行政复议数	件	94
行政诉讼数	件	32
行政申诉数	件	0

2011 年北京市国土资源局荣获奖励情况

集体荣誉

东城分局

1. 北京市无偿献血先进单位
2. 北京市国土资源系统信访工作先进单位
3. 北京市国土资源系统最佳党日二等奖
4. 北京市国土资源系统财务管理方面综合业绩突出单位
5. 北京市国土资源系统先进基层党组织
6. 北京市国土资源系统文明单位
7. 东城区优秀工会组织
8. 东城区信访工作先进单位
9. 东城区档案信息工作先进单位
10. 东城区直机关系统先进基层党组织

西城分局

1. 北京市国土资源系统先进基层党组织
2. 北京市国土资源系统文明单位
3. 北京市国土资源系统财务管理综合业绩突出单位
4. 市预算管理业绩突出单位
5. 北京市国土资源局信息化应用突出奖
6. 北京国土资源青年学术论文征集活动优秀组织奖
7. 西城区直机关优秀党日活动方案
8. 西城区基层工会工作目标考核优秀单位

朝阳分局

1. 全国国土资源管理系统先进集体称号
2. 北京市住房保障工作先进单位
3. 北京市国土系统文明单位标兵
4. 北京市国土资源系统先进基层党组织
5. 北京市国土资源系统 2011 年度信访工作先进单位
6. 调研课题《城市化进程中农村整建制转居问题研究》获北京市土地学术交流会论文二等奖

海淀分局

1. 北京市国土资源系统信访工作先进单位
2. 海淀区先进工会荣誉称号
3. 北京市国土资源系统财务管理方面综合业绩突出单位
4. 中关村国家自主创新示范区核心区企业服务中心优质服务窗口单位
5. 北京市国土局档案工作考核优秀单位荣誉称号
6. 海淀区直机关系统优秀基层党组织荣誉称号
7. 海淀区地区安委会先进单位荣誉称号
8. 市国土局信息工作先进单位荣誉称号

丰台分局

1. 北京市无偿献血突出贡献奖
2. 北京市国土系统文明单位标兵
3. 北京市国土资源系统先进基层党组织

石景山分局

1. 北京市国土资源系统文明单位标兵
2. 党支部被市国土局评为优秀基层党组织标兵单位
3. 北京市国土资源系统先进基层党组织
4. 国土资源部“两整治一改革”工作先进单位

昌平分局

1. 全国矿业权实地核查先进集体
2. 全国“双保之星”工作先进单位
3. 北京市国土资源系统文明单位

4. 北京市国土资源系统先进基层党组织
5. 北京市住房保障工作先进单位
6. 北京市国土资源系统信访工作先进单位
7. 北京市国土资源系统财务管理方面综合业绩突出单位
8. 国土资源部“两整治一改革”工作先进单位

通州分局

1. 全国国土资源执法监察工作先进集体
2. 全国“双保工程”行动成效显著单位
3. 北京市国土系统文明单位标兵
4. 北京市国土资源系统先进基层党组织

大兴分局

1. 北京市国土资源系统文明单位
2. 北京市国土资源系统先进基层党组织
3. 北京市国土资源系统信访工作先进单位
4. 大兴区政府信息公开工作成绩突出单位

门头沟分局

1. 北京市无偿献血工作突出贡献
2. 北京市国土资源系统文明单位
3. 北京市国土资源系统先进基层党组织
4. 北京市国土资源系统预算管理方面业绩突出奖
5. 北京市国土资源系统财务管理方面综合业绩突出单位
6. 北京市国土资源系统信访工作先进单位
7. 北京市门头沟区交通安全先进单位
8. 门头沟区农民增收帮扶先进工作队

顺义分局

1. 北京市国土资源系统文明单位标兵
2. 北京市2011年度交通安全先进单位
3. 北京市国土资源系统财务管理方面综合业绩突出单位
4. 北京市国土资源系统网站工作优秀奖
5. 北京市国土资源系统信访工作先进单位
6. 北京市国土资源系统2011年运动会团体总分第一名

7. 第二党支部荣获市国土局先进基层党组织
8. 市国土局融资管理先进单位
9.《关于近年来涉地信访情况分析》获顺义区调研评比一等奖

房山分局

1. 全国国土资源系统“两整治一改革”先进单位
2. 全国矿业实地核查先进集体
3. 北京市国土资源系统文明单位标兵
4. 北京市国土资源系统先进基层党组织
5. 北京市国土资源系统信访工作先进单位
6. 房山区服务三化两区建设先进单位
7. 房山区交通安全管理先进单位

平谷分局

1. 社会治安综合治理先进单位
2. 首都全民义务植树先进单位
3. 北京市节水型单位
4. 北京市国土资源系统文明单位
5. 2007－2011 年度办理区人大政协提案先进单位

密云分局

1. 北京市国土资源系统文明单位标兵
2. 北京市国土资源系统先进基层党组织
3. 密云县交通安全先进单位

延庆分局

1. 全国国土资源管理系统推进依法行政先进单位
2. 北京市节水型单位
3. 北京市国土资源系统文明单位标兵
4. 北京市国土资源系统先进基层党组织
5. 延庆县优秀市县双管单位
6. 延庆县安全生产工作先进单位
7. 延庆县交通安全工作先进单位
8. 北京市国土资源系统档案管理先进单位

怀柔分局

北京市国土资源系统先进基层党组织

市国土局机关

1. 市局荣获北京市内保工作先进单位

2. 市局荣获首都文明单位

3. 市局荣获北京市爱国卫生先进单位

4. 市局荣获北京市计划生育先进单位

5. 市局荣获东城区交通安全先进单位

6. 市局荣获北京市信息化工作领导小组颁发的2011年度电子政务绩效考核突出奖

7. 市局荣获北京市使用正版软件工作联席会议办公室颁发的2011年北京市政府机关软件正版化工作先进集体

8. 市局派驻北京市固定资产投资项目行政审批综合服务大厅受理窗口，荣获优质服务示范窗口称号。

9. 市局人事处获北京市公务员统计报表全优单位

10. 市局人事处获网站工作优秀奖

11. 市局人事处获市国土资源系统最佳党日活动第二名

12. 市局征地处荣获2011年度北京市国土资源局信息化应用突出奖

13. 市局调控监测处获信息化应用突出奖

14. 市局办公室、耕保处、征地处、地环处、调控监测处、科技合作处、财务处荣获2011年度本系统文明处室标兵

15. 规划中心、信息中心、受理中心获得2011年度本系统文明单位

16. 市局研究室、勘储处、矿开处、地热处、地籍处、利用处、规划处、法制处、离退处获得2011年度本系统文明处室

17. 市局办公室党支部、研究室党支部、法制处党支部、规划处党支部、科技合作处党支部、耕保处党支部、征地处党支部、地籍处党支部、调控监测处党支部、利用处党支部、勘储处党支部、矿开处党支部、地环处党支部、财务处党支部、人事处党支部、机关党委党支部、监察处党支部、离退处党支部获北京市国土资源系统先进基层党组织

市国土局直属事业单位

1. 储备中心获市住房保障工作领导小组北京市2011年住房保障工作先进单位荣誉称号

2. 储备中心党支部被市直机关工委评为先进基层党组织

3. 储备中心团支部在市直机关共青团达标创优竞赛活动中荣获五四红旗团支部称号

4. 执法总队、利用中心、储备中心、服务中心、登记中心荣获2011年度北京市国土系统文明单位标兵

个人奖项

东城分局

1. 谢伟被北京市献血办公室评为2011年北京市无偿献血先进个人

2. 张志斌、孙梅芳、郑继培、白然被评为市国土资源系统信访工作先进个人

3. 薛守娥被评为2011年度国土资源政务信息工作优秀个人

4. 刘丹、刘轶珏被评为北京市储备中心多储快供工作先进个人

5. 陈伯陶、徐晓晨、万虎、陈俊英、高翠军、贾建华、李琳被评为市国土资源系统优秀共产党员

6. 李凤海、闫德林被评为市国土资源系统优秀党务工作者

7. 肖俏被评为北京市国土资源局2011年度财务管理方面综合业绩突出个人

8. 孙梅芳被北京市东城区委区政府评为东城区信访工作先进个人

9. 卫博被中共东城区委直属机关工作委员会评为东城区直机关系统“优秀共产党员”

10. 窦丰启被中共东城区委直属机关工作委员会评为东城区直机关系统“优秀党务工作者”

11. 雷雪被北京市东城区法制宣传教育领导小组评为2006－2010年东城区法制宣传教育先进个人

12. 庞秀华被北京市东城区安全生产委员会评为2011年度安全生产先进个人

13. 马洁、原鹏被北京市东城区行政服务中心评为窗口2011年度活动积极分子

14. 朱生平、高翠军、翟进被北京市东城区交通委员会评为2011年度交通安全先进个人

西城分局

1. 林毅、陈馨、季美、郭冰、郑杰、安宝华被评为2010－2011年度北京市国土资源系统优秀共产党员

2. 程建英、饶松被评为2010－2011年度北京市国土资源系统优秀党务工作者

3. 程建英被评为2011年度北京市国土资源系统优秀信息工作者

4. 崔淑丽、陈培源被评为2011年北京市国土资源信访工作先进个人

5. 陈馨被评为2011年北京市国土资源局财务管理业绩突出个人

6. 林毅被北京市西城区依法治区领导小组评为“西城区 2006－2010 年法制宣传教育先进个人”

7. 在市委市政府西城旧城保护和居民住房改善工程工作中，国土西城分局黄湧获三等功，林毅、张璋、陈扬众获嘉奖。

8. 季美被中共北京市西城区委宣传部评为西城区纪念建党 90 周年宣传工作先进个人

9. 季美被北京市西城区城市环境建设委员会评为 2011 年度北京市西城区城市环境建设先进个人

10. 王钰红被西城区精神文明建设委员会评为 2011 年度西城区文明城区创建与迎检工作先进个人

11. 季美被区委区政府评为 2011 年度西城区优秀信息工作者

朝阳分局

1. 樊文祯同志被评为北京市城乡结合部建设先进个人

2. 林海燕同志被评为北京市城乡结合部重点村建设先进个人

3. 史翠芬、宋硕同志被评为北京市国土资源信访工作先进个人

4. 林海燕同志被授予首都劳动奖章

5. 赵光耀、朱婧琎、欧晓颖等同志被评为北京市国土资源系统 2010－2011 年度优秀共产党员

6. 庞海明同志被评为朝阳区五五法制宣传教育先进工作者

海淀分局

程跃、董毅平、纪妍、刘争艳、任杰、苏岳、张凯、张士军等被评为北京市国土资源系统优秀共产党员

丰台分局

1. 徐旸获 2011 年度北京市预算会计研究会优秀论文奖

2. 王月珍、董树立、姜新焕、刘秀荣、任安来、程宏英、韩沈飞、杨坤、王晶获优秀共产党员称号

3. 姜新焕被评为丰台区 2011 年度城乡结合部建设先进个人

石景山分局

1. 于红获 2011 年度北京市预算会计研究会优秀论文奖

2. 张坚、刘敏生、李忠庆、孟庆展、谷忠泉被评为北京市国土资源系统优秀共产党员

昌平分局

梁英、王艳、曹庆朋、周继波、张万生、高伟、吴建民、蒲世赛、刘智荣被评为北京市国土资源系统优秀共产党员

通州分局

1. 杨憬民、张洪兴、王玥、李伟、付士永、李梅、朱超被评为北京市国土资源系统优秀共产党员
2. 马选军同志被评为全国国土资源执法监察工作先进个人
3. 李辉同志被评为北京市城乡结合部建设先进个人

大兴分局

景文成、王万兴、高煜欣、刘娟、李振江、韩志良、吴少蓉被评为北京市国土资源系统优秀共产党员

门头沟分局

公庆联、刘彬思、陈天兰、安辉、金玉芬、冯卫东、张会昌、申月英、李金生被评为北京市国土资源系统优秀共产党员

顺义分局

1. 王军生、雷海霞、李洪渭、李德华、张健鸿、王英梅、王红梅、徐桂英、王新颖被评为北京市国土资源系统优秀共产党员
2. 赵丽婷、蔺宝军被评为北京市国土资源系统优秀党务工作者
3. 张晓梅被区学习型社会领导小组办公室评为学习型社会工作先进工作者
4. 刘熠伟被区学习型社会领导小组办公室评为全民读书活动先进个人
5. 蔺宝军被顺义区委评为优秀共产党员
6. 雒福山、李洪渭被市国土局评为2011年度信访工作先进个人
7. 白润友被区公安分局评为先进个人、被区交通安全委员会评为交通安全优秀管理干部
8. 王红梅被区委法制宣传教育领导小组评为2006—2010年区法制宣传教育先进个人
9. 王京生被评为2011年度国土资源政务信息工作优秀个人；在市政市容委系统“党在我心中”演讲比赛中获三等奖
10. 梁静被市国土局评为财务管理先进个人

房山分局

1. 郑中华获2011年度北京市预算会计研究会优秀论文奖

2. 周振国、解春来、陈东峰、雷淑凤、林木森、刘洁、邵国军、王振军、于永会获北京市国土系统优秀共产党员

平谷分局

郭利军、张雅民、张全祥、王庆明、霍颖、赵春、王丽霞被评为北京市国土资源系统优秀共产党员

密云分局

王国辅、季宝林、王海文、于洪宇、张云、宋沛林、任明信、朱继东、杨茂林、娄艳生、周立臣被评为北京市国土资源系统优秀共产党员

延庆分局

1. 刘亚利、蒋卓飞、马冬月、李明义、张志国、曾勇、赵晨虎、张洲、支春来被评为北京市国土资源系统优秀共产党员

2. 李娟获延庆县政府信息公开工作先进个人

3. 李淑华获全国地质灾害防治优秀群测群防监测员

怀柔分局

韩维盈、侯立祥、林凤娥、刘绵芬、孙明义、夏木森、于昌龙、于福艳、赵永升、邹海霞被评为北京市国土资源系统优秀共产党员

市局机关及直属事业单位

1. 孟文菊被评为北京市第六次全国人口普查工作先进个人

2. 华金玉被评为全国矿业权实地核查先进个人突出贡献奖及优秀青年奖

3. 胡良俊被评为北京市公务员统计工作先进个人

4. 王忠全、岳春娟获2011年度北京市预算会计研究会优秀论文奖

5. 潘卫锋被评为信访先进工作者

6. 于波被评为市国土局政务信息工作优秀个人

7. 高英军、任慧铨、雷宇、刘俊兰、魏曼、陶志红、孙洋、王溪、邹木金、王瑾、张福民、高扬、张砚君、王兵、孟文菊、许绪明、黄蔚、刘刚生、陈一昕、肖远、张建国、于秀琴、夏树芳、刘维媛、赵舒、董京云、王琨、常淑霞、于学光、孟庆秋、张先、王彦国、马锡铎、崔志新、张一峰、狄从、李军、鲁广元、李佳、廖琼华、秦秀安、王焕祥、陈同顺、亢继明、李莹、周秀芬、高玉芳、常亮、江卫、王洁、李建宏、

崔莹、熊芳华、高红亮、王萌、宋敬伟、马建军、周同伟、丁红梅、顾楠、黄永芳、雷蕾（大）、雷蕾（小）、曲波、汪少群、寇宗淼、彭宏伟、陈穗、王炳起、龚力、谢骞、郭玉娟、张英兆、张振生、刘卷强、邓华、常美琴等被评为北京市国土资源系统优秀共产党员。

8. 邢硕、宋敬伟、姜铁勇、赵彦青荣获优质服务明星称号

9. 朱燕琳、张乐刚、巫鑫瑞、于秀治、吴建生、尚童获 2011 年度市局机关公务员考核奖励三等功

10. 燕彦、尹绪兵、祝艺铭、王燕、张洪克、尚立军、王震雪、孙健、马东波、霍丽、陈力、华金玉、张建国、贾宏刚、赵炜、赵蓬璐、常淑霞、马绍煌、史琳、郑伟、马锡铎、张胜勇、刘文昊、魏曼、赵北亭、于延江、黄蔚、王琨获市局公务员考核嘉奖

11. 于学光获市直机关工委党建调研课题三等奖

统计资料

统计资料

2011年北京市国土资源主要统计指标分析

【土地利用计划安排使用情况】

年内全市安排使用新增建设用地3549.47公顷，同比增长1.75%。其中，农用地3446.11公顷，同比增长2.55%；耕地1955.82公顷，同比下降2.17%。新增建设用地、农用地、耕地分别完成土地利用计划的80.18%、91.17%、81.39%（详见图1）。

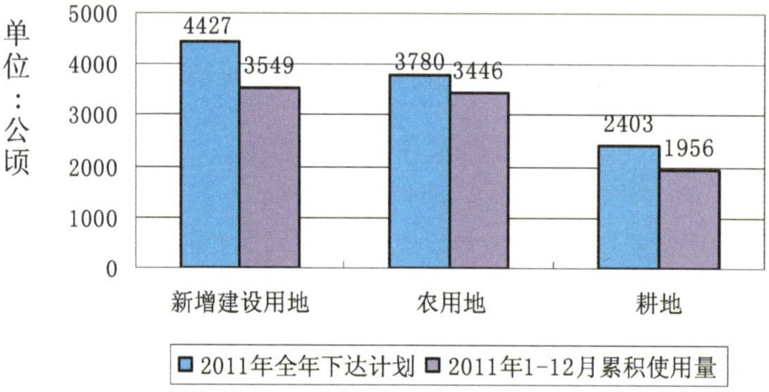

图1　土地利用安排使用情况

【建设项目土地预审情况】

各类建设用地项目预审批复面积从今年的第四季度开始呈下降态势。年内全市共批复1289个建设用地预审项目，拟用地总面积13752.12公顷，同比分别下降8.19%、27.28%。其中，建设用地面积8329.11公顷，农用地面积5196.96公顷，未利用地面积226.05公顷，同比分别下降21.92%、34.04%、38%（详见图2）。

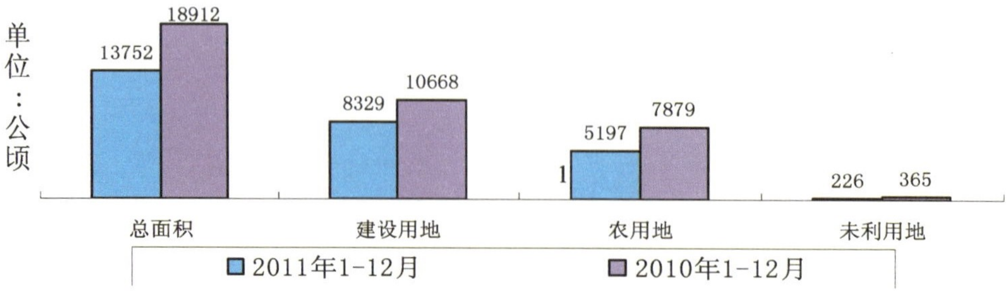

图2　建设项目土地预审情况对比图

从项目用途结构看，继续以储备、基础设施绿地、住宅类用地为主要用地类型。在建设用地预审总面积中储备类用地6717.42公顷，基础设施、绿地类用地2788.42公顷，住宅类用地2167.62公顷；分别占预审总面积的49%、20%、16%（详见图3）。

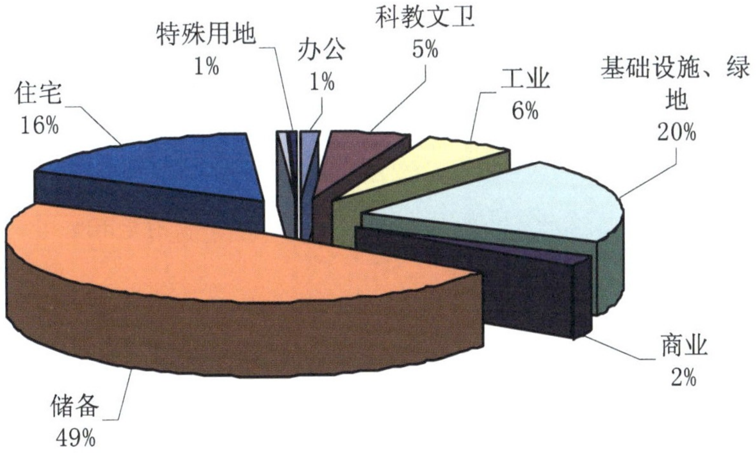

图3 建设项目土地预审用地类型结构图

【批准建设用地情况】

批准使用建设用地总量同比增长16.57%。全市批准使用建设用地面积5776.23公顷，同比增长16.57%（其中国务院批准建设用地面积1148.82公顷，占总批准建设用地面积的20%）。其中，农用地转用3122.04公顷，同比增长7.75%（含耕地1741.13公顷，同比下降3.62%）（详见图4）。

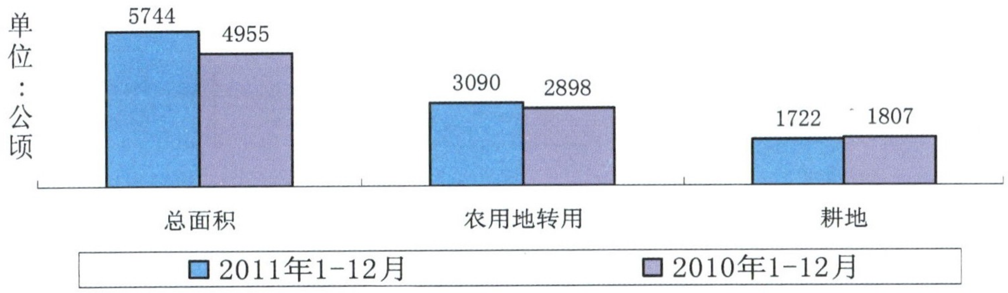

图4 批准建设用地情况对比图

批准建设用地总量在空间上主要分布在大兴区、通州区、朝阳区、房山区，面积分别为1111.66公顷、980.87公顷、951.95公顷、904.59公顷。

从批准建设用地类型上看，批准建设用地5776.23公顷，其中，城镇村建设用地5749.62公顷，同比增长30.2%；单独选址建设用地26.61公顷，同比下降95.07%。城镇村建设用地中住宅用地面积1438.02公顷，同比增长12.96%；交通运输用地1373.14公顷，同比增长39.58%；公共管理与公共服务用地1072.74公顷，同比增长18.18%；工矿仓储用地996.23公顷，同比增长

19.04%；商服用地383.75公顷，同比增长50.24%。分别占批准建设用地总面积的25%、24%、19%、17%和7%（详见图5）。

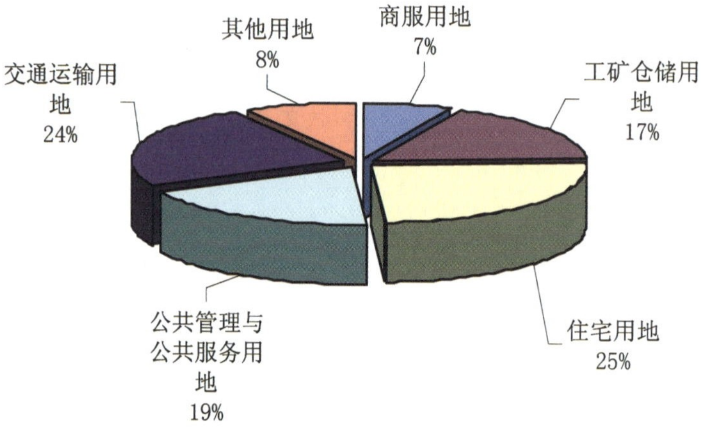

图5　批准建设用地类型结构情况图

【国有建设用地供应总量情况】

国有土地供应总量持续增长，其中划拨供应量增长1.2倍。全市国有建设用地供应738宗，面积4615.22公顷，同比增长1.79%。其中通过出让方式供应（签订合同）2085.71公顷，同比下降2.03%；划拨供应土地121宗，面积585.88公顷，同比增长1.2倍；以征代划方式供地1943.63公顷，同比下降9.22%（详见图6）。

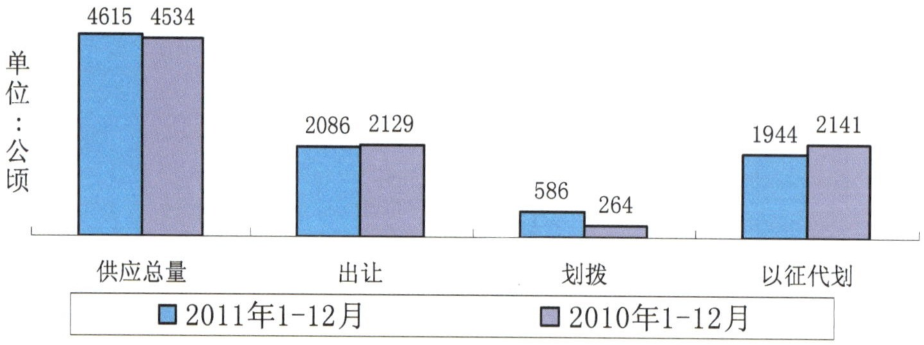

图6　土地供应总量情况对比图

土地出让、划拨、以征代划分别占土地供应总量的45%、13%、42%（详见图7）。

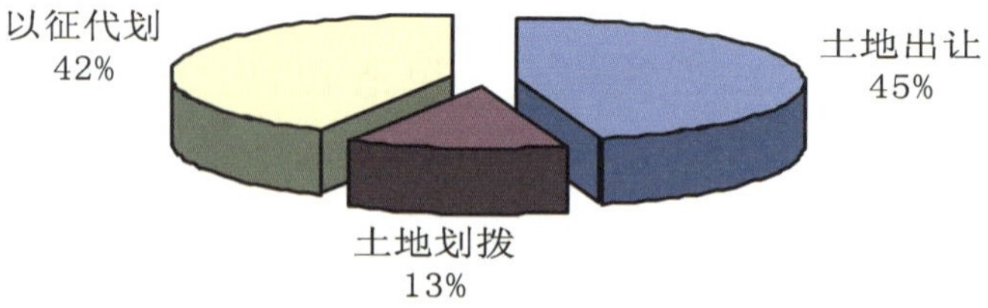

图7　土地供应总量情况结构图

1. 土地供应情况——出让（签订合同）

全市国有土地出让总面积同比下降2.03%，土地招拍挂占土地出让总面积的80.52%。全市国有土地出让2085.71公顷（不含现状补办项目），同比下降2.03%。其中，通过土地招拍挂方式出让土地1679.43公顷，占出让总面积的80.52%，以协议方式出让土地406.28公顷，仅占出让总面积的19.48%，因此通过市场配置土地资源已成为全市土地供应的主导方式。

从用地类型结构看：截至12月底，土地出让签订合同项目仍以工矿仓储类用地为主，面积813.07公顷，同比下降11.95%，其次为住宅用地，面积710.51公顷，同比增长7.84%；商服用地面积405.45公顷，同比下降3.45%（详见图8）。

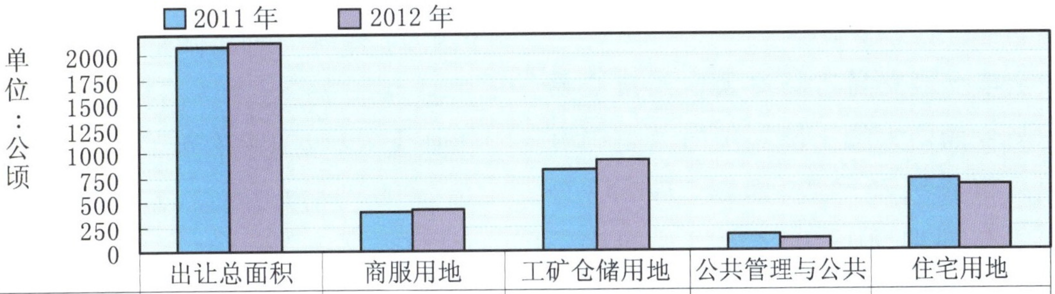

	出让总面积	商服用地	工矿仓储用地	公共管理与公共	住宅用地
2011年1-12月	2086	405	813	157	711
2010年1-12月	2129	420	923	127	659

图8 土地出让（签订合同）情况对比图

2. 土地供应情况——划拨

全市国有土地划拨585.88公顷，较去年同期增长1.2倍。从用地类型看，划拨用地类型主要是特殊用地236.25公顷、同比增长3.5倍；公共管理与公共服务用地为245.41公顷，同比增长1.3倍；住宅用地为102.47公顷，同比增长25.33%。

3. 土地供应情况——以征代划

以征代划用地面积1943.63公顷，同比下降9.22%。从用地类型上看，以征代划用地类型主要是代征道路用地826.14公顷，同比增长了12.63%；代征绿地868.74公顷，同比增长33.4%；交通运输用地224.38公顷，同比下降66.31%；分别占以征代划用地总面积的42.5%、44.7%、11.5%。

【现状补办项目协议出让情况】

现状补办协议出让项目283宗，同比增长8.02%；协议出让面积522.87公顷，同比增长近1.2倍；成交价款31.26亿元，同比增长39.18%。用地类型以工矿仓储用地为主，用地面积324.88公顷；其次是公共管理与公共服务用地70.92公顷、住宅用地70.16公顷，分别占现状协议出让总面积的62.13%、13.56%、13.42%。在空间分布上主要集中在门头沟、朝阳、房山等区县（详见图9）。

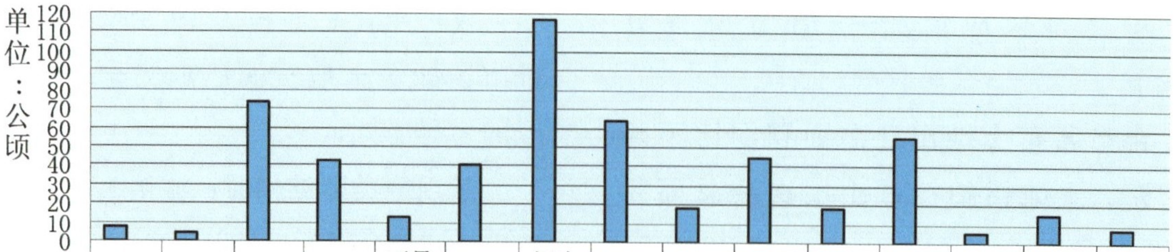

	东城	西城	朝阳	丰台	石景山	海淀	门头沟	房山	通州	顺义	昌平	大兴	怀柔	平谷	密云
面积	7	4	73	42	13	40	117	64	18	45	18	55	5	15	7
比重	1.3%	0.8%	14.0%	8.0%	2.5%	7.6%	22.4%	12.2%	3.4%	8.6%	3.4%	10.5%	1.0%	2.9%	1.3%

图9　现状补办协议出让空间分布图

【国有土地入市交易成交情况】

全年土地交易市场冷淡，入市交易面积与金额均大幅下降。年内全市国有土地入市交易257宗，面积2044.55公顷（去年同期3012.06公顷），同比下降32.12%。其中，商服用地351.55公顷，同比下降36.96%，工矿仓储用地929.24公顷，同比降低21.01%，住宅用地763.75公顷，同比降低40.24%，土地入市交易成交价款1113.29亿元（去年同期1677.23亿元），同比下降33.62%（详见图10）。

	成交总面积	商服用地	住宅用地	工矿仓储用地
2011年1-12月	2045	352	764	929
2010年1-12月	3012	558	1278	1176

图10　土地入市交易成交量对比图

【国有土地登记发证情况】

国有土地登记发证面积同比增长12.06%，土地抵押面积同比增长4.95%。全市国有土地使用权登记发证12170宗，同比下降17.33%；登记发证面积10248.88公顷，同比增长12.06%；国有土地使用权抵押登记发证6058宗，同比下降34.38%；抵押面积7405.64公顷，同比增长4.95%；贷款金额5363.80亿元，同比增长17.39%。

【矿产资源情况】

勘查及采矿许可证发放有效个数同比分别下降30.56%、5.69%，勘查许可证新立5个（地热资源），采矿许可证新立2个（地热资源）。全市矿产资源勘查有效许可证25个，同比下降30.56%；主要矿种采矿有效许可证199个，同比下降5.69%，新立许可证2个，注销13个。

【国土资源违法案件查处情况】

国土资源违法案件查处力度进一步加

大，违法用地立案查处面积增长了35.13%，矿产资源违法立案查处件数下降33.83%。全市共立案查处土地违法案件677件，同比增长35.13%；涉及土地面积937.51公顷，同比增长37.33%，其中耕地86.22公顷，同比增长1倍。土地违法共结案711件，同比下降18.74%；收缴土地面积116.56公顷，同比增长了15.6%；罚没款11182.71万元，同比增长69.83%。

非法占地现象依然突出。截至12月底，全市立案查处违法用地案件中，主要为非法占地，其案件宗数为241宗，涉及土地面积202.03公顷，其中耕地47.19公顷。

矿产资源违法立案、结案件数均有所下降。全市共立案查处地矿违法案件88件，同比下降33.83%；结案88件，同比下降34.81%，违法类型均为无证开采，结案率100%；收缴罚没款311.3万元，同比增长了27.29%。

（调控监测处）

表1　建设项目用地预审情况统计（一）

（按区县分列）

计量单位：公顷

	项目个数	建设用地规模						备　注
			农用地			建设用地	未利用地	
				耕　地	占用基本农田			
甲	1	2	3	4	5	6	7	8
合　计	1289	13752.1200	5196.9600	2836.0300	46.3500	8329.1100	226.0500	
东城区	21	33.6300				33.6300		
西城区	40	71.3200				71.3200		
朝阳区	156	1888.3800	267.3300	113.6600	0.3400	1615.3400	5.7100	
海淀区	147	510.1400	148.5300	37.2200	5.0400	360.8700	0.7400	
丰台区	111	1439.5700	258.4700	148.5700	2.0500	1165.9400	15.1600	
石景山区	26	129.2500	5.9900	0.8500		123.2600		
门头沟区	34	336.8700	115.3400	10.2200		220.8700	0.6600	
房山区	66	857.4600	450.4100	318.4400		383.4900	23.5600	
通州区	168	2257.8100	1001.9500	586.7200	4.8000	1199.4900	56.3700	
顺义区	105	1507.5600	604.3500	425.8200	10.2100	894.5300	8.6800	
昌平区	95	1394.7000	574.5000	335.2500	22.2000	750.1300	70.0700	
大兴区	124	1542.4200	706.6400	412.8100		832.9300	2.8500	
怀柔区	43	383.6700	187.8600	103.2200		189.6300	6.1800	
平谷区	62	616.7500	463.0900	172.2400		152.0500	1.6100	
密云县	58	272.0300	191.0400	80.4700		73.3300	7.6600	
延庆县	27	77.8500	39.4200	18.5600		37.7700	0.6600	
跨区县项目	6	432.7100	182.0400	71.9800	1.7100	224.5300	26.1400	
备注：涉及亦庄开发区项目情况								

表 1 建设项目用地预审情况统计（二）

（按用途分列）

计量单位：公顷

	项目个数	建设用地规模						备 注
			农用地			建设用地	未利用地	
				耕 地	占用基本农田			
甲	1	2	3	4	5	6	7	8
合 计	1289	13752.1200	5196.9600	2836.0300	46.3500	8329.1100	226.0500	
办 公	79	143.0200	2.6300	1.4700		140.3900		
科教文卫	260	692.6400	105.9100	57.4900		582.7000	4.0300	
工 业	82	810.7300	342.3200	204.7100		467.0600	1.3500	
基础设施、绿地	348	2788.4200	1218.4600	621.8200	13.6000	1505.3900	64.5700	
商 业	60	286.0500	86.9900	44.5700	0.3400	195.7100	3.3500	
储 备	249	6717.4200	2929.3600	1667.0700	32.4100	3645.9600	142.1000	
住 宅	148	2167.6200	468.6900	201.2200		1689.1200	9.8100	
仓 储	10	65.4600	38.4400	35.9100		27.0200		
特殊用地	53	80.7600	4.1600	1.7700		75.7600	0.8400	

表 2　审批建设用地情况统计（一）

（按级别分列）

计量单位：公顷

	批准建设用地合计					国务院批准建设用地					省级政府审批				
		新增建设用地					新增建设用地					新增建设用地			
			农用地转用		未利用地			农用地转用		未利用地			农用地转用		未利用地
				耕地					耕地					耕地	
甲	1	2	3	4	5	6	7	8	9	10	11	12	13	14	15
合　计	5744.1159	3192.5469	3089.8198	1722.0476	102.7271	1148.8170	390.5303	382.5345	149.7431	7.9958	4595.2989	2802.0166	2707.2853	1572.3045	94.7313
市辖区	5602.1015	3084.2062	2994.3837	1679.4906	89.8225	1148.8170	390.5303	382.5345	149.7431	7.9958	4453.2845	2693.6759	2611.8492	1529.7475	81.8267
朝阳区	951.9549	353.8560	347.1318	143.6995	6.7242	951.9549	353.8560	347.1318	143.6995	6.7242					
丰台区	161.3968	13.9608	12.8000	1.6118	1.1608	89.5259	6.8576	5.6968	1.6118	1.1608	71.8709	7.1032	7.1032		
石景山区	103.7236	0.3447	0.3447			63.9268	0.3447	0.3447			39.7968				
海淀区	132.1355	100.5527	100.0282	33.9782	0.5245	16.7966	2.8592	2.8592			115.3389	97.6935	97.1690	33.9782	0.5245
门头沟区	99.2010	43.4057	43.3107	9.1826	0.0950						99.2010	43.4057	43.3107	9.1826	0.0950
房山区	904.5924	457.6942	430.9937	279.0426	26.7005						904.5924	457.6942	430.9937	279.0426	26.7005
通州区	949.6037	655.3939	647.8407	362.3525	7.5532						949.6037	655.3939	647.8407	362.3525	7.5532
顺义区	386.1595	286.2203	272.2740	207.1272	13.9463						386.1595	286.2203	272.2740	207.1272	13.9463
昌平区	244.9406	147.5827	135.8785	77.2891	11.7042						244.9406	147.5827	135.8785	77.2891	11.7042
大兴区	1108.8944	602.6745	584.2735	315.5225	18.4010	26.6128	26.6128	26.5020	4.4318	0.1108	1082.2816	576.0617	557.7715	311.0907	18.2902
怀柔区	241.3862	159.7025	157.0435	91.2174	2.6590						241.3862	159.7025	157.0435	91.2174	2.6590
平谷区	318.1129	262.8182	262.4644	158.4672	0.3538						318.1129	262.8182	262.4644	158.4672	0.3538
县	142.0144	108.3407	95.4361	42.5570	12.9046						142.0144	108.3407	95.4361	42.5570	12.9046
密云县	100.8966	79.3351	66.9885	24.6606	12.3466						100.8966	79.3351	66.9885	24.6606	12.3466
延庆县	41.1178	29.0056	28.4476	17.8964	0.5580						41.1178	29.0056	28.4476	17.8964	0.5580

表 2　审批建设用地情况统计（二）

（按地类分列）

2011 年 1 – 12 月

计量单位：公顷

	城镇村建设用地							单独选址建设用地				
		商服用地	工矿仓储用地	住宅用地	公用管理与公共服务用地	交通运输用地	其他		交通运输用地	水利设施用地	能源用地	其他
甲	1	2	3	4	5	6	7	8	9	10	11	12
合　计	5717.5031	342.8165	996.2335	1395.8386	971.0057	1243.8298	767.7790	26.6128				26.6128
市辖区	5575.4887	336.2732	914.4434	1353.9820	967.4112	1241.6376	761.7413	26.6128				26.6128
朝阳区	951.9549	17.3368		161.6257	104.6978	59.5261	608.7685					
丰台区	161.3968	33.2750		38.4538	53.5620	35.8223	0.2837					
石景山区	103.7236			66.0508	2.7048	9.0193	25.9487					
海淀区	132.1355	13.3710		22.9197	50.5116	38.0680	7.2652					
门头沟区	99.2010		1.0106	55.0592	23.0792	18.7560	1.2960					
房山区	904.5924	29.2846	290.2193	191.9433	137.0833	186.5206	69.5413					
通州区	949.6037	62.9025	107.6462	288.6374	173.4102	317.0074						
顺义区	386.1595	29.3047	133.1476	44.6736	81.1729	97.8607						
昌平区	244.9406	18.4045	25.7313	81.1866	42.0962	66.6085	10.9135					
大兴区	1082.2816	79.1382	161.2204	319.6001	203.6607	292.0404	26.6218	26.6128				26.6128
怀柔区	241.3862	0.9198	76.4900	53.3085	56.3464	50.9969	3.3246					
平谷区	318.1129	52.3361	118.9780	30.5233	39.0861	69.4114	7.7780					
县	142.0144	6.5433	81.7901	41.8566	3.5945	2.1922	6.0377					
密云县	100.8966	6.5433	71.1706	21.2097	1.6538	0.3192						
延庆县	41.1178		10.6195	20.6469	1.9407	1.8730	6.0377					

表3 国有土地供应签订合同情况（一）

（按区县分列）

2011 年 1－12 月　　　　计量单位：宗、公顷、万平方米、万元

	出让小计					协议出让				
	宗地数	面积		规划建筑面积	成交价款	宗地数	面积		规划建筑面积	成交价款
			新增					新增		
甲	1	2	3	4	5	6	7	8	9	10
合　计	351	2085.7084	1750.2722	3676.4071	15258070.50	61	406.2817	365.1879	827.8066	568290.38
市辖区	339	1950.0707	1614.6345	3519.9986	15098470.50	61	406.2817	365.1879	827.8066	568290.38
东城区	3	9.2243	6.5967	25.7936	435472.00					
西城区	3	8.9871		40.7292	93766.45	2	8.0768		39.5256	48466.45
朝阳区	29	98.2918	38.5121	487.8912	4993399.57	8	35.9669	28.5711	121.0958	87638.36
丰台区	28	121.7899	91.9061	322.9201	2512438.20	5	12.4960	9.0817	47.1517	55607.34
石景山区	4	14.8419	5.6681	54.3387	138474.67	2	5.6681	5.6681	19.3757	8724.67
海淀区	22	98.4893	63.9452	172.5522	493909.33	17	34.1132	34.1132	82.7274	55848.33
门头沟区	3	22.2476	22.2476	62.3131	357685.00					
房山区	22	196.5999	163.5932	224.1914	635698.92	4	10.5449	10.5449	17.5913	3942.67
通州区	38	194.6978	180.5958	390.1044	1365415.91	3	37.8979	33.6380	104.7440	19043.07
顺义区	53	384.8908	358.2058	371.5186	836428.56	3	79.2906	68.7699	21.9746	16438.78
昌平区	16	129.5621	101.8149	191.2623	603643.98	2	22.0005	22.0005	29.0560	11134.72
大兴区	57	325.3613	310.9584	511.6768	1804381.10	7	75.0806	67.6543	163.1000	43102.50
怀柔区	6	38.1527	31.0165	78.1976	140304.58	1	8.7690	8.7690	23.2734	4069.58
平谷区	16	89.6538	22.2937	138.0872	252199.22					
亦庄开发区	39	217.2804	217.2804	448.4222	435253.01	7	76.3772	76.3772	158.1911	214273.91
县	12	135.6377	135.6377	156.4085	159600.00					
密云县	10	116.7188	116.7188	126.8229	133100.00					
延庆县	2	18.9189	18.9189	29.5856	26500.00					

表 3　国有土地供应签订合同情况（二）

（按区县分列）

2011 年 1－12 月　　　　计量单位：宗、公顷、万平方米、万元

	招标出让					拍卖出让					挂牌出让				
	宗地数	面积		规划建筑面积	成交价款	宗地数	面积		规划建筑面积	成交价款	宗地数	面积		规划建筑面积	成交价款
			新增					新增					新增		
甲	11	12	13	14	15	16	17	18	19	20	21	22	23	24	25
合　计	100	572.4161	422.9511	1381.7893	11464198.11						190	1107.0106	962.1332	1466.8112	3225582.01
市辖区	94	489.4766	340.0116	1305.6958	11362458.11						184	1054.3124	909.4350	1386.4962	3167722.01
东城区	2	8.6768	6.5967	24.1511	364472.00						1	0.5475		1.6425	71000.00
西城区	1	0.9103		1.2036	45300.00										
朝阳区	21	62.3249	9.9410	366.7954	4905761.21										
丰台区	16	80.8799	54.8245	209.0965	1840117.86						7	28.4140	27.9999	66.6719	616713.00
石景山区	2	9.1738		34.9630	129750.00										
海淀区	3	35.0483	29.8320	64.7215	269916.00						2	29.3278		25.1033	168145.00
门头沟区	3	22.2476	22.2476	62.3131	357685.00										
房山区	6	31.4124	19.1515	55.7096	231558.00						12	154.6426	133.8968	150.8905	400198.25
通州区	15	88.1847	88.1847	175.5964	1085859.00						20	68.6152	58.7731	109.7640	260513.84
顺义区	11	44.4946	34.5111	99.5831	369609.50						39	261.1056	254.9248	249.9609	450380.28
昌平区	6	39.9165	12.1693	72.4954	551575.94						8	67.6451	67.6451	89.7109	40933.32
大兴区	7	59.4756	55.8220	126.2778	1149958.60						43	190.8051	187.4821	222.2990	611320.00
怀柔区	1	6.7312	6.7312	12.7893	60895.00						4	22.6525	15.5163	42.1349	75340.00
平谷区											16	89.6538	22.2937	138.0872	252199.22
亦庄开发区											32	140.9032	140.9032	290.2311	220979.10
县	6	82.9395	82.9395	76.0935	101740.00						6	52.6982	52.6982	80.3150	57860.00
密云县	5	81.0387	81.0387	73.9514	99240.00						5	35.6801	35.6801	52.8715	33860.00
延庆县	1	1.9008	1.9008	2.1421	2500.00						1	17.0181	17.0181	27.4435	24000.00

表3 国有土地供应签订合同情况（三）

（按用地类型分列）

计量单位：宗、公顷、万平方米、万元

	出让小计					协议出让				
	宗地数	面积		规划建筑面积	成交价款	宗地数	面积		规划建筑面积	成交价款
			新增					新增		
甲	1	2	3	4	5	6	7	8	9	10
合计	351	2085.7084	1750.2722	3676.4071	15258070.50	61	406.2817	365.1879	827.8066	568290.38
商服用地	92	405.4474	285.6103	1027.6576	8115377.26	9	12.5848	6.1471	50.7429	63913.14
工矿仓储用地	141	813.0650	764.5328	929.3488	738965.00					
住宅用地	95	710.5149	558.3411	1578.5591	6316773.31	29	237.0158	217.2528	636.2221	417422.31
其中：高档住宅用地										
其中：普通商品住房用地	82	616.8774	476.3898	1323.4185	6244546.66	16	143.3783	135.3015	381.0815	345195.66
其中：中低价位、中小套型用地	8	55.0421	28.7736	149.2522	632735.00					
其中：经济适用住房用地										
其中：廉租住房用地										
其中：其他住房用地	13	93.6375	81.9513	255.1406	72226.65	13	93.6375	81.9513	255.1406	72226.65
公共管理与公共服务用地	23	156.6811	141.7880	140.8416	86954.93	23	156.6811	141.7880	140.8416	86954.93
特殊用地										
交通运输用地										
水利设施用地										

表 3 国有土地供应签订合同情况（四）

（按用地类型分列）

计量单位：宗、公顷、万平方米、万元

	招标出让					拍卖出让					挂牌出让				
	宗地数	面积	面积：新增	规划建筑面积	成交价款	宗地数	面积	面积：新增	规划建筑面积	成交价款	宗地数	面积	面积：新增	规划建筑面积	成交价款
甲	11	12	13	14	15	16	17	18	19	20	21	22	23	24	25
合计	100	572.4161	422.9511	1381.7893	11464198.11						190	1107.0106	962.1332	1466.8112	3225582.01
商服用地	53	243.8116	176.7506	696.5817	6825487.11						30	149.0510	102.7126	280.3330	1225977.01
工矿仓储用地											141	813.0650	764.5328	929.3488	738965.00
住宅用地	47	328.6045	246.2005	685.2076	4638711.00						19	144.8946	94.8878	257.1294	1260640.00
其中：高档住宅用地															
其中：普通商品住房用地	47	328.6045	246.2005	685.2076	4638711.00						19	144.8946	94.8878	257.1294	1260640.00
其中：中低价位、中小套型用地	8	55.0421	28.7736	149.2522	632735.00										
其中：经济适用住房用地															
其中：廉租住房用地															
其中：其他住房用地															
公共管理与公共服务用地															
特殊用地															
交通运输用地															
水利设施用地															

表3 国有土地供应签订合同情况（五）

（按区县分列）

计量单位：宗、公顷、万平方米、万元

	划拨				租赁					其他供地方式				
	宗地数	面积		规划建筑面积	宗地数	面积		规划建筑面积	租金	宗地数	面积		规划建筑面积	收入
			新增				新增					新增		
甲	1	2	3	4	5	6	7	8	9	10	11	12	13	14
合计	121	585.8752	539.7381	519.6393										
市辖区	113	568.5025	527.5010	499.0127										
东城区	1	0.8854	0.8854	4.2848										
西城区	6	2.8901		10.8855										
朝阳区	6	11.3451	10.5678	23.2960										
丰台区	7	19.5549	18.6134	74.1727										
石景山区	8	12.2444	1.1683	38.6375										
海淀区	14	45.5284	45.5284	42.4781										
门头沟区	4	12.9896	0.2498	29.7700										
房山区	8	51.4076	51.4076	95.3060										
通州区	10	21.4636	16.8805	25.4700										
顺义区	17	62.9745	62.9745	50.7000										
昌平区	6	200.4638	200.4638	15.5232										
大兴区	16	64.0968	60.2491	71.6942										
怀柔区	5	41.2143	41.2143	10.4103										
平谷区	4	20.8885	16.7426	5.7278										
亦庄开发区	1	0.5555	0.5555	0.6566										
县	8	17.3727	12.2371	20.6266										
密云县	3	12.9081	8.3292	17.1428										
延庆县	5	4.4646	3.9079	3.4838										

表 3 国有土地供应签订合同情况（六）

（按用地类型分列）

计量单位：宗、公顷、万平方米、万元

	划拨				租赁					其他供地方式				
	宗地数	面积		规划建筑面积	宗地数	面积		规划建筑面积	租金	宗地数	面积		规划建筑面积	收入
			新增				新增					新增		
甲	1	2	3	4	5	6	7	8	9	10	11	12	13	14
合计	121	585.8752	539.7381	519.6393										
商服用地														
工矿仓储用地														
住宅用地	30	102.4713	72.4775	320.8478										
其中：高档住宅用地														
其中：普通商品住房用地														
其中：中低价位、中小套型用地														
其中：经济适用住房用地	26	99.6005	70.4049	309.8537										
其中：廉租住房用地	4	2.8708	2.0726	10.9941										
公共管理与公共服务用地	79	245.4101	229.6141	184.1398										
特殊用地	10	236.2535	235.9062	14.4917										
交通运输用地	2	1.7403	1.7403	0.1600										
水域及水利设施用地														

表4 国有土地使用权交易情况（一）

（按区县分列）

	转让			出租		
	宗数（宗）	面积（公顷）	转让金（万元）	宗数（宗）	面积（公顷）	租金（万元）
甲	1	2	3	4	5	6
合计	67	253.2175	468775.93			
市辖区	56	219.0999	452365.92			
东城区	1	0.6380	5000.00			
西城区						
朝阳区	4	4.2801	133771.12			
丰台区						
石景山区	2	0.5248	9299.41			
海淀区	1	3.3677	78537.81			
门头沟区						
房山区						
通州区	12	67.5130	97236.17			
顺义区	19	101.7586	112861.45			
昌平区						
大兴区	2	6.1535	2233.53			
怀柔区	7	10.6923	4879.89			
平谷区	5	19.5742	5748.79			
亦庄开发区	3	4.5977	2797.75			
县	11	34.1176	16410.01			
密云县	3	5.1587	6799.58			
延庆县	8	28.9589	9610.43			

年　　月　　日

表4 国有土地使用权交易情况（二）

（按用地类型分列）

		转让			出租		
		宗数（宗）	面积（公顷）	转让金（万元）	宗数（宗）	面积（公顷）	租金（万元）
甲		1	2	3	4	5	6
合计		67	253.2175	468775.93			
商服用地		5	16.2174	116273.88			
工矿仓储用地		53	189.2015	164624.05			
住宅用地		7	45.5238	154531.16			
其中	别墅、高档公寓						
	普通商品房	6	8.4550	99246.80			
	经济适用房						
	其他住房	1	37.0688	55284.36			
公共管理与公共服务用地		2	2.2748	33346.84			
特殊用地							
综合用地							
储备用地							
其他用地							

表5 北京市城镇国有土地使用权登记发证情况统计（一）

计量单位：宗、万平方米

	合计		国有土地使用权初始登记														国有土地使用权变更登记								国有土地使用权注销登记	
					出让		划拨		政府储备		入股		授权经营		国家租赁				转移登记				其他			
																			大业主		小业主					
	宗数	面积	宗数	面积	宗数	面积	宗数	面积	宗数	面积	宗数	面积	宗数	面积	宗数	面积	宗数	面积	宗数	面积	宗数	面积	宗数	面积	宗数	面积
甲	1	2	3	4	5	6	7	8	9	10	11	12	13	14	15	16	17	18	19	20	21	22	23	24	25	26
合　计	12170	10248.88	1493	4958.64	848	2771.18	547	1266.88	95	911.59					3	8.99	10677	5290.24	918	2505.15	6857	55.61	2902	2729.48	72	214.73
土地权属登记中心																										
东城区	719	77.75	69	17.14	38	7.10	31	10.04									650	60.61	69	52.20	552	1.17	29	7.24		
西城区	816	131.71	129	57.54	74	13.11	54	40.84	1	3.59							687	74.17	112	57.11	543	2.02	32	15.04		
朝阳区	6465	2152.73	263	837.17	121	207.58	111	269.20	31	360.39							6202	1315.56	232	1073.08	3698	13.31	2272	229.17	9	3.88
丰台区	868	548.21	139	313.47	58	130.52	68	124.71	12	57.99					1	0.25	729	234.74	41	45.60	586	4.67	102	184.47	3	3.76
石景山区	194	234.08	57	120.08	9	18.30	40	56.66	8	45.12							137	114.00			93	0.84	44	113.16		
海淀区	1102	390.05	134	330.58	63	121.04	58	181.89	13	27.65							968	59.47	75	30.25	867	3.51	26	25.71		
门头沟区	82	221.09	52	168.71	16	135.23	36	33.48									30	52.38	15	18.69			15	33.69		
房山区	149	639.87	78	430.12	57	272.66	17	105.00	4	52.46							71	209.75	28	43.38			43	166.37		
通州区	246	865.79	104	652.59	72	326.42	21	141.83	11	184.34							142	213.20	42	110.23	68	0.30	32	102.67		
顺义区	402	1135.87	88	567.29	70	523.53	18	43.76									314	568.58	68	305.43	210	9.95	36	253.20		
昌平区	383	2000.70	62	282.21	49	180.61	9	57.89	4	43.71							321	1718.49	52	466.17	193	19.64	76	1232.68	3	15.33
大兴区	253	773.27	118	590.24	82	376.66	25	77.24	11	136.34							135	183.03	33	55.96	47	0.20	55	126.87	44	141.37
怀柔区	146	201.28	28	81.76	15	32.29	13	49.47									118	119.52	75	69.87			43	49.65	1	0.05
平谷区	86	219.99	38	140.43	34	115.99	4	24.44									48	79.56	20	50.97			28	28.59	4	12.24
密云县	109	245.36	57	159.35	42	130.03	15	29.32									52	86.01	22	39.60			30	46.41	3	5.38
延庆县	95	208.55	46	60.59	19	39.48	27	21.11									49	147.96	27	77.15			22	70.81	5	32.72
北京经济技术开发区	55	202.58	31	149.37	29	140.63									2	8.74	24	53.21	7	9.46			17	43.75		

表 5　北京市城镇国有土地使用权登记发证情况统计（二）

（按区县分列）

计量单位：宗、万平方米、万元

	宗数	抵押面积	评估金额	贷款金额
甲	1	2	3	4
合　计	6058	7405.64	120454707.97	53637971.64
东城区	280	21.74	2638635.47	1214314.08
西城区	208	23.16	3360923.47	1475103.00
朝阳区	2343	1656.16	54650874.78	22162963.21
丰台区	594	275.07	7049656.21	6265598.06
石景山区	90	181.75	3389513.00	1981394.97
海淀区	732	157.40	7203891.64	3507338.21
门头沟区	14	28.46	236219.08	200900.00
房山区	81	336.50	3250803.08	1219941.74
通州区	315	1185.66	10485261.31	4089457.01
顺义区	307	792.52	5867194.63	2500839.53
昌平区	187	626.87	5061980.10	2404397.57
大兴区	322	853.66	7492322.58	3047417.46
怀柔区	152	232.87	625307.43	301806.99
平谷区	72	177.68	1371800.84	665195.00
密云县	140	260.27	694996.61	346037.19
延庆县	36	67.52	87528.25	56251.00
北京经济技术开发区	185	528.35	6987799.49	2199016.62

表5　北京市城镇国有土地使用权登记发证情况统计（三）

（按用地类型分列）

计量单位：宗、万平方米、万元

	宗数	面积	评估金额	贷款金额
甲	1	2	3	4
合　计	6058	7405.64	120454707.97	53637971.64
商服用地	995	773.77	20625916.16	9836723.29
工矿仓储用地	1003	2054.74	8560011.84	4336058.86
公用管理与公共服务用地	12	27.90	925763.74	153820.00
住宅用地	3295	1200.18	34146215.93	10042351.54
高档住宅用地	1271	144.66	12243485.56	1307722.44
普通商品住房用地	2018	1025.73	21076285.58	8377379.10
经济适用住房用地				
廉租住房用地				
其他住房用地	6	29.79	826444.79	357250.00
交通运输用地				
政府储备用地	208	2755.23	32738892.15	20137028.19
综合用地	542	589.69	23347054.98	9086689.76
特殊用地				
其他土地	3	4.13	110853.17	45300.00

表6 北京市城镇国有土地使用权抵押权登记发证情况统计（一）

（按区县分列）

计量单位：宗、万平方米、万元

	宗数	抵押面积	评估金额	贷款金额
总　计	6058	7405.64	120454707.97	53637971.64
土地权属登记中心				
东城区	280	21.74	2638635.47	1214314.08
西城区	208	23.16	3360923.47	1475103.00
朝阳区	2343	1656.16	54650874.78	22162963.21
丰台区	594	275.07	7049656.21	6265598.06
石景山区	90	181.75	3389513.00	1981394.97
海淀区	732	157.40	7203891.64	3507338.21
门头沟区	14	28.46	236219.08	200900.00
房山区	81	336.50	3250803.08	1219941.74
通州区	315	1185.66	10485261.31	4089457.01
顺义区	307	792.52	5867194.63	2500839.53
昌平区	187	626.87	5061980.10	2404397.57
大兴区	322	853.66	7492322.58	3047417.46
怀柔区	152	232.87	625307.43	301806.99
平谷区	72	177.68	1371800.84	665195.00
密云县	140	260.27	694996.61	346037.19
延庆县	36	67.52	87528.25	56251.00
北京经济技术开发区	185	528.35	6987799.49	2199016.62

表6 北京市城镇国有土地使用权抵押权登记发证情况统计（二）

（按用地类型分列）

计量单位：宗、万平方米、万元

	宗数	面积	评估金额	贷款金额
总 计	6058	7405.64	120454707.97	53637971.64
商服用地	995	773.77	20625916.16	9836723.29
工矿仓储用地	1003	2054.74	8560011.84	4336058.86
公用管理与公共服务用地	12	27.90	925763.74	153820.00
住宅用地	3295	1200.18	34146215.93	10042351.54
高档住宅用地	1271	144.66	12243485.56	1307722.44
普通商品住房用地	2018	1025.73	21076285.58	8377379.10
经济适用住房用地				
廉租住房用地				
其他住房用地	6	29.79	826444.79	357250.00
交通运输用地				
政府储备用地	208	2755.23	32738892.15	20137028.19
综合用地	542	589.69	23347054.98	9086689.76
特殊用地				
其他土地	3	4.13	110853.17	45300.00

表 7 北京市矿产种类统计表

矿类		探明有资源储量并编入储量表的矿种		已发现但尚未探明资源储量的矿种	
		名称及矿产地数	矿种数	名称	矿种数
合计		351	67		60
能源矿产		煤（29）	1	地热、石油、天然气	3
金属矿产	黑色金属矿产（53）	铁（46）、锰（1）、铬铁矿（2）、钒（2）、钛（2）	5		
	有色、贵金属及稀有稀散元素矿产（63）	铜（8）、铅（7）、锌（9）、铝土矿（1）、钨（3）、铋（1）、钼（8）、镁（2）、铂（1）、钯（1）、金（14）、银（5）、镓（2）、镉（1）	14	镍、钴、锡、汞、锑、铑、铱、钌、锇、铌、钽、铍、锆、锶、铈、锗、铟、铊、铼、硒、碲、铀、钍	23
非金属矿产	冶金辅助原料非金属矿产（42）	红柱石（1）、普通萤石（1）、熔剂用灰岩（11）、冶金用白云岩（12）、冶金用石英岩（4）、铸型用砂（1）、冶金用脉石英（4）、耐火粘土（7）、铁矾土（1）	9	兰晶石、矽线石、堇青石	3
	化工原料非金属矿产（43）	硫铁矿（3）、电石用灰岩（8）、制碱用灰岩（1）、含钾砂页岩（2）、含钾岩石（1）、泥炭（28）	6	磷、硼、重晶石、蛇纹岩	4
	建筑材料及其它非金属矿产（122）	石棉（2）、石墨（2）、滑石（1）、长石（2）、叶腊石（1）、透辉石（3）、玉石（4）、水泥用灰岩（23）、建筑石料用灰岩（4）、制灰用灰岩（11）、泥灰岩（1）、玻璃用石英岩（1）、玻璃用砂岩（1）、水泥配料用砂岩（5）、建筑用砂（9）、砖瓦用砂（3）、水泥配料用脉石英（1）、天然油石（2）、陶粒页岩（3）、砖瓦用页岩（6）、水泥配料用页岩（2）、陶瓷土（3）、砖瓦用粘土（7）、水泥配料用粘土（6）、饰面用角闪岩（1）、饰面用辉长岩（1）、饰面用闪长岩（1）、铸石用辉绿岩（2）、建筑用花岗岩（1）、饰面用花岗岩（4）、饰面用大理岩（7）、饰面用板岩（1）	32	兰石棉、石膏、高岭土、蛭石、沸石、石榴子石、伊利石、累托石、海泡石、冰洲石、云母、电气石、方解石、方柱石、板岩、陶粒用粘土、白垩、砚石、光学水晶、熔炼水晶、压电水晶、刚玉、麦饭石、透闪石	24
水气矿产				地下水、矿泉水、医疗矿泉水	3

注：矿种后括号内数字为矿产地数

表8　北京市地质遗迹一览表

分类	亚类	地质遗迹名称
地质地貌遗迹	花岗岩地貌	黑熊山花岗岩地貌
		云峰山花岗岩地貌
		青龙峡花岗岩地貌
		云蒙山花岗岩地貌
		紫云山花岗岩地貌
		三岔花岗岩地貌
		幽谷神潭花岗岩地貌
		清凉谷花岗岩地貌
		精灵谷花岗岩地貌
		桃园仙谷花岗岩地貌
		云蒙峡花岗岩地貌
		莲花山花岗岩地貌
		碓白峪花岗岩地貌
		松山花岗岩地貌
		古崖居花岗岩地貌
		凤凰岭花岗岩地貌
		白虎涧花岗岩地貌
		房山花岗岩地貌
		大杨山花岗岩地貌
		盘山花岗岩地貌
		古北口－金山岭－司马台古花岗岩地貌
	火山及熔岩地貌	沿河城卫生院古火山机构
		百花山（白草畔）火山岩地貌
		妙峰山火山岩地貌
		燕羽山火山岩地貌
		佛爷顶火山岩地貌
		凤驼梁火山岩地貌
		灵山火山岩地貌
		香山火山岩地貌
		钵尔塘古火山口
构造形迹	褶皱	七渡背斜
		六道河背斜
		红石湾穹隆
		排字岭单斜
	夷平面	东灵期夷平面
		百花期夷平面
		东岳期夷平面
		狼虎期夷平面
		唐县期夷平面
	不整合	黄松峪底砾岩角度不整合
	动力作用构造	房山岩体周围韧性剪切带及剥离断层
		牛口峪旋卷构造
		圣莲山一带固态流变构造
		周口店地区褶叠层和固态流变构造
典型地层剖面	新生代	马兰砾石层沉积剖面
		马兰黄土标准剖面
		周口店“北京人”一号挖掘点洞穴沉积剖面
		太平山北坡下更新统剖面
		第三系长辛店砾岩
	中生代	坨里唐县期砾石层
		西山陆相下白垩统剖面
	古生代	丁家滩－下苇甸寒武－奥陶系地层剖面
	中上元古代	十三陵中上元古代地层剖面
古人类、古生物化石及遗址	古人类化石及遗址	周口店北京猿人遗址
		新洞人遗址
		周口店田园洞人遗址
		山顶洞人遗址
		东胡林人遗址
		上宅人遗址
		雪山人遗址

续表

分类	亚类	地质遗迹名称	分类	亚类	地质遗迹名称
地质地貌遗迹	火山及熔岩地貌	倪家洼火山角砾岩管	古人类、古生物化石及遗址	古生物化石及遗址	下德龙湾木化石群
		梨树沟火山角砾岩管			灰峪石炭二叠系地层化石群
		黄松峪火山角砾岩管			下苇甸－丁家滩地层三叶虫化石
		三羊古火山机构			微古植物及藻类化石
	岩溶地貌	十渡岩溶地貌			大灰厂一带化石群
		上方山岩溶地貌	矿物、岩石、奇石及其典型产地	矿物	叶腊石
		圣莲山岩溶地貌			萤石
		龙庆峡岩溶地貌			红柱石菊花石
		天生桥溶蚀地貌		特殊岩石	高庄－石窝汉白玉
		老象峰岩溶地貌			密云沙厂环斑花岗岩
	砂岩地貌	石林峡砂岩峰林地貌			潭柘寺紫石
		飞龙谷砂岩地貌			“圣米”
		塔洼砂岩地貌			京粉翠（蔷薇辉石）
		小昆仑山		奇石	金海石
	峡谷地貌	永定河大峡谷地貌			轩辕石
		白河峡谷地貌		典型矿产地及古采冶遗址	塔洼金矿
		拒马河峡谷地貌			杨树底下金矿
		京东大峡谷地貌			铂（钯）矿
		堆白峪峡谷地貌			砂厂铁矿
		青龙峡峡谷地貌		沉积构造	硅质结核
		乌龙峡谷地貌			叠层石
		龙门涧岩溶峡谷地貌			风暴岩
		湖洞水峡谷地貌			海相沉积波痕群
		龙庆峡峡谷地貌			鳄鱼石
		龙门涧石围屏			斑马石
		湖洞水“一线天”	有特殊意义的水体资源	河流	永定河
		孤山寨“一线天”			拒马河
		碓白峪“一线天”			潮白河
	溶洞	石花洞		湖泊	昆明湖
		银狐洞			密云水库
		黄院洞			怀柔水库
		八奇洞			十三陵水库
		背阴洞			官厅水库
		他窖洞		湿地	汉石桥湿地
		西园洞			野鸭湖湿地

续表

分类	亚类	地质遗迹名称	分类	亚类	地质遗迹名称
地质地貌遗迹	溶洞	鸡毛洞	有特殊意义的水体资源	泉	玉泉山泉址
		清风洞			河北大泉
		孔水洞			潭柘寺泉
		双鹿洞			马刨泉
		张良洞			珍珠泉
		蝙蝠洞		温泉	小汤山温泉
		大窟窿洞			汤泉观温泉
		老道洞		潭和瀑布	碓臼峪潭群
		仙栖洞			京西十八潭
		三清洞			黑龙潭
		龙仙宫			白龙潭
		华严洞			九龙十八潭
		云水洞			幽谷神潭
		京东大溶洞			京都第一瀑
	冰川地貌	潭柘寺冰川遗迹			三叠瀑布
		模式口第四纪冰川擦痕			通天瀑
		灵岳寺冰川遗迹	地质灾害遗迹	泥石流	番字牌西沟泥石流遗迹
构造形迹	断层	八宝山断裂			怀柔怀北镇于家西沟泥石流遗迹
		北石城断裂		滑坡、塌陷、地裂缝	戒台寺滑坡
		王老铺逆断层			顺义区高丽营镇西王路村地裂缝

表9 2011年北京市矿产资源开发利用情况（按矿种分类）

序号	矿种	矿山企业数					从业人员（个）	年产矿量（万吨）	工业总产值（万元）	综合利用产值（万元）	矿产品销售收入（万元）	利润总额（万元）
		合计	大型	中型	小型	小矿						
1	合计	69	5	16	43	5	21396	1111.41	815317.11	96103.9	743431.61	280463.05
2	煤炭	5	2	3	0	0	15563	500	476408	34798	445734.14	169021
3	铁矿	7	0	4	3	0	4577	222.14	276265	24281	271301.75	109090.92
4	熔剂用灰岩	2	1	1	0	0	97	48.6	13276	1213	1376	95
5	制碱用灰岩	1	1	0	0	0	37	74.24	24954.4	19197.18	644.41	200
6	水泥用灰岩	7	1	6	0	0	305	210	19981.21	16614.72	19981.21	1580
7	建筑石料用灰岩	3	0	0	3	0	52	50	350	0	350	51.39
8	建筑用白云岩	3	0	0	3	0	38	0	0	0	0	0
9	玻璃用砂岩	1	0	1	0	0	15	0	0	0	0	0
10	砖瓦用页岩	4	0	0	4	0	60	0	0	0	0	0
11	建筑用花岗岩	1	0	1	0	0	0	0	0	0	0	0
12	建筑用大理岩	1	0	0	0	1	90	0	0	0	0	0
13	矿泉水	34	0	0	30	4	562	6.43	4082.5	0	4044.1	424.74

表10　2011年度各经济类型矿山矿产资源开发利用情况汇总表

序号	企业经济类型	矿山企业					从业人员（个）	年产矿量（万吨）	工业总产值（万元）	综合利用产值（万元）	销售收入（万元）	利润总额（万元）
		合计	大型	中型	小型	小矿						
1	国有企业	12	1	4	7	0	370	198.83	15430	1213	3530	424.2
2	集体企业	14	0	3	10	1	771	57.38	34024	2150	33321.9	8280.19
3	股份合作企业	6	0	1	4	1	63	60	18181.21	16614.72	18181.21	1280
4	联营企业	1	0	0	1	0	11	0.03	35	0	20	0.4
5	有限责任公司	16	1	3	12	0	2070	92.16	95406.5	9996	86361.2	31124.94
6	股份有限公司	11	3	4	4	0	17889	701.99	650489.4	66130.18	600266.3	239230.92
7	私营企业	6	0	1	3	2	35	0.02	1	0	1	0.2
8	港、澳台商投资企业	2	0	0	2	0	186	1	1750	0	1750	122.2
9	外商投资企业	1	0	0	0	1	1	0	0	0	0	0
	合计	69	5	16	43	5	21396	1111.41	815317.11	96103.9	743431.61	280463.05

表 11 2011 年矿产资源勘查登记统计表

序号	许可证号	项目名称	探矿权人	勘查单位	勘查矿种	勘查面积	经纬度极值坐标	有效期限	备注
1	T11120080701011248	北京市大兴区采育镇地热勘探	派力工程有限公司	派力工程有限公司	地热	19.34	116°40′00″～116°43′00″ 39°36′15″～39°39′00″	2011.09.08～2013.09.07	延续
2	T11120090201025242	北京市朝阳区东风乡辛庄村地热勘探	北京泛海东风置业有限公司	北京市地热研究院	地热	1.32	116°29′00″～116°30′00″ 39°56′15″～39°56′45″	2011.09.14～2013.09.13	延续
3	T11520111001045022	北京市平谷区北京金叶园会议中心地热勘探	北京金叶园会议中心	北京华清地热开发有限责任公司	地热	0.66	117°08′00″～117°08′30″ 40°09′15″～40°09′45″	2011.10.11～2013.11.10	新立
4	T11520111001045021	北京市顺义区天竺镇北京国家会计学院地热勘探	北京国家会计学院	北京华清双泉水井工程有限公司	地热	0.66	116°33′45″～116°34′15″ 40°02′45″～40°03′15″	2011.10.11～2013.04.10	新立
5	T11520111201045405	北京市丰台区卢沟桥乡小瓦窑村地热勘探	北京玉泉兴业投资管理公司	北京航天勘察设计研究院	地热	0.66	116°14′15″～116°14′45″ 39°52′45″～39°53′15″	2011.12.02～2012.12.01	新立
6	T11520111201045406	北京市昌平区白各庄村地热勘探	北京龙腾飞乐商贸有限公司	北京市地质工程勘察院	地热	0.66	116°20′30″～116°21′00″ 40°06′30″～40°07′00″	2011.12.02～2013.12.01	新立
7	T11520111201045427	北京市房山区长阳镇中央休闲购物区地热勘探	北京市长阳半岛地热能源科技发展有限责任公司	北京市地质工程勘察院	地热	0.66	116°11′00″～116°11′30″ 39°46′15″～39°46′45″	2011.12.09～2013.12.08	新立
8	T11520111201045463	北京市大兴区魏善庄镇北京星明湖度假村地热勘探	北京星明湖度假村	北京市地热研究院	地热	0.66	116°25′45″～116°26′15″ 39°36′30″～39°37′00″	2011.12.14～2013.12.13	新立
9	T11520111201045473	北京市延庆县湖南西路地区地热勘探	北京市人民检察院	北京市地工程勘察院	地热	0.33	115°57′30″～115°58′00″ 40°26′45″～40°27′00″	2011.12.19～2013.12.18	新立

注：经纬度极值坐标采用的是西安 80 坐标；发证机关：北京市国土资源局。

表 12 北京市 2011 年地质勘查资质情况统计表

资质证号	单位名称	法人名称	单位地址	邮编	电话	经济类型	批准资质	有效期起止
01201111100183	北京大地高科煤层气工程技术研究院	刘永彬	北京市朝阳区定福庄南里 2 号楼 3021 室	100024	010－83298899－8317	国有	地质钻探：甲级	2011.10.27～2016.10.26
11201111100013							地质钻探：丙级	2011.07.15～2016.07.14
11201111500015	北京恒金源钻探技术有限公司	王健	北京市丰台区右外开阳里 5 区 4 号楼三层 328 室（右安门企业集中办公区）	100069	010－63380717	有限责任	地质钻探：丙级	2011.7.15～2016.7.14
11201111500022	北京中地调国际矿业投资有限公司	苑守成	北京市海淀区学院路 40 号大唐电信物业置业楼 110	100191	010－62305116	有限责任	固体矿产勘查：丙级	2011.7.15～2016.7.14
11201111500025	恒达新创（北京）地球物理技术有限公司	刘国庆	北京市朝阳区朝阳门外大街 18 号 21 层 A2306	100020	010－65884828	有限责任	地球物理勘查：丙级	2011.7.15～2016.7.14
11201111500001	北京安泰联合科技有限公司	孙莉	北京市海淀区知春路 56 号西区中海实业大厦 3 层 316	100098	010－82600331	有限责任	地质钻探：丙级	2011.1.4～2016.1.3
11201111500002	北京达创高科科技有限公司	周丹	北京海淀文慧园路 6 号 C423 室	100040	010－68658135	有限责任	地球物理勘查：丙级	2011.1.4～2016.1.3
11201111500003	北京隆科兴市政管网技术有限公司	黄满虎	北京市海淀区四季青路 8 号 718	100195	010－88495531	有限责任	地球物理勘查：丙级	2011.1.4～2016.1.3
11201111500008	五矿勘查开发有限公司	王炯辉	北京市海淀区三里河路 5 号院 D 座二层	100044	010－68495081	有限责任	固体矿产勘查：乙级	2011.1.4～2011.1.3
01201111900026	北京中色金泰地质勘查科技有限公司	王勇	北京市朝阳区北苑 5 号院 4 区 25 号楼 6 层 601－603 号	100012	010－84921942	有限责任	固体矿产勘查：甲级；地质钻探：甲级	2011.04.21～2016.04.20
01201111500027	北京中色泰格地质资源勘查科技有限公司	行英弟	北京市海淀区信息路 30 号上地大厦 2015 室	100085	010－84925488	有限责任	固体矿产勘查：甲级；地球物理勘查：甲级	2011.04.21～2016.04.20
01201111100182	中国地质大学（北京）地质调查研究院	刘文灿	北京市海淀区学院路 29 号	100083	010－82322635	国有	区域地质调查：甲级；固体矿产勘查：甲级；地球物理勘查：甲级	2011.10.27～2012.10.26

续表

资质证号	单位名称	法人名称	单位地址	邮编	电话	经济类型	批准资质	有效期起止
01201111500185	中地远洋（北京）矿业技术有限公司	罗忠秀	北京市海淀区莲花池东路31号中裕世纪大酒店B521	100038	010－84351466	有限责任	固体矿产勘查：甲级	2011.10.27～2016.10.26
11201111500028	北京东兴普搏地质勘查有限公司	梁莹	北京市宣武区建功西里1号楼22层2403室	100054	010－63529138	有限责任	地质钻探：乙级	2011.12.12～2016.12.11
11201111500029	北京高科能源投资有限公司	陈进	北京市海淀区香山丰户营38号樱桃泉矿泉水厂西侧楼房	100093	010－52960331	有限责任	地质钻探：丙级	2011.12.12～2016.12.11
11201111500030	北京九尊能源技术股份有限公司	李玉魁	北京市海淀区中关村丹棱街3号中国电子大厦B座1609B	100080	010－82607480	有限责任	气体矿产勘查：乙级	2011.12.12～2016.12.11
11201111100032	中海油能源发展股份有限公司	霍健	北京市东城区朝阳门北大街25号	100010	010－84526874	国有	地质钻探：乙级	2011.12.12～2016.12.11
11201111600031	北京桔灯地球物理勘探股份有限公司	赵育刚	北京市朝阳区立清路7号院8号楼13层2单元1601	100107	010－82894069	股份有限	地球物理勘查：乙级	2011.12.12～2016.12.11
01200811500003	北京中资环钻探有限公司	黄震	北京市海淀区中关村东路66号1号楼2004室	100190	010－62670350	有限责任	地质钻探：甲级	2008.12.30～2013.12.29
11201111500004	北京中资环钻探有限公司	黄震	北京市海淀区中关村东路66号1号楼2004室	100190	010－62670350	有限责任	固体矿产勘查：丙级	2011.1.4～2016.1.3
11201111500016	北京捷奥斯地质勘查有限公司	孙方勇	北京市朝阳区北苑路13号院1号楼C单元306号	100012	010－52086966	有限责任	固体矿产勘查：丙级；地球物理勘查：乙级	2011.7.15～2016.7.14
01200813100020	派力工程有限公司	陈进	北京市海淀区香山丰户营38号樱桃泉矿泉水厂西侧楼房	100093	010－52960303	中外合资经营	地质钻探：甲级	2008.12.30～2013.12.29
11201123100011	派力工程有限公司	陈进	北京市海淀区香山丰户营38号樱桃泉矿泉水厂西侧楼房	100093	010－52960303	中外合资经营	液体矿产勘查：乙级；固体矿产勘查：乙级；水文地质、工程地质、环境地质调查：乙级	2011.4.27～2015.3.1

续表

资质证号	单位名称	法人名称	单位地址	邮编	电话	经济类型	批准资质	有效期起止
01201111900184	明达化工地质有限责任公司	谭志来	北京市丰台西罗园二区甲7号401、403、405、407室	100078	010－67672647	有限责任	地质坑探：甲级	2011.10.27～2016.10.26
11201121500012							固体矿产勘查：乙级；地质钻探：乙级	2011.4.28～2015.3.1
11201121100007	国土资源实物地质资料中心	张新兴	北京市海淀区东升乡双泉堡125号	100083	010－61591727	国有	区域地质调查：乙级；固体矿产勘查：乙级	2011.1.4～2015.3.1
11201111500021	北京依科瑞德地源科技有限责任公司	苏存堂	北京市昌平区科技园区超前路37号	102200	010－69728906	有限责任	地质钻探：乙级	2011.7.15～2016.7.14
01200811100019	北京市地热研究院	邹登亮	北京市海淀区田村路39号	100143	010－88622751	国有	地质钻探：甲级	2008.12.30～2013.12.29
11201111100033							液体矿产勘查：乙级；水文地质、工程地质、环境地质调查：乙级	2011.08.24～2014.08.09
01200811600006	中矿资源勘探股份有限公司	王平卫	北京市丰台区海鹰路5号503室	100089	010－58815527	股份有限	固体矿产勘查：甲级；地质钻探：甲级	2008.12.30～2013.12.29
11201121600027							水文地质、工程地质、环境地质调查：乙级；地质坑探：乙级；地球物理勘查：丙级	2011.7.15～2014.1.4
01200811500032	北京中金泰科勘探技术有限公司	段文岗	北京市海淀区西三环北路87号国际财经中心3－504室	100089	010－63284260	有限责任	地质钻探：甲级	2008.12.30～2013.12.29
11201121500024							固体矿产勘查：乙级	2011.7.15～2014.1.4
11201121100017	北京京煤集团地质勘探队	范广才	北京市门头沟区门头沟路24号	102300	010－69842472	国有	固体矿产勘查：丙级；地质钻探：丙级	2011.7.15～2016.7.14
01201021100106	北京市地质工程勘察院	张勇	北京市海淀区北洼路8号	100037	010－51166518	国有	液体矿产勘查：甲级；水文地质、工程地质、环境地质调查：甲级；地质钻探：甲级	2010.08.12～2014.04.07
11201121100018							地球物理勘查：丙级	2011.7.15～2014.1.4

表13 截至2011年底北京市矿产资源储量汇总表

序号	矿产名称	矿区数	资源储量单位	资源储量
1	煤炭	29	千吨	2138309
2	铁矿	46	矿石/千吨	986304
3	水泥用灰岩	26	矿石/千吨	903674
4	熔剂用灰岩	12	矿石/千吨	299231
5	冶金用白云岩	13	矿石/千吨	371310
6	冶金用石英岩	4	矿石/千吨	186461
7	制碱用灰岩	1	矿石/千吨	126576
8	电石用灰岩	8	矿石/千吨	96351
9	饰面用大理岩	15	矿石/千立方米	39028
10	饰面用花岗岩	4	矿石/千立方米	222110
11	锰矿	1	矿石/千吨	20
12	铬矿	2	矿石/千吨	768
13	钛矿（钛铁矿）	2	钛铁矿 TiO_2/吨	248005
14	钒矿	2	V_2O_5/吨	14920
15	铜矿（非伴生矿）	8	铜/吨	66326
16	铅矿	7	铅/吨	34259
17	锌矿	9	锌/吨	148716
18	铝土矿	1	矿石/千吨	420
19	镁矿（炼镁白云岩）	2	矿石/千吨	18039
20	钨矿（原生矿）	3	WO_3/吨	1583
21	铋矿	1	铋/吨	488
22	钼矿	8	钼/吨	73164
23	铂矿	1	铂/千克	1018
24	钯矿	1	钯/千克	975
25	金矿（岩金、伴生金）	14	金/千克	6361
26	银矿	5	银/吨	419
27	镓矿	2	镓/吨	41
28	镉矿	1	镉/吨	140
29	红柱石	1	红柱石/吨	256642
30	普通萤石（矿石）	1	矿石/千吨	311
31	铸型用砂	1	矿石/千吨	3092
32	冶金用脉石英	4	矿石/千吨	1159
33	耐火粘土	7	矿石/千吨	23883

续表

序号	矿产名称	矿区数	资源储量单位	资源储量
34	铁矾土	1	矿石/千吨	412
35	硫铁矿（矿石、伴生硫）	3	矿石/千吨	178
36	含钾砂页岩	3	矿石/千吨	208260
37	含钾岩石	1	矿石/千吨	34354
38	泥炭	28	矿石/千吨	9809
39	石墨（隐晶质石墨）	2	隐晶质石墨/千吨	102
40	滑石	1	矿石/千吨	9
41	石棉	2	石棉/千吨	40
42	长石	2	矿石/千吨	1600
43	叶蜡石	1	矿石/千吨	2950
44	透辉石	3	矿石/千吨	3073
45	玉石	4	矿石/吨	63826
46	建筑石料用灰岩	4	矿石/千立方米	16818
47	制灰用石灰岩	11	矿石/千吨	347859
48	泥灰岩	1	矿石/千吨	17569
49	玻璃用石英岩	1	矿石/千吨	7450
50	玻璃用砂岩	1	矿石/千吨	6877
51	水泥配料用砂岩	5	矿石/千吨	16812
52	建筑用砂	9	矿石/千立方米	129500
53	砖瓦用砂	3	矿石/千立方米	14990
54	水泥配料用脉石英	1	矿石/千吨	213
55	天然油石	2	矿石/千吨	538
56	陶粒页岩	3	矿石/千吨	28340
57	砖瓦用页岩	6	矿石/千立方米	44780
58	水泥配料用页岩	2	矿石/千吨	43760
59	陶瓷土	3	矿石/千吨	914
60	砖瓦用粘土	7	矿石/千立方米	4010
61	水泥配料用粘土	6	矿石/千吨	13140
62	饰面用角闪岩	1	矿石/千立方米	2000
63	铸石用辉绿岩	2	矿石/千吨	3090
64	饰面用辉长岩	1	矿石/千立方米	2470
65	饰面用闪长岩	1	矿石/千立方米	6370
66	建筑用花岗岩	1	矿石/千立方米	5908
67	饰面用板岩	1	矿石/千立方米	10773

门头沟国土分局
2011年总体工作情况

2011年，门头沟分局紧紧围绕市局党组和区委区政府的中心工作，服务大局、锐意进取、开拓创新。年内，以土地储备开发整理和土地卫片执法两项工作为龙头，以加强基础性工作为重点，全面推动各项工作的落实。完成储备开发面积123公顷、经营性供地36.77公顷、政策性住房供地57.86公顷、开发投资93.09亿元，全部超额完成了年度计划；严厉查处土地违法行为，建立健全了全区土地执法检查共同责任机制，查处土地违法行为14宗，依法履职到位率100%；积极推进土地开发整理，实现新增耕地778亩；加强地质环境修复，治理面积120万平方米；进一步提高行政审批工作效率，办理时限缩短一半以上；强化基础性工作管理，征占地、批后监管、规划编制、耕地保护、权属登记、执法监察、信息化建设、资金监管、档案管理、后勤保障等工作扎实推进；加强地质灾害防治，圆满地完成了防灾度汛任务；创新国土所管理机制，将行政科室承担的9项职能下放，方便各镇及用地单位就近办理;不断加强队伍建设，队伍整体素质有了明显提升；加强党组织建设，深入开展“创先争优”、“纪念建党90周年”活动，更加坚定干部职工的理想信念；认真落实党风廉政建设责任制，深入推进廉政风险防范管理，为促进各项工作提供了坚实的政治保障。

参加市局系统体育运动会

拆除违法占地建设

门头沟区龙泉镇门头口村煤矿矿山地质环境治理工

门头沟区制止和查处违法用地违法建设“百日会战”动员大会

市局局长魏成林到门头沟区调研

市局副局长张维到门头沟区调研

市局副局长李燕飞到门头沟区调研

市局副局长李军到分局调研

市局副巡视员郭创兴到门头沟区调研

市土地整理储备中心领导到门头沟区调研

分局到帮扶联系点斋堂镇灵水村、火村开展春节慰问活动

开展“弘扬践行北京精神、做好东城国土管理” 主题宣传教育活动

李伟局长深入项目现场办公，帮助企业解决项目推进过程中的实际问题，促进项目尽早实现供地。

北京市国土资源局东城分局

北京市国土资源局东城分局（以下简称“东城分局”）成立于2005年6月30日，作为北京市国土资源局的派出机构，依据职责设定负责东城区行政区域内，宣传、贯彻、实施国家和本市有关国土资源管理工作方面的法律、法规、规章和政策。

2010年10月20日，根据北京市编办《关于同意市国土局实施首都功能核心区行政区划调整后机构设置方案的函》（京编办【2010】9号），原市国土局东城分局与原市国土局崇文分局进行整合，设置新的市国土局东城分局。分局机关内设办公室、综合科、地籍科、国土资源利用科、重点工程科、财务科、政工科、执法监察科和纪检监察科9个职能科室。下设北京市土地整理储备中心东城区分中心、北京市东城区土地权属登记事务中心、北京市东城区土地利用事务中心3个事业单位。

近几年来，东城分局在市国土局及东城区委、区政府的领导下，以邓小平理论和“三个代表”重要思想为指导，深入贯彻落实科学发展观，以改革创新精神全面加强国土资源管理工作，圆满完成了既定的工作计划和上级部署的各项任务，切实发挥了国土资源管理在促进东城区城市建设和经济发展中的作用，为建设国际化现代化新东城做好了服务。

围绕“保增长、保民生、保稳定”的有关任务，采取有力措施确保重大投资项目落地，在促进东城区城市建设和经济发展方面发挥了重要作用。积极推动土地一级开发、收储、投资、入市工作。东城区现有18个土地一级开发项目，总占地面积88.39公顷。以储备分中心为主体实施的9个一级开发项目中，和平里南街、文章胡同东口和定安里项目、敬业西里项目已完成开发、供地；3个在施项目：彭庄、东交民巷和金鱼池二期西项目，拆迁进度比例分别为61%、91%、84%。对金天坛美食城、崇文区少年宫、109中学、崇文门菜市场等四个项目实施政府收购储备。2011年崇文门菜市场以7.1亿元的价格成功竞得，实现挂牌上市。落实中央关于“保增长、保民生、保稳定”的总体部署，完成土地储备开发投资37.03亿元。加强“城中村”整治后建设用地的收储工作。东城区现有“城中村”18个，总占地面积 58.18公顷；建设用地 13个，规划建设用地面积36.19公顷。建立了“城中村”整治项目台帐，多次牵头召开由区相关委办局参加的协调会。

加强土地利用管理工作，完善土地供应机制，推动了重大投资项目落地。科学合理编制土地供应计划，积极实现供地。2007–2011年共实现供地55宗，74.75公顷。加强建设项目用地预审和国有土地划拨管理工作，发挥好“闸门”作用：共办理建设项目用地预审106宗，总用地面积252.62公顷，共办理国有土地划拨17宗，总用地面积25.79公顷。积极发挥监管职责，加强对企业为主体项目的监管服务工作。协助企业办理土地开发的前期手续，督促企业提高开发和投资速度。五年期间东城区安外七号地、玉河历史文化保护区保护项目（南区、北区）、王府井国际品牌项目、王府井海港城项目、前门大街东侧9个地块、新景商务楼北侧遗留地块顺利实现了入市交易。

加强国土资源管理基础性工作，推进土地总登记和日常发证工作，地籍管理工作信息化程度进一步提高，地籍调查成果发挥出重要效用。共办理各类型土地登记13397件，土地抵押登记8247件；全面完成了第二次全国土地调查工作，摸清全区地籍底数，调查覆盖全区17个街道；839个街坊；20935宗地；调查权属面积4182.04公顷，调查比例尺为1：500。依据第二次全国土地调查成果，完成了“地籍管理信息系统”的建设。系统实现了地籍档案的电子化管理，实现了地籍图件的实时更新。加强数字化历史档案建设，实现档案管理科技化。

法制宣传教育和执法监察工作深入开展，信访、政府信息公开工作依法办理，依法行政工作取得显著成效。切实加大执法监察工作力度，进行土地执法检查工作，对辖区内高尔夫球场、练习场开展调查摸底。积极开展“4·22世界地球日”、“6·25全国土地日”、“12·4法制宣传日”的主题制宣传教育活动。信访工作依法有序进行，进一步完善了由主管领导全面抓、分管领导负责具体工作、重要的信访案件领导要亲自查办、设立领导干部信访接待日的管理工作机制。

围绕东城区土地集约节约利用，深入开展调研工作，成果丰硕，为东城区委、区政府宏观决策提供了理论支撑。研究地下空间利用政策，逐步加强地下空间利用率，完成了《崇文区地下空间开发利用规划研究》、《东城区地下空间土地权属利用法律政策研究》课题。开展东城区闲置土地及可开发利用土地调查，建立了土地可开发利用管理数据平台；开展丰富的课题研究，每年整理、出版一本国土资源管理论文集册。完成了《东城区十二五土地利用规划》的编制工作。

2011年，东城分局站在新起点，把握机遇、团结进取，进一步提高规范化管理水平，打下了“十二五”国土管理工作的良好开局，全面履行了国土资源管理职责，圆满完成了既定的工作计划和上级部署的各项任务，切实发挥了国土资源管理在促进东城区城市建设和经济发展中的作用。

市国土局张维副局长在东城分局主持召开东城区“十二五”土地资源开发利用规划评审会

组织青年宣讲团到社区进行“世界地球日”科普知识宣传

北京市国土资源局经济技术开发区分局（北京经济技术开发区房屋和土地管理局）

参观李大钊纪念馆

参加开发区庆祝建党九十周年歌咏比赛

参加开发区庆祝建党九十周年歌咏比赛

参加市局秋季运动会

北京市国土资源局经济技术开发区分局（北京经济技术开发区房屋和土地管理局，以下简称开发区分局）成立于1996年8月。开发区分局现下设市土地整理储备中心开发区分中心、物业管理办公室、房屋土地权属登记事务中心、公共租赁住房发展中心。

开发区分局在市委开发区工委、开发区管委会的领导下，在市国土局的业务指导下，依据《北京经济技术开发区条例》所赋予的权限，按照开发区总体规划，对开发区的土地进行统一管理。

近年来开发区分局始终把土地节约集约利用工作作为经济发展的重要支撑点和抓手，采取以土地供应计划为先导、以明确项目入区门槛为标准、以土地利用全程监管为手段等节约集约利用土地资源的措施，取得了显著的经济、环境和社会效益。

一、合理确定年度土地供应计划，保障重点产业落地

严格执行土地利用总体规划和亦庄新城总体规划，根据开发区土地一级开发的进度和项目引进的情况，合理制定土地供应年度计划，充分发挥土地供应政策的宏观调控作用。近几年北京经济技术开发区平均每年出让国有建设用地约160公顷，其中工业用地占80%，有力地保障了京东方八代线、北京奔驰等一系列开发区重大产业项目的及时落地。

二、科学制定项目入区标准，严把项目入区关卡

科学制定《北京经济技术开发区进一步集约利用土地资源的管理办法》，并确定《工业项目入区指标体系》，建立项目入区评估和联审机制，明确规定：

工业项目投资密度不低于1500万美元/公顷，对于投资规模低于标准的项目原则上不单独供地；鼓励企业提高建设容积率，并对建筑密度的低限和绿化率的高限等规划控制指标也进行了相应规定。凡申请入区的工业项目均要经过准入、投资效益、市场潜力及附加值等三个方面评价，对资源消耗标准实行一票否决制。分局在挂牌出让工业用地时，明确约定拟建项目的产业类型以及项目的投资额、年产值和年纳税额等经济指标。如果用地单位建成达产时未能达到约定的指标，则须支付相应比例的地价款作为违约金。

第43个世界地球日宣传活动

三、持续加强项目用地批后监管，促进土地节约集约利用

加大促开工促投产工作力度，及时清理未开工项目用地。通过项目管理台帐，及时了解项目的进展情况，根据项目的进度，采取不同措施督促项目开工建设：对于新签订出让合同的项目，及时提醒项目方应办理的规划、建设手续，促其按期开工；对于延期开工的项目，发出违约通知、限期开工通知并明确违约责任；对造成土地闲置的项目发出违约处罚通知，征收土地闲置费；对暂缓投资的项目，收回其土地使用权。

建党九十周年西柏坡参观活动

入区企业送来感谢锦旗

四、在成功创建模范县（市）基础上，不断提高开发区土地管理水平

2012年2月，开发区被国土资源部授予“首届国土资源节约集约模范县（市）”称号，创建国土资源节约集约模范县（市）工作取得圆满成功，这是国土部对北京开发区土地节约集约利用工作的充分肯定。在此基础上，分局将进一步总结经验、查找不足，努力使开发区土地节约集约利用水平不断得到提高。

今后，开发区分局将坚持以科学发展为主题，以加快转变经济发展方式为主线，深入贯彻创新驱动、高端引领、结构优化的产业发展思路，为全面推进南部高技术制造业和战略性新兴产业聚集区建设做出新的贡献。

朝阳国土分局荣获“全国国土资源管理系统先进集体”称号

北京市国土资源局朝阳分局

朝阳区第22个土地日宣传活动

朝阳区豆各庄对接房和保障房项目土地签约

朝阳区农村土地确权登记颁证工作培训

北京市国土资源局朝阳分局作为北京市国土资源局的派出机构，成立于2005年，负责组织实施本行政区域内土地、矿产资源行政管理工作，内设办公室、财务科、综合科、地籍科、土地利用科、耕保征地科（矿产资源科）、政工科及纪检监察科等8个科室，下设北京市土地整理储备中心朝阳分中心、北京市土地整理储备中心商务区分中心、北京市朝阳区土地利用事务中心、北京市朝阳区土地权属登记事务中心、北京市朝阳区国土资源执法监察队、北京市国土资源局朝阳分局第一国土资源管理所、北京市国土资源局朝阳分局第二国土资源管理所、北京市国土资源局朝阳分局第三国土资源管理所等8个事业单位。

服务全局，攻难克坚，扎实推进区域城乡一体化进程

朝阳分局按照城乡一体化先行示范区的功能定位，加速推进朝阳区城市化进程。2009年以来，朝阳区纳入土地储备计划的共13个乡、90个村，总土地开发面积约40平方公里，涉及25个土地储备项目，总建设用地约23平方公里，总建筑规模约4500万平方米。朝阳区以土地储备中心为主体，先后启动11个乡、49个行政村的拆迁腾退工作，497万平方米的安置房建设工作，公共服务配套设施和周边市政基础设施建设同步推进。2011年，朝阳区公开供应经营性用地18宗，总供地体量约115公顷，总建筑规模约284万平方米；完成保障性住房土地供应项目21宗，供地体量约316公顷。

周密部署，稳步推进，全面展开农村集体土地确权登记工作

2011年，朝阳分局开展黑庄户农村集体土地确权登记试点工作，按照“抓住重点、解决难点、突破关键点”的工作思路及“数据准确、内容完善、规格标准”的工作要求，对黑庄户乡乡域范围内130宗集体所有权宗地、261宗集体建设用地使用权宗地、132宗国有土地使用权宗地进行调查确权，并顺利通过验收，为全面推进农村集体土地确权登记颁证工作做出有益尝试。2012年，朝阳区全面展开农村集体土地确权登记工作，精心编制《朝阳区农村土地确权登记颁证工作实施方案》等规范性文档，开展基础图件收集、档案整理、工作底图制作及权属争议情况整理等工作，推进农村集体土地确权登记工作的有序开展，已完成9个乡的外业调查，共调查所有权宗地345宗、集体建设用地使用权宗地1931宗、国有土地使用权宗地2404宗，解决各类争议104宗。

明确责任，部门联动，构建土地管理共同责任机制

2010年以来，朝阳区开展构建保障和促进科学发展的土地管理共同责任机制试点工作，成立了由区长程连元任组长，国土、规划、发改、建设、农业、财政、监察、城管、城市监督管理等部门为成员单位的“朝阳区开展构建保障和促进科学发展的土地管理共同责任机制试点工作领导小组”，并印发实施了《朝阳区开展构建保障和促进科学发展土地管理共同责任机制试点工作方案》，有力地推动了共同责任机制试点工作在朝阳区的全面展开。全区各部门结合自身职责，深入开展调查研究，制定了具体的工作办法、措施及意见等共十八项，逐步构建起土地调控机制和土地资源市场配置机制、保障土地管理和耕地保护共同责任机制、群众土地合法利益维护机制、部门协作监管机制、土地管理共同责任考核机制等六大项土地管理共同责任机制，进一步完善了全区国土资源科学管理的体制机制，形成了国土资源管理“大家管、大家用”的良好局面，全面提升了我区国土资源管理工作的水平。

朝阳分局将坚持以科学发展观为统领，以服务大局、保障发展为主线，开拓创新，狠抓落实，大力推进城乡一体化进程，切实提高区域内土地节约集约用地水平，为经济社会可持续发展提供有力保障。

全国国土资源管理系统先进集体（奖牌）

朝阳区大望京项目施工现场

CBD核心区完成一级开发后供应的土地

朝阳区“148公顷”项目实施前现场

朝阳区“148公顷”项目实施中现场

朝阳区对土地违法项目进行强制拆除